重庆市出版专项资金资助项目

黄希庭心理学文集①

普通心理学

黄希庭 著

西南大学出版社
SWUP
国家一级出版社 全国百佳图书出版单位

图书在版编目(CIP)数据

黄希庭心理学文集 : 全十卷 / 黄希庭著. -- 重庆 : 西南大学出版社, 2021.10
ISBN 978-7-5697-0994-0

Ⅰ. ①黄… Ⅱ. ①黄… Ⅲ. ①心理学—文集 Ⅳ. ①B84-53

中国版本图书馆CIP数据核字(2021)第146884号

黄希庭心理学文集(全十卷)第一卷

普通心理学

PUTONG XINLIXUE

黄希庭 著

出 版 人：张发钧
总 策 划：周 松 郑持军
责任编辑：雷 兮
特邀编辑：刘培朵
责任校对：郑先俐
装帧设计：观止堂_未 氓
排 版：李 燕
出版发行：西南大学出版社(原西南师范大学出版社)
地址：重庆市北碚区天生路2号
邮编：400715 市场营销部电话：023-68868624
http: // www.xdcbs.com
印 刷：重庆新金雅迪艺术印刷有限公司
幅面尺寸：185mm×260mm
印 张：24.5
插 页：4
字 数：590千字
版 次：2021年10月 第1版
印 次：2021年10月 第1次印刷
书 号：ISBN 978-7-5697-0994-0

定 价(全十卷)：2680.00元

黄希庭（摄于1982年）

西南大学资深教授，1937年生于浙江台州温岭。曾任中国心理学会第七、八届副理事长兼心理学教学工作委员会主任，国务院学位委员会第五届心理学学科评议组召集人，全国博士后管理委员会第六届专家组成员及教育学组召集人，教育部高等学校心理学教学指导委员会副主任，教育部长江学者评审专家组成员及教育学科组召集人。在中国开创了时间心理学、健全人格养成教育、中国特色社区心理学研究，出版了一系列高等学校心理学的优秀教材和教学参考书。曾荣获“国家级有突出贡献的中青年专家”（1992）、“首届国家级教学名师奖”（2003）、“全国先进工作者”（2005）、“重庆直辖10年建设功臣”（2007）、“新中国成立60周年重庆杰出贡献英模”（2009）、“全国优秀科技工作者”（2010）、“中国心理学会终身成就奖”（2011）、“全国教书育人楷模”（2012）、“当代教育名家”（2017）等荣誉及荣誉称号。

·1960年，在北京大学哲学系心理专业学习的黄希庭。

·1965年，黄希庭与夫人孙承惠的结婚照。

·1966 年，黄希庭与夫人孙承惠合影。

·1967 年，黄希庭与夫人孙承惠在北大未名湖畔合影。

· 1970 年 4 月，黄希庭夫妇与两岁的儿子黄巍合影留念。

· 1979 年，黄希庭与女儿黄岚在一起。

· 1994 年 11 月，黄希庭与博士生郑涌在西南大学图书馆。

· 1994 年 11 月，黄希庭在西南大学图书馆。

·1984年，黄希庭教授在撰写《心理学实验指导》。

·1987年，黄希庭教授邀请诺贝尔奖获得者西蒙教授和著名心理学家荆其诚教授来校讲学。

总 序

我生于浙江台州温岭。我的启蒙小学是村里的鲸山小学，小学毕业后因家境困难失学一年在家干农活。初一我在离家较近的大溪中学读书。从初二开始我一直就读于温岭中学；考大学填升学志愿时，我的班主任李子英老师鼓励我向巴甫洛夫学习，报考北大心理专业。1956年9月开学那天上午，北京大学哲学系心理专业主任孙国华教授在迎新会上以“不卑不亢”为主题，教导我们做人做事都应遵循这一原则，他的教导深深地印刻在我的心里。1964年我被北京大学录取为研究生，师从沈迺璋教授；我的最大收获是学会了无师自通，并养成了终身学习和终身锻炼身体的习惯。在1961年至1964年的三年里，我在西南师范学院担任张增杰先生的助教，耳濡目染其教学的态度和技能，这为我当教师打好了基础。1977年，十年浩劫的“文化大革命”已经结束，但心理学教学并未解禁。我被校方聘为自然辩证法授课教师。

自1978年我开始讲授普通心理学，此后讲授过公共课心理学、现代心理学流派、青年心理学、心理学教学法等本科课程，还讲授过人格心理学、认知心理学、教育心理学、心理学研究方法等专题课，主持完成了40多项国家级和省部级研究课题。下面扼要地谈谈我在心理学四个领域里的教学和研究的点滴心得。

一、我与普通心理学的结缘

1978年，我开始一边撰写讲义，一边为教育系一年级学生讲授普通心理学，后经两次修改的这本讲义以《普通心理学》之名由甘肃人民出版社于1982年出版，当时读者对该书的反映较好。1984年,人民教育出版社资深编辑戚长福先生主动向我约稿。于是我重新撰写了一本《心理学导论》。这本《心理学导论》1991年5月由人民教育出版社出版。它是根据国家教委1985年武汉文科教材会议推荐的高校心理学专业、教育系有关专业的要求而撰写的普通心理学教材;后经修订,于2007年人民教育出版社出版了它的第二版。

我在普通心理学教学中特别注重以下四个环节:一是培养学生的辩证唯物主义的心理观,即用事实来论证心理是脑的机能,是客观现实的主观反映。既反对以化约的方式来解释复杂心理现象的还原论,也反对把心理现象视为与大脑活动毫不相干的副现象论;既反对把复杂的心理和行为视为对客观现实的机械反映的理论,也反对把心理和行为看作与客观现实毫不相干的唯心论;力求从当代心理学的多种取向整合的角度以事实来论证辩证唯物主义的心理观。二是在教学中既注重基础知识的传授,也重视系统分析观的传授;既重视学生记忆能力的培养,也注意他们思维能力的培养;同时注重帮助学生养成勤奋、严谨、创新、求实的品质。三是在教学中尽量引导学生学以致用,把学到的知识应用到自己的生活实际中去,使学生感受到学习心理学确实会促进自己健康成长。四是编译教学参考书以扩大学生的学习视野。我组织翻译出版了戴维·迈尔斯著《心理学(第七版)》(人民邮电出版社2006年版),《心理学与我们》(人民邮电出版社2008年版),主编了《简明心理学辞典》(安徽人民出版社2004年版),等等。

值得提及的是我在讲授普通心理学时十分注重联系实际。例如,在讲解"注意"时我提出以下一些问题,引导学生学以致用。

·课前预习时,勾出教材中的重点难点,为什么记笔记和听课的效率会明显提高?(注意指向重点难点,对教材的理解深刻了)

·为什么有些人能做到认认真真学习,痛痛快快玩耍?(全神贯注,目标管理,学习效率提高了)

·为什么专心学习时觉得时间过得快,无所事事或注意力涣散时觉得时间过得慢?(注意指向的对象不同所导致)

·为什么注重体育锻炼、睡眠充足的人比不进行体育锻炼、经常失眠的人学习效率要高?(学习需要注意资源的付出,前者有足够的注意资源,后者可能缺少足够的注意资源)

·在寝室里读书与在教室和图书馆里读书,效果为什么大不相同?(环境氛围不同,注意力受干扰的程度也不同)

·为什么读书时眼到、嘴到、手到、耳到、心到,效率会显著提高?(多种感官协同活动更有助于注意力集中)

我认为，普通心理学的其他章节也可以提出类似的问题，这样做既能引导学生学以致用又能活跃课堂学习氛围。在普通心理学的教学中，我除了对学生为人为学进行引导之外，还要求学生树立终身学习的理念。在教学之余，我常叮嘱他们要努力学好马克思主义哲学、中国哲学概论、高等数学和英语。

二、我与时间心理学的结缘

算起来，我与时间心理学的结缘迄今已经有65个年头了。记得1957年，程乃颐先生给我们班讲授普通心理学，他讲到人们对时间往往容易产生错觉。当时我觉得很新奇，很想设计一个实验进行研究。到了工作岗位上，我还一直在思考有关时间心理的研究：

·什么是时间？我们能从心理学的角度进行研究吗？

·为什么有的时间过得很快？有的时间过得很慢？

·所有心理活动都有时间参与，时间无始无终，我们该怎样加以研究呢？

·我们没有专门的时间感受器，但我们为什么能觉知到时间呢？

·为什么人们对待时间的态度是如此的不同？……

通过阅读文献，设计研究，我和我的学生们曾做过许多时间心理学的研究，例如：时间的无意识加工(unconscious processing of time)或时间的内隐加工(implicit processing of time)。我们的研究表明，内隐时间表征具有方向性、顺序性、连续性和认知不可渗透性；时间修饰词和汉字字组顺序蕴含着内隐时间信息，在对时间修饰词的概念加工时会自动激活其内隐时间属性表征，内隐时间顺序表征受知觉表征系统的支配也具有自动加工和提取的特点。我们还探讨过时序知觉中意识和无意识的贡献，以及不同动态条件下的内隐时间特征及时间信息自动加工与控制加工的电生理学指标。

时间知觉(time perception)是指个体对时间的“直接”反映。但时间瞬息即逝，时间知觉依赖于同质刺激的自发组织，即在大约3秒的限度内把一些相继事件知觉为相对同时的一个单元，即知觉到的现在(perceived present)，包括对时间持续性和顺序性的知觉。我们研究过刺激的感觉通道性质(包括拓扑性质的变化)、复杂度、强度、呈现时间的长短以及人格因素、刺激的空间特征等对时间知觉的影响，得到了不少有趣的结果；探讨过时序知觉的重复启动效应，时序知觉的中枢计时与分布计时，以及多感觉整合的时间再校准；还用事件相关电位初步探讨了时间知觉的神经加工及其相关脑区的激活状况。

时间估计(time estimation)也称时间判断(time judgment)，是指个体依据主观经验对客观时间的持续性和顺序性的认知，可以用多种方法(例如比较法、产生法、估计法、再现法、等级评定法、ERP方法等)进行时间估计(包括时距或时序估计)实验。所有这些时间估计方法都会产生误差，即使是短时距估计也是如此。我们研究过时距估计中的锚定效应、重复刺激效应、标量效应、注意效应、视听通道效应以及回溯式时距估计的一些特点;发现了不同年龄段儿童时间估计准确性与利用时间标尺有关,儿童越幼小,越倾向利用空间关系来估计时间,Kappa效应越明显。

对长于5秒的刺激序列的时间认知称为时间记忆(time memory)。时间记忆包括对时距、时点和时序这三种时间信息的记忆。时间记忆可以以钟点、日期等确切的线索为参照,但大多数时间记忆实验是以某个事件的时间线索而实现的,没有任何明确的言语编码形式,仅依靠有关事件对时间信息进行编码、保持和提取。个体对时间的记忆与计时工具测量出来的时间通常是不一致的。我们曾探究过回溯式时间记忆、预期式时间记忆以及时间性前瞻记忆的某些特点:用新闻片段和公众性新闻事件为实验材料,考查了回溯式时间记忆表征的特点,发现老年人回溯式时间记忆能力下降可能是与大脑中的海马功能衰退导致信息加工速度减慢和情节记忆加工能力衰减相关。还对预期式的时点、时距和时序信息在长时记忆中的表征特点做过研究,结果发现时间记忆既有层次网络的特征也有线性结构的特征;还探讨过时间性前瞻记忆与事件性前瞻记忆具有不同的认知机制问题。此外,我们还对时间记忆的层次网络模型和变化分割模型做过实验。

我们在整合国内外一系列研究成果的基础上,于1999年的一篇论文中提出了一个理论构想——时间认知的分段综合模型(range-synthetic model of temporal cognition)。时间无始无终而又瞬息即逝,时间与人类的生活形影不离且时间就是生命,我们是怎样来把握时间的呢?一个合理的答案是人类采用分段式来把握时间。最有力的证据是人发明了各种时间标尺(如毫秒、秒、分、小时、日、周、月、年、期、纪等)并用它们来标记时间。个体心理世界的各种成分是普遍联系、相互作用的,虽然时间与人生形影不离但人却没有专门的时间感受器,人类总是凭借经验综合各种因素来认知时间。人类对不同时距具有不同的表征,我们的许多研究都表明,无论对于哪一种时距的认知均受多种因素(例如事件的数量与结构,通道性质和特点,时距、时序和时点的性质,注意资源,编码方式,提取策略,实验指标,以及个体的时间信念、情绪、人格特征、疾病等)的影响;不仅如此,还受心理的其他成分如动机、兴趣、爱好、价值观等影响。人类时间认知的分段综合模型能很好地解释爱因斯坦的时间相对性问题,他说:“把你的手放在很热的炉子上一分钟,感觉起来好像一小时;而坐在一位漂亮姑娘身边整整一个小时,感觉起来却像一分钟。”用心理学家的话来说,这就是给感受打上了不同的时间标尺之故。我和我的团队做了许多实验来论证时间认知的分段综合模型,结果表明人类的时间认知确实具有分段性和综合性的特点。这是我们研究时间认知的一个主要收获。

我们既关注人们时间认知上的共同性,也关注人们时间人格上的差异性。时间给每个人以相同的机会,但每个人对于时间的感受、把握、管理、使用和爱惜却是不同的,人们在时间上的这些稳定的个体差异,我们称之为时间人格上的差异。时间人格(time personality)就是个人对待时间的方式。人们对待时间的方式有许多差异。时间最公平,它给勤奋的人留下智慧和力量,而给懒惰的人留下空虚和懊恼;时间瞬息即逝,有的人总是在检查自己对时间抓得紧不紧,而有的人总是白白消耗时光还埋怨时间过得太慢;平庸者坐失良机,智慧者能抓住良机并且能创造良机。凡此种种实例,到处可见。

从1997年开始我们对时间人格的研究主要集中在下列三个方面:(1)时间管理倾向研究。在深入实际调查的基础上我们编制了由时间价值感、时间监控观及时间效能感三个指标构成的"青少年时间管理倾向量表",该量表的信效度均符合心理测量学的要求,还探讨过青少年的时间管理倾向与学业成绩、个人能力、自我观念、工作成就的关系。(2)时间洞察力研究。时间洞察力是指个体对于时间的认知、体验和行动的一种人格特质,它既具有能力的性质(由认知加工、时间管理和决策等构成),也具有动力的性质(由价值观、责任感、义务感、荣誉感、事业心等构成)。人生从过去、经现在、向着未来,时间洞察力还包含过去时间洞察力、现在时间洞察力与未来时间洞察力,其中所含的认知、情感和行动倾向成分也不相同;其中有些属于状态时间洞察力(state time perspective),有些则属于特质时间洞察力(trait time perspective),后者才是时间维度上的人格特质。我们从我国的实际出发探讨过时间洞察力的结构成分,编制过两个(过去、未来)时间洞察力量表。(3)不同自我同一性状态下的时间洞察力研究。我们考查了不同自我同一性状态下的被试在其过去、现在和未来的时间体验上的差异;还探讨过时间自我评价的理论意义和实践意义。

我们在时间人格领域还有许多问题需要进一步深入探讨:

(1)时间管理倾向、时间洞察力、时间自我同一性的实质是什么?其核心指标是什么?怎样区分状态时间洞察力与特质时间洞察力?

(2)时间洞察力是先天的还是后天的?

(3)时间自我同一性的稳定性与变异性有怎样的关系?

(4)时间管理就是自我管理,那么我们怎样来塑造自己的时间人格呢?

三、我与人格心理学的结缘

我曾给大学生做过几次人格心理学的专题讲座。张春兴先生邀我参加他主持的"世纪心理学丛书"撰写,我很乐意接受《人格心理学》的撰写工作。接受此任务后用什么框架来建构全书使我很是纠结。当时教科书的结构大多是理论范型取向,由于交书稿时间的限制，我便采用了人格理论范型取向加人格研究专题的方式来撰写《人格心理学》(1998年由台北东华书局出版，2002年由杭州浙江教育出版社出版)。

我的《人格心理学》虽然已经完成，但内心并不满意。怎样撰写一本中国特色的人格心理学著作呢？这成了我久久难以释怀的难题。在学习《论语》的过程中我终于找到了答案：孔子推崇的君子人生便是我要寻找的人格样板。君子人生格调也就是君子人格。孔子所推崇的君子人格都是从知、情、意、行的整体角度提出来的。例如，“子谓子产：‘有君子之道四焉：其行己也恭，其事上也敬，其养民也惠，其使民也义。’”(《公冶长》)子曰：“君子成人之美，不成人之恶；小人反是。”(《颜渊》)子曰：“君子矜而不争，群而不党。”(《卫灵公》)司马牛问君子，子曰：“君子不忧不惧。”曰：“不忧不惧，斯谓之君子已乎?”曰：“内省不疚，夫何忧何惧?”(《颜渊》)《论语》中孔子推崇的君子人格就包含了人生追求、人生态度、人生智慧和人生修养。我做了初步的归纳，今后如果要撰写中国特色的人格心理学著作，我将按这四个部分加以构建。

(一)君子的人生追求

人生追求(life purpose)也称人生目标、人生抱负，是个人内心的动力坐标，指个人以积极的行动来争取某个目标的达成，因而具有方向性和持久性。君子的人生追求是仁、义、忠、恕。

1.仁、义

子曰：“君子道者三……仁者不忧，知者不惑，勇者不惧。”(《宪问》)又说：“君子去仁，恶乎成名？君子无终食之间违仁，造次必于是，颠沛必于是。”(《里仁》)“樊迟问仁。子曰：‘爱人。’”(《颜渊》)爱人有各种表现：爱护、同情、怜悯、体谅、厚道、忍让、慈爱、友善、善良、报恩等。仁是爱人的态度。

子曰：“君子喻于义，小人喻于利。”(《里仁》)子曰：“君子义以为上，君子有勇而无义为乱，小人有勇而无义为盗。”(《阳货》)子曰：“君子之于天下也，无适也，无莫也，义之与比。”(《里仁》)子曰：“君子义以为质，礼以行之，孙以出之，信以成之。君子哉!”(《卫灵公》) 孔子认为义的本质是实行仁，是对原则的态度。

2.忠、恕

《论语·颜渊》篇记载：“仲弓问仁。子曰：‘……己所不欲，勿施于人。’”又说：“己欲立而立人，己欲达而达人。”(《雍也》)推己及人的肯定方面是“尽己为人”，孔子称之为“忠”；而推己及人的否定方面是“己所不欲，勿施于人”，孔子称之为“恕”。“子曰：‘参乎!吾道一以贯之。’曾子曰：‘唯。’子出。门人问曰：‘何谓也?’曾子曰：‘夫子之道，忠恕而已矣。’”(《里仁》)忠恕之道就是行仁道。

“忠”的对象有多种，除了忠于君，如“君使臣以礼，臣事君以忠”(《八佾》)，还有忠于人，如“居处恭，执事敬，与人忠”（《子路》）；忠于长上，如“孝慈则忠”（《为政》）；忠于朋友，如“子贡问友，子曰：‘忠告而善道之……’”（《颜渊》）；忠于职守，如“子张问曰：‘令尹子文三仕为令尹，无喜色；三已之，无愠色，旧令尹之政，必以告新令尹。何如？’子曰：‘忠矣！’”（《公冶长》）。

（二）君子的人生态度

人生态度（life attitude）是指对人生所持的举止心情，它是一种具有持久性和一致性的倾向，这种倾向是与对人生目的的理解相联系的。通常人生态度包含认知、情感和行为倾向三种成分。君子的人生态度如下：

1.知命而行

子曰：“不知命，无以为君子也。”（《尧曰》）孔子说的“命”就是内心的使命感。子曰：“君子有三畏，畏天命，畏大人，畏圣人之言。小人不知天命而不畏也，狎大人，侮圣人之言。”（《季氏》）孔子的人生态度坚定不移，具有“知其不可而为之”的献身精神。

2.践行仁道

子曰：“唯仁者能好人，能恶人。”（《里仁》）又曰：“我未见好仁者，恶不仁者，好仁者无以尚之，恶不仁者，其为仁矣。”（《里仁》）

子贡问：“乡人皆好之，何如？”子曰：“未可也。”“乡人皆恶之，何如？”子曰：“未可也，不如乡人之善者好之，其不善者恶之。”（《子路》）

君子好善恶恶而践行仁道。

3.言行一致

子曰：“君子耻其言而过其行。”（《宪问》）又曰：“……故君子名之必可言也，言之必可行也。君子于其言，无所苟而已矣！”（《子路》）

4.心怀宽广

子曰：“君子坦荡荡，小人长戚戚。”（《述而》）子曰：“富与贵，是人之所欲也；不以其道得之，不处也。贫与贱，是人之所恶也；不以其道得之，不去也。君子去仁，恶乎成名？君子无终食之间违仁，造次必于是，颠沛必于是。”（《里仁》）讲求安贫乐道，心安神泰。

（三）君子的人生智慧

人生智慧（life wisdom）是对人生的独特的理性思考，也是对人生的持久的创造性的智力活动。君子的人生智慧有哪些特点呢？

1.行中庸

子曰：“中庸之为德也，其至矣乎！民鲜久矣。”（《雍也》）在《中庸》中，仲尼曰：“君子中庸，小人反中庸。君子之中庸也，君子而时中；小人之中庸也，小人而无忌惮也。”

2.尊理性

“樊迟问知(智)。子曰:‘务民之义,敬鬼神而远之,可谓知(智)矣。’”(《雍也》)。《论语》中谈仁很多,谈智较少。但“知”与“智”的含义有相似之处。子曰:“知者不惑”(《宪问》),“择不处仁,焉得知”(《里仁》)。这里的知都有明智、智慧、理性的意思。《中庸》列出的三达德,智甚至排在首位,居仁之首,说明孔学是十分重视智慧、理性的,但孔学的智慧既不是技术思维,也不是聪明计算,更谈不上是探求科学的手段,而是一种修德从善的理性思考。

(四)君子的人生修养

人生修养(moral upbringing of life)指养成正确对待自己人生的行为方式,人生修养即修身。在《论语》中孔子关于君子修身的论述很多,下面择其要者而述之。

1.好学

子曰:“君子食无求饱,居无求安,敏于事而慎于言,就有道而正焉,可谓好学也已。”(《学而》)子曰:“有颜回者好学,不迁怒,不贰过。不幸短命死矣,今也则亡,未闻好学者也。”(《雍也》)

子曰:“由也!女闻六言六蔽矣乎?”对曰:“未也。”“居!吾语女。好仁不好学,其弊也愚;好知不好学,其蔽也荡;好信不好学,其蔽也贼;好直不好学,其蔽也绞;好勇不好学,其蔽也乱;好刚不好学,其蔽也狂。”(《阳货》)好学是君子必须具备的人格特征,在仁、知、信、直、勇、刚的形成中起着重要作用。同时,孔子还指出好学才能增长才干。子曰:“小子何莫学夫诗?诗,可以兴,可以观,可以群,可以怨。迩之事父,远之事君;多识于鸟兽草木之名。”(《阳货》)孔子还强调:“君子病无能焉,不病人之不己知也。”(《卫灵公》)

2.自省

子曰:“见贤思齐焉,见不贤而内自省也。”(《里仁》)

子曰:“君子有九思:视思明,听思聪,色思温,貌思恭,言思忠,事思敬,疑思问,忿思难,见得思义。”(《季氏》)又说:“君子有三戒:少之时,血气未定,戒之在色;及其壮也,血气方刚,戒之在斗;及其老也,血气既衰,戒之在得。”(《季氏》)曾子曰:“吾日三省吾身——为人谋而不忠乎?与朋友交而不信乎?传不习乎?”(《学而》)因此,“躬自厚而薄责于人”(《卫灵公》)便成了修身之方。

3.谨言敏行

子曰:“巧言令色,鲜矣仁。”(《学而》)“巧言、令色、足恭,左丘明耻之,丘亦耻之。”(《公冶长》)子曰:“君子耻其言而过其行。”(《宪问》)子曰:“先行其言,而后从之。”(《为政》)又曰:“古者言之不出,耻躬之不逮也。”(《里仁》)君子“敏于事而慎于言”(《学而》),“君子欲讷于言而敏于行”(《里仁》)。“子曰:‘能行五者于天下为仁矣。’……‘恭、宽、信、敏、惠。恭则不侮,宽则得众,信则人任焉,敏则有功,惠则足以使人。’”(《阳货》)

孔子虽然没有在《论语》中提出“修身”的概念,但却提过与之相类似的,如“克己”“修己”“正身”“求诸己”“自省”“自讼”等概念,十分重视人生修养。

2000年底,我在大学生中做过一个开放式问卷调查:“你认为什么样的行为是心理健康者的特征性行为?依据你的看法,请写出5至10条。”收回问卷49份,提出的特征性行为共计393条,经内容分析可以看出当代大学生对心理健康的追求大多已超出了心理是否有疾病的标准。他们所追求的心理健康标准更高,可以将大学生的心理健康期盼概括为:

对世界抱开放态度,乐于学习和工作,不断吸取新经验;

以正面的眼光看待他人,有良好的人际关系和团队精神;

以正面的态度看待自己,能自知、自尊、自我悦纳;

以正面的态度看待现在和未来,追求现实且高尚的生活目标;

以正面的态度对待挫折,能调控情绪,心境良好。

综合孔子推崇的君子人格以及西方心理学家关于健康人格的理论和当代大学生对最佳的心理健康者的期盼,我提出了健全人格理论(perfect personality theory)。我认为,当代大多数大学生所追求的理想人格或优秀人格就是源自孔子推崇的君子人格。心理健康是一个连续体,连续体的一端是最差的心理健康状态,即心理疾病或心理障碍,而它的另一端是最佳的心理和行为状态,即健全人格。健全人格是个人最佳的心理和行为的有机结合,是当代大学生所期盼的人格,也是当代的君子人格。

健全人格是一个动态系统,它是由许多心理成分组成的复杂组织,其中最主要的是三个具有独立功能的成分。这三个成分可以用三个同心圆来表示,其中最核心的是正确的价值观。价值观是每个人区分好坏、美丑、对错的信念系统,它通常是充满情感的,不仅引导人们追求自己的理想,而且还决定着人生中的种种选择。健全人格的第二层次是积极的自我观,即个人积极主动地面对自己的人生,包含自爱、自立、自信、自省和自强等。健全人格的第三层次是追求未来梦想的优良品格,属于相对表层的要素,如好学、有责任心、肯实干、宽恕、同理心、互助合作、心境平和以及勇气、节俭等品格。上述这三类心理成分也就是健全人格的三个子系统,它们又是相互关联、相互影响的。我们还对健全人格系统的稳定性和可变性做过一些研究。

四、我与应用心理学的结缘

虽然我主要从事基础心理学的教学和研究,但对心理学的应用也一直十分重视。

因为我认为一门学科是否有生命力，它的影响力大小，在很大程度上取决于该学科对社会的贡献。中国心理学研究，不仅应当对学科的理论建设有更大的贡献，还应该更多地参与解决社会中的各种实际问题。无论是基础理论抑或是社会实用问题，我们都应努力进行探究。

2005年，由我担任首席专家的教育部哲学社会科学重大研究课题攻关项目“中国心理健康服务体系现状及对策研究”获得批准（批准号：05JZD00031）。我们用了五年时间完成该项目，在全国取样五万余份，其最终成果《中国心理健康服务体系建构》约50万字，内容包括第一编心理健康服务的理论基础（含三章），第二编需求方分析（含四章），第三编服务方分析（含三章），第四编心理健康服务的影响因素（含三章），第五编心理健康服务的效果与对策（含四章），总计五编十七章构成。

20世纪初期，西方心理健康服务的理论和方法传入中国，但在我国古代典籍中早已有心理健康服务的理论和方法。例如在理论方面，孔子（前551—前479年）的仁学，倡导忠以克己，恕以待人，“知其不可而为之”的处世态度；《老子》是战国时期道家的一部经典著作，除了有其论述的修身养性之道外，还包含有丰富的辩证法思想，如以柔克刚、以弱胜强、祸福相倚、物极必反、要从反面入手才能取得正面结果等等。浩如烟海的我国儒释道经典著作无疑可以成为中国特色心理健康服务的理论根基。

关于维护心理健康的方法，我最近学习了早在春秋战国时期成书的《黄帝内经》，感慨很多。《黄帝内经》不仅是中医学的理论基础，而且在心理治疗方面也有许多独到的见解，很值得我们研究。

例如，《黄帝内经·素问》中阴阳应象大论篇和五运行大论篇都指出：“怒伤肝，悲胜怒”，“喜伤心，怒胜喜”，“思伤脾，怒胜思”，“忧伤肺，喜胜忧”，“恐伤肾，思胜恐”，这说明“情志相胜”的基本原理，即有意识地采用一种情志活动，去控制、调节因另外一种情志而引起的疾病，从而达到治疗心身疾病的目的。脏象五行学说把人的情志分为怒、喜、思、悲、恐五类，并用五行学说来表示它们的联系，但我们也不能机械地照搬五行相克之说，因为某种疾病可能是由某种情志之偏而导致的，也可能是多种原因造成的。例如情绪表达要适度，不可过度，“悲哀动中者，竭绝而失生。喜乐者，神惮散而不藏。愁忧者，气闭塞而不行。盛怒者，迷惑而不治。恐惧者，神荡惮而不收”（《灵枢·本神》）。对于过度的情绪，医家则设法加以制止。例如，一般而言，喜对身体有益，但喜乐过度，就会导致喜极气散不能收藏。《素问·举痛论》提出“恐则精却”“恐则气下”，以治疗喜乐过度而导致的精神疾患。

又例如，《素问·移情变气论篇》说：“闭户塞牖，系之病者，数问其情，以从其意。得神者昌，失神者亡。”即是说，关好门窗，向病人详细询问病情，使他愿意如实地说出病情。经过问诊并参考色脉之后，便可作出判断：如果病人面色光华，脉息和平，这叫“得神”，预后良好；如果病人面色无华，脉不应时，这叫“失神”，预后不佳。也就是说，在进行言语开导时，医生必须取得患者的信任，在安静无干扰的环境下以严肃、亲切的态度对待患者。这既有利于让患者诉说病痛，具有心理疏导之功效，同时也能使患者提升战胜疾病的信心。《灵枢·师传》中还说：“岐伯曰：人之情，莫不恶死而乐生。告之以其败，语之以其善，导之以其所便，开之以其所苦。虽有无道之人，恶有不听者乎?”岐伯说，人之常情，没有不怕死的，人们都喜爱活着。告诉他哪些对人有害处，哪些对人有好处，用适宜的方法指导他，解开他心中的苦痛。即使是不懂道理的人，难道会不听劝告吗？这正是心理疏导的精髓。医生通过阐述、解释、鼓励、安慰、保证、暗示等方法晓之以理、动之以情、喻之以例，这种开导式心理治疗对患者是很有帮助的。

从2013年起，我和陈红教授开始筹划和推进社区心理学专业委员会的建立。2014年10月10日，中国心理学会常务理事会批准筹建社区心理学专业委员会。2015年9月，中国心理学会社区心理学专业委员会（筹）首届学术会议在苏州大学召开。同年10月，在中国心理学会十一届八次常务理事会上，与会的常委们以全票通过社区心理学专业委员会（筹）的转正申请。社区心理学专业委员会挂靠西南大学心理学部，第一届主任是陈红，副主任包括马建青、王振宏、赵俊峰、刘电芝、夏凌翔（兼任秘书长，2016年底改由吕厚超担任），标志着我国制度化的社区心理学正式建立。至今，中国心理学会社区心理学专业委员会已成功举办六届学术年会。社区心理学正在我国蓬勃兴起，重庆、江苏、北京、上海、天津、湖南等地先后建立了研究机构，并开展了大量关于社区心理学的研究和实践工作。2017年11月2日，中国社区心理学服务与研究中心（China Community Psychology Service and Research Center）在西南大学举行揭牌仪式，首个中国社区心理学服务与研究中心正式成立。

为了扩大学术影响力，促进社区心理学的研究和交流，2014年12月社区心理学专业委员会（筹）决定主办《社区心理学研究》集刊，并成立了以我为主编，陈红、韩世辉（后由苏彦捷担任）、马建青、毕重增（常务）为副主编的首届编委会，至今已出版了10卷；2021年4月被南京大学中国社会科学评价中心认定该刊为CSSCI（2021—2022）收录集刊。在中国心理学会社区心理学专委会成立初期，以我为顾问，陈红教授为主任，联合二十余位心理学家翻译出版了《社区心理学译丛》（共10本）。由我任主编，毕重增、苏彦捷、陈红任副主编的《社区心理学导论》教材即将在人民教育出版社付梓出版，全书涵盖了中国特色社区心理学的观点和方法、社区氛围与社区价值观、社区亚群体心理、社区应用心理以及社区心理学的未来方向等部分。我们决心把心理学的成果写在社区千家万户的心坎里，努力构建中国特色社区心理学的话语体系。

实事求是是中国特色社区心理学生存和发展的命脉。我们要到社区中去研究，把仁爱、正义、文明、和谐、诚信作为中国特色社区心理学的理论基础。这五项价值原则不仅符合新时代的社区建设的要求，而且它源自中华传统文化的核心价值观（仁、义、礼、智、信），已经根植在中国人的内心，潜移默化地影响着我们的思维模式、情感倾向和行事风格，有助于中华优秀文化传统在我国社区的传承和弘扬。社区五价值理论（five-values theory of community psychology）弘扬了人性的真善美，鞭挞了假恶丑，为居民健全人格的养成及和谐幸福社区的建设提供理论支撑。心怀着服务国家富强、民族复兴、人民幸福安康的愿望，我相信中国特色社区心理学必定有大的发展，在理论建设和践行服务等方面取得辉煌的成绩。

心理学是一门探寻心迹、理解人生、点燃心灵真善美的学问。我热爱心理学，心理学成了我生命的一部分；它给了我欢乐和满足，也使我迷茫和焦虑。我从事心理学教学和研究61年的心得体会对于后来者少走些弯路可能是有益的。

是为序。

黄希庭 谨识

2021年5月于西南大学心理学部

前言

本书是编者在西南师范学院教育系开设普通心理学课程的讲义基础上修改而成的。在师范院校，普通心理学既是各分支心理学（发展心理学、教育心理学、实验心理学等）的基础，也是教育学、各科教学法的基础。本书的重点是阐述心理学的基本概念和基本原理，同时有分析地、扼要地介绍一些心理学理论并尽量吸收一些较新的科学资料，为大学生今后学习各分支心理学和教育学打下基础。由于林彪、“四人帮”的十年浩劫，心理学园地曾荒芜多年。为了能兼顾各行各业学习心理学的急需，特别是中小学教师学习心理学的急需，本书在编写过程中力求条目清楚，简明扼要，适当联系我国的教育实际；此外，也适当编入了一些深入研究的材料，向有志于研究心理学的同志指明某些研究的新动向。但由于编者的水平所限，书中的缺点和错误一定不少，诚恳地希望读者提出宝贵的意见，以便将来修改。

编者在编写本书的过程中，曾得到张增杰教授、刘兆吉教授的热心鼓励、支持和帮助，张增杰教授在百忙中热情地为本书作序。全书各章蒙张增杰教授、刘兆吉教授、林传鼎教授、张厚粲副教授、李克文副教授的审阅，他们提出了许多宝贵的意见；江能咏同志为本书制图。在此，一并表示衷心的感谢。

编者

一九八一年七月

目 录

第一章 绪 论

本章主要问题：

1.心理学是研究什么的？
2.怎样科学地理解心理现象？
3.心理学有哪些主要分支？它们在生活实践中起什么作用？
4.怎样对心理现象进行科学研究？
5.心理学的现状怎样？
6.怎样才能使我国的心理学健康地发展起来？

第一节 心理学的研究内容

心理学是研究心理现象及其规律的科学。

心理现象是人们非常熟悉的现象，是每个人在活动中都会切身经历的。人在活动的时候，用耳朵听，用眼睛看，用鼻子闻，用手摸，就会产生感觉和知觉。例如，前面有棵树，人能听到风吹树叶的沙沙声，看到树叶的绿颜色，摸到树干的粗糙感。沙沙声、绿颜色、粗糙感是人对物体个别属性的反映，称为感觉。在反映事物个别属性的基础上，我们有了一定的经验，认得这是一棵完整的树，这种对整个物体的认识称为知觉。而时过境迁，人还能记住它，回忆起当时的情景，这叫记忆。如果要认识树的生长规律及其用途，光靠感知不行，还必须进行一番思索。思索活动便叫作思维。花木本无情，然而在诗人的笔下却是含情脉脉：有的诗人写蔷薇时说“长条故惹行客，似牵衣待话，别情无极”（周邦彦《六丑·蔷薇谢后作》）；写垂柳时说“向我无言眉自展，与人非故眼垂青”（王十朋《柳》）。显然，这是诗人们的想象。感觉、知觉、记忆、思维、想象等，都是为了弄清客观事物的性质和规律，在心理学上统称为认识活动。

在认识客观事物的时候，人对它们还持有一定的态度，产生一定的体验。例如，我们热爱自己的工作，赞颂大自然的伟大，同情别人的不幸，鄙视卑劣的行径以及其他喜、怒、哀、乐等体验，在心理学上称为情绪或情感。

人不仅能认识客观事物，对它们产生一定的态度和体验，而且还能自觉地改造客观世界。例如,我们认识到科学技术现代化是四个现代化的关键,决心树雄心,立壮志,向科学技术现代化进军,自觉地制订学习计划,同学习上的各种困难做斗争并顺利完成了学习任务。这种根据对客观事物的认识,自觉地确定目标,克服困难,力求加以实现的心理过程,在心理学上称为意志。

认识、情感、意志,都是心理活动。任何心理活动都有它的发生、发展和完成的过程。例如,思维总要经过遇到问题—分析问题—试行解答—加以论证等阶段。又如,憎恨的情绪,总要经过认识对象的丑恶品质,从而产生否定它、摒弃它的态度和行为。克服困难的意志也一样,人总是根据对客观事物的认识,提出改造这个事物的目标,制订一定的计划。在执行计划的过程中,人总是克服种种困难,然后才完成任务的。所以,认识、情感、意志等心理活动也叫作心理过程。认识过程、情感过程、意志过程简称为知、情、意,它们是心理学研究的一个重要内容。

每个人的精神面貌都不相同,它们记录着各自的生活史。人与人之间在精神面貌上的差异,称为个性差异。个性差异主要包括个性倾向性和个性心理特征两个方面。

人在需要、欲望方面有不同,在兴趣、信念方面也有很大差异。需要、欲望、兴趣、信念决定着人对现实的态度和积极活动的方向,属于个性倾向性的内容。人们之间的差异还表现在能力、气质、性格方面。有的人聪明,有的人愚笨;有的人具有高度发展的数学才能,另一些人具有高度发展的绘画才能,这是能力上的差异。有的人活泼好动,有的人行动迟缓,有的人情绪形之于外,有的人喜怒不动声色,这是气质上的差异。有的人热情豪放,有的人孤傲自大,有的人勤劳俭朴,有的人懒惰奢侈,这是性格上的差异。能力、气质、性格属于个性心理特征。个性倾向性和个性心理特征是心理学研究的又一重要内容。

心理过程总是在每个具体的人身上发生的。心理过程和个性差异总是密切联系在一起的。个性差异通过心理过程而形成,并且在心理过程中表现出来。已经形成了的个性差异又制约着心理过程的进行。同时,知、情、意三种心理过程也是互相联系的。人在认识外界事物的时候,并不是无动于衷的,他对事物可能产生满意或愉快,也可能产生不满意或痛苦的情感体验,也会采取一定的意志行动来改造现实。情感、意志随着认识活动的变化而变化,认识活动也受到情感和意志的影响。因此,上述心理学研究内容的两个方面,即心理过程和个性差异是相互联系在一起的。无论是对心理过程的研究,还是对个性差异的研究,我们都要从一个人的心理活动的整体性上加以考虑。仅是为了研究问题方便起见,我们将分门别类地对各种心理现象加以讨论。

心理不仅人有,动物也有,但心理发展的高级形式仅为人所特有,叫作意识。正常人的意识活动是借助语言而实现的。人的绝大部分心理活动都与语言联系着,是能被意识到的;但也有不少心理活动是人意识不到的,是一些无意识的活动。例如,上楼到图书馆借书,借书的活动我们意识得到,而上楼时走过的楼梯虽能引起我们的反应,但到底有多少级我们却意识不到(除非特意去数)。又如,上街去寻找一个熟人,与寻人有关的事物我们能意识得到,但与此无关的事物虽作用于我们的感官并能引起反应,却在意识的范围之外,是一些无意识的活动。因此,心理学研究的内容不仅包括人的心理,也包括动物的心理;不仅包括有意识的活动,也包括无意识的活动。

心理学作为一门科学不仅在于记录和描述各种心理现象,它的基本任务是揭示心理现象的本质,研究心理活动的规律。具体地说,心理学主要是通过各种心理现象的研究,从而查明心理过程的活动规律及其机制、个性差异的形成规律及其生理机制,以及心理过程和个性差异的相互关系等规律性的问题。

第二节 科学的心理观

一、两种对立的心理观

心理现象虽然大家都很熟悉,但是对心理现象的理解,如它是怎样发生的,它和物质现象的关系如何,等等,这些问题,是人类认识史上的重大原则问题。唯心主义的心理观和唯物主义的心理观是根本对立的。

早在远古时代,人们就开始注意到,世界上存在着两种现象:物质现象(自然物和人等)和精神现象(对事物的感受和思维、记忆等)。由于当时受生产力水平和知识条件的限制,古代人不能理解自己的感受、记忆、思维和梦境,认为这是一种特殊的、与身体有联系的灵魂的作用;以为人出生后灵魂就住在身体里,当人睡着或死亡的时候灵魂就离开了。他们把灵魂看作一种空气或某种特殊的物体。这些思想包含有朴素的唯物主义成分。正如恩格斯所指出的:“虽然古希腊人的整个宇宙观具有朴素唯物主义的性质,但是在他们那里已经包藏着后来分裂的种子。”(恩格斯,1971)随着宗教的出现,灵魂被看成某种支配人的行动的、超自然的、永存不朽的精神实体,这样就产生了形形色色的唯心主义哲学。

唯心主义的心理观把心理看成世界的本原,是第一性的东西。例如,主观唯心主义者、英国大主教贝克莱(G.Berkeley,1685—1753)宣称:观念或感觉是唯一的存在,“物体是观念的集合”。中国南宋时的陆九渊(1139—1193)则说:“宇宙便是吾心,吾心即是宇宙”(《象山先生全集·杂说》),认为世界上的万事万物都是由“吾心”产生的。客观唯心主义者黑格尔(G.W.F.Hegel,1770—1831)则把“绝对精神”作为世界的本原,认为“绝对精神”在世界之前就已存在,世界上万事万物都是由“绝对精神”产生的。

唯心主义者把心理、“绝对精神”看成第一性的，认为心理、“绝对精神”产生物质世界，这是毫无科学依据的。现代自然科学已经证明，心理是物质发展到一定阶段的产物。人类赖以生存的地球同宇宙任何事物一样，是物质世界长期发展的产物。地球的历史在四十五亿年左右。在最初形成的地球上，很长的时间内，没有也不可能有任何生物存在，更不可能有人的心理现象。经过自然界的长期演化，大约在三十四亿年之前出现了最原始的单细胞生物，而最早的人类仅在距今二三百万年前才出现。

列宁指出，“自然科学肯定地认为：在地球上没有也不可能有人类和任何生物的状况下，地球就已经存在了；有机物质是后来的现象，是长期发展的结果……物质是第一性的，思想、意识、感觉是高度发展的产物”（列宁，1971）。

与唯心主义相反，唯物主义对心理现象做了正确的解释。唯物主义的心理观虽然说法不一，但都把心理现象看成身体的一种机能，是由外界事物的作用而产生的。

我国古代的唯物主义者就认为心理活动是身体的一种机能。例如，战国时期的荀况（约前313—前238）说：“形具而神生，好、恶、喜、怒、哀、乐臧（藏）焉，夫是之谓天情。”（《荀子·天论》）他认为，先有物质的身体后有精神，精神依附于身体，人的好、恶、喜、怒、哀、乐等感情就藏在身体和精神之中。韩非（约前280—前233）说：“人也者，乘于天明以视，寄于天聪以听，托于天智以思虑。”（《韩非子·解老》）他认为，人的感觉和思维必须依赖于天生的感觉器官和思维器官。东汉时的王充（27—约97）说：“人之精神藏于形体之内”“人之所以聪明智惠（慧）者，以含五常之气也；五常之气所以在人者，以五藏在形中也。五藏不伤，则人智惠；五藏有病，则人荒忽（恍惚），荒忽则愚痴矣。”（《论衡·论死》）他认为，人的精神就藏在形体里面。人之所以有聪明智慧，是因为含有五常之气；五常之气之所以能存在于人身上，是因为有五脏在身体中间。五脏不受伤，人就有智慧；五脏有病，人就精神恍惚，恍惚就会发痴。并提出了“天下无独燃之火，世间安得有无体独知之精”（《论衡·论死》）的光辉思想，坚决批驳了灵魂不灭的观点。魏晋南北朝时的范缜（约450—约510年）进一步发展了我国古代唯物主义的心理学思想。他不再把精神看作一种特殊的物质，指出：“形者神之质也，神者形之用也。”“形存则神存，形谢则神灭。”（《神灭论》）就是说，物质的身体是主体、实体，而精神只是物质的身体的作用，是从属于物质的身体的。身体死亡了，精神也就必然随之消灭。为了阐明这个命题的正确性，他举了一个生动而恰当的比喻：“神之于质，犹利之于刃……未闻刃没而利存，岂容形亡而神在？”（《神灭论》）就是说，精神和产生它的物质身体的关系，就像锋利和刀刃的关系一样。从来没有听说过刀刃不存在而锋利单独存在的，怎么能说身体死亡了而精神能单独存在的呢？总之，他们都认为先有物质的身体，后有心理现象；情感、智慧等心理现象都是身体的机能。

在心理现象与客观事物关系的问题上，我国古代唯物主义者也看到心理现象是由外界事物的作用而引起的。例如,《乐记》上说,人心“感于物而动”。宋、明以来,这方面的论述很多。北宋的张载(1020—1077)说:“心所以万殊者,感外物为不一也。”(《正蒙·太和篇》)北宋的王安石(1021—1086)说,“恻隐之心与怨毒忿戾之心”即情感,是“有感于外而后出于中者”(《原性》)。“外”即外界环境。感受到环境的不同,则“出于中者”就有恻隐之心和怨毒忿戾之心的不一致。明末清初的王夫之(1619—1692)说:“形也,神也、物也,三相遇而知觉乃发。”(《张子正蒙注·太和篇》)清代的戴震(1724—1777)说:“味与声色,在物不在我,接于我之血气,能辩之而悦之。”(《孟子字义疏证·卷上》)他们都认为心理现象是由外界事物所引起的,是人对外界事物的感知、辨别和感受。

祖国医学早就认识到心理与脑的关系。成书于秦汉时期的医书《黄帝内经·素问》提出:“诸髓者,皆属于脑。”另一篇《灵枢》中还提出:“髓海有余,则轻劲多力,自过其度,髓海不足,则脑转多鸣,胫酸眩冒,目无所见,懈怠安卧。”明代著名医药学家李时珍(1518—1593)提出“脑为无神之府”“泥丸之宫,神灵所集”(《本草纲目·人部》)的论断。他认为,脑是高级神经中枢活动的地方,是脑神经所在处,它聚集着人的精神。他还说:“耳目口鼻动于内,声色臭味引于外。”(《本草纲目·原序》)清代著名医学家王清任(1768—1831)根据他自己对尸体的解剖和大脑病理的临床研究,明确提出“灵机、记性不在心在脑”(《医林改错·上卷》)的著名论断。这一观点,比17世纪法国二元论者笛卡儿(Descartes,1596—1650)的脑反射说要彻底得多。他的《医林改错》于1830年问世,比俄国谢切诺夫(И. М. Сеченов,1829—1905)于1863年发表的《脑的反射》的论文早三十多年。这是我国科学家对高级神经活动学说的一个重要贡献。从17世纪起,西方的唯物主义者都比较明确地认识到,心理现象是外界事物作用于人的现象,是脑活动的产物。

但是,马克思主义以前的唯物主义者还不能完全正确地阐明人的心理现象。他们的主要缺点是,离开人的社会性,离开人的历史发展,去探索人的心理活动,因而不能了解心理活动对于社会实践的依赖关系。他们或者把人和机器等同看待,认为人的心理活动如同机器的功能一样;或者把人和动物等同看待,认为人的心理如同动物的心理。总之,他们看不到人的心理的质的特殊性。

二、科学的心理观

辩证唯物主义的心理观是唯一正确的心理观。辩证唯物主义认为,心理是脑的机能,是客观现实的主观反映。

现代科学以无可辩驳的事实证明,脑是心理活动的器官,心理活动是脑的机能。例如,完全切除狗的大脑皮质,这样的狗就不能独自摄食,不能躲避有害刺激,呼唤其名亦不起反应。用猴做实验,如果切除大脑皮质的枕叶,它对光的反应就失调;切除颞叶,它对声音的反应就失调;破坏中央沟周围的皮质可引起运动麻痹和对皮肤刺激反应的失调。脑电图的研究发现,不同的心理活动出现的节律往往是不同的。分子生物学的研究表明,动物在学习、记忆的时候脑内的神经细胞要发生某种电的、化学的变化。人脑是人的心理活动的器官。没有人脑这块物质基础,人的心理活动就不可能产生。有人曾做过实验:把初生的黑猩猩和初生的婴儿养育在一起,给予同样的训练。起初,幼小的黑猩猩表现很好,学习某些东西比小儿进步还快。可是到了一定的阶段,小儿开始学讲话时,幼小的黑猩猩就跟不上了,无论怎样训练,黑猩猩都不可能产生人的心理。

那么,人脑是以怎样的活动产生心理现象的呢?庸俗唯物主义者认为,人脑产生思想,正如同肝脏分泌胆汁、膀胱分泌尿一样。显然,这是错误的,因为他们把思想和物质等同起来了。现代科学的研究表明,人的一切心理活动就其产生方式来说都是脑的反射活动。

脑的反射活动分为三个主要环节:1.开始环节,外界刺激和它在感觉器官中引起的神经过程,经传入神经向脑中枢输入信息;2.中间环节,脑中枢将感觉信息进行加工、储存的神经过程,表现为主观上的心理现象;3.终末环节,从中枢沿传出神经将信息传至效应器官,引起效应器官的活动,如动作、言语等。所谓终末环节,并不是说活动就此结束。在一般的情况下,反应活动本身又会成为新的刺激,引起神经过程,新的信息又返回传入中枢,这一过程叫作反馈。反馈,使人的心理活动成为完整的、连续的过程,这样人才能更完善地反映客观世界。

心理现象在反射的中间环节产生,它为反射的始端的外界事物所引起,反映外界事物,又对反射终端的反应活动具有调节作用。

人的心理活动总是具有一定的内容,这种内容是客观现实在人脑中的反映。这一点是毋庸置疑的。无论是简单的心理现象还是复杂的心理现象,其内容都可以在客观世界的事物中找到它的源泉。例如简单的知觉:你看到一面红旗,是因为客观现实有一面红旗存在,因而在你的脑中产生红旗的映象。复杂的心理现象如社会主义思想,也不是凭空产生的,而是资本主义社会的矛盾冲突在工人阶级头脑中的反映。正如恩格斯所说:“现代社会主义不过是这种实际冲突在思想上的反映,是它在头脑中、首先是在那个直接吃到它的苦头的阶级即工人阶级的头脑中的观念的反映。”(恩格斯,1971)甚至是神话和传奇虚构的、现实生活中不存在的荒诞的形象,尽管它本身超脱现实,但构成它的原始材料还是来自客观现实。例如,人头脑中的鬼神迷信之类的观念,初看起来似乎和客观现实没有任何联系,其实不过是对自然界和社会力量的歪曲的反映罢了。正如恩格斯所说:“一切宗教都不过是支配着人们日常生活的外部力量在人们头脑中的幻想的反映,在这种反映中,人间的力量采取了超人间的力量的形式。”(马克思,恩格斯,1972)又如,有的儿童在画画时,在马身上添上翅膀,在坦克的头上加眼睛。尽管在现实生活中没有有翅膀的马和有眼睛的坦克,但是,马、翅膀、坦克、眼睛等原始材料在客观现实中都是存在的。这都说明心理活动的内容来自客观现实,客观现实是心理活动的源泉。

那么,心理作为人对客观现实的反映具有哪些特征呢?

首先,作为人对客观现实反映的心理现象是一种观念性的东西。列宁指出:“物质是作用于我们的感官而引起感觉的东西;物质是我们感觉到的客观实在。”(列宁, 1971)物质的特点在于它的客观实在性,即占有三维空间并以一定的运动形式而存在。而心理则是“物的复写、摄影、模写、镜象”(列宁,1971),即物的映象。事物的映象和它所反映的事物,就其内容来说当然是相像的。但事物的映象不等于事物本身,正如同我们在镜子中见到的自己的形象不是我们自身一样。物质是实在的东西,心理是物的映象,是观念性的东西。

当然,人的心理的观念性与客观实在的物质也不是绝对对立的。因为人的心理是由客观物质所决定的,它是脑的机能,是对客观现实的反映。同时心理的东西在一定条件下还可以转化为物质的东西,因此如果超出认识论的界限,“把物质和精神即物理的东西和心理的东西的对立当作绝对的对立,那就是极大的错误”(列宁,1971)。

其次,作为人对客观现实反映的心理现象具有主观的性质。对客观现实的反映,总是在一定的人、一定的主体身上进行的。每个主体在年龄特征、知识经验、态度需要、个性特点以及世界观等方面都存在着差别。因此,无论哪一种外界条件(客观现实)的作用总是通过早先已形成的心理特点及人当时所具有的心理状态而折射出来的。不同的人,甚至同一个人在不同时期和不同条件下,对同一事物的反映都可能各不相同。在教育和教学的过程中,我们经常遇到这样的情况:一个班上的所有学生都听同样的教师讲授同样的课程,但学生们对教材的理解和掌握却各不相同;对所有的学生都提出同样的要求,但学生们对这些要求的领会和执行情况也各不相同。

同样的外部影响,对不同的学生来说,其内部折射是不同的。这可以通过李丹等人的一个实验来说明。实验中,让小学生和初一学生阅读(不会阅读的用听讲方式)一些寓言故事和比喻词,然后问他们:“这个故事告诉我们什么道理?”(或“这个词的意思是什么?”)读了《刻舟求剑》的故事后,一个小学中年级学生说:“他不应该在船上刻记号,应该在水中插一根竹竿做记号。”一个初一学生说:“这个人是笨蛋,不用脑子,因为他只看到剑是从船边落下去,没想到船是会走的。”而另一个初一学生则认为《刻舟求剑》的故事告诉我们事情要马上做,不要迟。对于“一针见血”一词,一个小学中年级学生把它理解为“戳一针就看见血”,初一学生则把它理解为“说的话很厉害,一句话就有了效果”,开始理解到它的隐喻(李丹,等,1962)。

上述实验材料说明，人对现实的反映往往不是简单地取决于眼前的事物，而是表现出一个具体人的特点。同样的外部影响可以引起人们不同的主观反映。因此，人的心理是客观世界的主观反映。

我们说心理活动的内容来自客观现实，客观现实是心理活动的源泉，同时又说人的心理活动具有主观性，这是不是自相矛盾呢？并不矛盾。因为人的主观状况如何，人对客观现实采取什么样的态度，等等，归根到底仍然是由客观现实所决定的。如知识经验、兴趣、态度等都是在人的具体生活历程中反映客观现实的基础上逐步形成起来的。

正是由于外界作用要通过人的内部特点而折射出来，因此，我们在教育和教学的过程中必须考虑每个学生的年龄特点和个性差异。不考虑学生的内部特点，就难以取得预期的教育效果。

最后，人的心理是对客观现实的积极的能动的反映。人对客观现实的反映不是像镜子反映物象那样，是消极的、被动的。人对客观现实的反映是在人的实践活动中发生和发展起来的，是人在作用于外部世界，完成各种行动、操纵各种事物的过程中实现的。它不仅受客观事物的影响，而且还积极地作用于周围客观事物。在人对客观现实的反映中，客观世界的影响是根本的决定性的一方，它决定着并且作为原因制约着人的一切心理活动和一切个性心理特征。但是它不是机械地、直接地决定心理活动和塑造个性心理特征，而是在人和客观世界的交互作用的过程中实现的，即通过人的有目的地改造世界来实现的。

由于人对客观事物的处理和应用，以及实践活动的深化，人们的认识也不断深化，反映的内容也不断丰富和发展，越来越能够认识事物的本质。实践活动的社会性和多样性，使人们形成不同的个性心理特征。正如恩格斯所说："人的智力是按照人如何学会改变自然界而发展的。"（恩格斯，1971）

事实也正是这样，一个人脱离了社会生活，脱离了社会实践，就不会形成人的心理。例如，至30世纪50年代末，科学上已发现30个小孩是由野兽在野地里抚育大的，其中多数是"狼孩"，也有"豹孩"和"熊孩"。由于种种原因，这些"狼孩"在两三岁时离开了人类社会和狼等野兽一起生活。当他们十多岁被救回到人类社会时，有嘴不会说话，有手不会劳动，有脑不会思维，白天躲藏起来，夜间潜行，四肢爬行，吞食生肉，只会嚎叫，和野兽没有多大差别。这类事实有力地说明一个人如果脱离了人类社会，没有社会实践活动，就不可能产生人的心理，更谈不上人的心理发展。

实践活动不仅是人的心理发生、发展的基础，同时，实践也是检验人对现实反映是否正确的标准。判定一个人的认识是否符合客观现实，人对现实的反映是否正确，不是依主观上觉得如何而定，而是依客观上社会实践的结果如何而定。当人根据对现实的认识进行活动的时候，活动产生的结果便检验着反映是否正确。正因为通过实践活动，人的心理能正确地反映客观现实，认识事物的本质和发展规律，所以人能够改造自然、改造社会，控制自然力量和社会力量，并利用外界环境来为自己服务。这充分地说明人的意识的能动性。

总之，心理是人脑对客观现实的主观反映；在这种反映中，外界事物的影响总是要通过反映者的内部特点而折射出来；这种反映是通过实践活动而实现的，实践活动检验、校正着心理对客观现实的反映的正确性；心理现象又完成着行为的调节机能。

第三节 心理学的作用和分支

一、心理学的作用

心理学是一门基础科学。探明心理现象的各种规律，无论在理论上或是在实践上都有重大的意义。

（一）心理学研究的理论意义

首先，心理学的研究为马克思主义认识论和辩证法提供了科学论据。心理学研究心理、意识的起源和发展，研究心理现象对客观事物的依存性，研究外界的客观事物怎样引起脑的活动而产生心理现象等问题。这些科学资料有助于辩证唯物主义者具体地论证物质第一性、意识第二性，意识是高度组织起来的物质的产物以及意识是客观世界的反映等基本哲学命题，有助于辩证唯物主义彻底战胜形而上学和唯心论。因此，列宁曾高度评价心理学的作用，指出："心理学提供的一些原理已使人们不得不拒绝主观主义而接受唯物主义。"（列宁，1984）列宁还把心理学列为"构成认识论和辩证法的知识领域"（列宁，1984）之一。

其次，心理学的研究对邻近的社会科学如文学、艺术、法学、政治经济学等，也有一定的理论意义。因为这些学科和心理学一样都要研究人、研究人的心理，只不过研究的侧面有所不同。心理学的研究成果必然有助于它们深入地认识各自的研究对象。

（二）心理学研究的实践意义

任何实践活动都是人的实践活动，都是在人的心理的调节下完成的。心理学所提供的人的心理过程和心理特征等的形成和发展的规律性知识，对提高各种实践活动的效率无疑是十分必要的。因为掌握了心理现象的规律，人们就可以根据实践活动的需要，促进某些心理活动和心理特征的形成和发展，或控制、改造某些心理活动和心理特征。这样，心理学就可以直接参与到极为广泛的实践活动中去，为许多实践领域服务。

在教育实践领域中，心理学的知识特别重要。例如，教师可以根据知觉的发展规律培养学生的观察力；根据注意的规律组织好教学，使学生上课时专心听讲；根据思维的规律使学生正确地理解概念和教材的内容；根据记忆的规律，指导学生正确地进行复习，牢固地掌握知识和技能。人民教师是人类灵魂的工程师，可以根据个性倾向性和心理特征形成和发展的规律进行教育，促进学生共产主义信念和优良品德的形成；促进学生积极的性格特征的发展，改造消极的性格特征，为祖国的"四化"建设培养出更多的人才。

例如，优秀的人民教师马淑珍在教汉语拼音时，根据小学一年级学生的年龄特征，用形象生动的教学方法，把枯燥乏味的拼音字母变为孩子们很容易接受的东西。在教拼音字母"ɑ"时，马老师请一位梳小辫的女孩到前面来，让她侧身对着同学。马老师先指黑板上的"ɑ"，然后指那位小女孩，问全班的同学："这个字母像不像她的脑袋？圆圆的脸蛋儿，小撅撅辫，像不像？"学生们一下子活跃了，齐声回答："像——"马老师对那位女孩子说："你过去感冒发烧，医院的大夫用一个压舌板压住你的舌头，叫你怎么着？"女孩自然地呼出："啊——"马老师说："对，这个字母就念'啊'，大家随我念：'啊——'"这样，孩子们很快学会了"ɑ"的读音和写法。

为了给孩子们解决声母的形和音的问题，马老师还教了孩子们许多顺口溜，如：

6是玻（b），反6得（d）；

一门讷（n），二门摸（m）；

拐棍佛（f），伞把特（t）；

小棍赶猪"勒勒勒"（l）。

有的还谱成曲子唱，比如有几个复韵母孩子们容易搞混，马老师就领着孩子们唱。孩子们喜欢唱，上课唱，下课唱，跳皮筋游戏也唱。这样，孩子们仅用四周时间就记熟了拼音字母，而有些学校用八周还教不完。（王有盛，刘坐江，1978）

心理学的知识对自我教育也是很重要的。科学地理解心理现象有助于人们改进自己的学习方法，有助于认识自己个性品质的优缺点，从而使人们能自觉地发展积极的个性品质，克服消极的个性品质。

在实现社会主义现代化的进程中，心理学的知识有着广阔的应用范围。例如，人们可以根据感知过程的特点，改进对劳动工具、劳动对象和产品情况的感知，保障生产安全，以提高工作效率和产品质量；也可以根据技能形成和发展过程的规律加速技工培训，尽快掌握新技术，提高技术水平。目前在工业技术上广泛应用的电子计算机，从某种意义上说，就是对人类思维活动的模拟。要实现炼钢的自动控制，就有一个会模拟有经验的炼钢工人的思维过程及其对有关信号的反应的问题;要制造依照口述而工作的“速记机”,就会遇到模拟人类语言听觉的问题;要制造摘棉机、采茶机、摘水果的机器以及实现织布自动化操作,就会遇到模拟触觉的问题。随着现代化生产的发展,产生了一门新兴的学科——工效学。工效学是研究人与机器、人与人的关系,保证工作者安全、健康、舒适以提高工作效率的学科。它在发达国家受到广泛的重视和研究,并渗透到国民经济的各个领域。目前心理学的研究和应用已扩展到人类社会生活的许多领域,如国防、医疗卫生、体育运动等部门。心理学的知识已渗透到许多科学技术领域,如仿生学、控制论、人工智能等方面。恩格斯曾把“思维着的精神”称为“地球上最美的花朵”(恩格斯, 1971)。可以预料,以“思维着的精神”作为研究对象的心理学,必将随着这“最美的花朵”的繁荣怒放而愈益显示出它的作用。

二、心理学的分支

现代心理学是一个具有许多分支的学科体系。

普通心理学是心理学的主干,它主要研究正常成人的心理现象的一般规律和心理科学的基本原理,同时也概括各分支心理学的主要研究成果。

心理现象是多水平的、分层次的机能系统。在普通心理学的范围内,又可以区分出专门研究各种心理过程和心理特征的心理学分支:感觉心理学、知觉心理学、记忆心理学、思维心理学、情绪心理学、意志心理学、能力心理学、性格心理学等,分别研究有关的心理过程或心理特征的规律性问题。

以不同主体的心理现象为研究对象,可以区分出如下的心理学分支。

发展心理学,也叫年龄心理学,研究心理在个体发展过程中的演变规律及年龄特征。年龄心理学又可分为幼儿心理学、儿童心理学、少年心理学、青年心理学、成人心理学、老年心理学等分支,分别研究各年龄阶段的心理特点及其形成规律。

比较心理学,也叫动物心理学,研究在种族演化过程中心理的发生和发展规律。它通过在进化阶梯上各不相同的动物的行为的比较研究,特别是对高等动物行为的研究,来揭示人类意识发生的自然前提。

病理心理学,研究人们正常心理被破坏的各种形式和正常心理发展的不同损害。它又分为变态心理学(研究精神病患者的心理)、智力落后心理学(研究与先天性脑缺陷相联系的心理发展的病理性变化)、缺陷心理学(研究盲人、聋哑人的心理特点)。

以不同的社会实践领域中人的心理现象为研究对象,可以区分出如下的心理学分支。

教育心理学,研究教育和教学活动中的心理学问题,包括研究受教育者掌握知识、技能和形成道德品质的规律，优秀教师的个性特点和教育能力的形成规律，以及教师和学生的相互关系等心理学问题。它又可分为语文教学心理学、数学教学心理学等各科教学心理学（研究各种学科的学习心理和教材掌握中的个别差异等问题），德育心理学（研究学生共产主义道德品质的形成规律）和教师心理学。教育心理学和年龄心理学是密切联系的，是人民教师必须掌握的基础科学。

劳动心理学，研究劳动活动中的心理学原理。它具体研究适合于某种职业的心理品质以及科学地组织劳动、改善劳动条件、防止工伤事故的心理学问题，探讨提高劳动生产率的心理条件。它包括工程心理学、工业管理心理学等分支。

医学心理学，研究心理活动和各种病理过程相互影响的规律，探讨心理因素在疾病发生、发展和诊断、治疗、预防中的作用，还包括病理心理学的内容。

军事心理学，研究军事训练和战争中的心理学问题，主要探讨士兵的能力和能力倾向的测定、军事指挥员的选择和训练、士气和情绪因素对战争的影响和控制，以及心理战的运用。所谓心理战主要是用宣传、广播、报纸等方式来鼓舞自己的民心士气，摧毁敌人的士气。

艺术心理学，研究艺术创作和艺术欣赏过程中的心理活动规律，研究各种艺术才能的结构和培养。

运动心理学，研究运动员的教学和教育的心理学问题，主要探讨运动员在体育训练和运动竞赛中的心理特点及运动技能和道德品质的形成规律。

从心理现象和其他现象（物理现象、生理现象、语言现象、社会现象）的相互关系来考察，可以区分出如下的心理学分支。

心理物理学，研究心理量和物理量之间的函数关系，从探索感觉阈限的测量开始，如今作为一种基本方法也用于其他心理活动的研究。

神经心理学，研究心理现象的物质本体（脑的活动），探索脑接受、加工和储存外界信息的神经过程。

语言心理学也叫心理语言学，研究语言活动和心理活动的相互关系，如探讨使用语言进行谈话、理解、阅读、书写时的心理过程等。

社会心理学，研究个人心理与社会环境（家庭、集体、阶级、民族）交互作用中的心理学问题，研究各种社会集团、集体的心理表现及其形成规律，研究领袖言行对群众的影响等。

心理学的各分支研究着心理现象的各个侧面，从各种不同的角度揭露心理现象的各种规律。它们互相联系形成了心理学的学科体系。

第四节 心理学的方法

一、心理学研究的指导思想

任何科学研究都必须以辩证唯物主义的方法论作为指导，遵循其基本原则。心理学的研究也不例外，必须以辩证唯物主义的方法论作为指导。对心理学的研究来说，坚持实事求是的观点和普遍联系的观点尤为重要。

（一）坚持实事求是的观点

"'实事'，就是客观存在着的一切事物，'是'就是客观事物的内部联系，即规律性，'求'就是我们去研究。"（毛泽东，1953）心理学研究的目的是探索心理现象的规律，因此必须坚持实事求是的观点。

坚持实事求是，首先意味着对心理现象的研究，必须按它们的本来面貌进行考察，而不附加任何外来的成分。心理现象是我们每个人都有所体验的，在研究工作中我们很容易把自己的主观体验和客观观察到的事实混淆起来。研究者必须如实地记录对被试的外部刺激、被试的反应以及被试主观体验的口头报告，切不可用研究者自己的主观体验、主观感受来代替客观观察到的事实，或附加在客观观察到的事实上面。在做结论时，要根据客观的资料和事实下判断，切不可做过分的推论。例如，被试是成人，就不要把结论推广到幼儿；儿童掌握语文知识的结论，就不要把它推广到学习数学知识上去。

坚持实事求是，还要求对心理现象的研究不要只停留在现象的描述上，必须揭露其客观存在的规律性。当然，科学研究的初期，对现象的描述是必要的，但只停留在现象的描述上，而不揭示其规律性，这种研究就不能达到科学的水平。只有揭露了心理现象的规律，才能把有关的规律用于实践，从已知推出未知，由此及彼，预测未来。

（二）坚持普遍联系的观点

心理现象不是内部封闭的绝缘系统。它和外部刺激、机体状况及反应活动紧密地联系着。就外部刺激的性质而言，有机械的、物理的、化学的、生物的和社会的，种类繁多，强度不一，统称为刺激变量。就机体状况而言，有生理的因素和心理的因素，统称为机体变量。就反应活动而言，有行为、言语和不明显的生理变化，统称为反应变量。对心理现象的研究，就是把它与上述种种因素联系起来进行考察，即从刺激变量、机体变量和反应变量三者之间的关系来研究心理现象，而不是把心理现象看作某种独立存在的东西，进行孤立的研究。

坚持普遍联系的观点,还意味着在发展中研究心理现象。心理现象是人对客观世界的反映。客观世界总是不停地运动和变化的,因此心理现象也不是凝固的、静止的。在研究心理现象时,既要阐明已经形成的心理特征,更要研究那些也许是刚刚出现的新的心理特点。这种研究对于培养下一代的教育工作有重要意义。

二、心理学研究的设计要点

心理现象不同于物理现象、化学现象和生理现象,有它自己的特殊性。在进行心理学研究的设计时,须注意以下要点。

(一)确定心理现象的外部指标

心理现象总是和人的反应活动相联系,并在人的外部活动中表现出来的。要进行心理学研究,首要的任务是确定用什么外部活动、外部反应来代表所要研究的心理现象。例如,研究儿童时间知觉的发展,首先要确定用什么活动(反应的准确性或言语的时间估计等)来代表儿童时间知觉的发展水平。又如,研究思维发展的规律,首先要确定要被试思考什么问题:是不同材料的分类还是解决某种数学问题?这就是所谓的具体活动的取样问题。活动的取样要有典型性,要能从其中探寻出有关心理活动的规律。对具体活动的取样,既包括被试的行为表现,也包括他的言语反应,包括研究时同被试所进行的个别谈话,谈与他自己有关的心理活动和感受。这时,也要预先确定谈话的方向和提纲。

心理是脑的机能。心理活动与生理变化的关系十分密切。许多心理学研究是要确定心理现象和生理变化的关系的。这时,就需要确定:观察、记录什么生理反应,如何观察,如何记录。例如,研究人的情绪反应,可以确定记录他的呼吸、脉搏、皮肤电、脑电和血液中化学成分的变化。这种研究有助于阐明心理现象的生理机制。

(二)确定布置和控制外界的情境

心理现象是客观现实的反映,为外界条件所制约。要进行心理学研究,还必须确定布置和控制(或改变)一定的外界情境,用以探索有关的外界条件和拟以研究的心理现象的关系。例如,研究记忆发展的规律,可以有意地布置、控制或改变背诵材料的内容、长短以及诵读时间的分配等实验条件,从而探索记忆过程与这些因子的依存关系。又如,研究小学一年级儿童掌握数概念的年龄特征,就要严密控制被试所受教育的情况以及周围噪声等无关因素的干扰。如果在研究过程中出现某些难以控制的无关因素,要详细地加以记录,以备处理结果时参考。

(三)确定被试的取样

心理现象总是在一定的人的头脑中发生的。心理学的研究还要确定选择什么人作为被研究的对象,这就是所谓的被试的取样问题。对被试的选择,有质和量两方面的问题。由于个别差异的存在,如果研究普遍性的心理现象,使用过少的被试,必定会影响研究结果的正确性。被试的数量如何,各类被试的数量比例如何,要依研究的课题而定。就质的方面来说,被试的选择要有代表性。人是极其复杂的被试,他的年龄、性别、籍贯、家庭出身、身体状况、思想水平、个性特征、经验、受教育程度、训练等都会影响研究的结果。因此,在取样时,应尽量使被试在某些特点上能代表拟以研究对象的真实情况,而不致因被试某一方面的特征突出或欠缺而影响研究结果的真实性。例如研究小学二年级学生思维发展的水平,就不能只选学习成绩好的或只选学习成绩差的儿童,也不能只选男生或只选女生作为被试对象,而应做到各类儿童都有代表。为了使研究对象具有代表性,研究时应采用随机取样的方法。简单的随机取样法是把研究对象的个体编成号码,然后用随机数字表抽取其中一部分个体,这些抽取出来的样本必须代表总体的一般特性。

总之,确定以什么外部活动作为拟研究课题的指标,确定如何调节和控制外界情境,以及怎样选定被试,这些都是心理学研究时必须注意的要点。这是由心理现象的特殊性所决定的。

三、具体的研究方法

心理学的研究方法很多,通常采用下列方法:观察法、实验法、谈话法、活动产品分析法、测验法和模拟法。

(一)观察法

观察法是研究者在未经控制的日常生活中,了解和分析人的言行、表情等以判断其心理活动的一种方法。只要在日常生活条件下,能够直接地、系统地观察到心理活动的发生和发展的有关课题,就可以用观察法进行研究。例如要研究婴儿的心理发展,就可以选定特定的婴儿,每日在一定时间内详细观察他的活动,记录他的身体运动、表情、发声等,以及当时的客观情况。这样,观察到一定时期(一年至几年),观察记录材料积累到一定数量,便可以进行分析,找出婴儿发展的规律。达尔文(C.R.Darwin,1809—1882)的《一个婴孩的生活概述》(达尔文,1958)、我国陈鹤琴的《一个儿童发展的程序》(陈鹤琴, 1925)就是这一类研究。又如,研究一个小学生思维能力的发展,也可以通过有计划地观察他怎样解决数学习题或其他问题,从他如何理解问题,看他的分析综合能力;从他采取什么步骤,看他推理的正确性;从他是否采用最便捷的方法,是否及时放弃不合理的方法,以及运算速度的快慢,看他思维的灵活性和敏捷程度;等等。

要使观察法富有成效,研究者必须对所要观察的问题事先有个基本的了解;观察目的要明确;要使被观察者尽量处于自然的状态,必要时研究者可以在隐蔽处通过纱屏或单向透光玻璃进行观察;要善于记录跟观察目的有关的事实,以便事后进行整理、分析,并且提出进一步研究的意见。为了能更精确地记录,可以利用录音、照相、录像等。

观察法的优点是被观察者的心理表现自然。它的缺点是研究者只能处于被动的地位,消极地等待有关现象的出现,同时收集到的材料也很难做数量上的处理,因而很难精确地确定某种心理现象产生的确实原因。

自我观察法

自我观察法是自己观察自己心理活动的方法。例如某件事使我们感到喜悦或痛苦之后,我们能够把当时的体验描述出来,并进行必要的分析。

人的真实的心理活动与所表现出来的行动往往有不同的关系:有时有什么样的心理就有什么样的行动,有时心理和行动不那么一致,有时则可以完全相反。因此,单靠从外部观察一个人的行动,往往是不够的。借助自我观察,特别是在实验的条件下,询问一个人的心理活动,就可以对从外部观察到的材料进行补充和印证。

自我观察法的缺点是,人对自己某种心理活动的观察,总是在这种心理活动停止以后进行回忆的,而回忆往往是不那么准确。其次,我们对自己的一些体验往往也很难用确切的言语表达出来。最后,自我观察得到的材料,其他人又往往难以客观地加以验证。因此,它只能是一种辅助性的方法。

(二)实验法

实验法是研究者有意操纵某种条件,促使一定心理现象的产生,从而探索心理活动规律的方法。

实验法是心理学研究的主要方法。与观察法相比,它主要有下列优点:(1)研究者处于主动地位,他可以选择方便的时间、地点使某种心理现象发生,而不是消极地等待它的偶然出现。(2)研究者能有意地使某种心理现象在相同的条件下重复发生,反复进行观察,做出确切的科学结论;他人也可以在相同的条件下加以验证。(3)研究者可以系统地变化条件,观察条件的变化和心理现象变化之间的关系,从而揭露某种心理现象产生的原因。

心理学实验法有两种形式:自然实验法和实验室实验法。

1. 自然实验法

自然实验法是在日常生活的情境中，适当控制条件，结合平时的业务工作而研究心理活动的方法。例如，要研究小学各年级儿童口头语言和书面语言发展的水平，可以结合教学对不同年级的学生提供各种阅读材料。儿童学习了这些材料之后，完成指定的口头复述和书面复述的作业。从这些作业材料的整理和分析中，可以看出不同年级儿童口头语言和书面语言发展的水平和特征。又如，要研究小学一年级儿童普遍存在着的感知算式错误（把加法做成减法，或把减法做成加法）的原因，教师可以在一个班里，根据一定的计划加强实验性训练，而在另外的平行班则不进行这种实验性训练，按正常教学进行。对获得的材料加以整理和分析，就可以找出影响小学一年级儿童感知算式错误的原因及其克服的办法（张增杰，汪盼霞，1963）。

自然实验法的优点是把心理学研究与平时的业务工作结合起来；研究的问题来自实际，具有直接的实践意义。这种方法的缺点是不容易精密地控制实验条件。要精密地控制实验条件，还需用实验室实验法。

2. 实验室实验法

实验室实验法是在人为的条件下运用一定的仪器严格控制实验条件，以研究心理活动的规律的方法。例如，为了比较人的视觉和听觉简单反应时间的差异，在实验中布置好电秒表，光、声刺激器，电键等仪器，让被试将一只手放在电键上，要求他在看到（或听到）信号时，便立即按下电键。经过多次实验，将两种感觉到的反应时间分别平均，算出标准差，便可求出它们在统计学上有无差异。目前，实验室实验法主要用于探讨各种心理过程的基本规律。对于复杂的心理现象如性格等，用实验室实验法研究尚有困难。由于实验室实验法是在人为的特定条件下进行的，因而实验研究的结果同日常实际生活中的心理现象尚有一定差距，用研究结果指导生活实践也有一定的局限性。这是实验室实验法的主要缺点。

（三）谈话法

谈话法是研究者事先初步拟定一定的问题同被试进行谈话以了解其心理特点的方法。例如，要了解小学二年级儿童兴趣的特点，可根据诸如“你最喜欢哪一门功课？课外最喜欢读哪种读物？最喜欢做什么游戏？最喜欢哪位老师？”等问题和儿童进行谈话。详细记录其答案以及谈话时的表情、动作等。把谈话的内容和其他观察材料结合起来分析，便可能得出心理学的一些结论。

要使被试的谈话客观可靠，研究者必须事先同他建立信任关系。在谈话时，态度要和蔼,使谈话在自然的气氛中进行;拟定的谈话问题要简明易懂,使被试能当面回答;提出的问题不能有任何暗示的性质。

(四)活动产品分析法

活动产品分析法是根据被试的活动成果,如日记、作文及其他劳动成果以研究其心理特点的方法。这种方法对揭露人对学习、工作、劳动的态度,技能的熟练程度以及智力发展的水平具有一定的意义。在研究活动产品时,如果能进一步研究制造产品的活动过程,就能将问题研究得更深刻些,因为人的心理特点总是在活动过程中表现出来的。在心理学研究中,活动产品分析法起辅助性作用,它往往是与其他方法联合使用的。

(五)测验法

测验法也叫心理测验,是根据预先制订的测验量表来测定人的智力和心理特征等方面的个别差异。测验的种类很多,主要有智力测验、品格测验、能力倾向测验等。

(六)模拟法

模拟法是根据所掌握的研究对象的已有知识,建立一个与研究对象相类似的模型,通过对该模型的研究以探索心理活动规律的方法。

模拟法的特点是,通过与某种心理现象有些类似的模型来进行研究,而不直接研究心理现象。因此,模型的正确性、完备性和具有多种性能,显得十分重要。这一点又依赖于人对所要研究的某种心理现象的已有知识。

模型和心理现象之间不可能完全相似。模型通常比作为它的原型的现象要简单些、粗略些,即研究对象本身是被简化了的。正是由于这种简化,可能使心理现象的某种规律突出,便于人们研究。但这种方法也会因为过分的不成功的简化而导致对原型的歪曲。

近年来,随着电子计算机的发展,人们模拟了人在解决各种问题时所用的方法、策略、窍门,并把它们编入程序,制造出“人工智能机”。这种机器能完成一些“智能”的工作,如图形辨别、语言翻译、解决问题等(即制成识别机、翻译机、学习机等)。目前的研究不仅已能模拟人的感知、记忆、学习、思维等心理过程,而且还能对人进行综合性的模拟。所谓的“机器人”的研究,就是综合性模拟的一种最复杂的形式。这些模拟可能有助于我们形成某种理论,可能作为一种手段来检验某种理论,也可能帮助我们寻找新的模型。如电子计算机的研究,可能为人的计算等思维活动的机制提供一些启示。

心理现象是极为复杂的现象,这就决定了研究方法的多样性。上述这些方法都各有其优点,也都有其局限性。要根据研究课题的性质,分别选择有关的研究方法,切莫固执地单纯使用一种方法。在很多情况下,心理学研究往往同时运用几种方法,使之互相补充。但是不论采用何种方法,心理学研究都必须遵循辩证唯物论的基本观点和前述的设计要点。同时,我们还要尽量采用现代科学技术的新成就,不断探索心理学研究的新方法,只有在研究方法上有所突破,才能更深刻地揭露心理活动的各种客观规律。

四、研究材料的处理

不论采取何种研究方法,其目的都是揭示各种心理活动的规律和制约某种心理特征的诸因素。但心理活动的规律和制约心理特征的诸因素并不是在所得的研究材料中自然显露出来的。只有对所得的研究材料进行分析处理,才能找出其内在的规律性。对研究材料的分析,可从质和量两个方面进行。

(一)从质上对研究材料的处理

首先,要确定表征所研究的心理现象的质的特点的指标,然后根据指标对研究资料进行分类处理。例如,在研究3~7岁儿童数概念和运算能力的发展时,首先应从研究材料中找出有哪些指标能表征这种能力。研究表明,可以从计数能力、数群概念和加减运算能力、系列概念、数的守恒能力及数学推理能力等指标,对材料进行分类处理;而计数能力的发展又可以从口头计数、按物计数、按物计数后说出实物总数以及书面计数等四项指标,对材料进行分类处理(幼儿数概念研究协作小组,1979)。这里,重要的是准确地确定指标,要能够从这些指标中看出所研究的心理现象的质的特点;其次,要根据指标对所得的研究资料做精密无遗的分类。这两者都是不可偏废的。

(二)从量上对研究材料的处理

仅对研究材料做质上的处理是不够的。许多心理学问题,已经正在从定性的研究转入定量的研究。我们应把定性的研究和定量的研究有机地结合起来。

有许许多多的现象,例如注意广度、反应时间、记忆效果、思维敏捷度、情绪的强度等,都存在着变异性。变异性的现象反映着数量变动,这变动着的数称之为变数。各种变数都有一个包括全部数据在内的总体,而实验测定的数据往往只是总体中的一小部分,即样本。科学研究的目的是从样本推知总体,或将各样本加以比较从而得出某些规律性的结论。在对研究材料做数量分析时,通常运用统计学的方法。在心理学研究中最基本的数据处理方法是平均数、标准差、平均数之间的比较及相关分析。

1.平均数和标准差

平均数又称均值，它的定义是各个测量值的和除以测量次数的商。例如有6个测量值X_1，X_2，X_3，X_4，X_5，X_6，平均数或均值便等于测量值之和除以6。平均数的计算公式是：

$$\bar{X} = \frac{\sum_{i=1}^{n} X_i}{n} \tag{1}$$

式中符号$\bar{X}$一般读为“X一横”，意指样本的算术平均数，$\sum_{i=1}^{n}$表示从1到n所有测量值相加。

平均数反映着被研究现象的集中趋势，其作用是：①代表总体取值的平均趋势；②便于各总体之间相互比较。

在研究分析某种现象的特点时，不仅要注意其集中趋势，而且还要研究它的离中趋势，即离散度。对于离中趋势，最常用的量度是标准差σ。在抽取一个样本后，它的估计方法是，先求出所有各个数值与平均数之差的平方，然后再取这些平方平均数的算术平方根，其计算公式如下：

$$\sigma = \sqrt{\frac{\sum (X_i - \bar{X})^2}{n}} \tag{2}$$

或

$$\sigma = \sqrt{\frac{\sum (X_i - \bar{X})^2}{n-1}} \tag{3}$$

计算标准差的基本方法用(3)式，当n小于30时，最好用(2)式。

标准差是总体离散度的直接量度。标准差越小，其变数越集中在平均数的附近；相反，标准差越大，其变数的分布也越分散。

2.平均数之间的比较

在心理学研究中经常进行分组的因素实验，以比较各种实验条件所发生的影响。例如，用同样一种学习材料，让一组儿童在一定的时间内反复学习，另一组儿童则把这段时间分散开来进行学习。经过一段时间后，让他们进行回忆。欲问这两种学习方法孰优孰劣？我们可以用统计方法来比较这两组数据的平均数，以判定这两种学习效果有无显著差异及其优劣。这里，必须注意被试采取随机取样的原则。因为如果我们有意无意地挑选智力发展水平极高的或极低的儿童接受某种实验，那么得出的结论就有失误的危险。判定两个平均数之间有无显著性差异可用统计学中的“t检验法”，所用公式为：

$$t=\frac{\bar{X}_1-\bar{X}_2}{\sqrt{\left(\frac{\sum d_{1\ i}^{\ 2}+\sum d_{2\ i}^{\ 2}}{n_1+n_2-2}\right)\left(\frac{1}{n_1}+\frac{1}{n_2}\right)}} \tag{4}$$

式中 $\bar{X}_1$ 和 $\bar{X}_2$ 是两组数据各自的平均数，$d_{1i}=X_{1i}-\bar{X}_1$，$d_{2i}=X_{2i}-\bar{X}_2$，n_1，n_2分别是各组得到的数据个数。

关于差异显著性水平，统计学上公认，$P>0.05$ 差异不显著，$0.05>P>0.01$ 差异显著，$P<0.01$ 差异非常显著。

现举一计算实例加以说明，两组被试分别在条件A、B之下进行实验。条件A组15人，条件B组14人，所得分数列入表1-1，问两组成绩是否存在着差异。

表1-1　两组被试的成绩

项目	条件A组	条件B组	$d_{1i}=X_{1i}-\bar{X}_1$	$d_{1\ i}^{\ 2}=(X_{1i}-\bar{X}_1)^2$	$d_{2i}=X_{2i}-\bar{X}_2$	$d_{2\ i}^{\ 2}=(X_{2i}-\bar{X}_2)^2$
每个被试所得分数	64	65	−5.6	31.36	8	64
	71	60	1.4	1.96	3	9
	72	50	2.4	5.76	−7	49
	70	70	0.4	0.16	13	169
	66	54	−3.6	12.96	−3	9
	80	45	10.4	108.16	−12	144
	67	60	−2.6	6.76	3	9
	68	63	−1.6	2.56	6	36
	67	55	−2.6	6.76	−2	4
	70	54	0.4	0.16	−3	9
	73	63	3.4	11.56	6	36
	69	52	−0.6	0.36	−5	25
	74	51	4.4	19.36	−6	36
	71	56	1.4	1.96	−1	1
	62	0	−7.6	57.76		
总数 平均 数n	1044 69.6 15	798 57 14	0	267.6	0	600

已知：$\bar{X}_1-\bar{X}_2=69.6-57=12.6$

$\sum d_{1\ i}^{\ 2}=267.6$　$\sum d_{2\ i}^{\ 2}=600$

$n_1=15$　　$n_2=14$

代入公式(4)得：

$$t=\frac{12.6}{\sqrt{(\frac{267.6+600}{15+14-2})(\frac{1}{15}+\frac{1}{14})}}=\frac{12.6}{\sqrt{\frac{867.6}{27}\times\frac{29}{210}}}=\frac{12.6}{2.106}=5.983$$

查t表，自由度$df=(n_1-1)+(n_2-1)=(15-1)+(14-1)=27$

$P=0.001$时，$t=3.690$

现在$t=5.983$，$P<0.001$，说明在条件A、B的作用下两组平均数差异极其显著。

3.相关分析

研究两个变数x，y之间的相互关系的统计方法称为相关分析，即一个变数(x)变化时，另一个变数(y)也随之发生向某种相同方向的变化，或发生向某种相反方向的变化。前者属于正相关，后者属于负相关。在心理学研究中，若要说明各种心理现象的特征之间或某种心理特征和生理特点之间的联系程度可以采用相关分析的方法。例如，随意识记与不随意识记之间的关系、注意稳定性与双手动作之间的联系、遗传力与智力之间的关系、智力与音乐能力的关系等心理学问题都可以用相关分析加以研究。

两个变数的线性相关程度用相关系数来量度，通常以小写字母r表示。r的最大值是+1，其变动范围是通过0而到最小值−1。$r=+1$，表示完全正相关；$r=0$，表示无相关（即没有线性关系）；$r=-1$，表示完全负相关；其余的相关程度可以查表来衡量。

相关系数的计算公式为：

$$r=\frac{\sum_{i=1}^{n}x_iy_i}{\sqrt{\sum_{i=1}^{n}x_i^2\cdot\sum_{i=1}^{n}y_i^2}} \tag{5}$$

现举一实例加以说明：10名学生的数学成绩和物理成绩的资料如表1−2所示。

表1−2　10名学生的数学成绩和物理成绩

科目	个人									
	A	B	C	D	E	F	G	H	I	J
数学	2	4	7	6	6	10	10	5	13	12
物理	1	3	8	4	11	7	11	7	11	14

问：数学成绩与物理成绩是否存在相关？

现将资料整理成表1−3：

表1−3　数学成绩与物理成绩相关系数计算表

X	Y	X^2	Y^2	XY
12	14	144	196	168
13	11	169	121	143
5	7	25	49	35

续表

X	Y	X^2	Y^2	XY
10	11	100	121	110
10	7	100	49	70
6	11	36	121	66
6	4	36	16	24
7	8	49	64	56
4	3	16	9	12
2	1	4	1	2
总数75 $\sum X$	77 $\sum Y$	679 $\sum X^2$	747 $\sum Y^2$	686 $\sum XY$

将上述数据代入公式(5)得：

$$r=\frac{686}{\sqrt{679\times 747}}=\frac{686}{\sqrt{507213}}=\frac{686}{712.19}=+0.96$$

可见，数学成绩与物理成绩是相关的，其相关系数$r=+0.96$，属于高度正相关，即数学成绩高者，其物理成绩大概也高。

总之，在进行心理学研究时，必须根据研究课题的性质，正确地选择具体方法，在辩证唯物主义基本观点的指导下，按研究的设计要点做好设计，然后将研究获得的材料进行质和量两个方面的处理，这样，就有可能做出客观的、符合实际的心理学结论。

第五节　心理学的现状

心理学是一门具有悠久历史的科学。在我国古代的哲学、教育和医学文献中，在古希腊哲学家柏拉图(Plato，前427—前347)、亚里士多德(Aristotle，前384—前322)等人的著作中就有过许多关于心理学的论述，但那时的心理学仅属于哲学的一部分。心理学作为一门独立的科学，从冯特(W.M.Wundt，1832—1920)于1879年建立世界上最早的一个心理实验室算起，至今已有一百多年的历史。冯特所开创的传统心理学，把意识、经验定为心理学的研究对象，用内省法对自己的意识过程进行分析。他认为心理学的任务是把意识、经验分析为它的组成元素，探讨这些元素是根据哪些规律结合在一起的。这个心理学派别之后为冯特的学生铁钦纳(E.B.Titchener，1867—1927)进一步加以发展，称为构造主义心理学。一百多年来，由于心理学的研究手段日益多样化，研究领域不断扩大，分支愈来愈多，队伍愈来愈大，研究论文和出版的书刊也愈来愈多；还由于人们对心理学研究对象和方法上的看法不同，以及受各种哲学思潮特别是唯心论和形而上学哲学思潮的影响，心理学领域中出现了许多观点不同的心理学派别及小型的理论体系。所以，要对心理学的现状做一个概括性的介绍，是相当困难的。本节仅就国外影响较大的心理学派别——行为主义、格式塔主义、弗洛伊德主义、苏联心理学,以及心理学发展的一点新动向和解放后我国心理学的发展道路进行讨论。

一、外国心理学的主要派别

(一)行为主义

20世纪初期,生物科学的发展,特别是生理学中条件反射法的产生、实验法在心理学研究中不断取得成果以及动物心理学的发展,促使了行为主义的产生。

1913年,美国心理学家华生(J.B.Watson,1878—1958)在《心理学论坛》上发表了名为《行为主义者所见的心理学》的论文,正式举起了行为主义的旗帜。在这篇宣言性的论文中,他提出,心理学是行为的科学,而不是意识的科学。心理学的研究范围既包括人类行为,也包括动物行为,而较简单的动物行为比复杂的人类行为更具有根本性。他坚决反对传统心理学的意识和内省这两个基本概念,认为只有直接观察到的东西才能成为科学研究的对象,只有客观的方法才是科学的方法。而意识不能被直接观察,因而就不能成为科学心理学的研究对象;传统的内省法不能提供客观的事实材料,因而不能作为科学心理学的研究方法。行为主义者主张只有从可观察到的刺激和反应两个方面去研究,心理学才能成为像生物学、物理学、化学那样的自然科学。刺激-反应(S-R)就是华生行为主义的公式。所谓刺激是指外界环境和身体组织中所发生的任何变化,如声、光、血液成分的变化等。所谓反应是指有机体所做的任何动作,包括肌肉收缩、腺体分泌及各种复杂的动作。反应又分外部反应和内部反应。前者是可以直接观察到的机体的外在活动,后者是通过仪器记录的机体内部的活动。华生把传统心理学中的意识、感觉、知觉、意志、表象等当作一大堆无用的概念加以摒弃,而代之以刺激、反应、习惯形成、习惯联合等概念。他认为,心理学研究的目的,是寻求预测和控制行为的途径。

华生的极端主张虽然没有被人们全盘接受,但是,他所倡始的方向却在美国得到广泛的传播。从此,行为主义就成为心理学中的重要派别而固定下来。虽然现代行为主义与半个世纪前的行为主义相比,不论是在外表上还是在意向上都有很大的差别,但是它仍然遵循着一个信条:对行为的探讨,而无须涉及意识。

华生把意识、经验排除在心理学的研究范围之外,这是很大的错误。主观世界是人们所熟悉的现实,这是无法否认的。心理学不研究心理现象,只研究肌肉和腺体的活动,就不能揭示心理现象的特殊性,必然以生理现象代替心理现象,从而取消了心理学。华生把动物和人都看成"有机的机器",把人的行为和动物的行为等同起来,这也是错误的。人和动物有本质的区别。人具有社会性,有语言,有文化,有主观能动性。人的行为在本质上比其他动物的行为要复杂得多、高级得多。仅用“刺激-反应”的公式是根本不能说明人类行为的。

行为主义者的主张对心理学的发展也有一定的积极意义。华生竭力主张的客观的研究方向,有助于心理学摆脱思辨的性质,更多地从事实验研究,从中得出结论。华生所强调的“刺激—反应”模式,容易使人们对心理现象做数量上的描述;他所强调的心理活动的动作环节,提示了言语的反馈作用思想;他收集的有关婴儿活动的材料,大部分也是可以肯定的。

(二)格式塔主义

物理学的长足进步,特别是在物理场(如磁场、电场、引力场)理论的影响下,在行为主义产生的同时,又产生了一种新的心理学派别——格式塔主义。这一学派的创始人是德国心理学家韦特海默(M.Wertheimer,1880—1943)、考夫卡(K.Koffka,1886—1941)和苛勒(W.Köhler,1887—1967)。其中苛勒就很熟悉物理学。

“格式塔”是德文 Gestalt 的音译,意为“完形”“样式”“结构”“组织”。格式塔开始只是一个知觉的理论。传统心理学认为知觉是由“感觉原素”组成的;格式塔主义反对这种主张,认为知觉“作为一个整体”是格式塔的一种功能。传统心理学认为,整体知觉是人对经验的联想和推论的结果,格式塔主义反对这种主张,认为整体知觉是直接产生的。传统心理学认为,知觉是一个感觉器官的刺激在大脑内部兴起的分离开的兴奋的镶嵌细工的范型。格式塔主义反对这种主张,认为任何知觉都是由基础神经细胞过程的完形,或“整个-形式”所决定的。格式塔主义者认为,无论何时,当一个刺激和一个知觉互相矛盾时,知觉必然比刺激更为“完形趋向”些(即更“简明”、更“单纯”、更“有规律和有适当的比例”);相反,无论何时一个知觉和一个刺激恰好符合,那么刺激一定是尽可能成为“完形趋向”(即“单纯的”“有规律和有适当比例的”)。这就是所谓的“完形趋向定律”或“好形式定律”。那么,为什么会有“完形趋向”呢?他们认为,大脑不只是一个被动的接受者,它还会进行主动的活动。这种主动的活动是因为大脑具有“先天的动力特性”或由脑场决定的,而这种先天的动力特性或脑场都倾向于变为固定的完形。因此,不论刺激是否和知觉相符合,根据神经系统的先天动力特性原则,知觉的形象总是要成为“完形趋向”。可见,所谓的“先天的动力特性”的格式塔理论也就是脑中的“完形趋向”定律。一句话,知觉的完形是由脑中先天的“完形”决定的。

格式塔不仅是一种知觉理论,格式塔主义者还把这一理论推广到整个心理生活,如记忆、思维、人格等,甚至还用它来解释社会现象。

把格式塔看成脑中先天固有的特性,把知觉的内容、心理现象的内容与外部世界的联系割裂开来,这是唯心论的先验论,显然是错误的。心理是人脑对客观现实的反映。离开人的生活实践,离开人和环境的交互作用,脑不可能具有某种先验的“格式塔”。同时,人的各种心理现象也是互相联系的。格式塔主义者坚持从整体上对心理现象进行研究,这是对的。但是,他们只强调对心理现象进行整体研究,反对对它进行分析研究,这就有一定的片面性。分析和综合是辩证统一的,没有分析就没有综合。没有分析,认识不能深入,对整体的认识只能是抽象的、空洞的。此外,格式塔主义者的许多实验研究,特别是在知觉、思维等方面的研究,是对心理学的重要贡献,对心理学的发展有一定的促进作用。

(三)弗洛伊德主义

弗洛伊德主义也叫精神分析学派,创始人是奥地利精神病医师、心理学家弗洛伊德(S. Freud,1856—1939)。这是一个在20世纪20年代广为流传的心理学派别。

弗洛伊德把个人的心理分为两部分:意识和无意识。无意识是本人意识不到的,但可以用精神分析法(主要是自由联想)而唤起。无意识是弗洛伊德的中心研究课题。他认为,无意识包括人的原始的盲目冲动、各种本能,以及虽然曾被意识到,但被压抑到无意识中的欲望。欲望虽被压抑到无意识中,但并不泯灭,仍要继续追求满足。由于社会道德标准不容许欲望获得满足,它便以变相的伪装来获得满足。这种变相的满足,正常人就表现为偶然的说错话、做错事及梦境等;精神病人则表现为精神病的症状。弗洛伊德认为,欲望总是带有某种情绪能力的。欲望被压抑到无意识中时,这种能力也被压抑到无意识中去了。因此,精神病患者应付生活的能力就会被削弱;而有些正常人,特别是天才人物,这种被压抑的欲望所具有的能力,就会无意识地被移用于高尚的人类活动,如科学、文学、艺术等活动。这种变相的满足,弗洛伊德称之为升华作用,即高尚化的意思。那么,这种被压抑的欲望是什么呢?弗洛伊德根据他的临床经验,荒诞地认为,这种欲望就是人的幼年性欲,即力比多(libido):每个男孩都有恋母仇父的情结,每个女孩都有恋父仇母的情结。他认为,人类的一切创造都是追求性的满足的无意识的表现;而精神病则是由于自我(包括社会标准)与性欲冲突的结果。在弗洛伊德看来,无意识中的性本能是人的心理的基本动力,是摆布个人命运,决定社会发展的永恒力量。

弗洛伊德的这些观点,在其学派内部意见也是不一致的。如阿德勒(A.Adler, 1870—1937)宁愿强调自我,也不愿强调性欲的作用。荣格(C.G.Jung,1875—1961)虽然仍使用“力比多”这个概念,但已排除了特定的性欲性质,指的是所有动机。欧美有些精神病学者从社会学的观点出发,强调家庭、社会制度和文化对精神病致病的影响,他们自称为新弗洛伊德主义者。霍妮(K. Horney,1885—1952)和弗洛姆(E. Fromm,1900—1980)就是其中的代表者。

弗洛伊德把心理区分为意识和无意识，对心理的动力因素如需要、动机等方面的注意，这是值得肯定的。但是，他把人的一切活动都归之于被压抑的性欲的表现，认为无意识决定着意识，甚至决定社会的发展，这显然是毫无科学依据的虚构。它反映了资产阶级的思想空虚和内心的堕落。

应当指出，目前，在西方心理学中，上述学派的全盛时期已经过去，但它们的影响依然存在。随着各学派研究成果的日益增多，一个学派已不可能完全否认另一学派的研究成果和做出的结论，这样，就产生了各种小型的理论体系。这些小型的理论体系不同于上述各学派，它们试图在心理学的某一特定领域（如学习、动机或知觉等）提供一种解释框架。例如，20世纪五六十年代在美国兴起的人本主义心理学就是侧重于个性、动机方面的研究的心理学理论。认知心理学则是侧重于探讨认识过程的心理学理论等。

（四）苏联心理学

十月革命后，苏联心理学虽然与现代心理学的整体有多方面的联系，但它自成体系，不同于西方各心理学派别。苏联心理学的显著特点是强调思想理论对心理学研究的指导作用。在六十多年的科学实践中，苏联心理学家提出了许多理论原则，其中最主要的有：

（1）心理学应以反映论为出发点，以谢切诺夫提出的并为巴甫洛夫（И.П.Павлов，1849—1936）发展了的心理反射论为心理学的自然科学基础。心理是脑的机能，是以特殊方式组织起来的物质反映现实的特性。苏联心理学家认为，研究作为现实反映的心理，研究心理的反射本质，是苏联心理学的首要任务之一。

（2）心理、意识对现实的反映不是消极的、被动的过程，而是在人的积极活动中实现的。20世纪30年代鲁宾斯坦（С. Л. Рубинштейн，1889—1960）在他的论文《卡尔·马克思著作中的心理学问题》中，就提出了这个意识和活动统一的理论观点，指出不能像内省心理学那样把意识理解为跟外部物质世界分割开的、封闭的内部世界；也不能像行为主义所认为的那样把人的活动视为盲目反应的总和。人是现实世界的积极活动者。活动的性质、活动的目的性、内容以及完成的特点，都从本质上决定着人对现实的反映。活动本身包含着心理、意识的成分。苏联心理学家认为，心理、意识能够通过人的外部活动而加以科学的认识，它并不是什么神秘莫测的东西。研究人在具体活动中的心理过程，也是苏联心理学的重要任务。

（3）心理对客体的反映总是以人的个性特点为中介而折射出来的。心理作为现实的反映，在人的生活中起着定向作用。它绝不是在人们的生活中不起什么作用的“附加的东西”。苏联心理学家认为，研究个性心理特点在人的心理活动中的中介作用，研究心理的定向机能，是苏联心理学的另一项重要任务。

(4)意识是心理的高级形式,是人的社会—历史发展的产物,归根到底是由社会物质生活条件决定的。社会对人的意识的制约性和意识对社会生活的具体历史条件的依存性,明显地表现在不同历史时期和不同社会集团的人们彼此不同的个性特征中。苏联心理学家特别强调研究心理、意识的社会制约性。

苏联心理学中的理论原则有不少优点,但也存在着一些问题。例如苏联心理学家强调理论指导,对心理学的实验研究则欠重视,他们的实验设计和结果往往处理得比较粗陋。又如苏联心理学的发展明显地受社会政治事件的影响,受行政命令的控制,缺乏学术民主。在苏联历史上曾多次出现强行推行一种学术观点,把学术问题和政治问题混淆起来等事件,从而窒息了不少先进的心理学思想和心理学研究。由于大国沙文主义作祟,他们对其他国家的心理学研究常常采取虚无主义的态度等。苏联心理学发展的经验教训,值得引起我们的注意。

20世纪中期以来,由于控制论、信息论、系统工程学、计算机科学等崭新学科的兴起,给现代科学技术提供了新思想、新方法。这些新兴学科对心理学也产生了深刻的影响。不少心理学家把人看作一个复杂的信息加工系统,用信息加工的观点来解释心理现象。

所谓信息,简单地说是指具有新内容、新知识的消息(例如书信、情报、指令等)。就最一般的意义来讲,信息的作用是消除系统的不确定性,它具有知识的性质。信息的基本单位是比特(bit)。一比特是从两件同样可能发生的事件中知道哪一件会发生而获得的信息量。任何信息都要通过一定的物质携带者才能表达和传递。例如,公路上停止和通行的信息是通过红绿灯来表达的,教师讲课的信息是通过语言、文字来表达和传递的。在自动控制系统中,信息与物质的组织结构密切相关,例如,电子计算机的技术信息与所给予的指令和程序有关。人对自然景物的感知信息与阳光的强弱、花木的色彩、山峦的重叠、湖泊的涟漪以及各种声音旋律等有关。从信息加工的观点来看,自动控制系统就是借助于信息的获取、传送、加工而实现其目的性的运动,其过程如图1-1所示。

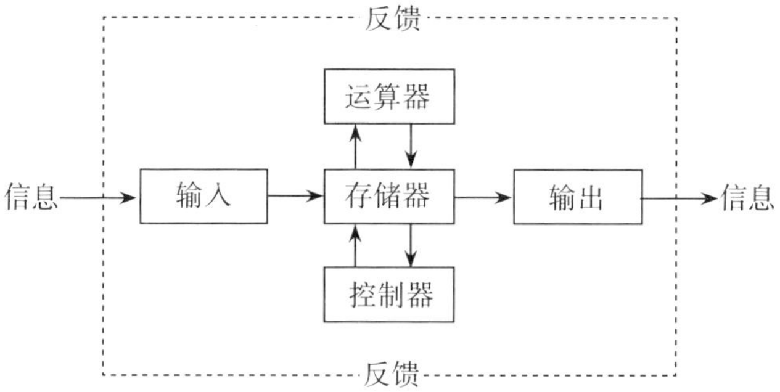

图1-1 信息加工简图

正是由于信息流的正常流动,特别是反馈信息的作用,才能使自动控制系统按预定目标进行调节。因此,如果把人看作自动控制系统,那么,人的各种认识过程都是信息加工活动。概括地说，外部世界的各种刺激从感觉器官输入，经传入神经，脑就获得了信息，通过头脑的加工、校正和选择等过程再输出信息进入效应器。当效应器反作用于客观世界时，又通过效应器中的感受器，将反馈信息再作用于中枢神经系统，从而又调节和控制后继的动作。值得注意的是，有些心理学家还认为，人不仅是信息的传感器，而且还是信息的发生器。目前电子计算器就是信息的传感器。它的输出信息受着输入信息的数量和程序的限制，人则不限于此。人能辨认出以前从未提出过的问题，创造出新的概念和理论，制订出新的行动计划，甚至设计出人的新模型。这表明人不仅是信息的传感器，而且也是信息的发生器；人既是一个因变量，又是一个自变量。这些思想是符合人的心理活动规律的。

长期以来，传统心理学是把各种心理现象分门别类地加以研究。在这种研究中操纵一个单独的自变量以考察一个单独因变量的伴随效果。这种孤立的研究虽然也取得了许多有益的结果，然而它毕竟不能揭示出心理现象的根本原因。这正如把一只钟表拆成零件，依次地加以观察，你无论看得怎样仔细，都不能发现它走得准的原理一样。从系统论的观点来看，人的各种心理现象是相互联系、相互作用、相互制约的整体。例如，动机对感知觉有明显的影响，理想、信念、世界观对学习、思维、创造都有明显的影响。因此，当代很多心理学家把人的心理看作一个整体，主张已经形成的意识在每一次心理活动中都起作用，各种心理活动相互联系、相互制约；知识经验的获得不仅丰富了心理的内容，同时也提高了心理活动的能力。这样，就克服了行为主义者只强调S-R，取消意识的缺点，也避免了传统心理学把心理分解为各种元素的缺陷。这些是当代认知心理学发展的一些特点。这些趋向应引起我们的重视。

二、我国心理学的发展道路

我国古代文化遗产中有着很多宝贵的心理学思想，但是心理学作为一门独立的科学，是西方先有的。清朝末年，心理学从西方传入我国。在旧中国，心理学基本上是照搬西方的一套，独创性的研究为数不多，发展十分缓慢。1949年，新中国的诞生为中国心理学的发展开辟了一个崭新的历史时期。三十多年来，我国心理学的发展经历了四个阶段。

第一阶段：从1949年新中国诞生到1958年心理学批判运动，是中国心理学的业务改造时期。在这一时期里，我国心理学工作者认真学习马克思列宁主义、毛泽东思想，学习苏联心理学和巴甫洛夫学说，希望以苏联心理学为借鉴，改造旧心理学，建立新的理论体系，同时也开展了一些联系实际、为实际服务的心理学研究。1958年8月由北京师范大学部分师生发起的，尔后波及全国的心理学批判运动是这一时期阻碍我国心理学发展的最大事件。它是当时“左”倾思潮的产物。心理学批判运动给心理学的研究成果加上“抽象化”“生物学化”“抹杀人的阶级性”等罪名，将其打成“伪科学”；把学有专长的心理学家当作“白旗”来拔，严重地混淆了政治问题和学术问题的界限。这个批判运动完全否定人类心理的共同规律，把人的阶级性定为心理学研究的唯一或主要对象，从而把我国的心理学引向了绝路。

第二阶段：1959年至1965年是我国心理学稳步前进，逐步提高的时期。在这一时期中，我国心理学界对1958年心理学批判运动所引起的思想和理论混乱展开了学术讨论，明确了心理学的研究任务；心理学工作者积极学习世界各国心理学的新成果，努力结合我国实际开展科研和教学工作，取得了不少成绩。心理学在这段时期的稳步发展是同我国当时的政治形势即贯彻党的调整、巩固、充实、提高方针密切联系在一起的，是贯彻党的“双百”方针的结果。

第三阶段：1966年至1976年，是我国心理学遭到林彪、“四人帮”的摧残和破坏，陷于停滞不前的时期。1965年10月28日，姚文元化名“葛铭人”在《光明日报》上发表了《这是研究心理学的科学方法和正确方向吗?》一文。此文表面上是批判“色、形、爱好的差异”的研究论文，实质上是否定具有普遍意义的心理学规律，主张用阶级分析代替心理学研究，把研究人类心理的共同规律的心理学诬蔑为宣扬资产阶级的腐朽心理。在“四人帮”肆虐的十年里，中国心理学会被迫停止活动，心理学刊物停刊，学校心理学课程停开，教学和科研机构被解散，心理学的图书资料被当作“四旧”处理。这是我国心理学备受摧残的十年。

第四阶段：1976年到现在。这是粉碎“四人帮”后心理学获得新生，为社会主义现代化服务的新时期。当前的新形势对心理学的发展十分有利。我国心理学工作者精神振奋，斗志昂扬，加倍努力，为创造具有我国特色的辩证唯物主义的心理学而努力奋斗。

我国心理学发展的曲折历程说明，要使心理学健康地向前发展，必须在马列主义、毛泽东思想的指导下，加强心理学基本理论的研究，但这种研究要联系实际、受实践的检验，不能用哲学来代替具体的科学探讨；必须认真贯彻党的百花齐放、百家争鸣的方针，不能把不同的学术观点当作政治问题来批判，强行推行某种学术观点；必须紧密联系社会主义建设的实际需要开展心理学研究，让心理学与其他科学密切协作，在实践中发挥最大的效能；必须吸收外国心理学中的先进技术和方法，对外国心理学采取一分为二的态度，吸取其精华，扬弃其糟粕。只有这样，我国心理学才能更好地为四个现代化服务。

本章相关文献

曹日昌.(1963).普通心理学.北京:人民教育出版社.

毛泽东.(1937).实践论.

潘菽.(1980).近代心理学剖视.百科知识(第2期):48-53.

彭瑞祥.(1959).对心理学研究方法问题的一些看法.自然辩证法通讯(第3期):15-17.

陕西师大教育系心理学教研室.(1979).中国心理学三十年.心理学报(第3期):25-266.

徐联仓.(1979).四个现代化需要心理学.心理学报(第1期):22-28.

加德纳·墨菲,约瑟夫·柯瓦奇.(1980).近代心理学历史导引.林方,等译.北京:商务印书馆.

A.H.列昂节夫,等.(1962).苏联心理科学.孙晔,等译.北京:科学出版社.

B.B.波果斯洛夫斯基.(1979).普通心理学.魏庆安,等译.北京:人民教育出版社.

Б.Ф.罗莫夫.(1975).心理学中的系统观点.苏联心理学问题杂志(第2期).

第二章　脑和心理

本章主要问题：

1. 神经系统的基本结构和机能单位是什么？它有哪些特性？
2. 神经系统由哪几个部分构成？它们与人的心理有什么关系？
3. 人体内有哪些主要的内分泌腺？它们与心理活动有什么关系？
4. 研究心理活动脑机制的主要方法有哪些？
5. 各种心理现象在大脑皮质有专门的定位吗？
6. 条件反射的研究对心理学有什么意义？

人体由许多器官、系统组成。每个器官、系统都有其独特的功能，它们都是直接或间接地在神经系统的调节控制下完成的。神经系统使所有器官和系统的活动协调一致，以保持机体的统一完整性；神经系统使机体与外界环境保持密切联系，以保证机体与环境的协调和统一。神经系统对机体的一切活动起着主导作用。

人类的大脑，无论在结构上还是在机能上，都与动物有着本质的区别。人脑不仅是机体活动的主导者，而且还是思维活动的器官。人类依靠大脑这块物质基础，形成了自我意识。要科学地理解各种心理现象，就必须研究心理活动的生理机制。

第一节　神经系统的结构和机能

一、神经元

（一）神经元的结构

神经系统的基本结构和机能单位是神经元（图2-1）。整个神经系统由大量的神经元构成。神经元的形态、大小和类型复杂多样，但在结构上大致可以分为细胞体和突起两部分。细胞体由细胞核、细胞质和细胞膜组成。突起可分为树突和轴突两种。典型的神经元是多极神经元。树突多而短，分支多。轴突只有一个，往往很长。离开细胞体一些距离后被髓鞘包裹的延长部分,成为神经纤维。许多平行的神经纤维集合成束,称为神经。神经纤维的末端分布在其他组织中,形成各种神经末梢。树突和轴突在传导神经冲动的方向上是不同的:树突接受刺激,把冲动传到细胞体,轴突则把冲动自细胞体传出。

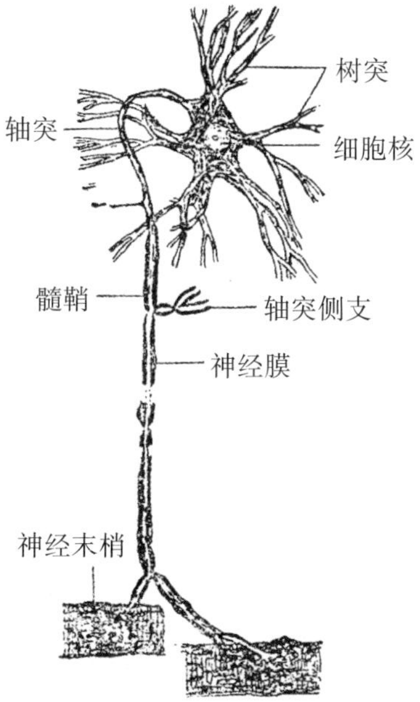

图2-1 运动神经元模式图

神经元的机能是多种多样的,归纳起来可分为三类:(1)感觉神经元(传入神经元),其树突的末端分布于身体的外周部,接受来自体内外的刺激,将兴奋传至脊髓和脑。(2)运动神经元(传出神经元),其轴突达于肌肉和腺体。运动神经元的兴奋可引起它们的活动。(3)联络神经元(中间神经元),它介于上述两种神经元之间,把它们联系起来,或组成复杂的网络,起着神经元之间机能联系的作用,多存在于脑和脊髓里。

神经元具有接受刺激和传导兴奋的功能。神经系统的活动有赖于神经元的特性,身体各种刺激,不论是感觉的还是运动的,都是经过一系列相互接触的神经元传导的。

(二)神经冲动的传导

神经组织在受到刺激时有发生反应的能力,称为兴奋性。所谓刺激,是指能引起机体组织发生反应的体内外环境变化。机体组织在接受刺激时,发生的反应可表现为两种形式:一种是由相对的静息状态转入活动状态或由较弱的活动状态转入较强的活动状态,称为兴奋;另一种是由较强的活动状态转入较弱的活动状态或由活动状态转入静息状态,称为抑制。当刺激持续一定的时间并达到一定的强度时,就能引起神经组织内的兴奋传导。这种变化明显地表现在神经细胞的电位变化上。

神经细胞在静息状态时，膜的表面任何两点都是等电位的。如果用两个测量电极置于神经纤维膜表面上任意两点，示波器上显示不出电位差。如果将一个测量电极置于膜表面，另一个微电极刺入膜内，示波器上则立即显示出膜内外存在着电位差：膜外为正、膜内为负。由于这一电位差存在于安静细胞膜的两侧，所以叫静息电位或膜电位。我们习惯上把静息时这种膜外电位为正和膜内电位为负的状态称为极化。如果由于某种原因使得膜内、膜外这种电位差进一步扩大，便称为超极化。神经细胞静息时膜内的电位为−70～−90毫伏。

当神经纤维受到刺激而兴奋时，兴奋部位的膜外电位降低，膜内电位升高，于是膜内外的电位差减少，这种状态称为去极化。去极化继续迅速发展，不但使膜内外原有的电位差消失，而且进一步出现了膜电位的逆转即内正外负，这种状态称为反极化。这时，由微电极从细胞内引导与示波器的显示表明，膜内电位可由静息时的−70～−90毫伏升高到+30毫伏，电位升高的幅度约110毫伏。由去极化和反极化发生的电位变化是动作电位的上升相。此后，膜内电位迅速回降并逐渐恢复至静息水平，即恢复到原来的极化状态，这一过程称为复极化，是动作电位的下降相。神经动作电位的上升相和下降相的变化均极迅速，历时仅约0.5毫秒，波形锐利，故称为锋电位。在锋电位之后，还会紧接着出现一个兴奋性极低的不应期，此时，任何强大的刺激都不能引起该组织的再次兴奋。锋电位是动作电位的代表，是兴奋的客观指标。神经纤维发生的兴奋可沿着神经纤维传导，并可传导给另一个神经元或它所支配的效应器官，引起相应的反应。生理学上把沿着神经纤维传导的兴奋称为神经冲动。

神经冲动传导的本质，就是神经纤维的膜产生锋电位的依次传布。其过程大致如下：当神经纤维某一部分受刺激而兴奋时，这部分膜外电位暂时较负，膜内电位较正，而邻近处于静息状态的膜则仍是外正内负。这样，在兴奋部位与未兴奋部位之间存在着电位差，出现局部电流。此电流方向在膜外是由未兴奋部位流向兴奋部位，在膜内是由兴奋部位流向未兴奋部位，形成局部回路（图2−2）。这一局部电流，降低了邻近静息部分的膜电位，使它发生去极化，出现锋电位。紧接着，这个新的兴奋部位又可通过局部电流再刺激它相邻部位的膜，产生锋电位。如此依次进行，就是冲动的传导。

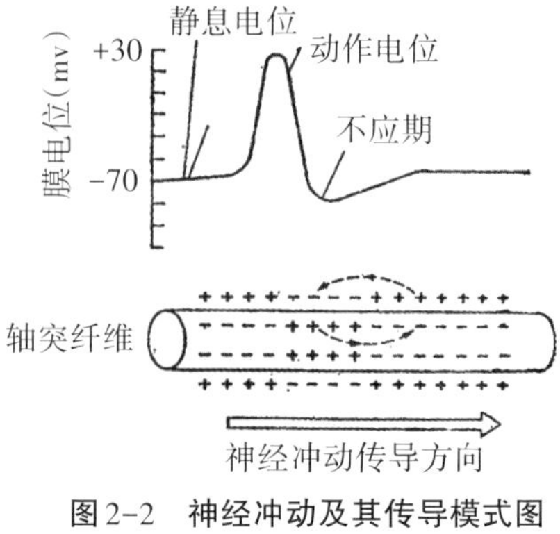

图2−2　神经冲动及其传导模式图

神经纤维必须具备在结构上和机能上的完整性才能保持其传导机能。神经被切断后，冲动就不能通过。神经受压力、冷冻或麻醉剂的作用时，其结构的完整性虽未被破坏，但机能完整性已受影响,神经冲动的传导即受到阻滞。此外,神经冲动在某一条神经纤维上传导时,由于髓鞘的绝缘作用,所以不会扩布到同一神经干内相邻的神经纤维上去。这样,就保证了混合神经干内各神经纤维所传导的冲动互不干扰,从而准确地实现各自的生理效应。

(三)突触及突触传递

神经系统中神经元之间没有原生质的沟通。每一个神经元的轴突末梢与其他神经元的细胞体或树突相接触,这个接触部位称为突触。一个神经元的轴突有许多分支末梢膨大,呈葡萄状,称为突触小体,突触小体多数附贴在另一个神经元的细胞体或树突的表面。突触的组成可分为三类:①轴突与细胞体相接触;②轴突与树突相接触;⑧轴突与轴突相接触。据电子显微镜的研究表明,突触包括突触前膜和突触后膜,以及在它们之间有宽约200埃(1埃等于千万分之一毫米)的突触间隙。突触前膜属于突触小体,突触后膜属于突触后神经元。在突触小体内有许多线粒体和突触小泡(图2-3)。线粒体内有合成递质的酶类,突触小泡内含有化学递质。据推测,递质是在线粒体内合成的,然后再贮存于突触小泡内。

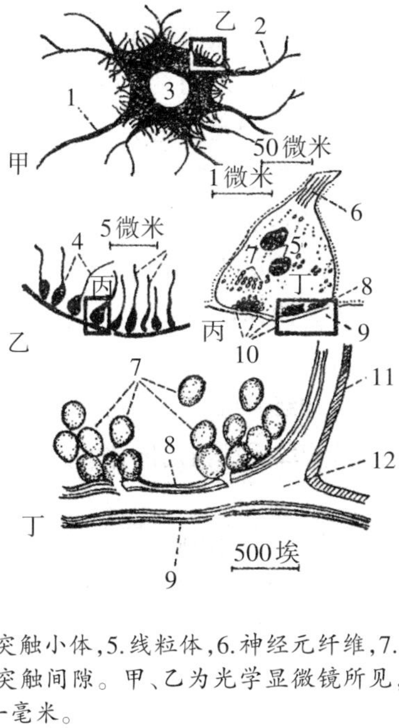

1.神经轴突,2.树突,3.神经核,4.突触小体,5.线粒体,6.神经元纤维,7.小泡,8.突触前膜,9.突触后膜,10.突触作用点,11.胶质细胞膜,12.突触间隙。甲、乙为光学显微镜所见,丙、丁为电子显微镜所见。微米:百万分之一米;埃(Å):千万分之一毫米。

图2-3 神经突触示意图

每个神经元的细胞体和树突表面覆盖着许多来自不同神经纤维的突触小体,其中有些对突触后膜起兴奋作用,另一些则起抑制作用。前者称兴奋性突触,后者称抑制性突触,它们的机理是不同的。

在兴奋性突触,每当突触前纤维末梢发生兴奋时,就有兴奋性递质(如乙酰胆碱等)从突触小泡中释出。递质经过突触间隙弥散并作用于突触后膜,引起突触后膜的膜电位降低,出现局部的电位变化。这种局部电位发展到一定水平后,便使突触后神经元产生动作电位,使兴奋传至整个神经元。由于突触间隙的存在,突触后神经元的动作电位不能返回来兴奋突触前膜。所以,突触传递是单向的,即神经冲动只能由传入神经元传向中间神经元,再传向传出神经元,而不会循着相反的方向逆传。突触单向传递这一特性保证了神经系统的活动能够有规律地进行。

在抑制性突触,每当突触前纤维末梢兴奋时,突触小泡释出的递质是抑制性的递质(如5-羟色胺、多巴胺等),作用于突触后膜使膜内外的电位差加大,超过静息时膜电位的数值(超极化),因而就不易去极化,不易发生兴奋,显示出抑制的效应。突触传递的过程可概述如下:

突触前神经末梢兴奋→释放兴奋性递质→兴奋性突触后电位(突触后膜去极化)→突触后神经元兴奋;

突触前神经末梢兴奋→释放抑制性递质→抑制性突触后电位(突触后膜超极化)→突触后神经元抑制。

一个神经元的轴突末梢只释放一种递质。不同神经元的轴突末梢释放的递质可能不同。一个神经元的细胞体和树突上附着有成千上万个突触小体,它们释放的递质不同,对各突触后膜的影响也不同。因而,一个神经元的活动是兴奋还是抑制,取决于该细胞上许多突触的综合活动。

二、神经系统

人的神经系统由周围神经系统和中枢神经系统两大部分组成。

周围神经系统由脑神经、脊神经和植物性神经组成。脑神经主要分布于头面部;脊神经主要分布于躯干和四肢;植物性神经可分为交感神经和副交感神经,分布于内脏、心血管和腺体。它们各有传入神经和传出神经。[①]这是中枢神经系统同有机体的感受器和效应器发生联系的机构。所有周围神经,不论是传入(感觉)或传出(运动)的,其主要机能都是传导信息(神经冲动)。

中枢神经系统包括脑和脊髓。脑位于颅腔内。脊髓位于脊椎管内,其上端与延髓相连。延髓和位置在它上端的脑桥、中脑合称为脑干。脑干的上方是间脑。间脑主要包括

---

①植物神经中包含有内脏感觉纤维和内脏运动纤维。但内脏感觉纤维的细胞体也位于脑、脊神经节中,其形态特点与躯体感觉纤维一样。所以,一般所说的植物性神经,主要是指支配内脏运动的传出纤维。

丘脑、丘脑上部和丘脑下部等。小脑位于延脑和脑桥的背侧。中枢神经系统的最高部位是大脑,它主要包括左右大脑半球。大脑两半球由胼胝体相连,其下方为间脑。

在中枢神经系统内,神经元的细胞体一般比较集中,形成色泽较灰暗的区域,称为灰质。覆盖于大脑半球和小脑表面的灰质称为皮质(或皮层)。在脑的深部,同一功能的神经元细胞体聚集成团块状,这些灰质称为脑神经核。在周围神经系统,同一功能的神经元的细胞体在一些部位聚集成团,称为神经节。在脑干中央部除了脑神经核之外,还有一个广泛的区域,在此区域内神经纤维纵横穿行,交织成网状,并有各种大小不等的神经细胞散在其中。这一区域称为网状结构。

大脑半球的表面有很多皱褶,皱褶凹陷而成的缝称为沟或裂,隆起的部分称为回。以主要的沟裂为界,大脑皮质可分为若干叶。分隔左右两半球的深沟称为纵裂。由半球顶端起与纵裂垂直的沟称为中央沟。在半球外侧面由前下方向后上方斜行的沟称为外侧裂。半球内侧面的后部有顶枕裂。中央沟之前为额叶。中央沟后方,顶枕裂前方,外侧裂上方为顶叶。外侧裂下方为颞叶。顶枕裂后方为枕叶。胼胝体周围为边缘叶,每叶都包含很多回。在中央沟的前方有中央前回,后方有中央后回。

中枢神经系统的结构和主要机能见图2-4和表2-1。

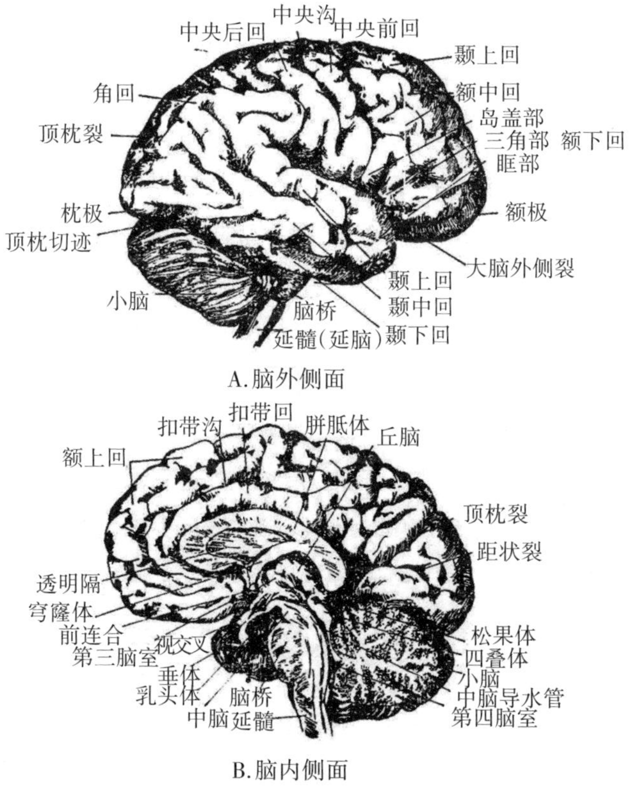

图2-4 中枢神经系统

表2-1 中枢神经系统的结构及机能

结 构	机 能
1.脑 大脑	控制感觉、知觉、随意行动，学习、记忆、思维、意识等活动，是个性差异的物质基础
胼胝体	联络左右大脑半球的活动
丘脑	皮质下较高的感觉中枢
丘脑下部	植物性神经的皮质下中枢，管理内分泌活动和内脏活动，参与调节情绪活动
小脑	维持身体平衡，调节肌紧张，协调随意行动
2.脑干 网状结构 （部分在丘脑底部）	维持大脑皮质的兴奋性，对意识、觉醒、活动起重要作用；调节肌紧张，协调随意行动
脑桥	连接小脑两半球
延髓	调节心跳、呼吸、吞咽、消化等基本生命活动，调节躯体的运动反射
3.脊髓	传导感觉和运动的冲动，把躯体组织器官与脑的活动联系起来，完成躯体运动的基本反射，如屈肌、牵张反射等

三、内分泌系统

内分泌系统是机体内对行为起重要调节作用的另一个系统，这种调节作用与神经的调节作用既有区别又有密切的联系。

机体内的腺体可分为两类：一类是外分泌腺，它们的分泌物由导管排至内脏的管腔或体表，如消化腺和汗腺等。另一类是内分泌腺，它们所分泌的物质叫激素，直接透入血液，随着血液循环带到全身或某些特殊器官，以调节有机体的生理过程和行为变化。这种调节作用包括：(1)协助维持机体内环境的相对恒定，如调节糖、蛋白质、脂肪、水等在体内的代谢过程；(2)协助调节生长、发育、变态和衰老过程；(3)影响神经系统的功能。

神经系统一般是通过神经纤维传导去极化波以实现其对行为的调节，而内分泌系统则是通过血液循环使激素作用于某些细胞组织以实现其调节功能的。但是，这两个调节系统又是密切联系的。一方面，几乎所有的内分泌腺都直接或间接地受神经系统的影响，例如，肾上腺髓质直接受交感神经支配，而寒冷时甲状腺素分泌的增多则是神经系统通过脑垂体前叶分泌一种激素再去影响甲状腺机能的；另一方面，激素也影响神经系统的功能，例如，如果幼年期缺乏甲状腺素，神经系统就不能正常生长和发育，因而严重影响智力的发展；青春期性激素水平的变化会影响神经系统和性行为等。

机体内主要的内分泌腺有：脑垂体（包括前叶和后叶）、甲状腺、甲状旁腺、胸腺、胰岛、肾上腺（包括皮质和髓质）和性腺。它们的解剖结构位置、主要激素及其机能见图2-5和表2-2。

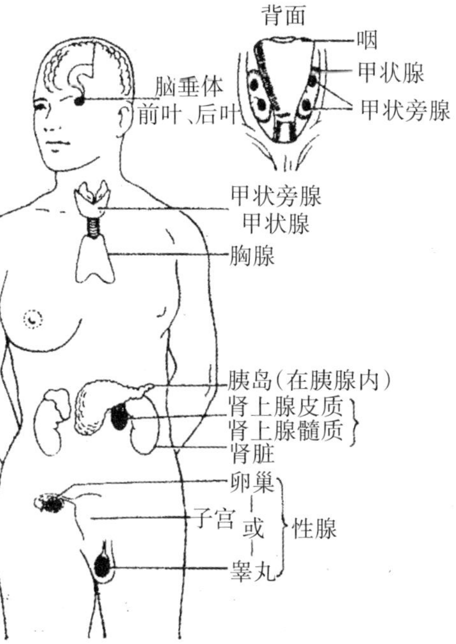

图2-5　内分泌腺

表2-2　内分泌腺分泌的主要激素及其机能

内分泌腺	激素	主要机能及对行为的影响
1.脑垂体	脑垂体激素	调节其他内分泌腺的激素分泌
前叶	生长激素（GH）	身体、骨骼的生长
	促肾上腺皮质激素（ACTH）	干网尖状在丘肾上腺皮质活动，影响情绪行为
后叶	抗利尿激素	对血压和水分的调节
2.甲状腺	甲状腺素	调节新陈代谢、生长、发育等基本生理过程及影响智力发展水平、情绪兴奋性水平
3.甲状旁腺	甲状旁腺素	调节正常血钙水平、维持神经系统正常活动
4.胸腺	胸腺素	与机体免疫机能有密切关系
5.胰岛	胰岛素	维持正常血糖水平
6.肾上腺 皮质 髓质	肾上腺皮质激素 肾上腺素 去甲肾上腺素	调节盐和碳水化合物的代谢、第二性征（声、阴毛）、应激功能情绪状态时，血糖增加，血压升高、心跳加快、加强，瞳孔扩大，紧张感和不安感增强
7.性腺 睾丸 卵巢	雄激素	促进精子生长和男性生殖器的发育，激发并维持男性第二性征
	雌激素	刺激子宫、阴道和乳腺的生长发育，激发和维持女性第二性征
	黄体酮	保证受精卵植入、保胎，促进乳腺发育

第二节　脑的三个主要机能系统

脑是一种在结构上极为错综复杂的组织。仅从大脑皮质来看，人的大脑皮质的面积约为2200平方厘米；神经元总量估计约140亿，并且类型繁多。各神经元之间的联系又极为复杂。皮质的每一部分既是一些传入纤维的终点，又是一些传出纤维的起点；同时在传入和传出纤维之间还介有中间神经元，这些神经元具有广泛的突触联系。大脑皮质各区之间不仅有广泛的水平联系，而且与皮质下部位有复杂的垂直联系。

人脑是一个极其复杂的机能体系。大致上可以把脑区分为三个主要的机能系统：感觉机能系统、运动机能系统、联络（联想）机能系统。

一、脑的感觉机能系统

人脑通过感受器（如眼的视网膜、内耳的柯蒂氏器等）接受内外环境的刺激。感受器接受刺激后，发放神经冲动由感觉神经传入中枢神经系统，再分别经特异性传入系统和非特异性传入系统上达到大脑皮质。大脑皮质对这些传入信息进行加工处理，便产生相应的感觉。

（一）特异性传入系统和非特异性传入系统

感受器发出的神经冲动由两条神经通路传入大脑皮质，一条是特异性传入系统，另一条是非特异性传入系统。这两个系统的作用是不同的。

1.特异性传入系统

每种感受器都有它的特殊传入通路，以传导感受器发放神经冲动，并投射到大脑皮质的特定区域。这一传入系统称为特异性传入系统。例如，传导体表感觉冲动的脊髓丘脑束，传导本体感觉冲动的薄束和楔束以及视觉传导路，听觉传导路等。特异性传入系统主要包括皮肤感觉、本体感觉、视觉、听觉、味觉和嗅觉等。它们的作用是引起特定的感觉。

在特异性传入系统中，丘脑是一个重要的转换站。除嗅觉外，所有的感觉纤维在到达大脑皮质之前都终止于丘脑，在此更换神经元后，发出纤维将各种感觉冲动分别投射到大脑皮质的特定区域。丘脑对感觉信息进行初步的分析、综合，但它不能确定感觉的性质和强度，是皮质以下较高的感觉中枢。丘脑病变，往往引起感觉异常，如感觉过敏或感觉减退等。

2.非特异性传入系统

非特异性传入系统的神经束经过脑干时，都发出侧支，与脑干网状结构内的神经元发生突触联系，然后经丘脑内侧部弥散性地投射到大脑皮质的广泛区域，不产生特定的感觉，故称为非特异性传入系统（图2-6）。

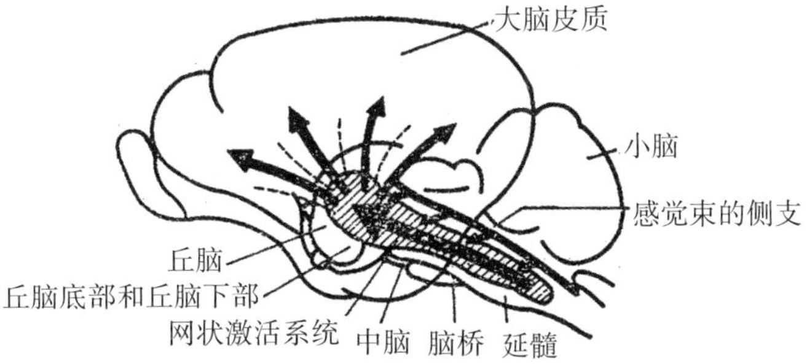

图2-6 非特异性传入系统示意图

非特异性传入系统的作用是维持大脑皮质的兴奋性，保持有机体的觉醒状态。实验证明，刺激除嗅觉以外的感受器都可以在网状结构的某些神经元得到冲动发放。这些冲动发放可以引起动物的激醒反应。破坏网状结构，动物长期处于昏睡状态；而仅仅切断特异性传入通道，则无此效。非特异性传入系统也称为网状激活系统。昏睡状态下大脑不可能产生感觉。因此，正常情况下的感觉机能是特异性和非特异性传入系统机能整合的结果。推而广之，人的各种心理活动都必须有网状激活系统的参加，因为人的绝大多数心理活动都是在清醒状态下进行的。

（二）大脑皮质的感觉代表区

特异性传入系统将来自感受器的冲动传向大脑皮质的特定区域，从而引起特定的感觉。现已探明大脑皮质的感觉代表区有以下6个。

1.体表感觉代表区

体表感觉主要指皮肤上的触、冷、温、痛等感觉。其大脑皮质代表区在中央后回（图2-7）。这一区域的感觉投射特点如下：(1)感觉传入的皮质投射是交叉的，即一侧的躯体感觉投射到对侧的大脑皮质的相应代表区。(2)感觉传入的皮质投射是倒置的，即下肢的感觉投射于这一区域的顶部，上肢的感觉投射于这一区域的中部，头颈部的感觉投射于这一区域的下部。(3)大脑皮质代表区域的大小与身体不同部位的感觉灵敏度有关。感觉灵敏的部位，所占的代表区域较大，

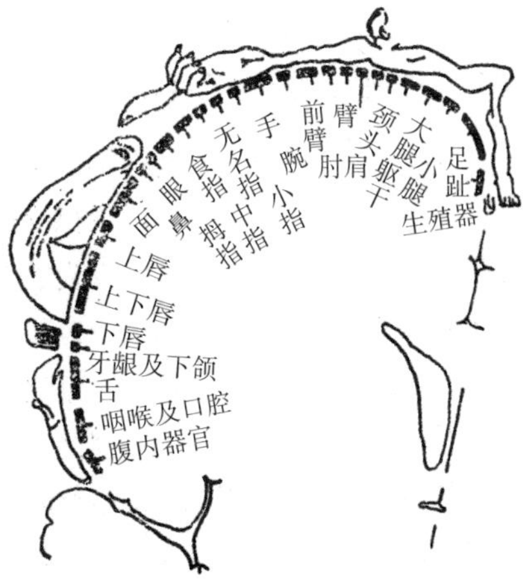

图2-7 大脑皮质躯体感觉区定位

如手、唇、口腔感觉的代表区域就特别大;感觉不灵敏的部位,如躯体的代表区就很小。这种结构特点有利于人进行精细的感觉分析,同时也是人类长期进化的结果。

2.本体感觉代表区

本体感觉指肌肉、关节的运动和位置感觉。中央前回是运动区,也是本体感觉的投射区。刺激中央前回也会引致病人企图发动肢体运动的主观感觉。

较低等的哺乳类动物(如猫、兔等),皮质的感觉区与运动区基本上重合在一起,统称为感觉运动区。该区域既是体表感觉和肌肉本体感觉的代表区,又是运动区。在灵长类动物(如猴、猩猩),体表感觉区与运动区逐渐分离,前者位于中央后回,后者位于中央前回,但这种分离也是相对的。在人脑,刺激中央沟周围皮质时发现,产生运动反应的机会有80%左右发生在中央前回,而发生在中央后回的机会只有20%,因此总的来说运动区在中央前回。刺激中央前回有时也产生体表感觉,但产生体表感觉的大部分机会是在刺激中央后回时得到的,因此总的来说体表感觉区在中央后回。

3.视觉代表区

该区域在枕叶距状裂两侧。刺激该区域,可以使被试产生简单的主观光感觉,但不能引起完善的视觉形象。因为起源于鼻侧视网膜的传入纤维在视交叉处越至对侧,实行交叉,投射到对侧枕叶;而起源于颞侧的传入纤维并不交叉投射到同侧枕叶。这样,一侧枕叶皮质主要与两眼同侧的视网膜相联系,因而与两眼的对侧视野有关,即右侧枕叶主要与两眼的左侧视野有关,而左侧枕叶主要与两眼的右侧视野有关。临床实践证明,一侧枕叶皮质受损害造成对侧偏盲,双侧枕叶皮质受损害造成全盲。

4.听觉代表区

在颞叶的颞横回和颞上回。电刺激该区域可以使被试产生铃声样或风吹样的主观音觉。听觉冲动的投射是双侧性的,即一侧皮质代表区与两侧耳的感受器都有关。因此,一侧颞叶皮质受损害并不影响听觉,只有左、右两侧听觉代表区同时受损,才产生完全的耳聋。

5.嗅觉和味觉代表区

嗅觉冲动主要投射于海马回勾和海马回前部一带。味觉冲动投射于中央后回的头面部感觉投射区的下侧。

6.内脏感觉代表区

一般认为内脏感觉代表区在边缘叶。大脑半球内侧面皮质与间脑交接处的边缘及胼胝体旁的环周结构,称为边缘叶。由于它与内脏活动有关,曾称为“内脏脑”。晚近的研究表明,边缘叶与附近的皮质(额叶眶部、岛叶、颞极、海马及齿状回等)以及有关的皮质下结构（包括隔区、杏仁核、丘脑及中脑被盖等），在结构与功能上相互间都有密切的联系，构成了一个统一的功能系统，称为边缘系统。边缘系统不仅与内脏感觉有关，还与嗅觉、情绪、记忆等心理活动有关。

二、脑的运动机能系统

（一）大脑皮质运动区

人的一切随意活动是由大脑皮质调节的，中央前回是躯体运动的皮质代表区。大脑皮质运动区的机能特征包括以下几点：(1)对侧支配，即一侧运动区主要支配对侧躯体肌肉，但对少数肌肉（如额肌等）是双侧支配的。(2)具有精细的定位，一定的区域支配身体一定部位的肌肉。支配下肢的区域位于中央前回的顶部，支配头面部的区域分布于接近外侧裂部分，支配上肢的区域则位于以上两部位之间。总的说来，近似倒立分布。(3)身体不同部位在大脑皮质的代表区的大小和运动的精细复杂程度有关。运动精细复杂的部位，所占的皮质代表区大。例如手所占的区域相当于整个下肢所占的区域。(4)刺激引起的肌肉运动，主要是少数个别肌肉的收缩，甚至只引起某块肌肉的一部分发生收缩，不发生肌肉群的协同收缩（图2-8）。

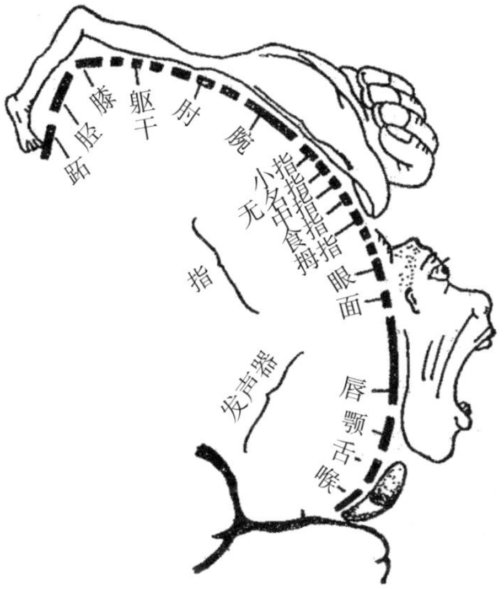

图2-8　大脑皮质躯体运动区定位

（二）锥体系统和锥体外系统的机能

皮质运动区不可能孤立地进行工作。人的所有运动都是在某种肌肉紧张度的背景下进行的。大脑皮质控制人的随意活动，其神经冲动是经锥体系统和锥体外系统下传而完成的。这两个系统的机能各不相同。

锥体系统主要是由大脑皮质中央前回的大锥体细胞发出的神经纤维所组成。这一传导系统大部分在延髓交叉到对侧沿脊髓白质而下行，小部分不交叉，在脊髓的一定节段才交叉。所有的纤维都终止于脊髓的前角，由前角运动神经元发出的纤维再支配骨骼肌的运动。由于锥体系统绝大部分是在延髓或脊髓交叉至对侧，所以一侧大脑皮质主要管理身体对侧骨骼肌的运动。锥体系统的机能主要是控制支配各种随意活动，控制技巧性的活动。

锥体系统的纤维并不只是来自中央前回，还来自被称为感觉区的中央后回以及前额区等皮质广泛区域。因此，大脑皮质对随意活动的调节不是局限于某一特定的狭小范围，而是与皮质的其他部位有联系。

大脑皮质除运动区外，还有一些其他区域参与肌肉活动的协调，这些区域统称为锥体外区。由锥体外区下行的传导系统称为锥体外系统。锥体外系统的冲动从皮质下传时，在基底神经节、脑干内的一些神经核、网状结构和小脑等部位多次更换神经元，在传导过程中也常有反馈通路。锥体外系统并不直接支配随意运动，它的主要功能是调节肌肉的紧张度，保持身体的姿势，使动作协调。

人的一切随意运动都是经锥体系统和锥体外系统的协同活动完成的。前额区在调节运动的目的性、计划性以及使行动与意图相适应中起重要作用。当运动需要灵活和协调时，来自小脑的冲动也显得十分必要。因此，人的随意行动是大脑皮质和皮质下部位整合而实现的。

三、大脑皮质的联络机能

在大脑皮质中，除了特异感觉投射区和运动区外，还有更广大的区域，如前额区、顶-颞-前枕区、颞区等，总称为大脑皮质联络区(或联想区)。这些区域在系统发生上出现较晚，灵长类尤为发达。一般认为，联络区与言语、记忆、抽象思维、运筹计划、性格等高级心理现象密切相关。

言语机能区。人的言语功能(包括言语运动、书写性言语运动、言语听觉、言语视觉等功能)定位于优势半球，大多数人在左半球。人在幼年时，大脑两半球都具有形成言语功能区的形态基础，随着生活实践，特别是劳动习惯的形成，优势半球逐步发展起来。劳动用右手的人，其言语机能区在左半球;用左手的人，其言语机能区在右半球。可见人脑功能具有巨大的可塑性。例如，上海华山医院和华东师范大学的心理学工作者对一名切除脑右半球的病例进行了观察，发现该患者虽然7个半月时大脑右半球病变，7周岁切除右半球，现只有一个大脑半球，却能从小学一直学习到初中毕业;今年29岁，仍有一定的读、算能力和生活能力。①

前额区机能。鲁利亚(A. P. Лурия，1902—1977)把前额区称为规划、调节和监督复杂活动形式的联合区。前额区在人形成意向，运筹规划、调节和监督自己的行动使之与目的、计划相适应的有意识活动中起决定性的作用。正常的动物为实现某一目的，能抑制自己对不重要的、附加刺激物的反应。而额叶遭到破坏的狗，对任何无关刺激都会做出反

①参见:《新华日报》1980年11月24日第1版。

应，例如偶尔看到一片落叶，它便去捕捉它、咀嚼它、又吐出来，其有目的指向的行为遭到严重破坏。猿猴的实验表明，切除额叶后，动物不能抑制无关刺激的吸引，期待行为明显消失。临床上可以见到，一侧额叶大部分切除之后，病人的智力丧失不显著，如果双侧额叶切除，病人的个性、行为、近事记忆都有变化，常有不计后果或舆论的行为，对抽象概念的问题答不上来。这种病人对原先渴望或着魔的事情变得非常淡漠；非常容易分心，不能按计划工作；不仅丧失了有组织的逻辑思维能力，而且不能从具体的实物中进行高一级的抽象分类，同时情绪变化无常。

颞叶中除了一小片是听觉代表区（颞横回、颞上回）外，颞叶的大片区域至今还很难确定它的机能。颞叶与皮质的其他部位有着丰富的交互联系。于是，有人认为颞叶一些部分与基本的理智活动、情绪活动有关。颞叶是唯一可以用电刺激引出一定情景回忆的皮质区。刺激时，被试会有梦一样的，或清楚的人物、事件的幻视、幻听及错觉等。一般认为，完形知觉的能力（如画图、音乐等）定位于非优势半球，大多数人在右半球。

四、裂脑人

大脑两半球之间的神经纤维叫连合（Commissure）。哺乳动物中最主要的联合是胼胝体；动物进化阶梯愈高，胼胝体愈发达。据估计，人脑的胼胝体含有约两亿根纤维。连合的功能是保证大脑半球任何一部分的活动都能有效地、及时地传递到另一侧半球，从而使一侧半球能够分享另一侧半球的学习和记忆。为了治疗癫痫发作，用手术切断大脑连合，这样每次癫痫发作就不会通过连合而袭击到对侧半球。这种大脑两半球连合被切断的人，称为裂脑人。

裂脑人的心理活动有许多奇异的现象。如前所述，大脑两半球的机能有一定的分工，各司其职。例如，体表的感觉冲动传至对侧大脑半球，听觉冲动传至两侧半球。视觉较复杂，两眼视网膜鼻侧部位的视觉冲动传至对侧半球，而颞侧部位的视觉冲动则传至同侧半球。言语机能定位于优势半球，完形知觉能力则在非优势半球。正常人的每个半球都能接受各种感觉信息，同时通过连合将信息传至另一侧半球，并与之比较、加以综合。但是，裂脑人由于切断了连合，一个半球接收到的感觉信息，另一个半球就接收不到。这样，病人就不能对提供给两个半球的两种刺激进行比较。病人能用言语报告他从优势半球获得的信息，但不能用言语报告他从非优势半球得到的信息。例如，让裂脑人左手握一把钥匙，用一块幕布挡住他的眼睛不让他看见自己的左手握着的是什么，然后问他手里拿着啥，他回答不出来；如果取掉幕布，看见手中的钥匙（优势半球获得了感觉信息），便能正确回答。又如，通过裂脑人的左耳要他指出天花板，通过他的右耳要他用手指在桌子上画圆圈，他都做了，但问他做了什么，他只说画圆圈。这就是说，裂脑人在同一时刻是处于既知道自己做什么，又不知道自己做什么这样一种意识分裂的状态。针对裂脑人的奇异心理现象,学者们展开了热烈的讨论:一种观点认为裂脑人有两个精神,另一种观点认为裂脑人仍然只有一个精神。这场争论现在仍在继续。

第三节　心理活动脑机制的研究方法

对心理活动脑机制的探讨,不可能用思辨的构思来解决,只能靠实验,靠神经生理学的实验来解决。研究心理活动脑机制的主要方法有:刺激法、损毁法、脑电图研究法和条件反射法。

一、刺激法

脑的电刺激对于探明脑和心理的关系是一种富有成效的方法。例如将电极埋藏在大白鼠的脑内,把开关刺激线路的电键安装在动物能操纵的地方。拨动电键,就能接通或中断电流。开始动物以偶然的机会接通电流,经过几次实验后,它知道了电键和刺激的关系。研究表明,当电极埋藏在脑的一个部位时,动物将避开电键;而当电极埋藏在下丘脑背侧时,动物将连续不断地按压电键,进行自我刺激。每小时按压多达五千次,如果不加以干预,动物的这种行为将直到精疲力竭为止(Olds & Milner,1954)。

在斯金纳箱(图2-9)中,大白鼠为了得到这种脑刺激,可以比为了取得食物而更快地按压杠杆。根据这些实验以及在鸟、狗、猴、人身上的实验表明,在下丘脑可能存在着一个"快乐中枢"。电刺激下丘脑的其他部位则导致动物的其他行为,如吃、喝、交媾、侵犯、筑巢、咬、贮藏等(Hess,1957;Clickman & Schiff,1967)。这些实验都暗示着下丘脑与动机、情绪系统有密切的解剖上的联系。

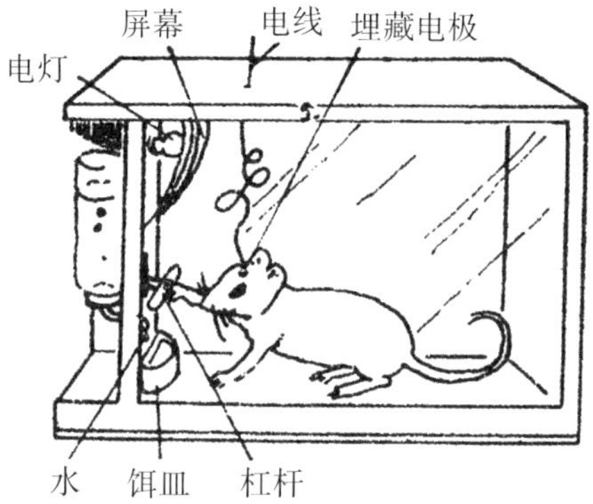

图2-9　白鼠在斯金纳箱中进行自我刺激

通常白鼠被操练成按压杠杆以取得食物奖赏的行为模式,Olds 和 Milner用它作为对脑的电刺激的自我奖赏。

又如潘菲尔德(W.Penfield)在手术台上刺激病人的大脑皮质,当刺激枕叶的极端时,病人报告:他看见了闪动的光点、涂上色彩的球、火舌等最简单的光觉;当刺激颞叶有关部位,病人报告:他看到了熟悉的人、房屋、狗等,或听到了单词、句子、歌曲等。

二、损毁法

损毁法是通过破坏动物脑的一定部位,然后观察其行为上的某种变化的方法(也包括对那些因负伤、脑溢血、肿瘤或癫痫而使脑的一定部位受损的病人的观察)。许多心理活动的生理机制的知识是通过损毁法获得的。例如,损毁了枕叶距状裂两侧皮质,虽然动物的视觉器官和视觉神经通路完好,但视觉完全丧失,因此认为距状裂两侧是视觉代表区。

损毁大脑的局部区域,在进化阶梯的不同阶段上,动物的效应也不同。表2-3表明,损毁大脑皮质的一定部位,低等动物(如鸟类)的行为变化不大;而高等动物,特别是人,其行为的变化是明显的,而且是严重的。这一事实说明,动物的进化程度越高,其行为就越受大脑皮质调节,并且这种调节的分化程度也越大。

表2-3　各种动物脑损毁的不同效应(据鲁利亚)

代表性动物	破坏皮质前部(运动区)	破坏皮质后部(感觉区)
鸟	继续飞行,在运动中没有发现变化	能明确地定向,选择它所栖息的场所
狗	与脑损伤的对侧肢体受到麻痹,但能部分地逆转	对体表刺激的反应受到部分损害
猴	依靠帮助能站立	知觉过程破坏相当大
人	与脑损伤的对侧肢体完全的、持久的麻痹	感觉能力的特定形式遭到破坏,并且是不可逆转的

通过外科手术切除脑的某一部位,往往容易引起出血(随后产生瘢痕)并进而引起其他脑组织的病变。这会妨碍我们对受损毁皮质的机能进行研究。如今,用电极进行电解损伤(通以直流电)或对脑的特定部位进行冷冻等,都可以克服这一缺点。

三、脑电图研究法

大脑皮质的神经元具有生物电活动,并表现为两种不同的形式:(1)刺激感受器(如皮肤、视网膜等)时,在大脑皮质的某一特定部位产生局部的电位变化,称为诱发电位。(2)在没有明显的外界刺激的情况下,大脑皮质经常产生持续的节律性的电位变化,称为自发脑电活动。

1.诱发电位

这种研究对心理活动的生理机制的探讨有一定意义。诱发电位的研究,有助于确定大脑皮质的空间定位。研究表明,各种感受器在皮质的投射面积是不同的。例如,刺激猪的鼻尖、绵羊的嘴唇所引起的诱发电位的面积远大于刺激它们大腿所引起的诱发电位的面积。利用诱发电位还可以在细胞水平上对心理现象的生理机制进行研究。实验是这样进行的:用立体定位仪将微电极(直径小于0.1微米)插入大脑皮质或皮质下组织,同时给动物的感受器以各种刺激,随后引导出单个神经元的动作电流。结果表明,枕叶中,有的神经元只对光的开关起反应,有的既对光的开关起反应又对声音刺激起反应,有的则对任何刺激都不起反应。在颞叶中,有一类神经元只对高音起反应,另一类只对低音起反应,并且这些神经元有严格的布局。进一步的研究还表明,在皮质中,有的神经元只对直线起反应,或只对曲线起反应,或只对锐角起反应,或只对圆形起反应等。有的神经元专对线条的斜度和厚度起反应,或只对刺激的一定数量起反应。有的神经元对专门的感觉刺激不起反应,但对刺激物的更换或性质上的改变,积极起反应;随着对刺激的逐渐习惯化,这种神经元的活动性降低,而当刺激一有变化时又激活起来。这类神经元称为"注意神经元"。

2.脑电图

如果把电极放置在头皮上,然后再将导线的另一端引入放大器,通过阴极射线示波器或划笔描记器,便可展示或记录大脑的电活动。记录大脑电活动的图形称为脑电图(EEG)(图2-10)。

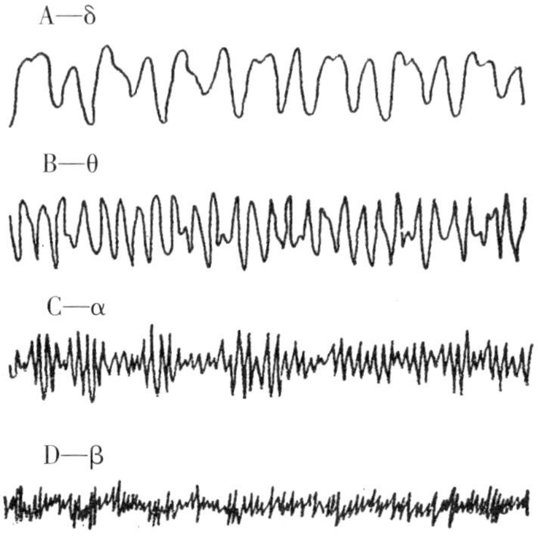

A—δ,0.5~3次/秒;B—θ,4~7次/秒;C—α,8~13次/秒;D—β,13~30次/秒。

图2-10 脑电图的四种波形

根据脑电图波形的频率、振幅的不同,可把正常的脑电图区分为4种基本波形:

(1)α波:频率为8~13次/秒,振幅为50~100微伏。它是清醒、无视觉及其他刺激,停止脑力活动时的基本波形。睁眼、思考问题时，或接受其他刺激时，α波消失而出现快波，这一现象称为α波阻断。

（2）β波：频率为13～30次/秒，振幅为20～50微伏。当被试睁眼视物，或听到突然的音响，或思考问题时，α波消失，出现β波。β波一般代表大脑皮质的兴奋性。

（3）θ波：频率为4～7次/秒，振幅为20～40微伏。幼儿常见此波，成人在困倦时一般也可见到。它的出现是中枢神经系统抑制状态的一种表现。

（4）δ波：频率为0.5～3次/秒，振幅为10～20微伏。成人清醒时没有δ波，只有在睡眠状态下出现。成人在清醒时如果出现δ波，可能表示智力发育不好，或大脑有器质性病变。

脑电图的研究对探索心理活动的生理机制有一定的意义。例如，思考问题时α波阻断，出现β波；情绪活动时α波阻断代替以θ波。刘世熠对我国儿童脑电图的研究表明：儿童脑的发展有着严格的程序性，大约在4～20岁这个年龄阶段中存在着两个显著加速的时期，一个是5岁与6岁间，另一个是13～14岁左右。第一个显著加速的时期标志着枕叶α波与θ波间的斗争的基本结束，第二个加速时期标志着除额叶以外几乎整个皮质的α波与θ波间的斗争基本结束（刘世熠，1962）。这一工作为儿童心理发展提供了生理上的依据。

在探讨心理活动脑机制方面，上述三种方法都有一定的作用。在下一节中，我们将讨论条件反射的研究方法。将各种研究方法所得到的结果，互相加以验证，同时不断创造出新的实验手段，大脑的奥秘终有一天是会被揭开的。

第四节 条件反射

一、反射和反射弧、反射环

17世纪法国哲学家笛卡儿根据接触角膜时能有规律地引起眨眼反应这个事实，提出了“反射学说”。他把机体对刺激的规律性反应与光线从镜面反射出来相类比，认为它是机械的、刻板的，是从脑内反映出来的；人的高级心理机能则不是反射活动，而是心灵自身的活动，这就使笛卡儿的反射概念带有二元论和机械论的特色。现代反射的概念是指有机体在中枢神经系统参与下由刺激引起反应的活动过程。不论是低级的心理机能还是高级的心理机能，其生理机制都是反射活动。体内、外的刺激作用于感受器，传入神经把冲动传到神经中枢，通过中枢内的神经联系，再经传出神经把冲动传至效应器官（肌肉或腺体），使它们发生反应。这一神经活动的过程就是反射活动。如果中枢发生抑制，则中枢原有的传出冲动就减弱或停止。

实现反射活动的生理结构称为反射弧(图2-11)。一般反射弧是由五个部分组成的:(1)感受器,如眼、耳、鼻、舌、皮肤、黏膜等感官和位于内脏、肌肉的内部感受器等,它们接受体内外各种刺激,并将其转变为神经冲动;(2)传入神经元,其细胞体在脑、脊神经节中,它把神经冲动传向中枢(脊髓和脑);(3)神经中枢,对冲动进行整合(分析综合)作用;(4)传出神经元,其细胞体在中枢,它发出轴突到达效应器,把神经冲动传到效应器;(5)效应器,最终产生反应的部分,如肌肉(产生收缩)、腺体(产生分泌)。构成反射弧的这五个部分中,如果有任何一个部分受到损伤,反射活动就不能完成。神经中枢中,神经元的联系愈精细复杂,有机体对刺激的反应也愈灵活多样。

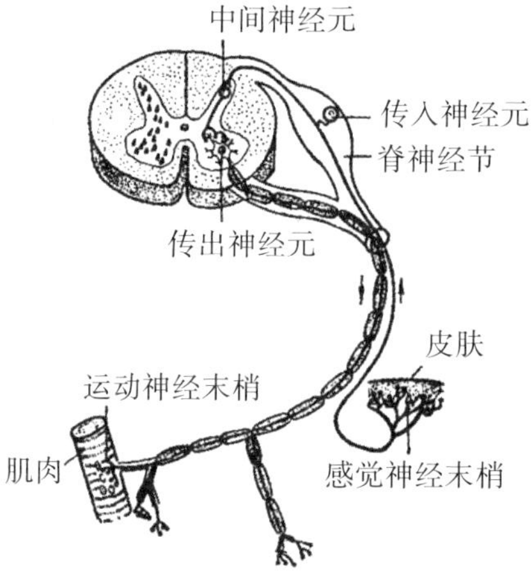

图2-11 反射弧模式图

近年来的研究表明,反射弧的图式不能完全合乎实际地解释行为结构。不少学者提出,应该用反射环或反射圈的图式来代替反射弧。在反射环的图式中,除了对各种刺激的感受以及对它们的反应之外,还应考虑到行为效果对神经中枢的反馈作用。研究表明,人体内的效应器大多有各种感受器,例如肌肉、肌腱中的肌梭、腱梭,关节中的关节小体等都能感知行为变化的情况,并将信息送回到神经中枢,使中枢对四肢的调节更加精确。根据反馈信息的效果,可以将反馈分为两类:如果反馈信息的效果是加强中枢活动,称为正反馈;如果反馈信息的效果是抑制中枢活动,称为负反馈。有了反馈,有机体的反射活动才能连续地进行,其行为才能更好地适应环境。

二、经典条件反射

20世纪初,俄国生理学家巴甫洛夫(И. П. Павлов,1849—1936)用条件反射实验法研究大脑皮质的机能,创立了高级神经活动学说。现已查明,高级神经活动的基本方式主要是条件反射。

(一)无条件反射和条件反射

巴甫洛夫把有机体的反射区分为在种族发展中遗传下来的无条件反射和个体发展中所获得的条件反射两种。

无条件反射是与生俱来的反射,是动物在进化过程中为适应环境而获得的神经联系。这种反射为数不多。新生儿只有三种无条件反射:(1)食物反射,如将奶头放在他的嘴里他就会自动吮吸,把食物放在他的嘴里他就会分泌唾液;(2)防御反射,如东西刺激眼睛就眨眼,火烫到手,手就缩回;(3)朝向反射,如把眼球和头转向刺激的光源。这些都是动物和人所共有的,是从遗传得来的、不学而能的动作。引起无条件反射的刺激叫无条件刺激。无条件反射的神经通路是与生俱来的固定的神经联系,它是由中枢神经系统的低级部位(脑干和脊髓)来实现的,但高等动物的无条件反射受大脑皮质的支配和调节。

无条件反射只能使动物适应固定的环境,是有机体出生以后生长和发展的先天基础。正因为无条件反射只能对少数的刺激发生反应,并且具有刻板的、固定的性质,因此就不足以使动物适应异常复杂和经常变化着的生活条件。试想,动物如果只依靠无条件反射而生活,例如,只有当食物放到嘴里才会吃,火烧到身上才会逃走,那么动物就不能维持生命。为了适应变化着的生活条件,使有机体与环境保持动态平衡,在有机体的生活过程中就形成了另一种反射——条件反射。

(二)条件反射的建立

巴甫洛夫所创立的经典条件反射实验,是先给狗做一个唾液瘘,使唾液流到体外,以便进行记录和测量。他首先使用一个与食物无关的中性刺激,如铃声,动物只注视铃声的方向,但不分泌唾液。铃声单独作用几秒钟后给动物喂食物,并使铃声和食物结合作用10~20秒(即用无条件刺激物强化),引起大量的唾液分泌。这样多次结合后,铃声单独出现,动物也分泌唾液,这时,条件反射就形成了。本来与唾液分泌无关的铃声,现在成了喂食的“信号”,即成为信号刺激或条件刺激。

条件反射的建立需要一定的条件,其中最主要的条件是中性刺激(无关刺激)必须与无条件刺激在时间上结合起来。中性刺激与无条件刺激在时间上的结合,称为强化。强化的次数越多,条件反射就越巩固。凡能有效地作用于体内外的各种刺激,包括时间因素以及事物间的关系等,只要得到强化,都可以成为条件刺激,形成条件反射。

条件反射的类型主要是由无条件反射决定的,中性刺激与吃食引起唾液分泌反应相结合,形成食物分泌条件反射;与损伤性引起的防御、逃避反应相结合便形成防御条件反射、逃避条件反射。

如果一种条件反射已经巩固,再用另一个新的中性刺激与这个条件刺激相结合,还可以形成第二级条件反射。例如,铃声同吃食结合形成巩固的食物分泌条件反射,再用灯光和铃声结合,也可以形成食物分泌条件反射。同样,在已巩固的第二级条件反射的基础上,还可以建立第三级条件反射。在人身上可以建立很多级数的条件反射。

(三)条件反射的神经机制

无条件反射的神经通路(反射弧)是有机体生来就具有的固定联系。条件反射是在无条件反射的基础上形成的,即在一定的条件下无关刺激成为无条件刺激的信号。巴甫洛夫认为条件反射的建立是大脑皮质里中性刺激的兴奋灶和无条件刺激的兴奋灶之间暂时的联系接通。

如图2-12所示,当无条件刺激物,如食物作用于味觉感受器,经传入神经将冲动传入延髓的唾液分泌中枢,一方面经传出纤维引起唾液腺的分泌,同时也向大脑皮质发放冲动,引起一定部位的兴奋,即产生无条件反射皮质兴奋灶。单独使用中性刺激,如铃声作用于耳的听感受器所引起的神经冲动传至大脑皮质,产生中性刺激的兴奋灶。当中性刺激和无条件刺激相结合时,由于中性刺激在大脑皮质引起兴奋灶的兴奋向周围扩散,并被无条件刺激引起的较强兴奋灶所吸引,这样两个兴奋灶之间就产生暂时联系的接通。因而,铃声引起的听觉冲动,经过这个暂时联系,传到食物刺激的兴奋灶和唾液分泌中枢,就引起了唾液分泌活动。如果中性刺激和无条件刺激多次结合使用,两个兴奋灶之间的暂时神经联系也就更巩固。这是巴甫洛夫学派的传统观点。

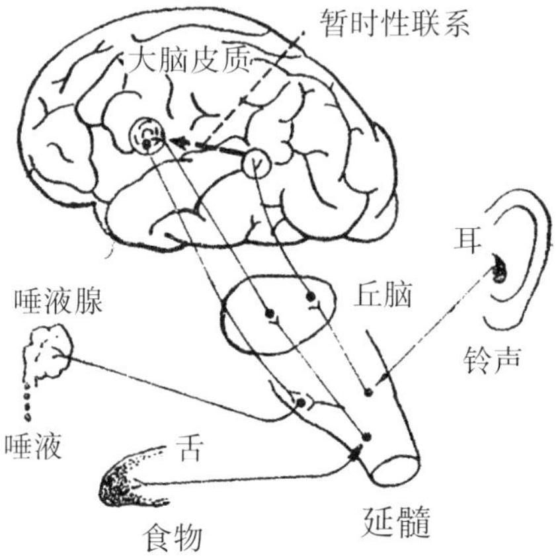

图2-12 条件反射形成示意图

苏联心理学家认为,条件反射既是生理现象同时也是心理现象。从有机体的一定组织的物质活动,即暂时神经联系的接通来看,它是生理现象。但是,从条件反射揭露刺激物的信号意义来讲,它又是心理现象。不过,这种说法只是推测性的。因为暂时神经联系的机制(如条件反射的反射弧在何处形成、怎样形成,以及暂时神经联系这种生理活动怎样产生心理活动等问题),至今还没有解决。

巴甫洛夫当时认为,暂时联系的接通是在大脑皮质中进行的。因为切除了全部大脑皮质的狗,原有的条件反射全部消失,并且不能恢复,也不能形成新的食物分泌条件反射。晚近的研究表明,完全去皮质的狗和猫还保留一些非常粗糙的简单条件反射活动,如去皮质的狗可以对声音产生运动防御条件反射。很明显,这种条件反射的接通是在皮质下组织进行的。还有不少研究表明,脑干网状结构在暂时联系的接通中起着重要的作用。这里,有两种设想:①条件刺激和无条件刺激通路的神经侧枝首先在丘脑网状结构内会合,并发生接通;②从丘脑网状结构经由弥散性的丘脑投射系统到皮质的相应投射区,产生精确协调并具有高度适应性的运动反应。但是,也有人反对这种看法。因为已经有一些报告表明,网状结构对于有机体的觉醒并不是不可缺少的。看来,在人和高等动物的条件反射活动中,大脑皮质起着主要的作用,但是皮质下结构也起着一定的作用。因为皮质和皮质下结构是密切联系的。很可能在暂时联系的接通中,皮质和皮质下结构都起作用。

(四)条件反射的抑制

巴甫洛夫认为,大脑皮质的基本神经过程是兴奋和抑制,以及它们之间的转化。兴奋过程表现为条件反射的建立和出现,即由条件刺激引起机体的积极反应,如分泌反应、运动反应等。抑制过程则表现为条件反射的抑止,即反应强度的减弱或不出现。条件反射很容易受多种因素的抑制。这些抑制可分为两类:无条件性抑制和条件性抑制。

1.无条件性抑制

它与无条件反射一样,是有机体生来就具有的先天性的抑制。无条件性抑制包括外抑制和超限抑制。任何额外的新异刺激(如强音、陌生人的出现等),都可以暂时抑制条件反射的正常出现。这种现象称为外抑制。在人们的日常生活中,突然出现一声巨响或一条惊异的消息,便不由自主地终止原来正在进行的工作,这是外抑制的一种表现。当刺激过于强大、过多或作用时间过长时,会导致条件反射广泛而长期的抑制,这种现象称为超限抑制。小动物被猛兽追逐时,突然倒地不动,是超限抑制的一种表现。

2.条件性抑制

这是后天获得的抑制,也称内抑制。内抑制发生的根本原因是条件刺激不被无条件刺激所强化。内抑制的形成需要经历不强化的过程,它主要有消退抑制和分化抑制两种。

(1)消退抑制

条件反射建立后,如果多次只给条件刺激而不给无条件刺激加以强化,结果条件反射的反应强度将逐渐减弱,最后将完全不出现。例如,对以铃声为条件刺激而形成唾液分泌条件反射的狗,只给铃声,不用食物强化,多次以后,则铃声引起的唾液分泌量将逐渐减少,甚至完全不能引起分泌,出现条件反射的消退。

巴甫洛夫推想,消退是因为原先在皮质中可以产生兴奋过程的条件刺激,现在变成了引起抑制过程的刺激,是兴奋向抑制的转化。这种抑制称为消退抑制。巴甫洛夫认为,消退抑制是大脑皮质产生主动的抑制过程,而不是条件刺激和相应的反应之间的暂时联系已经消失或中断。因为如果将已消退的条件反射放置一个时期不做实验,它还可以自然地恢复;同样,如果以后重新强化条件刺激,条件反射就会很快恢复。这说明条件反射的消退不是原先已形成的暂时联系的消失,而是暂时联系受到抑制。消退发生的速度一般是:条件反射愈巩固,消退速度就愈慢;条件反射愈不巩固,就愈容易消退。

(2)分化抑制

在条件反射开始建立时,除条件刺激本身外,那些与该刺激相近似的刺激也或多或少地具有条件刺激的效应。例如,用500赫的音调与进食相结合来建立食物分泌条件反射。在实验的初期阶段,许多其他音调同样可以引起唾液分泌条件反射,只不过它们跟500赫的音调差别越大,所能引起的效应就越小。这种现象称为条件反射的泛化,或简称泛化。以后,只对条件刺激(500赫的音调)进行强化,而对近似的刺激不给以强化,这样泛化反应就逐渐消失。动物只对经常受到强化的刺激(500赫的音调)产生食物分泌条件反射,而对其他近似刺激则产生抑制效应。这种现象称为条件反射的分化。

巴甫洛夫设想,在大脑皮质产生的兴奋过程和抑制过程,都不会停滞不动而局限在原来发生的那一点上。它们会向其邻近部位传布开来,使这些部位也出现同样的过程,这种现象称为扩散,与此相反的过程则称为集中。条件反射建立初期的泛化现象,是由于由条件刺激(如500赫的音调)所引起的皮质的兴奋过程向其他部位扩散的结果。随着实验的继续进行,其他音调所引起的唾液分泌反应逐渐受到抑制,依次消失,这样,由500赫音调引起的兴奋过程就逐步集中起来。就是说,受强化的条件刺激在皮质产生兴奋过程,而不受强化的其他刺激则产生抑制过程,这种抑制称为分化抑制。

在条件反射建立后,如果在条件刺激上再附加一个无关刺激,构成一个复合刺激;只对条件刺激进行强化,对这个复合刺激不给以强化。开始时这个复合刺激也或多或少具有条件刺激的效应,经过多次训练后,动物只对经常强化的条件刺激发生反应,而对不强化的复合刺激不发生反应,表现为抑制的效果。这种现象实质上是条件反射的分化,巴甫洛夫称之为狭义的条件性抑制。条件反射的泛化和分化能解释不少心理现象。例如,学习一种技能时,开始时往往带有许多不必要的动作,在练习的过程中多余动作逐渐消失,逐渐精确地掌握这种技能,这就是条件反射的泛化和分化现象。

三、操作条件反射

这类条件反射是斯金纳(B.F.Skinner,1904—1990)根据他所设计的实验结果提出的。斯金纳将饥饿的动物(大鼠、鸽子)置于斯金纳箱中(参见图2-9),开始动物胡乱地碰碰这、碰碰那,偶然间前肢拨弄到了杠杆,这时自动装置就送来食物对它的适宜反应进行强化(奖赏)。如此反复地尝试—错误,凡踩到杠杆就会取得食物,从而形成了条件反射。在此基础上,也可以进一步训练动物只有在特定的信号如灯光、铃声出现后拨弄杠杆,从而取得食物得到强化。这类条件反射的特点是动物必须通过自己的某种活动或操作才能得到强化,所以叫操作条件反射。其形成模式是:辨别性刺激→反应→强化刺激(奖赏或惩罚)。

在操作训练时,强化可以是积极的,也可以是消极的;前者叫奖赏,后者叫惩罚。食物对于饥饿的鸽子,水对于渴了的白鼠,都是积极的强化物。这些刺激物能使动物去做给奖励以前它们正在做的事情。用积极强化物进行条件反射实验,称为奖励的训练程序。动物学会去按一个横棍,以停止对它的爪子的电击;或跳过一个障碍物以避开强烈的气流。按横棍或跳过障碍物的反应之所以被加强,是因为它们停止了惩罚刺激。用消极强化物进行条件反射实验,称为回避的训练程序。

操作条件反射与巴甫洛夫条件反射(也称经典条件反射)有许多类似的地方。它们都是随着强化的次数增多而巩固,随着不强化而消退;也都有泛化、分化以及自然恢复等现象。

操作条件反射和经典条件反射的差别在于:第一,在操作条件反射中,有机体的反应是骨骼肌的活动,是一种能控制的、随意的行为;在经典条件反射中,有机体的反应是不随意的,多半是植物性神经系统控制的活动。第二,在经典条件反射中,有机体是被动地接受强化的;在操作条件反射中,有机体要通过操作活动,改变环境才能得到强化。但是,这种差别也不是绝对的。晚近的研究表明,植物性神经系统控制的内脏活动,经过学习、训练也是能自我控制的。

四、生物反馈

生物反馈也称内脏学习,是有机体通过操作条件反射学会控制如心率、血压、腺体分泌等生理过程的变化,而这些生理过程的变动属于植物性神经系统的反应,过去被认为是非随意控制的。

前已述及,经典性条件反射所引起的反应是植物性神经系统的反应,操作条件反射不能使这些反应发生变化。操作训练只能适用于骨骼肌的反应。美国心理学家米勒(N.E.

Miller,1909—2002)等人不同意这种看法。他认为经典条件反射和操作条件反射不是两种根本不同的现象,而是同一现象在不同条件下的两种表现,事实上,只是一种学习。他们的实验证明:用操作训练程序可以产生通过经典条件反射的内脏反应。

实验是这样进行的:由于内脏活动可以通过骨骼肌的活动而加以改变,例如缓慢的呼吸会使心率减慢,实验时用一种箭毒药物阻断神经介质,使脑、脊髓的神经冲动再也不能到达骨骼肌。这时动物处于瘫痪状态,它既不能呼吸,也不能吃喝,需要用机械呼吸维持生命,但动物并未丧失知觉,也没有影响动物内脏反应的神经控制。动物处于瘫痪状态,不能用食物或饮料加以奖赏,于是实验者采用了一种特殊的奖赏法,即用电刺激老鼠下丘脑的"快乐中枢"。当"箭毒鼠"的心跳有微小的、朝着人们所期望的方向变化时,实验者就用微弱的电流刺激"快乐中枢",给以奖赏。在一个实验研究中训练白鼠改变心率和肠壁收缩的内脏反应。其中,一组大白鼠心律减慢给以奖赏,另一组心律加速给以奖赏。采用这种逐步塑成的程序,提高学习任务的难度,这样动物就学会了内脏反应。例如,当心跳加快受到奖赏时,心跳就加快;当心跳减慢得到奖赏时,心跳就减慢,而肠壁收缩方面却没有明显变化。当肠壁收缩受到奖赏时,肠壁收缩就增加;当肠壁舒张受到奖赏时,肠壁收缩就减少,而它们的心率却保持不变。这些结果说明内脏学习可以只限于某一器官的某种活动,它并不是由骨骼肌的活动所引起的。

有人对人类被试用操作条件反射进行训练,使他们控制如血压、心率以及脑电活动,也获得了成功。例如为了控制血压,让被试看着一架能不断发出反映血压变动的视觉反馈机。当血压下降到一特定水平时反馈机便出现闪光,被试由此分析血压下降时自己的心理状态,并重复这种心理状态,使血压保持在较低的水平上。脑电波的操作条件反射是将一套能侦察脑电波的电子系统安装在被试的头上,当它侦察到α波时,就发出一个稳定的、可以听见的乐音;当α波消失时,乐音立即停止。通过听觉信息将脑电波变化的情况及时地反馈给被试,同时要求被试尽力去发现增加或减少乐音出现的时间比例。结果,在一个实验中一些被试学会了控制脑电波的α节律。

生物反馈研究的意义不仅对防病治病有重要意义,而且对于我们了解心理活动的生理机制可能是一把钥匙。一旦我们学会了对脑电波的控制,就有可能了解有关的心理现象与脑电波之间的关系。

五、第一信号系统和第二信号系统

根据信号刺激的特点,巴甫洛夫把大脑皮质的功能分为第一信号系统活动和第二信号系统活动。凡是以直接作用于各种感觉器官的具体刺激为信号刺激而建立的条件反射系统，称为第一信号系统活动。例如，凡是吃过梅子的人，当看到梅子就分泌唾液，是因为梅子的形状、颜色和气味等直接作用于我们的感觉器官，从而产生大脑皮质的第一信号系统的活动。第一信号系统活动是动物和人所共有的。

对于人类，不仅周围环境中的具体事物可以起信号作用，抽象的词也可以作为信号刺激，引起条件反射活动。语词信号的条件刺激作用，在我们日常生活中是十分普遍的。例如，成语故事中的“望梅止渴”就是一例。一次，曹操在行军途中被断了水源，将士们非常口渴。曹操心生一计，指着前面说：“前有梅林，梅子甘酸，可以解渴。”将士们闻之，想起梅子的酸味，嘴里流出了口水，于是不再感到口渴了。这里，“梅子”一词代表着梅子的具体形状、颜色、味道等而起信号作用，成为第一信号的信号，所以称为第二信号。由语词作为信号刺激而建立的条件反射系统，称为第二信号系统活动。

作为第二信号系统刺激物的语词，是对现实的具体事物的抽象和概括，它具有一定的含义。人的第二信号系统是以语词的意义，而不是以它的物理性质（说话的声音和文字的形象）作为刺激而引起信号活动的。这是人类和动物的条件反射活动的根本区别。虽然，人们可以用一些词使动物形成条件反射，但动物对这些词的意义并不理解，而只是对词的声音刺激或视觉刺激的直接作用发生反应。例如，狗对“伸出脚来”一语形成抬起前肢的条件反射，如果把“伸出脚来”换成意义相同、声音不同的“跷起足来”，它就不会有相应的反应；然而，如果用近似的声音“胜去角雷”代替“伸出脚来”，却能引起动物抬起前肢的条件反射。这说明动物没有第二信号系统活动，只有第一信号系统活动。

由于人类有了语言文字，形成了第二信号系统，两种信号系统的活动就密不可分地联系在一起。因而，人的第一信号系统也就在本质上不同于动物的第一信号系统。动物的条件反射的形成取决于刺激的生物学意义；人的条件反射的形成取决于刺激的社会意义。正是由于这个特点，人对刺激的反应常与动物有所不同。例如，动物碰到火或看到火，就会发生避开火以免受到烧伤的防御无条件反射或条件反射。而具有革命思想的人，为了人民的利益，能牺牲自己，以保存他人或集体，表现出在抢救人民的生命财产时，明知火伤人，偏向火海冲的革命英雄主义行为。我们在研究心理活动的生理机制时，必须注意人的高级神经活动的这个重要特点，不能把人和动物等同起来，用纯生物学的观点来解释人的行为。

本章相关文献

北京大学生物系生理学教研室.(1979).基础生理学.北京:人民教育出版社.

湖南医学院.(1978).生理学.北京:人民卫生出版社.

上海第一医学院.(1978).人体生理学.北京:人民出版社.

A.P.鲁利亚.(1983).神经心理学原理.汪清,译.北京:科学出版社.

T.C.鲁,J.F.傅尔顿.(1974).医学生理学和生物物理学 上册.医学生理学和生物物理学翻译组,译.北京:科学出版社.

E.R.希尔加德.(1987).心理学导论 上册.周先庚,等译.北京:北京大学出版社.

S. A. Mednick, J. Higgins, &J. Kirschenbaum. (1975). Psychologyy: Explorations in behavior and experience.John Wiley & Sons.

第三章　心理的发生和发展

本章主要问题：

1.研究心理的发生和发展有什么意义？

2.什么是反映？无机界的反映和生物的反映有什么关系？

3.动物有心理吗？

4.意识是怎样产生的？

5.什么是意识？它有哪些特点？

6.个体心理是怎样发展起来的？

第一节　概　述

一、心理的发生和发展的基本问题

同其他任何现象一样，心理现象也有其发生、发展的历程。要深入理解心理现象的实质，还必须研究心理的发生和发展。

探索心理的发生和发展的规律，主要按下列三个基本问题进行考察。

（一）动物心理的发生和发展

心理现象不是从来就有的，它是物质发展到一定阶段的产物。物质演化到一定的阶段，出现了具有初步神经系统的低等生物，在这样的生物身上出现了最低级、最简单的心理现象。随着动物种系的演化，动物心理不断地发展起来，最后在灵长类动物身上达到了动物心理演化的最高阶段。动物心理演化的全部历程是人类意识产生的前史。

（二）人类意识的发生和发展

动物没有意识，最多只有意识的萌芽。意识是人类祖先在劳动的过程中同语言一起产生的。人类意识产生之后，随着人类社会实践的发展，随着人类社会的发展，人类的意识经历了从人类祖先到现代人的意识的发展历程。

（三）人的个体意识的发生和发展

受精卵在母体内逐渐分化为具备人所特有的解剖生理机能的胎儿。初离母体的新生儿是没有人的意识的，只是在后来的生活条件和教育的影响下，随着身体的发展，特别是随着个体的实践活动和脑的发展，才逐步形成了不同的心理过程和个性特征。从胎儿的诞生，经新生儿、乳儿、婴儿、幼儿、学童、青少年、成人、老年，人的心理也经历了一个发生、发展和衰退的过程。

在本章中，我们将扼要地讨论这三个问题。

二、研究心理的发生和发展的意义

研究心理的发生和发展，科学地论证意识的起源，对于确证马克思主义哲学的基本原理，粉碎宗教、唯心论的邪说具有重大的理论意义。列宁曾把动物智力发展的历史、儿童智力发展的历史、各门科学的历史、语言的历史、心理学和感官生理学并列为构成认识论和辩证法的知识领域（列宁，1984）。

研究心理的发生和发展。还具有重大的实践意义。动物心理的研究成果，可以直接用于农业、畜牧业、工业和地震预报等实践领域。研究昆虫的行为习性，可以利用捕食性和寄生性天敌昆虫防治害虫，可以用条件反射的方法引诱蜜蜂去采集它们过去不常采集的花粉，增加某种作物的授粉率。这些都是保障和提高农作物产量的有效方法。采用人工方法对野生动物进行驯化、饲养，是提高珍贵动物的皮毛、肉类、药材等产量的重要途径。

研究动物的机体结构和行为，可以为现代化的新技术提供“模型”，例如，模仿苍蝇嗅觉器官的极其灵敏的小型气体分析仪已用于宇宙飞船座舱里；模仿蜜蜂眼睛对太阳的准确定向所制成的偏光天文罗盘，已用于航海和航空事业。这方面的研究对祖国现代化事业无疑将起重要作用。研究动物在地震前的异常行为，还可以为预测地震提供科学依据，等等。

根据党的教育方针为祖国四个现代化事业培养更多的人才，必须依据儿童心理发展的规律和特点。人的个体心理的发生和发展的研究，对于新生一代的培养和教育有着重要的实践意义。

第二节　动物心理的发生和发展

一、心理现象的发生

(一)一切物质都具有反映的特性

列宁指出:“假定一切物质都具有在本质上跟感觉相近的特性、反映的特性,这是合乎逻辑的。”(列宁, 1971)

反映是物质的普遍特性,是物质相互作用并留下痕迹的过程。例如,石块落在泥地上,一方面泥地反作用于石块,同时泥地上的凹痕又把石头的重量、形状、硬度等特性反映出来了。从这个例子中可以看出,反映是物质运动相互作用的结果。反映这个概念包含两层意思:一是留下痕迹,二是做出回答反应。

随着物质运动形式从低级到高级的发展,物质的反映形式也相应地由低级过渡到高级的反映形式。高级的反映形式以低级的反映形式为发生的前提,包含着低级的反映形式,但它又具有自己的本质特点,而不同于低级的反映形式。

人类借以生存的地球,同宇宙的任何事物一样,是物质世界长期发展的产物。原始的地球是由无机物构成的,那时没有心理的反映形式,只有机械的、物理的、化学的反映形式。例如,无机物热胀冷缩的变化,就是无机物对温度变化的反映;岩石在风雨的作用下变成了砂粒,这是岩石对日晒雨淋的反映形式。这些反映是完全依赖于外界的、机械的、物理的、化学的作用而产生的,并且每次反映之后,整个过程也就完结了。机械的、物理的、化学的反映形式是物质的低级的反映形式,但又是一切高级反映形式的基础。

无生命物质经过长期的发展演化,出现了有生命的物质。有生命物质的反映不仅以机械的、物理的或化学的反映形式表现出来,而且更主要的是出现了一种全新的、高级的反映形式——生物的反映形式。这种生物的反映形式叫感应性。

感应性是所有生物的基本特征。这种特性是生物以自己的活动或状态的变化对外界的影响做出反应,以维持新陈代谢的正常进行。例如,单细胞原生动物变形虫遇到细菌、藻类等营养物质,就伸出伪足将其裹入体内,经过一定的生化过程,同化为自己的组成部分;如果遇到有害刺激,就缩回伪足向相反的方向运动。变形虫对不同刺激表现出不同的反应活动,这样它才能同周围环境保持平衡,以维持新陈代谢的正常进行。

生物对刺激的感应性虽然包含有无机界的反映特性,但它与无机界的反映形式却有本质的区别:(1)感应性是生物对外界刺激所表现出来的独立的、积极的反映能力。例如,变形虫不仅对食物和有害物质具有不同的反应,而且对不同的食物也有不同的反应方式,甚至对同一食物，其机能状态不同时，反应也不一样。这种积极的、主动的反应，是无机界各种反映形式所没有的。(2)感应性是在生物体的新陈代谢基础上实现的。生物与外界环境的联系是生物赖以生存和发展的基本条件。生物一方面把外界物质同化为自身的组成部分，同时又把自身的组成部分异化为外界物质。这种物质交换的过程叫新陈代谢。生物就是借助于新陈代谢才获得感应性的。一旦新陈代谢停止，生物的感应性也随之消失。无机物的反映是一种直接的相互作用，通过反应，参加反映的物体就转变为他物，不再是该物体了。例如，岩石经过风化变成了砂粒，金属氧化变成了锈。因此，感应性是一种崭新的生物反映形式，与无机体的反映形式有本质的区别。

在生物发展的不同阶段，感应性的表现形式也各不相同。向日葵向着太阳旋转其花冠；绿色植物的枝叶趋向于阳光充裕的方向，根部趋向于地心引力和营养充沛的方向；单细胞动物变形虫或草履虫对食物或有害刺激具有不同的反应。更为高级的动物，则以多种无条件反射回答外界环境的各种刺激。但是，不论感应性的表现形式如何不同，它们的共同特点是生物体对跟它的基本生活机能（如营养、自卫、繁殖等）有直接关系的外界刺激做出反应。

（二）对信号刺激的反应

地球上出现了有生命的物质之后，生物又不断地发展，由单细胞动物发展到多细胞动物。在适应外界环境的过程中，多细胞动物的机体结构逐步分化形成特殊的感受器、神经系统和效应器。由于出现了感受器和效应器，动物对外界刺激的感受就更灵敏、更精确，对刺激的反应也越分化和越复杂。借助于神经系统，动物身体的各部分在机能上就更紧密地联合成为一个统一的整体。

动物种系演化达到一定阶段，不仅对具有直接生物学意义的外界影响表现出感应性，而且还能对原先是无关的、但具有信号意义的外界影响产生反应。这是一种比感应性更为高级的反应能力。例如，许多动物都对声音具有反应能力。声音本身对动物的基本生活过程不会有任何直接的影响，但它却预示着对动物有重要影响的刺激物如食物、配偶、敌害等即将来临。这种对信号刺激发生反应的能力，标志着动物心理现象的发生。

动物的心理现象和生物的感应性有着质的区别：(1)动物的心理现象是对信号刺激的反应，是在个体生活经验中获得的。前已述及，条件反射的建立不是依据种族的遗传，而是依据个体的生活经验；作为条件刺激不是与动物生活直接有关的事物，而是仅仅对它们具有信号作用的事物。这样就能使动物更好地适应外界环境。(2)动物的心理现象是和神经系统的发展密切相联系的。对信号刺激的反应必须借助于神经系统的分析综合机能。动物在接受无关刺激物的影响时，这些刺激物所引起的神经过程，必须同与之经常相伴随的并对有机体生活有重要意义的刺激物所引起的神经过程建立暂时联系。这样,前者就成为后者的信号,动物就能对无关刺激做出适宜的反应。所以,动物心理现象的发展是和神经系统的发展密切联系在一起的。动物心理虽然是在生物感应性的基础上发展起来的,包含有感应性的成分,但是,动物心理在本质上又不同于生物感应性,是比感应性更为高级的反映形式。

心理现象产生以后,就构成动物种系演化水平的一个新标志和影响演化过程的一个新因素。随着动物演化阶梯的发展,动物心理也经历着从量变到质变的不同阶段。

二、动物心理发展的基本阶段

动物心理的发展主要取决于神经系统的演化水平及其生活的环境。动物适应日益复杂的生活环境的过程,推动了神经系统及其机能的发展;神经系统的发展又使动物更好地适应外界环境。这样,动物心理也就发展起来了。动物心理的发展使动物愈益适应各种不同的生活环境,从而影响其身体结构的演变。

动物心理的发展既有连续性,又有阶段性。我们通常把动物心理的发展区分为三个基本阶段。

(一)感觉阶段

这是动物心理发展的最初阶段。这个阶段的特点是动物能对信号刺激物的个别属性形成稳定的反应。

在动物进化的过程中,神经细胞首先在腔肠动物(如水螅、水母等)中出现。腔肠动物的神经细胞散漫分布结成网状,没有一个占优势的神经中枢,故称为网状神经系统(图3-1 A)。腔肠动物生活于水中,多数过着"定居"的生活,靠摄取周围的小生物为食,生活条件比较单纯。它对外界的影响只能以泛化的方式进行反应,只要一处受刺激就全身收缩。它不能形成对信号刺激的稳定的反应。

因此,腔肠动物的反映形式主要属于感应性阶段,最多只有感觉的萌芽形式。

环节动物,如蚯蚓生活在潮湿的泥土中,其活动范围比水生的腔肠动物要广泛、复杂。它已经有了一条简单的索状中枢神经系统,并由几节神经节集中为一个脑神经节(图3-1 B)。蚯蚓已能对刺激物的个别属性形成稳定的条件反射。用蚯蚓做爬T形迷津实验,若蚯蚓爬向右边便是出口,爬向左边就要遭遇电击。经过120~180次实验,蚯蚓学会了爬向右边而不再爬向左边。在形成这种条件反射之后,把迷津的左右方向对调,只要65次实验,蚯蚓又形成了新的条件反射。

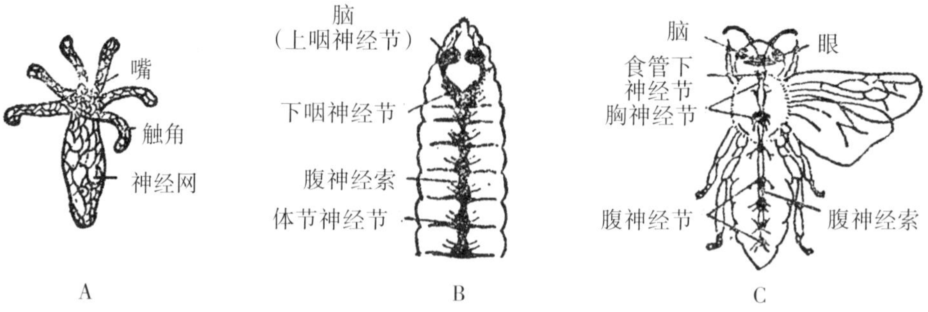

A.水螅，B.蚯蚓，C.蜜蜂

图3-1　无脊椎动物神经系统的演化

节足动物，如蜘蛛、蜜蜂、昆虫等，其活动范围比任何其他无脊椎动物都要广泛、复杂。它们的神经系统，特别是脑神经节，比环节动物更趋集中（图3-1 C）。节足动物对信号刺激的反应更为多样。蜘蛛能反应蛛网上同食物相联系的颤动；蜜蜂能反应食物的气味和颜色；蚂蚁靠气味认路，分辨“敌我”，碰到不同窝的就互相厮杀，碰到同窝的就互相喂食。节足动物的复杂行为，仍然只是对刺激物的个别属性的反映。例如，蜘蛛凭着蛛网的颤动奔向昆虫落网的地方。如果把小纸片投上蛛网，或用振动着的音叉接近蛛网，蜘蛛也会奔来。这说明蜘蛛只是对蛛网颤动这个特性发生反应。侦察蜂用舞蹈动作给工蜂指示蜜源的方向，用身上的花蜜味指示花的品种；如果在电子蜂身上涂上一样的花蜜味，跳同侦察蜂一样的舞蹈，工蜂也会飞往指示蜜源的方向。这说明蜜蜂只是对舞蹈动作和花蜜味发生反应，它并不“认得”电子蜂。蚂蚁之所以会“认路”，也只是对一种化学的气味发生反应。因此，节足动物的反应形式，仍然属于感觉阶段。

（二）知觉阶段

无脊椎动物进一步演化，发展到脊椎动物。灵长类以下的脊椎动物不仅能对刺激物的个别属性进行反应，而且还能对刺激物的各种属性综合地进行反应。

脊椎动物的心理发展是有其物质基础的。它们生活在水中、空中、地面、地下、树上等极为多样化的环境中，接受的外界刺激很多，神经系统更加集中和完善。无论怎样高级的无脊椎动物，都只有一个实心的腹神经索，而没有中空的背神经管和真正的脑，也没有支持身体的脊椎骨。脊椎动物则不然，它们都有一个空心的背神经管（脊髓）位于脊椎骨中，而且还有真正的脑。它们的脑一般由大脑、间脑、中脑、延脑和小脑组成。发展水平更高的脊椎动物，其脑的高级部位——大脑皮质也越发达（图3-2）。由于脊椎动物的神经系统远比无脊椎动物发达，同时又具有各种完善的感觉器官和运动器官，它们的行为便灵活多样。它们中有的挥鳍击水，有的钻洞爬行，有的展翅高飞，有的疾足奔跑，有的攀缘树木。

它们的反映形式已经发展到了一个新的阶段。

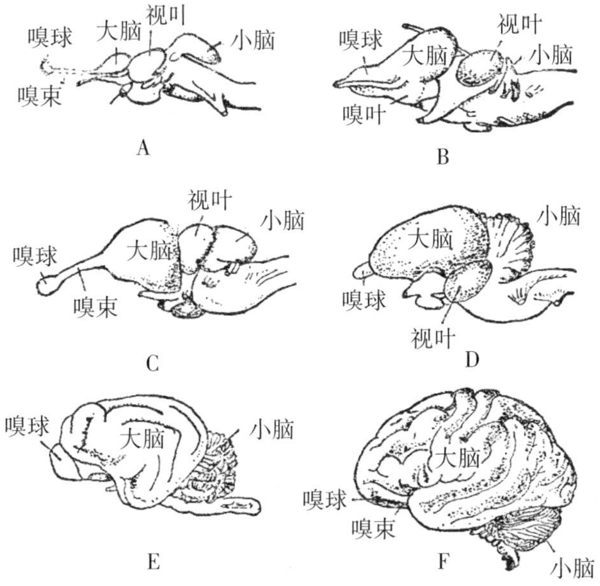

A.鳕,B.蛙,C.鳖,D.鹅,E.猫,F.人。

图3–2　脊椎动物脑的演化

鱼类,是低等的脊椎动物,生活于水中。鱼脑的体积不大,大脑很不发达,小脑的大小与各种鱼类运动的活泼与否有关(图3–2 A)。鱼类具有多种感觉(如味觉、嗅觉、触觉、听觉、视觉、温度觉和振动觉等),开始表现出对刺激物的各种属性的综合反应能力。例如凶猛的鱼类在捕获猎物时,已开始表现出根据作用于它的刺激物的各种属性进行反应。实验证明,鱼类能辨别同样面积的三角形和圆形。

两栖类,是脊椎动物刚由水生过渡到陆生的动物。从两栖类开始,动物的大脑半球已完全分开,并且开始出现了原脑皮。两栖类还没有真正的大脑皮质(图3–2 B)。它们不仅在远距离感觉(如视觉、嗅觉、听觉)上比鱼类发达,其他行为也较鱼类发达。在它们捕获猎物的活动中可以看到,它们已经能区分物体的运动和形状。

爬行类,主要已过渡到陆地上生活。它们的大脑和小脑比两栖类显著发达,出现了真正的大脑皮质(图3–2 C)。它们已初步具有较高级的分析综合能力。例如,蛇能利用各种感官来审度对象的性质、监视对象的行动,并能随机应变地迅速改变自己的行动,捕获猎物。实验证明,经过多次训练,爬行类已能辨认装食物的器皿、箱子的形状和饲喂人员。

在动物进化的历程中,在爬行类的基础上,动物沿着两个方向发展:一支发展为鸟类,另一支发展为哺乳类。

鸟类,生活于辽阔的天空。它们的大脑有了进一步的发展,特别是视叶和小脑尤为发达(图3–2 D),这与鸟类有敏锐的视觉和复杂的飞行活动密切相关。鸟类不仅能辨别不同的色彩，而且能辨别物体的形状及其运动方向，根据对象的各种性质准确地捕获猎物。例如，动物园里的孔雀常对穿鲜艳衣服的观众开屏；大隼能在离地面1077米的高空看到地面上像斑鸠那样的小鸟，并准确地将其捕获。许多种鸟类都能选择适当的材料建筑精致的鸟巢，它们的知觉活动比爬行类发达。

哺乳动物种类繁多，活动范围很广。它们的大脑皮质得到了高度的发展。借助于高度发达的大脑皮质，它们的行为更加灵活、知觉更加完善。实验表明，经过训练，大白鼠能辨别等边三角形和圆形。训练成功后，若改用长方形、方形、十字形来代替圆形，动物选择三角形的比例仍然很高。若改用其他形状的三角形代替圆形，经过练习，动物的正确辨别率也是很高的。但是，当图形和背景的关系发生改变后（例如原来是白色三角形和黑色背景，改变为黑色三角形和白色背景），大白鼠对三角形就不能辨认了。这表明，大白鼠对物体的形状知觉已相当发达，但仍不及较高等的哺乳动物（如狗等）。狗的知觉更加完善。它们在黑色的背景上学会辨别白色图形——正方形和长方形，纵长方形和横长方形以及三角形和圆形之后，无须任何新的训练，立刻能以同样的方式辨别在白色背景下的各黑色图形，甚至轮廓不完全的图形。总之，灵长类以下的脊椎动物，演化的水平愈高，动物对刺激物的多种属性进行综合反映的能力也愈完善，知觉活动的形式也愈多样。

（三）思维的萌芽阶段

哺乳动物演化到灵长类的类人猿，其反映活动达到了动物心理发展的最高水平，即思维的萌芽阶段。这一阶段的特点是，类人猿不仅具有多种感觉、知觉及喜、怒、哀、惧等情绪，而且还能从已感知过的事物之间的关系，去解决相当复杂的问题。

类人猿智力的发展与其生活方式密切相关。它们生活在森林中的树上和陆地上，群居，杂食。攀缘觅食的生活方式使类人猿的前爪变成能抓握的"手"，造成前后肢进行一定程度的分工，并使发音器官得到发展。攀缘觅食的生活方式使它们前肢的触觉、动觉以及触觉和视觉的协同活动大大地发展起来，它们具有敏锐的视力，精确的目测力，反应十分灵活。群居的生活方式促进了彼此间的交际活动，它们能发出为同类所理解的多种声音。

类人猿的脑，无论在重量上、外形上还是在细微结构上，都接近于人脑。黑猩猩或猩猩的脑重约400克，大猩猩的脑重约540克，它们的重量几乎相当于人脑的1/3。类人猿的大脑皮质有许多沟回，皮质细胞分层排列，投射区也比较精确。有研究表明，猿脑和人脑在形态结构上有396处共同点。所以，猿脑具有高度的分析综合机能。这是类人猿智力发展的物质基础。

类人猿能根据事物间的关系，利用现成的"工具"达到一定的目的。例如，把水果放在笼子外面，黑猩猩用“手”取不到，它就会用木棒把水果拨入笼内，如果笼内的木棒太短够不着水果，它就会先用短棒把笼外的长棒勾近笼边，然后用长棒把水果拨入笼内。黑猩猩还会把木箱重叠起来，爬到它的上面取得挂在天花板上的水果。如果把橘子放在细长的管子里，它会用小棒把橘子从管子的一端推出。类人猿不仅能利用现成的工具，在需要的时候它还能对工具进行一定的“加工”，使之变成合用的工具。如，古多尔(Jane Goodall)在东非对野生黑猩猩的长期观察表明，黑猩猩能小心谨慎地选择树枝，用它插入白蚁穴以获取白蚁为食。若树枝太长，它们会将其折断成为合适的长度；若树枝的侧枝妨碍其插入蚁穴，它们就会将侧枝折掉(珍妮·古多尔，1980)。但是，黑猩猩对工具的使用是偶然的、仅限于获得它眼前的东西；一旦眼前的需要得到了满足，它们就会将树枝扔到一旁。人们从未见过黑猩猩有保存工具的行为。

类人猿的语言。类人猿的发言器官与人有很大差别，它不能发出人类语言的主要元音“ɑ”“i”“u”和其他一些要用舌头进行调节的音，因而不会讲人话。但是，近年来的实验表明，经过训练，黑猩猩能学会手势语言和符号语言同人交谈。例如，有人用美国聋哑人用的手势语训练了一头年仅10个月的雌性黑猩猩沃休，经过4年的训练它学会了大约160个手势词(其中主要是名词，另外还有动词、代名词、介词、形容词等)，并能将学会的手势词按语言规则组成短语创造出像“Listen dog(听狗)”“快点给我牙刷”等句子。这些句子是实验者从未教过它的。沃休还能把学会的手势词用到其他场合，例如它在“开门”这个具体情境下学会“开”字后，能把“开”字用到“开水龙头”“开冰箱”“开抽屉”“开箱子”上。此外，沃休还会创造新的手势词。还有人用各种形状和颜色的塑料图卡来代表事物或概念的符号语言训练一头名叫沙拉赫的黑猩猩，经过相当的训练之后，这头黑猩猩学会了一套用不同形状和颜色的塑料图卡组成的词汇系统，并能用它来与人进行交谈(图3-3)。此外，有人还通过计算机来教黑猩猩学习人的语言。一头叫拉娜的雌性黑猩猩学会了相当数量的、经过改造的、一种名叫“耶基斯语”的英语，能通过计算机上的键盘来与人交谈。总之，这些实验表明，黑猩猩不但能掌握手势语、符号语，以及通过电子计算机学会人语，把学会的词正确地用于其他场合，把这些词组成需要的句子，而且还会创造出一些它认为需要的词或句子。这都说明，类人猿具有语言的萌芽，它的智力已达到相当高的水平，具有一定的抽象、概括和推理的能力。但是，必须注意，类人猿的抽象、概括和推理能力都脱离不开当前体内外环境的刺激和需要，它们还不能进行从概念到概念的思维。因此，类人猿的智力是人类思维的萌芽，是一种具体的、动作的思维。

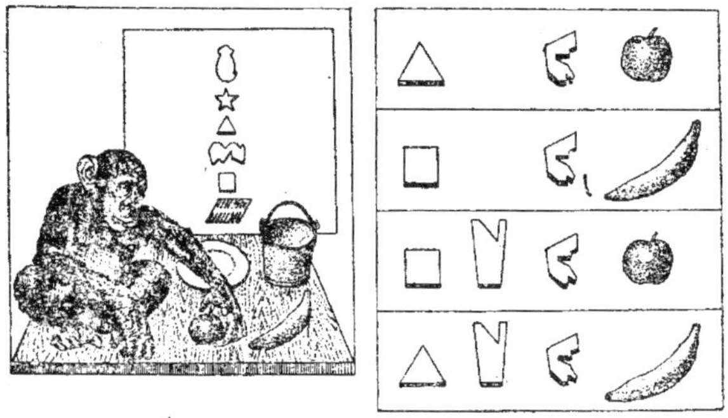

A.符号板上显示的句子是,叫沙拉赫把苹果放入桶内,把香蕉放入盘内。
B.符号板上句子的意思(自上而下):这三角形是代表苹果;这方块是代表香蕉;这方块不是代表苹果;这三角形不是代表香蕉。

图3-3 黑猩猩沙拉赫的图形语言

同类人猿一样,海豚也有发达的智力。早在古代,人们就发现海豚会营救落水的人。有人用测验法测验人和动物的智力,结果是,人得215分(第一位),海豚得190分(第二位),象居第三位,猴居第四位。海豚还具有多种多样的声音交际能力。海豚之所以有高度发达的智力,与它的脑组织特别发达有关。一头成熟的海豚脑重约1700克,占整个体重的1.2%,黑猩猩仅占0.7%;单位体长中脑的重量,海豚也比黑猩猩大得多:海豚为每米0.55公斤,黑猩猩仅为每米0.21公斤,也就是说,海豚以比黑猩猩更多的脑组织来控制每一米的身长。此外,海豚大脑皮质的沟回也比黑猩猩多得多。有人认为,海豚比类人猿更加聪明。

三、行为的类型

随着动物演化的发展,它们适应外界环境的行为类型也发生了变化,可以把动物的行为区分为两种类型:本能行为和个体习得行为。

(一)本能行为

本能行为是动物与生俱来的,同满足生理需要相联系的行为。某一物种的个体都有某种特定的本能行为。

1.迁徙行为

某些无脊椎动物(如蝗虫)、某些鱼类、爬行类(如海龟)以及某些鸟类(如燕子、大雁)和哺乳类(如蝙蝠、鲸、海豹、鹿)都有季节性的长距离地更换住处的现象。迁徙本能与动物繁殖后代和食物供应有关。每年3月,绿色海龟横渡大洋数千千米到一个固定的小岛上去产卵。大雁每年夏季在我国的北方繁殖,冬季在我国的南方越冬。动物迁徙的距离可以从数百千米到数千千米,其间障碍重重,而且不少动物是在夜间行进。但它们仍能准确地到达目的地。

2.筑巢行为

某些昆虫(如蚂蚁、蜜蜂、胡蜂)、许多鸟类(如家燕、喜鹊、麻雀、海鸥)和哺乳动物(如松鼠、海狸)都能营筑精巧的巢。

3.社群行为

某些动物如蚂蚁、蜂都有一种社会性的行为本能。例如,每一群蜜蜂中,都有一只母蜂,少数雄蜂和许多工蜂,它们各司其职以维持群体生活。在一群蜜蜂中,工蜂数量最多,担任筑巢、采蜜、守卫、侦察、清洁蜂箱、照顾母蜂和抚育幼蜂的工作;雄蜂数量较少,负责交配。一群蜜蜂中,成熟的、能经常产卵的母蜂只有一个,其主要职能是产卵以维持群体生活。一旦母蜂受外敌侵袭,工蜂则竭尽全力加以保护,表现出所谓"舍己利他"的本能行为。除蚂蚁、蜜蜂外,某些鸟类和哺乳动物也有社群行为。然而,动物的社会性及社会性行为与人类是有本质区别的:前者是遗传的本能,后者主要是由生产、文化、教育和政治等因素所造成,主要不是由遗传决定的。

恩格斯指出:"我们的猿类祖先是一个社会化的动物,人,一切动物中最社会化的动物,显然不可能从一种非社会化的最近的祖先发展而来。"(恩格斯, 1971)研究动物的社群行为,特别是高等哺乳动物,如灵长类的社群行为,对于了解人类社会的起源是有意义的。

(二)个体习得行为

动物在后天的生活环境中能获得多种行为方式。例如,马戏团中的动物:山羊演算、熊托排球、猴子骑车等,都是后天习得的行为方式。动物的这些行为是经过人工训练而成的。训练的行为在本能的基础上形成。愈善于了解和利用动物的本能,就愈容易在动物身上形成熟练的行为。例如,利用狗有发达的定向反射及发达的嗅觉、听觉和视觉,就可以将其训练成侦察用的警犬和打猎用的猎犬。

在自然生活条件下,动物也能形成许多个体习得行为。动物根据不同的地形和猎物的性质,采取不同的攻击行为就是例子。

动物心理发展水平愈高,其个体习得行为就愈复杂多样。经过训练,黑猩猩能学会多种行动方式:吹口琴,梳头刷牙,用杯子饮水,选择某种相应的钥匙打开各种门锁,用勺子泼水灭火等。这种训练可以只利用黑猩猩的好奇心进行强化。例如,用打开一个能看到室外景物的窗子进行强化,使黑猩猩学会某种行动方式。此外,黑猩猩还会把学得的几种行动方式联系起来,达到一定的目的。例如,先用钥匙打开笼门,进入一个有火焰挡住去路的过道;用水泼灭火之后,穿过过道到达一个场地上,把木箱重叠起来取得挂在高处的水果。实验表明,海豚学习各种行动方式比黑猩猩还来得快。它们能学会打乒乓球、投篮球、空中飞翔、跳火圈、拖小船、开电源开关等。利用海豚高度发达的智力,人们训练它们帮助人打捞海底的东西,扫除水雷,担任港口警戒,侦察鱼群、潜艇以及执行爆破任务等。黑猩猩、海豚的这些行为称为智力行为。智力行为是人类意识的前史。

第三节 人类意识的发生

一、人类的发展

人是从古猿进化来的。距今约3000万年前,在热带和亚热带的森林里曾生活着一种古猿。它们是人类和现代类人猿(黑猩猩、大猩猩、猩猩和长臂猿)的共同祖先。根据化石材料可以推测,古猿是用臂行的树栖动物,其特点是有发达的脑子、大而向前方的双眼,杂食、群居。在地质年代第三纪中期,由于大规模的地壳变动和气候的变冷,原先热带、亚热带的森林逐渐稀疏,树丛间的空地不断扩大,森林地区逐步为疏林干草原所代替。环境的这种变化,使古猿中的一支经常到地面来觅食,逐渐习惯于两足直立行走,这样便奠定了向人类发展的基础。古猿的另一支,在环境发生变化时,并没有脱离树栖到地面生活,它们随着森林的南迁与原先生活在南方森林里的猿类一起,基本上过着树栖生活。在漫长的适应树栖生活的过程中,这一支猿类就发展成为现代的类人猿。从此,人猿相揖别。人、猿两大分支的进化系统如下:

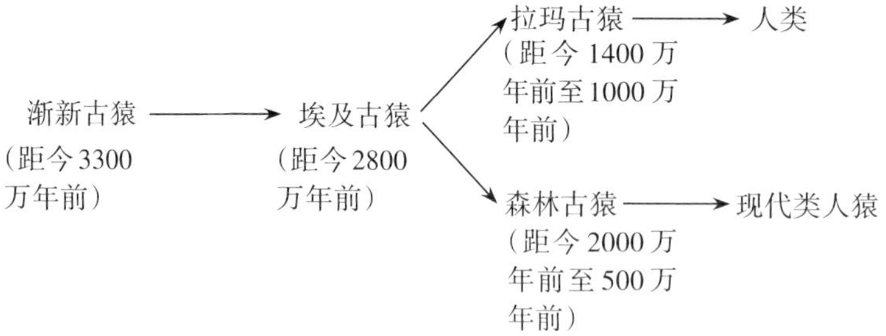

古猿进化成人类,不是突然完成的,其间有一个漫长的过渡阶段。恩格斯说:"我们既然承认人是起源于动物界的,那么,我们就不能不承认这种过渡状态了。"(恩格斯, 1972)目前一般认为,生活于距今约1400万到1000万年前的拉玛古猿可能是过渡阶段生物的早期代表,南方古猿的原始类型可以认为是其晚期的代表。

人类产生后经过漫长的岁月,演化为现代人种。根据目前的资料,人类发展的历史可以分为四个阶段。

(一)早期猿人阶段

大约生存于距今300万年至150万年前,包括南方古猿的进步类型,在坦桑尼亚发现的“能人”及在我国云南发现的元谋猿人。这一阶段的人类的主要特点是:已能直立行走,但远不如现代人那么完善;拇指和其他四指对握,但还不很精确;能制造粗糙的砾石工具,能建立简单的防风所。他们的脑量较小,南方古猿的脑量为450～550毫升,“能人”的脑量为700毫升左右。早期猿人已是猎人,他们主要依靠集体的力量同大自然做斗争。

(二)晚期猿人(或直立猿人)阶段

大约生存于距今150万年到50万年前,包括我国发现的北京猿人(图3-4)、印尼的爪哇猿人、德国的海得堡猿人、非洲的毛里坦猿人等。北京猿人的平均脑量为1059毫升,他们已近似现代人那样能完全直立行走,并能制造较进步的旧石器和一些骨器。他们居住在山洞里,会利用和保存天然火,但还不会制造火。火的使用,增强了人类改造自然的力量,也使人类开始食用熟食,从而促进了人类体质的发展。

图3-4　北京猿人(女性头部)

(三)早期智人(或古人)阶段

大约生存于距今20万年到5万年前,包括我国发现的马坝人和欧洲各地发现的尼安德特类型的人类等。尼安德特人(图3-5)的脑量为1555毫升,已达到现代人的水平,远大于猿人。但古人脑子的外形还较原始,比较接近圆的馒头形而不像现代人那样较接近球形。脑的发展促进了智力的发展,他们制造的石器比猿人更加精细、更加多样。他们能狩猎巨大的野兽,并能用兽皮做粗陋的衣服。古人不仅会使用天然火,可能已经会取火,因而能适应各种气候条件,分布于亚洲、非洲、欧洲的广大地区。

图3-5　尼安德特人

(四)晚期智人(或新人)阶段

包括大约从4万年前开始直到现在的人类。所发现的新人化石有法国的克罗马农人(图3-6),我国的山顶洞人、柳江人等。新人的化石,不但亚洲、非洲、欧洲有,大洋洲和美洲也有。他们的脑量和现代人完全一样,体质形态也与现代人基本相同。新人的智力比古人发达,他们除制造简单的工具外,还能制造较复杂的工具,如用石

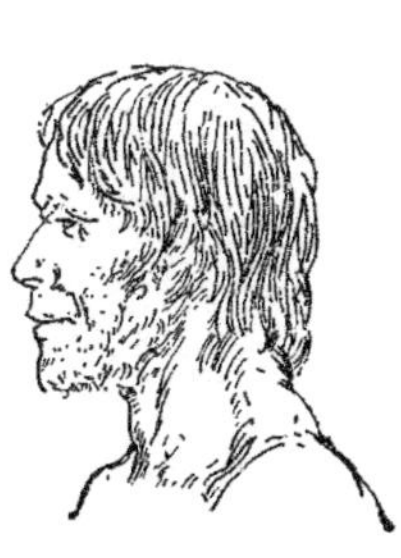
图3-6　克罗马农人

头、骨角制成矛头加在木棒上，制成长矛或标枪的复合工具。他们已有绘画和雕刻艺术，出现了装饰品和原始的宗教。

二、劳动在人类意识产生中的作用

劳动是人按照自觉的目的改造自然的社会活动过程。它不同于动物改变自己的身体结构及活动方式以适应自然环境，人是在劳动的过程中按照自己预定的目的来改造自然的。

劳动不仅改造了人的周围环境，同时也改造了人自身。在长期的劳动中，由于手用来使用和制造工具，从而促进了人类祖先四肢的分化：前肢逐渐成为专门抓握和操纵物体的器官，后肢则成为专门用于行走和支撑身体的器官。

直立行走，手的解放，促进了人脑的发展。斯大林说："如果猿猴没有用后面两只脚站起来，那么它的后代（即人类）也就不能不总是用四只脚行走，总是向下方看并从下方摄取印象，也就没有可能向上方看，向四周看，因而也就没有可能使自己的头脑获得印象较四脚动物为多。这一切就会根本阻滞人类意识的发展。"（斯大林，1953）直立行走，使人类祖先的耳目接收到的外界信息大为增多。手的解放，手成为劳动的器官，使人类的祖先能触摸到更多的东西，来自双手的感觉信息更加复杂多样。人类的祖先在劳动的过程中，大脑皮质接受来自各种感官的信息与日俱增。这样就促使大脑皮质迅速地发展起来，产生了动物所没有的新的机能区。例如，人脑的运动区和体表区都比猿脑复杂而精细，其中手在大脑皮质的代表区就特别大。

直立行走的确立，还使人类祖先的口腔、鼻腔、咽喉形成了直角，于是呼吸道增长了，发音器官的活动灵活了，这样就使整个发音器官朝着人化的方向发展，并使大脑皮质出现了言语机能区。

在劳动的过程中，人类祖先的手成了劳动的器官，直立行走最后确立下来，发音器官发生了质的改变，大脑皮质发生了巨大的变化，这就为意识的产生打下了基础。

劳动具有两个相互联系的基本特征：一个是工具的使用和制造；一个是劳动的社会集体性。意识的产生，同这两个基本特征紧密联系着。

劳动是一种使用和制造工具的活动。人的劳动和动物的本能活动有着本质的不同。有些动物看起来好像会使用"工具"，例如，一种雀类能嘴衔仙人掌的刺，从树皮裂缝中掏出昆虫来；海獭会利用石块来击破蚌壳或海胆壳以取得食物。这些是动物的本能活动，显然不同于人类的劳动。灵长类动物，如猴子有时能用石头敲碎核桃以取得食物，黑猩猩甚至会去掉树枝的侧枝,伸入白蚁穴以获取白蚁。这些可以说是使用工具、制造工具的萌芽状态。但是,它们的这些活动并不是经常的,仅仅是在满足眼前的需要时发生。它们不懂得工具的性质和功能,也不会对这些“工具”加以保存,更不会以此而设想出某种新的工具。

人类的劳动则与此完全不同。人类的劳动是使用工具对自然的自觉的改造过程,只有人类才能从使用工具进一步发展到制造工具。人类的祖先在使用工具、制造工具作用于劳动对象的过程中,通过大脑的分析和综合,逐渐认识到工具的性质和功能,劳动对象的特点,工具跟劳动对象之间的关系,以及工具、劳动产品跟自己的关系。由于人不断获得关于外部世界的知识,从而使人的观察、思维、想象等能力以及操纵物体的运动技能得到发展。人的意识就是这样形成的。

劳动是一种社会集体性的活动。在集体劳动中,个人的活动都必须服从于他所属的集体的社会劳动关系,每个人都必须明了自己在集体劳动中的地位和作用。例如,人类祖先为了猎取食物,所有参加劳动的成员,其目标是一致的——取得动物的肉和皮。但各人执行的任务不同,从事的活动不同,有的负责惊起,有的负责拦截,有的设置陷阱,等等。如果负责惊起野兽的人不能预见自己活动的最后结果,不以劳动的最后结果来指导自己的行动,那么他的活动将毫无实际意义。所以,在集体劳动中,不仅使人开始区分集体劳动的共同目的和个体劳动的直接目的,而且他的活动不再只服从于个人和自然物之间的联系,而是从一开始就服从于个人和社会的关系,以社会集体的一员来对待自己,对待自己的活动。这样,在社会的集体劳动中,使人类的祖先逐渐区分出自己、集体的其他成员,以及自己和集体的关系,从而促进了人的意识和自我意识的产生。

由于人类的劳动是社会集体的劳动,所以,劳动工具从一开始就是社会实践的产物,它凝结着集体劳动的经验。在参加集体劳动的时候,人一方面学会使用他人所创造的或前人所创造的工具,另一方面也学会制造工具的技能。这就产生了传递经验的新形式,也就是通过训练和学习来掌握知识和技能,而不像动物那样只通过本能遗传和个体活动的方式来获得经验。集体的、使用工具的劳动,是传递劳动经验的重要途径,它促进着人的意识的发生和发展。

人的意识在劳动中产生和发展。意识一经产生,它又反作用于社会实践。随着社会劳动的日益发展,劳动工具的不断复杂化,从石器时代到铜器时代,从蒸汽时代到原子能时代,在劳动的过程中,人类的意识不断地向前发展着。

二、语言在人类意识发展中的作用

语言是社会所创造的、人们用来进行交际的工具。它的基础成分是基本词汇和语法结构。它具有巩固人们的认识成果和表达思想的功能。而言语则是人们运用语言进行交际和思维活动的过程。人们在交流思想、进行思维活动时,都离不开语言和言语。

语言和言语属于社会现象之列,为人所独有。虽然动物也能利用声音的信号进行交际,但是这些声音并不是真正的言语和语言。例如,许多动物在受到外界或身体内部的某些刺激时,往往用声音来进行反应。这种声音反应又成为一种客观的刺激物,可以引起其他动物的某种反应。声音反应对动物的生存是重要的,因为它可以引起其他动物的适宜行为,获得食物或逃避危险,从而具有一定的适应意义。例如,鸡雏听到母鸡的某种声音,就会奔向母鸡,彼此竞食;而听到母鸡的另一种声音时,则又趋伏于它的翼下,隐藏起来。有的动物会对某种声音形成条件反射,例如,经过训练的鹦鹉会说一些人话。不过,动物的声音以及它们对声音所引起的反应,都是无条件反射或者是对第一信号系统刺激物的条件反射。人的言语则与此完全不同。当人说出某个词或想到某个词的时候,这个词就标志着社会集体各成员所共同了解的某一类现象。言语,对于言语者来说,它标志着某种确定的事物或现象,传递某种确定的信息;对感知言语者来说,它能引起头脑中有关事物或现象的表象、概念或思想,接收到某种确定的信息,从而达到交流思想的目的。因此,言语不同于动物的声音反应。

如前所述,人类祖先所从事的劳动是一种社会性的集体活动。社会性的集体劳动使社会成员更加紧密地互相结合起来,他们相互帮助,共同协作,传递劳动经验,这样,他们彼此之间也迫切地需要语言交流。同时,由于直立行走,有了发展言语器官(包括肺部、喉头及口腔等方面)的可能性。既有了客观的要求,又有了可能的条件,于是言语和语言就产生了。

言语和语言的发生和发展,是人类意识发展的最直接的原因。

首先,意识和自我意识的发生总是借言语而实现的。当人类祖先通过劳动而把外界事物和自己对外界事物的关系区分出来、把劳动目的和劳动任务区分开来、把自己和自己所属的集体区分开来的时候,也就是用词(出声的或不出声的)来标志这一切,并通过词,以抽象和概括的形式来反映这一切。由于人是通过词来反映客观事物的,这样就使人对客观现实的反映达到意识的水平。他的反映就成为自觉的、有意识的反映。当人们把自己从客观事物中分离出来,并用词作为标志的时候,也就形成了自我意识。

第二,有了语言,人们就可以借助它进行抽象思维,反映事物的内在联系。例如,人们一次又一次地看到过乌云密布、雷电交加,之后又下大雨,借助语言进行分析、概括和推理，就认识了下雨和乌云、雷电之间的内在联系；并以此种规律性的认识指导自己的活动，如何及时收藏放在露天的粮食，如何及时躲进山洞，等等。由于人能认识客观规律，这样人类就能能动地改造自然，改造社会。这是人类意识能动性的表现。它与动物被动地适应环境有着本质的区别。

第三，有了语言，人们就可以通过语言获得间接的知识和经验。例如，没有见过大海的人，通过别人的叙述，能获得对大海的印象。如前所述，通过训练和学习来掌握使用劳动工具的方法和如何进行劳动，也是通过语言来传授的。人类有了文字以后，还可以通过文字把知识经验记录下来，从一些人传递给另一些人，从这一代人传递给下一代人。因此，人的意识总是个体经验和社会经验的综合。社会集体的经验制约着个体的反映活动，也体现在个体的反映活动中，而个体的反映，又丰富着社会集体的经验，纳入社会经验的总体中，使人类的认识范围不断地扩大。

总之，意识是人类祖先在劳动和劳动中彼此间的社会性联系的发展过程中，同语言一道产生的。随着由动物向人类的发展，动物的脑演化为人脑，才逐步产生意识。意识既是自然历史发展的结果，是一种自然现象，又是社会历史发展的结果，是一种社会现象。

第四节 意识的基本特征

意识是人所特有的反映形式。它是在人的劳动中和语言一起发生和发展起来的。意识一经产生，它又反作用于客观现实，在人的实际生活中起着特殊的作用。概括起来说，意识具有三个基本特性：意识性、能动性和社会制约性。

一、意识的意识性

意识性是意识最基本的特征。人对于自身的存在，对于客观世界（包括自然现象和社会现象）的存在，对于自身同客观世界的复杂关系，是能够意识到的。当人对客观事物的反映具有词的形式，并且由语言这一客观现象来表示反映内容的时候，他就把自己从周围的事物中划分出来，周围事物对于他来说，就成为被意识到的客体。这样，人对客观事物的反映就成为有意识的、自觉的反映。这种对客观事物有意识的、自觉的反映就表现为人头脑中的知识、概念、思想等等观念形式。人不仅能意识到周围事物的存在，而且也能意识到自身的存在。人对于自己的心理和行为也是能意识到的。人不仅能意识到自己的感觉、知觉、思维等认识活动，而且能意识到自己的情感体验和意志过程。人不仅能认识到自己的心理和行为，而且还能对自己的心理和行为进行评价。我们能意识到自己在感知，意识到自己在思考,意识到自己的体验,还能意识到自己的思想、愿望、能力、情感等是什么样的,意识到自己为什么这样做而不那样做,这样做的后果将是怎样,周围各种事物与自身的利害关系怎样……这些都属于自我意识的范畴。所谓自我意识就是人对自己的状况和活动的意识。正因为人不仅能意识到客观世界的存在,对外界刺激进行分析和综合,而且还能意识到自己,对自己的主观世界进行分析和综合,人才从动物界中划分出来,把自我和非我、主观和客观区别开来,使人有可能根据自己的动机和需要(个体需要和社会需要)自觉地调节自己的行动。这种有意识的反映是借助于语言,借助于第二信号系统而实现的。如前所述,动物没有第二信号系统,它们的心理活动从来没有达到意识的水平。

人除了有意识的反映之外还有无意识的反映。有意识的反映是人反映现实的高级的和主要的形式,但不是唯一的形式。人对现实的某些反映有时是未被意识到的。在一定条件下,有意识的反映和无意识的反映是可以转化的。例如,在人行道上行走的人忙于和同行者谈话或正在考虑某个问题的时候,他就不能对迎面而来的其他的人或街道上的其他事物产生有意识的反映。一旦遇到熟人或感兴趣的事物时,就会立即产生有意识的反映。有意识的反映通常与人所面临的实践任务或认识任务联系在一起。当人为了完成这些任务而必须从许多事物中区分出某种特定对象时,这些对象就都会被他意识到。

人对复杂事物或现象的有意识反映是一个过程。在某一瞬间内人只能意识到同时作用于他的许多事物中的有限部分,只有依次加以注意才能对复杂事物或现象形成一种较完备的有意识的图景。例如要了解一幅大的画面,人只能先意识到其中的一部分,再意识到另一部分,如此相继地进行,最后才达到对整个图画内容的了解。对于自己内心世界的意识,也是先意识到一种或一部分经验,然后再意识到另一种或另一部分经验而依次进行的。在这一过程中也包含着一系列的无意识反映和有意识反映的转化。我们往往对此没有留意到。

二、意识的能动性

就意识在人的活动中的作用来说,它的另一个基本特性是能动性。人的意识不仅反映客观现实,而且通过实践反作用于客观现实。列宁说:“人的意识不仅反映客观世界,并且创造客观世界。”(列宁, 1984)

意识的能动性表现在下列几方面。

首先,人对现实的反映是具有目的方向性和选择性的。人是周围现实的积极活动者,他对现实的反映不是消极被动的。在周围纷繁复杂的事物中,人首先反映那些对他来说具有迫切社会生活意义、符合活动目的的东西。这种自觉的、有选择的反映是意识能动性的一种表现。

其次,人能认识事物的本质和规律。人在反映现实中所获得的直接印象,通过词的概括同已有的知识、经验联系起来,经过头脑的思维加工,将这些感觉材料加以去粗取精、去伪存真、由此及彼、由表及里的改造制作,从而达到认识事物的本质和规律,同时也就更深刻地理解这些直接印象。这是动物心理不可能达到的,这是人的意识的能动性的表现。

最后,意识的能动性更显著地表现在人改造现实的有目的的活动中。由于人有意识,人在进行活动之前,活动的目的和结果就以观念的形式存在于人的头脑中,他以此制订计划,指导自己的活动,使之能达到预期的目的。动物没有意识,它只能适应环境,不可能对环境进行有目的的改造。马克思说过:"……蜜蜂建筑蜂房的本领使人间的许多建筑师感到惭愧。但是,最蹩足的建筑师从一开始就比最灵巧的蜜蜂高明的地方,是他在用蜂蜡建筑蜂房以前,已经在自己的头脑中把它建成了。劳动过程结束时得到的结果,在这个过程开始时就已经在劳动者的表象中存在着,即已经观念地存在着。"(马克思, 1995)意识的能动性,也就表现在人在行动前就预先提出一定的目的、计划,来指导自己对客观现实的改造。

人无论做任何事情总是先有动机、目的、计划、办法等等,而后才有行动。例如,用木头做桌子,人总是先考虑为什么做,并在头脑中想象出桌子的印象,制订出工作方案和计划,然后再按照以观念形式存在于头脑中的桌子形象去改造木头。在劳动过程中,人不仅根据自己的目的来估计劳动对象,改变劳动对象,同时,为了适应既有的材料和工具的限制,考虑到自己的活动的中间结果,他还往往在一定程度上修改头脑中已有的计划,改变原来以观念形式存在着的产品的形象,例如改变产品有关部分的大小和结构等。这就是说,除了在改造客观现实之前,在人的头脑中有一个预定的目的和计划外,在改造客观现实的过程中,也是先在他的头脑中进行加工:拟定和修改行动的方法,在头脑中准备实现它们的条件,进行思想上的试验,等等。不仅人的劳动活动是这样,其他活动也是这样。甚至像布置房间中的家具,人也是先有动机、目的、计划、办法,先在头脑中移动家具,想象出重新布置后的场景,然后再动手进行布置。

各人的意识不同,其对客观现实的反作用也不同。正确地反映客观现实及其规律性的意识,能够指导人们按照客观规律来改造现实,从而帮助人们达到预期的目的;相反,歪曲地、不正确地反映客观现实及其规律性的意识,则会把人们的行动引向违背客观规律的错误方向,因而遭到失败。当然,就是在正确反映现实及其规律性的意识中,由于其反映的深度和广度不同,以及客观条件的限制,它对现实所起的作用也会有所不同。意识对现实及其规律性的反映越正确、越深刻,人的活动就越能获得预期的结果。由此可见,人在反映客观现实和改造现实时所表现出来的意识的能动性，归根到底还是受客观现实及其规律性制约的。

三、意识的社会制约性

就意识的发生发展及其内容来说，意识具有社会制约性。

人是全部动物进化的最高产物，是自然界的一部分。但是人同一般动物有着本质的区别，人的本质在于，他是一切社会关系的总和。同样，人的意识不仅是自然界长期发展的产物，而且也是社会的产物。马克思和恩格斯明确地指出："意识一开始是社会的产物，而且只要人们还存在着，它就仍然是这种产物。"（马克思，1995）

意识的社会制约性主要表现在下列方面。

首先，人的意识是在劳动中产生的。如前所述，劳动在从猿向人转变过程中起着决定性的作用。正是在制造工具、使用工具的劳动中，促使猿脑逐步变成人脑，促使动物的反映形式发展成为人的意识。而劳动又总是一种社会集体性的活动，人类的祖先只有结合成社会集体，才能同大自然做斗争。因此，人的意识一开始便是社会的产物，受社会的制约。

第二，人的意识和语言不可分割地联系在一起。如前所述，语言以一定的词（出声的或不出声的）表示一定的概念；没有词，大脑便不可能进行抽象思维，也不能产生人的意识。同时，意识之所以能够存在并得到发展，必须依靠人与人之间的思想交流，而语言则是人们交流思想所不可缺少的方式。语言一开始就是在社会劳动中产生的。因此，语言的产生也说明意识是社会的产物，是受社会制约的。

第三，人们的社会存在决定人们的意识。人的意识的内容随着人类历史的发展进程而发生变化。在无阶级的社会里，人的意识没有阶级性。在有阶级的社会中，人的意识随着生产力的发展而发展，不同阶级的人对客观现实有着不同的立场、观点和态度，人的意识浸透着阶级的需要。这都说明人的意识的社会制约性。

第四，意识的社会制约性，不仅从整个人类意识的产生和发展来说是如此，就是从个体意识的形成和发展来说也是如此。一个从小就脱离了社会生活的人，例如在狼群中长大的"狼孩子"，即使有健全的身体和人脑，也不可能产生人的意识。这从反面证明了人的意识的社会制约性。

个体意识的产生和发展取决于他的社会实践，取决于他的实际生活。在我们的社会主义社会里，人们积极参加四个现代化的建设事业，共产主义道德和从事四化的本领不断提高。这说明人的社会实践是意识产生的基础。至于社会上的某种知识、思想、观点是否为某一个体所接受,或者按照他的这种或那种见解加以接受,则是以他的生活方式为转移的,是以他的直接实践经验为转移的。

四、关于"意识"的论争

什么是意识?在心理学史上,各家见解很不一致。归纳起来,有五种主要的观点。

(一)心理与意识等同论

这种观点认为心理和意识是一回事,冯特和以后的格式塔心理学都持这种观点。他们认为,心理学是研究意识的科学。在哲学上,心理和意识是同一意义的概念,是指人脑对客观现实的反映,都是相对于物质现象来说的,因而是可以通用的。但是作为一门具体的科学,在心理学中把心理和意识完全等同起来,则是欠妥的。首先,从反映形式的进化来看,对信号刺激发生反应,就具有心理现象的性质;但动物没有意识,最多只有意识的萌芽。意识是人所特有的现象。其次,从个体的心理活动来看,新生儿具有简单的心理现象,如感觉,但没有意识;同时,成人的不少心理活动也是他们自己没有意识到的。

(二)副现象论

这种观点认为意识是一种副产品,赫胥黎(T.H.Huxley,1825—1895)和某些偏向于行为主义者持这种观点。他们认为心理学研究的心理主要是行为的活动过程,虽然也有意识相伴随,但不起什么作用。这种观点显然是错误的。意识不仅能反映外部的客观世界,而且能反映内部的主观世界;它不仅能认识现存的事物,而且能认识过去和将来的事物;它不仅能认识世界,而且能调节自己的行为,改造外部世界、改造社会。把意识视为无能为力的副现象,实质上是抹杀了意识的能动性,把人的活动降低为动物的活动了。

(三)意识流动论

这种观点认为人的意识像河流一样,是一种斩不断的"流",因而也称为"意识流""思想流""主观生活之流"。首先提出这种观点的是美国心理学家詹姆斯(W.James,1842—1910)。把意识看成流动的过程,有合理的成分,但这并没有揭示出意识的本质。因为世界的任何事物都是流动的、变化的,意识当然也不例外。詹姆斯把意识同思想、思维等同起来,这显然也是不恰当的。

(四)觉醒论

这种观点认为觉醒等同于意识。觉醒时有意识,睡着了没有意识,这是常识。但并不是觉醒时的任何活动都是有意识的。觉醒是意识活动的必要条件,但觉醒不等于意识。觉醒状态的维持是脑干网状激动系统的作用。网状激动系统对于意识的维持是必要的,但意识活动绝不仅限于网状激动系统的作用。许多研究表明意识是大脑皮质的活动。

(五)意识就是认识

我国心理学家潘菽认为,意识就是认识,它不代表心理活动的全部,只代表"知"的一方面,即认识的方面——意识到。但这种认识活动并不是指单纯的感觉、知觉或思维,而是指包括它们在内的综合的、整体的认识作用。思维是其中最主要的成分。有了思维,才有意识;假如没有思维,人就不能有意识。人不仅能认识现场的东西,还能反映事物之间的间接联系,这是依靠思维来实现的。思维在意识中起着联系的作用,使不同时候的认识作用联系起来成为一个整体。这种观点突出强调了意识的一个主要特点:认识作用(或意识到)。这无疑是正确的,但尚需进一步的阐述,因为意识还有其他的特点。

第五节　个体心理的发展

一、制约个体心理发展的因素

(一)遗传和环境

人们把亲代和子代之间的某些性状相似称为遗传。例如,人们看到一个双眼皮、小嘴巴的孩子,她妈妈也是双眼皮、小嘴巴,于是就说"这是她妈妈遗传给她的"。其实,上下代间并没有传递现成的性状,只是传递一些遗传信息。大家知道,新个体是由受精卵经过一系列的细胞分裂、分化等过程而形成的。精子和卵子中蕴藏着由父母传来的遗传信息,这种遗传物质就是去氧核糖核酸,这样,由受精卵发育成新个体才具有按父母的遗传信息发育而成的遗传性状。遗传的生物特征也称为遗传素质。环境是后天的影响,即社会环境和自然环境对有机体的影响。遗传和环境的问题,就是先天和后天的关系问题。

人的心理是由遗传决定的还是环境决定的? 这是心理学史上曾经长期争论不休的问题。遗传决定论者认为,儿童心理的发展是由先天不变的遗传基因决定的;环境决定论者否认遗传的作用,否认儿童的能动性,认为儿童心理的发展是由环境和教育机械决定的。这两种极端的观点,都有片面性。

一般认为,遗传素质为儿童的心理发展提供了可能性,而环境的影响则决定儿童心理发展的现实性。各种心理现象是遗传素质在一定的环境影响下的表现,是遗传和环境两种因素相互作用的结果。上武正二对同一家庭中养育的遗传基因相同的同卵双生子间的差异,同具有不同遗传基因的异卵双生子间的差异的比较研究表明,遗传和环境对各种心理活动的影响是不同的:在智力、知觉、手腕运动、注意、记忆、推理等智力机能方面,遗传的制约性弱。在眨眼反应、皮肤电反射等生理心理机能方面,遗传的制约性强;在生理心理机能,需要意志力控制的反应中,遗传的制约性弱(大桥正夫, 1980)。鲁利亚的研究表明,早期的初级心理机能与环境影响的联系较小,后期的高级心理机能与环境影响的联系较大。随着年龄的增长,某些复杂的(就其来源来说是社会的,就其结构来说是间接的)心理活动形式到学龄期甚至完全失去其与遗传因素的联系(李其维, 1980)。这些材料说明,心理机能的种类不同,受遗传因素和环境因素的影响是不同的。

(二)成熟和学习

心理的发展同成熟和学习这两个因素有关。心理的发展不是机体的生长和成熟的必然结果。机体的生长和成熟仅为心理的发展提供物质前提。以脑的发展成熟为例,新生儿脑重约390克,1岁为660克,3岁为1011克,7岁为1280克,9岁为1350克,12岁为1400克(相当于成人的水平)。大脑各叶在解剖上的成熟顺序是:枕叶→颞叶→顶叶→额叶,7岁时枕叶接近成人,12岁时额叶接近成人(刘世熠, 1962; 刘世熠, 邬勤娥, 孙文龙, 1962)。此外,儿童的骨骼、肌肉等系统也有一个发展成熟的过程。机体的生长和成熟为心理的发展提供了新的可能性。超越机体生长和成熟水平,要儿童进行不切实际的学习,如要3岁儿童学会用线穿针,要6岁儿童学习高等数学或社会学,其结果必然是枉费心机。因此,学习不能无视成熟条件,只有在一定的生理发展的基础上,学习才能起到促进心理发展的作用。

有人曾对同卵双生子做试验,对一个孩子进行走路、攀登、滚轮、滑冰等动作的训练,另一个不训练。结果表明,足够成熟前的训练是不起太大作用的,即使最初取得了一些成绩,但到了成熟时,再对那个未经训练的双生子进行训练,他很快就赶上来了(Gessell & Thompson, 1929; Megraw, 1935)。

学习对心理的发展起着重要的作用,这是很明显的。对长期生活在孤儿院里的孩子和对狼孩的研究都表明,人在发展的初期一旦失去人类正常的学习机会,以后即使回到正常的生活环境,进行重新学习也不可能得到正常的发展。

同时,学习也对机体的成熟过程产生影响。因为学习时有机体内部必然有一定的生理过程发生,用巴甫洛夫的话来说,是建立暂时神经联系的过程。它将促进成熟过程,制约着一个人以后的学习。总之,制约心理发展过程的成熟和学习总是彼此密切联系着的。这两个因素既不是孤立地起作用,也不是简单的并列地起作用的。

二、个体心理发展的主要阶段

(一)胎儿期

当卵子和精子结合起来产生受精卵而怀孕时,新的生命从此就开始了。从受精卵到诞生胎儿的时期叫胎儿期。人类的妊娠由最末一次月经的第一天算起持续280天。胎儿期可分为三个阶段:卵子阶段(最初一周),胚胎阶段(第2周起),以及胎儿阶段(从第3个月起)。胎儿的养分的供给和废物的排泄是由母体的胎盘和脐带沟通的。胎儿的运动叫胎动。妊娠第4个月,母体就能感受到胎动。胎动可分为两种:(1)被动运动,如母体腹壁受到按擦或母体身体姿势的变化引起胎动;(2)自动运动,如胎儿四肢无目的的运动和身体伸展运动。

对胎儿活动的研究有如下三种方法:①因治疗上的需要用外科手术取出胎儿,将其置于盐水中观察或用电和机械刺激记录胎儿的反应;②对早产儿(怀孕后6~8个月出生)的研究;③母亲的系统报告或用特殊的装置,既能记录胎儿的行为,又能激发此种行为。胎儿可能有感觉的萌芽。按压母体腹壁引起胎动,表明胎儿可能有压觉。用母体内取出的七八个月的胎儿进行实验,给予糖水和奎宁水,其有愉快和不愉快的面部表情,表明胎儿可能有味觉。

(二)乳儿期

从胎儿出生到1岁的时期叫乳儿期。胎儿出生后的头一个月叫新生儿。新生儿已具备机体各种解剖系统和维持生命所必需的机能特性,但他是一个软弱无力的个体,大部分时间都处于睡眠状态(表3-1)。新生儿的活动主要受先天的无条件反射所支配。大约在出生后2周,新生儿已能对母亲的哺乳姿势形成条件反射,这表明儿童心理现象的发生。

表3-1 新生儿的生活

	熟睡	假睡	哺乳	哭	觉醒	运动
出生后10日间的平均(%)	73.5	3.2	6.6	9.7	5.9	2.0
出生后11~20日间的平均(%)	68.1	2.2	8.6	10.9	4.9	4.0
出生后21~30日间的平均(%)	66.5	4.3	9.2	9.4	6.7	3.3

乳儿期的显著变化是直立行走和语言的获得。行动方面,乳儿从躺卧状态发展到独自站立和用双手摆弄物体。其躯体运动的发展顺序是:抬头、翻身、坐、爬、站、走;手部动作的发展顺序是:开始无目的地乱抓,1岁时乳儿已能用拇指和食指拿东西。言语方面,乳儿从不会说话发展到咿呀学语。吴天敏和许政援的研究表明,乳儿言语的发展可分为3个阶段:(1)从出生到3个月是简单的发音阶段。其发音主要是韵母。(2)从4个月到8个月是

连续音节阶段，能发重复的连续音节，开始发近似于词的音；(3)从9个月到1岁是学话萌芽阶段，近似词的发音增多，并开始了模仿发音。大约从5个月起乳儿已能通过各种感受系统对刺激形成条件反射，有了各种感觉，出现了知觉活动。在6个月时乳儿能再认出妈妈，出现了最初的无意记忆。新生儿只有一般的兴奋状态，到3个月末可以有欲求、喜悦、厌恶、愤急、惊骇、烦闷等情绪反应，到2岁左右基本的情绪形态大体都出现了。

(三)婴儿期

1～3岁的时期叫婴儿期。行动方面：婴儿期的儿童学会了独立行走，手的动作有了一定的发展，能够自己吃饭、穿衣、戴帽子、揩鼻涕等，并且表现出独立行动的倾向，经常表示“我自己来”。3岁时儿童逐渐出现了最原始的游戏、学习和劳动活动。言语方面：不仅能逐渐理解成人的言语，而且逐渐学会用言语来表达自己的意愿和要求；在言语结构上，1岁半以前主要用的是单词句，即用一两个词来代表一个句子；1岁半以后开始出现多词句；到3岁末已能使用各种基本类型的句子(简单句和某些复合句)。心理活动方面：开始在两种信号系统协同活动的基础上进行，但第一信号系统的活动仍占优势；思维是与对物体的感知、跟儿童本身的行动分不开的，是一种直觉的动作思维；情绪很不稳定，很容易受外界事物的影响，经常破涕为笑。婴儿期的儿童开始从把自己当作客体转变为把自己当作一个主体的人来认识。开始知道自己的名字，以后掌握了人称代词“我”，从而出现了自我意识。他们的是非好坏的评价完全以成人的标准为依据，没有稳定的个性倾向。

(四)幼儿期

3～7岁的儿童是入幼儿园的时期，故叫幼儿期。这是儿童进入小学前的时期，因此也叫学龄前期。行动方面：幼儿期儿童不仅走得稳，而且能够跑、跳、攀登；手的动作也更加灵活，能够做多种游戏，完成幼儿园里的作业，做一些自我服务性的劳动和幼儿园里的简单劳动，如做值日生等。游戏是这一年龄阶段儿童的主导活动。通过游戏，儿童体验着我国人民的劳动、生活和道德面貌，理解着人们之间的相互关系。言语方面：词汇更加丰富，能自由地进行言语交际，逐步掌握各种基本的语法结构，开始产生内部言语。到了幼儿后期，连贯性的言语逐渐代替了情境性的言语，言语表达能力有了进一步的发展。他们的心理活动仍带有明显的具体形象性，抽象概括性仅处于萌芽状态。这一阶段初期，儿童的思维具有很大的直觉行动成分，后期抽象逻辑思维有了初步的发展。表3-2表明了幼儿期思维发展的一般趋势。个性在这一时期已开始初步形成。

表3-2 幼儿期儿童思维的发展(据Г. И. Минская)

儿童的年龄	解决问题的能力(%)		
	直觉行动水平	具体形象水平	词的水平
3～4岁	55.0	17.5	0
4～5岁	85.0	53.8	0
5～6岁	87.5	56.4	15.0
6～7岁	96.3	72.0	22.0

(五)学童期

6～12岁的小学时代叫学童期。学童期的儿童,其动作已达到能从事书写、体育、劳作等需要精确而敏捷的协调活动。通过学习,儿童在掌握读、写、算等基本知识技能的过程中,书面语言的能力、抽象思维的能力以及各种心理过程的有意性和自觉性,都逐步发展起来;对学习科目的兴趣、克服困难的意志力以及责任心、纪律性、义务感等个性特点也逐渐发展起来。在班集体和教师的影响下,儿童有了集体意识,能意识到自己和集体的关系,自己在集体中的地位和义务等。

(六)青少年期

习惯上,我们把12岁左右至25岁左右叫青少年期。其中12岁左右至15岁叫少年期,15～25岁左右叫青年期。如果说少年期以前的时期是人生的幼稚期,青年期是个体发育的成熟期,那么少年期就是一个半幼稚半成熟的过渡期。青少年的最大特点是性的成熟。随着性机能的成熟和第二性征的出现,他们对自身、对异性的看法会发生重大的变化。少年期和青年初期的同伴友谊,基本上限于同性,往往好划分男女界限,羞于接触异性;青年后期对异性的兴趣明显增加,开始比较注意自身的仪表和装束,产生了最初的爱情。少年的抽象概括的思维能力有了很大发展,但他们的思维往往带有片面性和表面性;青年则力求对各种经验材料做理论上和规律性的说明,喜欢怀疑、争论,不愿轻信盲从。由于产生了自身的成熟感,少年期开始有了独立或自治的需要,对成人的管束开始感到多余甚至感到苦恼;青年期则进一步发展为摆脱对成人的依赖,形成了适应社会的个性。

(七)成年期

从现代对生命的估计来看,青年期之后的成年期,时间相当长,大约有50年之久。不过,从发展的角度对成年期心理进行的研究为数不多。总的说来,成年期的主要特点有:一是选择爱人,建立家庭;二是选择目标,建立事业。由于理论观点的不同,心理学家们对成年期个性的发展变化的研究，主要有两种方法：一是研究成人对社会事件和周围事件的反应，例如，对刚参加工作、结婚、做父母等的反应；二是集中研究与周围事件无关的个性变化。前者认为成人个性的变化与外界刺激有关；后者假定个性的变化和外界刺激无关，是按其本身的道路而发展变化的。例如，认为个体在其生活的最初的2/3的年代里，是向外发展，趋向于周围环境；在他生活的最后的1/3的年代里，开始由外向转到内向，趋向于自己。

（八）老年期

老年人的心理特点在很大程度上与生理上的衰退有关，而与年龄无多大关系。据报道，美国加利福尼亚州一个5岁女孩宾妮患有"早老症"，形如八十几岁的老太婆，头发脱落，耳聋眼花，老态龙钟，不到6岁就老死了（卢伟成，1980）。倘若一个人能一直保持健康的身体，老年期的心理特点，如耳聋眼花、记忆衰退、反应迟钝、走碎步、手抖动、易疲劳等也不会出现。对老年人的智力测验表明，63~73岁之间智力测验的得分只有微弱的减退，其中对不同的测验项目的减退速度也不同：纯知识的测验，如词汇部分，直到85岁都未减退，而速度或空间知觉推理方面的测验，63～73岁之间的衰退已相当明显。临近死亡时智力衰退量最大（R.M.利伯特，1983）。

人的衰老，其必然结果是死亡。年过三十，死亡的可能性在逐步增加。对患有不治之症濒于死亡的病员的心理状态的研究表明，主观上对自己的健康状况估计较高、乐观、好活动、少"偷闲"、有坚强毅力的人，比那些经常有"死"的念头、悲观绝望的人，活得较久些，显得更有活力些。

本章相关文献

曹日昌.（1963）.普通心理学.北京：人民教育出版社.

潘菽.（1980）.意识问题试解.心理学探新（第1期）：3–7.

吴汝康.（1978）.人类发展史.北京：科学出版社.

朱智贤.（1979）.儿童心理学.北京：人民教育出版社.

B.B.波果斯洛夫斯基.（1979）.普通心理学.魏庆安，等译.北京：人民教育出版社.

H.H.拉德吉纳–科特斯.（1965）.有机体进化过程中心理的发展.张述湘，译.北京：科学出版社.

K.H.柯尼洛夫.（1952）.高等心理学.何万福，等译.北京：商务印书馆.

第四章　个性和个性倾向性

本章主要问题：

1. 什么是个性？它有哪些基本特性？
2. 有哪些主要个性理论？你的看法如何？
3. 个性的心理结构由哪些成分组成？
4. 什么是需要？各类需要有哪些特点？
5. 什么是马斯洛的需要层次说？你认为这个理论有道理吗？
6. 需要、动机、目的三者的区别和联系是什么？
7. 什么是兴趣？良好的兴趣应具备哪些特征？
8. 理想、信念、世界观在个性中起什么作用？

第一节　个性概述

一、个性的定义和特征

从历史上看，关于个性的研究，我国是世界上最早的国家之一。古代思想家、教育家孔子（前551—前479）很重视了解学生的个性。如他指出，子路有治兵之方，冉求有做邑宰之才，公西华有外交之才。他还概括地指出学生的个性，如“柴也愚，参也鲁，师也辟，由也喭”（《论语·先进》，此句乃“高柴愚笨，曾参迟钝，颛孙师偏激，仲由鲁莽”之意）等。在考察学生的个性时，他采用的方法是“听其言而观其行”，并经常根据学生的个性因材施教。

在西方，个性（Personality）一词源于拉丁语Persona，它最初是指演员所戴的面具，其后是指演员本身和他扮演的角色。现代心理学一般把个性理解为一个人的整个精神面貌，它具有稳定性、整体性、独特性和倾向性等基本特性。

（一）个性的稳定性

个性是稳定的。只有经常表现出来的心理倾向和心理特点才能表征一个人的精神面貌；偶然的、一时性的心理现象不能说明人的精神面貌。例如，一个人偶尔听一两次音乐，说明不了他的倾向性，只有经常对音乐感兴趣才表明他的倾向性；同样，一时的粗心，偶尔发脾气，说明不了他的性格特征，只有惯常地、差不多在各种情景下都表现出粗心大意和暴躁，才表明他有粗心和暴躁的性格特征。但个性的稳定性和个性的可变性又是对立统一的，不能把个性的稳定性理解为一成不变的。一个人随着年龄的增长、实践活动的改变以及自己的主观努力，个性倾向性和个性心理特征在不同程度上也是可以改变的。

（二）个性的整体性

个性是一个统一的整体。人是作为整体来认识世界、改造世界的。一个人的各种个性倾向性、个性心理特征以及心理过程都是有机地联系在一起的。在一个具体的、活生生的人身上，某种孤立的个性倾向、个性特征或心理过程都是不存在的（这只存在于科学的抽象之中）。同时，某种个性心理特征也只有在个性的整体中才具有其确定的意义。例如，坚持性，在一个人身上可以表现为坚忍不拔、顽强勇敢，在另一个人身上可以表现为墨守成规、顽固偏执，在第三个人身上可以表现为忍辱负重、埋头工作。

（三）个性的独特性

一个人的精神面貌是非常复杂的，它既包含有一切人共有的特征，也包含有个人不同的心理特征。个性中包含人类共同的心理特点：每个人都具有认识活动、情感活动和意志活动的共同规律。个性中包含有民族的心理特点，每个人都具有本民族的思想感情、文化传统和生活习惯。在阶级社会中，个性还包含有阶级和集团的心理特点，每个人都具有本阶级、本集团的需求和世界观。此外，个性还包含每个人与其他人相区别的心理特点。如有人有很高的视觉感受性，有人有很高的听觉感受性；有人观察细致入微，有人观察粗枝大叶；有人记忆力强，有人记忆力差；有人思维深刻，有人思维灵活；有人富有同情心，有人冷酷无情；有人坚毅果断，有人犹豫不决；有人兴趣广泛，有人兴趣狭窄；等等。在一个具体的、活生生的、行动着的人身上，由这些一般的心理活动规律和独特的个性倾向及个性特征组成了各人独具的精神面貌。这就是个性的独特性。

（四）个性的倾向性

个性具有倾向性。人在与客观现实交互作用的过程中，对现实事物总有一定的看法、态度和趋向。一个人经常追求什么，是什么驱使他进行活动，对什么感兴趣，有什么样的理想、信念和世界观，等等，这些都是一个人的个性倾向性。个性倾向性对心理活动有明显的影响，这主要表现在心理活动的选择性、对事物的不同的态度体验以及各种行为模式上。

二、个性的理论

国外,关于个性的理论很多,归纳起来,大致有4种类型:个性的遗传决定论、个性的生物欲望说、个性的生物社会学观点和个性的社会学观点。

(一)个性的遗传决定论

这些心理学家把个性差异看成是由遗传决定的。英国心理学家高尔顿(F.Galton,1822—1911)是一个典型的代表。1869年,他出版了《遗传的天才》一书,认为一个人生来不仅具有颅骨和面貌的特征,不仅有天才或低能的差别,甚至犯罪也具有内在的罪恶气质。他用的方法称为家谱调查法。20世纪50年代,英国心理学家伯特(C.L.Burt,1883—1971)则用智力测验的方法来论证个性是由遗传决定的。

个性的形成与遗传素质有关,这是事实。例如,内分泌腺、神经系统类型等会对个性的形成产生直接或间接的影响。但把个性看成是由遗传决定的,则没有科学依据。不论是用家谱调查法还是用智力测验法,遗传决定论者在方法论上都摆脱不了一个致命弱点,即研究时无法将环境的因素排除在外。同时,高尔顿所谓的天才,本身就没有一定的客观标准。至于伯特的智力遗传数据更是使人怀疑(韦德,1978)。

(二)个性的生物欲望说

弗洛伊德认为个性的形成是生物欲望——力比多发展的结果,认为个性包括三个部分或结构:本我(id)、自我(ego)和超我(super-ego)。本我是完全无意识的,它的特点是无方向性、无逻辑性、混沌性、未分化性等,它只能根据快乐原则进行活动,是人的一切特性的基础。自我是从婴儿呱呱落地开始,由一部分本我发展而来,它起着本我同外界之间的媒介作用,受现实原理支配,是本我的主体。超我是指自我形成以后,由于双亲的教养而学到的内化了的社会规范和价值观念,它保持着一个人的人格标准。弗洛伊德认为,每个人一生下来就有许多力比多,力比多驱使人寻求满足,特别是性的满足。人的每个时期都有不同的性欲区,成人的个性是按照4个时期,即口唇期、肛门期、崇拜性器期和生殖期而逐渐发展的。

在西方心理学中,弗洛伊德的个性理论影响很大,但把个性说成是力比多发展的结果,显然是非常荒谬的。晚近出现的新弗洛伊德主义不同于弗洛伊德的上述主张。他们强调个性形成的重要因素是社会文化条件。例如弗洛姆认为,家庭环境、双亲的性格对儿童性格的形成影响很大。霍妮认为,鼓励竞争同时又鼓励协作的要求,这一类文化中的矛盾和人对社会,特别是对他人采取的态度,对个性的形成会产生不同的影响。

（三）个性的生物社会学观点

这些心理学家认为，个性的发展与遗传、早期经验和成熟等因素紧密联系在一起。个性差异一方面取决于遗传的机制，另一方面也受环境、文化教育、社会条件的影响。他们往往以各自的标准对个性的种种特性进行分析。例如，卡特尔（J.M.Cattell，1860—1944）提出个性的多量度和阶梯式的模式，把个性特点区分为两大类：表面特性和根本特性。表面特性是经常发生的可察觉的行为，根本特性是决定上述行为模式的潜在基础。他认为，个性特点具有不同的深度，如果根本特性愈深刻，那么，这些特点就愈稳定，行为的效应也愈全面；有些个性特点起源于环境因素，另一些特点则起源于体质因素，起源于体质因素的根本特性称为"本能特性"，起源于环境因素的根本特性称为"后本能特性"。

把个性视为多量度、阶梯式的模式，认为个性差异的形成受生物因素和社会因素的制约，这是合理的。但是把生物因素和社会因素并列起来，把一些个性特性说成起源于生物因素，另一些特性则起源于环境因素，这种看法则是欠妥的，是一种形而上学的观点。人的精神面貌是个体与环境交互作用的产物。人的本质是一切社会关系的总和。即使是最简单的心理过程，如感觉过程，其特性也不完全是受生物学因素决定的，还会受环境因素（社会实践）的影响；即使是最复杂的心理现象，如能力、性格，也不完全是由社会因素决定的，它具有一定的生物学基础。

（四）个性的社会学观点

这些心理学家强调环境、社会因素对个性形成的作用而完全抹杀生物因素所起的作用，把个性归结为社会文化或社会关系的产物。在这个总的观点下，又有许多变式，例如，社会学习论用学习的理论来阐述个性的形成，认为个性就像建立操作条件反射那样，是学习和掌握知识的结果。社会心理学则一般用"角色论"来阐述个性的形成，认为每个人在不同的社会环境中都担任一定的角色并遵循其所属的社会期望，个性就是个人将社会常模"内化"（internalization）和接受角色的结果。列昂节夫（A. H. Леонтъев，1903—1979）则把个性与活动联系起来，认为"内部东西（主体）通过外部东西而起作用，并由此而改变着自己"（阿·尼·列昂捷夫，1980），从而使个体发展为个性。

学习、掌握知识，扮演角色和活动对个性的形成都会发生不同程度的影响，这是毋庸置疑的。问题在于，外界环境、社会因素总是通过一定的个体而起作用的。辩证唯物论认为，"外因是变化的条件，内因是变化的根据，外因通过内因而起作用"（毛泽东，1975）。完全否定遗传素质、抹杀生物因素的作用，环境因素也就无从起作用，个性就无法形成。列昂节夫虽然强调了活动在个性形成中的作用，但把个性的形成归之于外部条件，这显然是一种形而上学的观点。

马克思主义认为,个性的本质“不是人的胡子、血液、抽象的肉体本性,而是人的社会特质”(马克思,1963)。个性的社会特质是以人的生理素质为前提的。恩格斯在肯定地评论欧文的时候指出:“罗伯特·欧文接受了唯物主义启蒙者的学说,认为人的性格是先天组织和人在自己的一生中、特别是在发育时期所处的环境这两方面的产物。”(恩格斯, 1966)个性是具有一定生理素质的人在社会环境的影响下通过社会实践活动而逐步形成的。马克思指出:“人的本质并不是单个人所固有的抽象物。在其现实性上,它是一切社会关系的总和。”(马克思, 1960)这些是辩证唯物主义个性心理学的基本观点。

三、个性的心理结构

个性的心理结构是复杂的、多侧面的、多层次的体系,它主要由个性倾向性、个性心理特征和“自我”三部分组成。

个性倾向性主要包括需要、动机、兴趣、理想、信念和世界观等,它是人进行活动的基本动力,是个性结构中最活跃的因素。个性倾向性中的这些成分又是相互联系、相互影响的,但其中总有一个成分占主导地位。占主导地位的倾向性成分对其他各个成分起支配作用,并影响着其他心理活动。例如,认识的需要占主导地位就会对兴趣、理想、信念发生影响,从而引起相应的智力活动、情绪活动和意志活动。这时,自然性的需要被抑制,对日常生活的关心就会退居于次要地位。在个性倾向性的诸成分中,世界观居于最高层次,它决定着一个人的总的思想倾向。

个性心理特征表明一个人稳定的类型特征,主要包括能力、气质、性格。人们的能力有大小、种类之分,气质类型、性格特征都有差异。能力是保证活动成功的潜能系统。在一个人身上各种能力彼此联系、互相作用,其中有一般能力和特殊能力,有优势能力和非优势能力。通常非优势能力从属于优势能力。气质主要表现为人的自然性的类型差异,它使人的心理活动染上独特的色彩。性格是稳定的心理风格和习惯的行为系统,也具有复杂的结构。在性格特征中,占主导地位的是人对现实的态度的性格特征(如对社会主义事业的责任心,对人的正直、诚实等),其次是意志品质(如果断、勇敢、自制、刚毅等)以及情绪特征和理智特征。

个性差异通常是指人们在个性倾向性和个性心理特征方面的差异。

个性是一个整体。在具体的、活生生的人的精神面貌中,个性倾向性和个性心理特征的诸成分不是无组织的、杂乱无章的。它们由“自我”进行协调、控制。“自我”就是人对自己的认识和评价,即人对自己个性倾向性和个性心理特征的认识和评价。正是由于人能意识到自己的个性倾向性和个性心理特征,所以他能对个性倾向性和个性心理特征进行控制和调节,使个性倾向性和个性心理特征诸成分形成统一的结构体系,形成完整的个性。如果“自我”失去了对倾向性和个性特征某些成分的调节和控制，就会造成个性的分裂，产生“双重人格”。

本章后面各节将分别讨论个性倾向性的各个方面，关于个性心理特征将在第十四至十六章中讨论。

第二节 需 要

一、需要的定义

需要是个体和社会生活中必需的事物在人脑中的反映。

人既是生物有机体，同时又是社会的成员。人为了个体的和社会的存在和发展，必定要求一定的事物。例如，食物、衣服、婚配、育幼等，这是维持个体的存在和延续种族的发展所必需的；从事劳动，在劳动中结成不同的社会关系，人们之间的交际活动等是维持社会的存在和发展所必需的。这种必需的事物反映在个人的头脑中就成为他的需要。所以，需要总是反映有机体内部环境或外部生活条件的某种要求，它通常以意向、愿望、动机、兴趣等形式表现出来。

需要同人的活动联系着，是人的活动的基本动力。人的活动被某种需要所驱使。需要一旦被意识到并驱使人去行动时，就以活动动机的形式表现出来。需要激发人去行动，使人朝着一定的方向，追求一定的对象，以求得自身的满足。需要越强烈、越迫切，由它所引起的活动就越有力。同时，人的需要也是在活动中不断产生和发展的。当人通过活动使原有的需要得到满足时，人和周围现实的关系就发生了变化，又会产生新的需要。这样，需要推动着人去从事某种活动，在活动中需要不断地得到满足又不断地产生新的需要，从而使人的活动不断地向前发展。

二、需要的种类

人的需要是多种多样的。根据需要的起源，可以把需要分为自然性需要和社会性需要；根据需要的对象，可以把需要分为物质的需要和精神的需要。

（一）自然性需要

如对饮食、运动、休息、睡眠、排泄、配偶等的需要。这些需要是保存和维持有机体生命和延续种族所必需的。动物也有这类需要。这些需要也叫生理需要或本能需要。其特点是,它的出现往往有周期性。不过,值得注意的是,人的本能需要与动物有本质的区别,也受社会生活条件的制约。正如马克思所说:"饥饿虽是饥饿,但是使用刀叉吃熟肉来解除的饥饿不同于用指甲和牙齿啃生肉来解除的饥饿。"(马克思,1964)

自然性需要的生理机制

来自胃肠的感受冲动(如空胃运动)和血糖水平的降低是引起饥饿的实际刺激。下丘脑有两个部位调节有机体的摄食反应。下丘脑外侧区是"进食中枢":如果用电刺激该部位,动物甚至在刚吃完它所必需的全部食物后,还要继续大吃;如果损坏了该部位,则表现为无食欲、拒绝进食,直至饿死。下丘脑腹内侧核是"厌食中枢":如果刺激该部位,动物就从给它的食物面前走开;如果损坏了该部位,动物就会产生旺盛的食欲。这两个中枢是交互抑制的关系,其中"进食中枢"是最基本的。引起口渴的身体状况是细胞脱水(身体中单个细胞失水)和血液总量减少。在血管里有测量血液总量的感受器,并将信息传至饮水中枢。它靠近摄食中枢,是调节饮水功能的神经元群。它与进食有关的神经元不同,与进食有关的神经元以去甲肾上腺素为递质,而饮水中枢以乙酰胆碱为递质。由于递质不同,两类神经元虽混在一起,却各自传递着不同的信息。人具有主观能动性,对饮食的需要能自觉地进行控制,这显然与大脑皮质的调节有关。性驱力的生理基础是性腺成熟时分泌的性激素。

(二)社会性需要

如人对劳动、交往等的需要。社会的需要表现为这样或那样的社会要求。当个人认识到这些社会要求的必要性时,社会的需要就可以转化为个人的需要。例如,实现四个现代化,是关系着我们国家和民族的命运的大事。当广大人民体验到四个现代化的必要性后,便以自己辛勤的劳动为伟大祖国的社会主义建设添砖加瓦,在自己的政治活动中以四项基本原则作为判断是非的标准并严格要求自己。这表明这些社会要求已成为广大人民的个人需要。人的社会性需要是多方面的,主要有对劳动、交往和威信的需要。

劳动是社会赖以存在的基本活动。劳动的需要表现为热爱劳动、向往劳动,如果暂时丧失了劳动的机会,就感到不安和难受。

交往的需要表现为,希望和别人在一起而不愿一个人独处(群集感);喜欢和合得来的人相处,而不喜欢与陌生人相处(友谊感);喜欢和自己的亲人保持亲密的接触(亲属感);等等。

威信的需要是更高一级的社会性需要,表现为渴望在事业上取得成就,希望博得人们对自己的赞扬和尊敬,赢得威信和自尊等。

社会性需要是后天习得的。例如，交往的需要是儿童在与他人接触的过程中发展起来的。在襁褓中，成人给婴儿提供食物、添换衣服、更换尿布和给以抚爱以满足其生理需要。在满足生理需要的过程中，他接触到人的身体、看到人的形象、听到人的声音，产生了愉快感，因而以后就渴望有人做伴、爱抚，害怕孤独、冷落，等等。儿童交往需要的形成过程如图 4-1 所示：

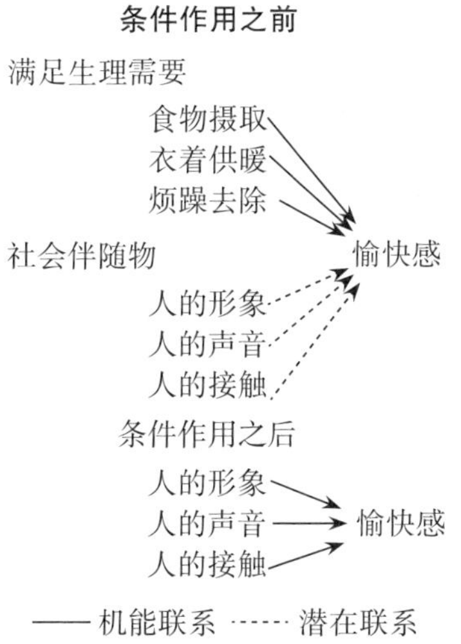

图4-1　在生理需要基础上形成交往需要示意图

(三)物质的需要

如对衣、食、住等有关物品的需要，对劳动工具的需要等。在物质的需要中，既包括有自然性的需要，也包括有社会性的需要。随着社会的进步和社会生产力的发展，人的物质需要也不断地发展起来。

(四)精神的需要

如认识的需要、美的享受的需要等，这是人所特有的需要。认识的需要激励着人学习科学知识，探索自然界的奥秘，并在此基础上产生科学活动和发明创造。美的享受的需要使人力图美化自己的生活方式，在一定的条件下这种需要有可能转化为艺术欣赏与创作的需要。

把人的需要区分为上述四类，仅具有相对的意义，因为这四类需要是互相联系的。例如，对食物的需要，既是自然性的需要也是物质的需要，同时又具有社会性的成分，如中国人进食用筷子，西方人进食用刀叉。满足精神的需要往往要有一定的物质条件，例如，为了满足知识的需要，就要有书籍、工具等。满足物质的需要也往往要满足一定的精神需要和社会的需要，例如，在满足穿衣的需要的同时，也包括对美以及社会意义方面的要求。

满足社会性的需要的同时,也总是包含着一定的物质需要和精神需要的。

三、马斯洛的需要层次理论

美国心理学家马斯洛(A.H.Maslow,1908—1970)认为,人类的所有需要都可以像图4-2所示那样,按层次组织起来。在这个锥体的最底层是对饮食、空气等的生理需要,其最高层次是自我实现、认识、创造和美的需要等。马斯洛认为,生理需要是最强烈的、最迫切要求满足的需要。一旦满足了生理的需要,高一层次的各种需要才会逐级显现出来。一个人生理上的迫切需要得到满足后,才能专心去确保他的安全;只有在确保了基本的安全之后,归属和爱的需要才会出现;一个人爱的需要得到适度满足之后,尊重的需要才会充分地发展起来。最后,只有在以上四个层次的需要相继满足了,自我实现的需要才能充分表现出来。如果较低层次的需要一直处于不满足的状态,较高层次的需要就不会产生。例如,饥荒时人们寻求的是果腹之物,就不会产生安全的需要;战乱时人们担心的是安全,就不会产生归属和社交的需要。这实际上就是我国古代的一句老话:“衣食足而后知荣辱。”

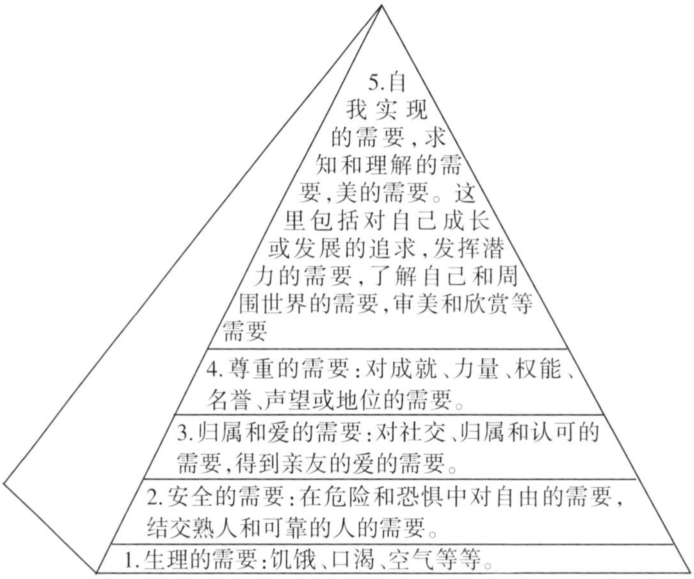

图4-2 马斯洛的需要层次图解(据马斯洛)

马斯洛还指出,各个需要层次的产生和个体发育密切相关。例如,婴儿的需要主要是生理需要,而后才产生安全需要、归属需要,到了青少年就产生了尊重的需要等。但是,个人需要结构的演进不像间断的阶梯。他认为较低层次的需要不一定完全得到满足后才产生高一层次的需要。如图4-3所示,需要的演进是波浪式的,较低一级的需要的高峰过去之后,较高一级的需要才能起优势作用。

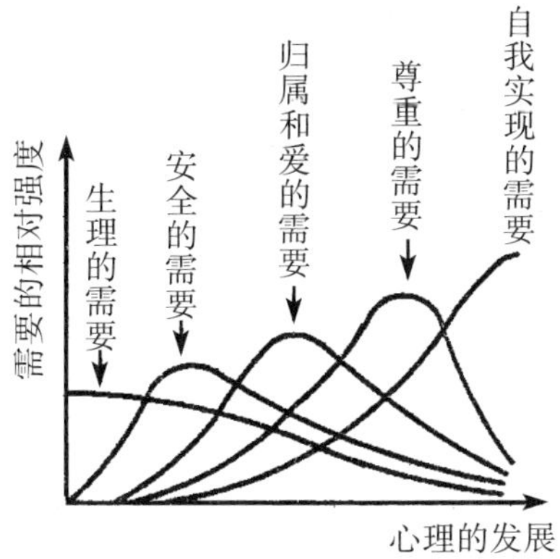

图4-3　需要层次的演进(据马斯洛,1954)

马斯洛把人类的需要看成一个组织的系统,并区分为先后的不同“层次”,这对于我们探讨人类的需要是有启发的。这个理论在教育实际中得到了广泛的应用。教育实践证明,一个饥饿、不安全、得不到爱、缺乏自信心的学生是不可能进行创造性学习的。对后进生的研究也表明,他们一旦解除了受歧视、孤独、焦虑的情绪,以尊重和爱的情感去感召他们,即“动之以情,晓之以理,导之以行”,树立他们的自信心,就可以逐步激发起他们上进的学习动机。但是,马斯洛理论也有局限性。就成年人来说,他是有理智的,还可能有理想、有信念,他可以控制低层次的需要以服从高层次的需要。裴多菲的诗云:“生命犹可贵,爱情价更高。若为自由故,两者皆可抛。”许多志士仁人、革命先烈为了追求科学真理和革命理想,在反动派的白色恐怖下,不顾个人安危进行艰苦卓绝的斗争就是明证。

第三节　动　机

一、动机的定义

需要和动机紧密联系在一起,但也有差异。需要在主观上通常以意向或愿望的形式被体验着。模糊地意识到的需要叫意向。有某种意向时,人虽然意识到一定的活动方向,但不明确活动所依据的具体需要和以什么途径和方式来满足需要。明确地意识到并想实现的需要叫愿望。如果愿望仅停留在头脑里,不把它付诸实际行动,那么这种需要还不能成为活动的动力。只有当愿望激起和维持人的活动时,这种需要才成为活动的动机。

动机是一个人发动和维持活动的心理倾向。

动机这种心理倾向具有鼓起干劲和指导方向的作用。有动机的人较之无动机的人,其活动的水平更高。心理学家往往根据个体活动的水平来衡量动机的强度。有动机的人，其活动总是指向一定的事物而忽视其他事物。当人的动机一旦获得满足，他的活动性便减弱，选择性也就不明显了。

二、活动的目的和动机

活动的目的和活动的动机既有区别又有联系。目的是人期望在活动中达到的结果；动机是激励人去达到那个目的的主观原因，它表明人为什么要达到那个目的。在简单的活动中动机和目的常可以直接相符合；在复杂的活动中动机和目的可能符合，也可能不符合。目的相同，动机可能大不相同。例如，在按时完成作业、复习功课的学生中，他们的学习动机往往不同：有的可能是理解到自己对祖国的责任，有的可能是由于个人的物质要求，有的可能是怕老师的检查和父母的责骂，等等。动机相同，目的也可能不同。例如，有的学生追求目的切近些，有的则远大些。正如原因和结果的辩证关系那样，动机和目的也是可以互相转化的。在一种情况下是动机的东西，在另一种情况下也可能成为目的。

活动的结果如何，不仅取决于能力，而且与动机及其强度有关。有能够做而不想做的事；有不那么会做但由于努力去做，结果做成了的事；也有本来能做而由于过分好强、紧张，结果反而做不好的事。有了动机这个概念，活动的结果就可用下列公式表示：

$$活动的结果=f(能力\times动机)$$

活动的结果是能力和动机的函数。用乘法是表明能力和动机两者如有任何一个为零，则活动的结果也等于零。但是，需要注意的是，如果动机过于强烈，活动的结果反而受到损失。

三、动机的种类

像需要一样，人的动机也是多种多样的。根据动机的起源，可把动机区分为自然性的动机和社会性的动机。前者与人的自然性需要相联系，后者与人的社会性需要相联系。

根据动机的性质，可把动机区分为高尚的动机和卑劣的动机。前者从人民的、民族的、国家的利益出发，后者从个人自私自利、损人利己的角度出发。

根据动机的影响范围和持续作用时间，可把动机区分为长远的、概括的动机和短暂的、具体的动机。前者影响范围广，持续作用时间久，后者只对个别具体行动一时地起作用。例如，一个师范生，想当一名模范的人民教师，为培养祖国的下一代做出贡献，成为他努力学习科学知识，积极锻炼身体，参加学校的各项政治活动的动机，是一种长远的、概括的动机。如果仅仅为了考试得高分或应付老师的提问而努力学习，这是一种短暂的、具体的动机。

人的动机不仅复杂多样，而且在复杂的活动中往往存在着两种或多种不同的动机。在这些动机中有一个是起主导作用的动机，称为主导动机。其他动机称为次要动机。在人的成长过程中，主导动机可能是会变化的。刚入学的小学生，其主导动机可能是其自身的地位（“我是学生”），往后，在学生集体中的地位（“当个三好生”）等则可能成为他们的主导动机。

了解活动的动机具有重要的意义。教师要提高教育和教学质量，必须要了解学生的活动动机，特别是学习动机和行为的道德动机。只有这样，才能从本质上了解学生的心理面貌，对学生的行为表现做出深刻的解释，从而采取有效的教育措施。学生自己对自己行为动机的意识也具有很大的意义。因为学生往往不了解自己行为的实在动机。如果他能意识到自己行动的动机，就能对自己的行动及其后果做出评价，并且能以此来改变自己的某种动机。

第四节 兴 趣

一、兴趣的定义

兴趣是人积极探究某种事物的认识倾向。这种认识倾向使人对某种事物给予优先的注意，并具有向往的心情。例如，对音乐感兴趣的人，总是优先地对乐器以及有关音乐的书籍、刊物发生注意。他对音乐十分向往，总想听音乐，不论是歌剧、广播或是别人的演奏都对他有极大的吸引力。即便是报纸上有关音乐的报道，别人议论有关音乐的事，他都不肯轻易放过，表现出对音乐的浓厚兴趣。即他的认识常常优先指向与音乐有关的东西，并以向往的心情力求领会它、掌握它、研究它。

兴趣进一步发展成为从事实际活动的倾向时，就变成了爱好。对一定事物发生爱好时，人就会积极主动地去从事有关的实际活动。爱好已经不只是对事物的优先注意和向往的心情，而且有了实际活动的倾向。例如，爱好音乐的人，就不只是对音乐有兴趣，他还有从事音乐活动的倾向，他或者对乐器爱不释手，经常参加演奏；或者经常练习唱歌，对技艺进行品评。所以，兴趣与爱好是有区别的：兴趣是对某种对象和现象的认识倾向；爱好是从事某种活动的倾向，它一定是和活动分不开的。

可以用测验法来了解一个人的兴趣和爱好。例如在库德职业偏好量表（Kuder Preference Record-Vocational）中，每一题列举三项活动，让被试在三者中选出“最喜欢”和“最不喜欢”的来：

	最喜欢	最不喜欢
上图书馆	□	□
参观博物馆	□	□
参观美术馆	□	□

	最喜欢	最不喜欢
收集照片	□	□
收集货币	□	□
收集蝴蝶标本	□	□

根据被试对整个量表的反应,便可以发现其兴趣所在。这项工作可用于青年的职业指导。不过需要注意的是,兴趣爱好是可以培养的。一个人在选择职业时也必须考虑到社会的需要。

二、兴趣和其他心理现象的关系

首先,兴趣和需要有密切的联系。兴趣的发生以一定的需要为基础。当一个人有某种需要时,他必然会对有关的事物优先地给予注意,并且对它有向往的心情,即对有关的事物发生兴趣。同时,已经形成的深刻而稳定的兴趣,不仅反映着已有的需要,又可滋生出新的需要。

其次,兴趣和认识、情绪、意志有着密切的联系。兴趣是一种特殊的认识倾向,它表现在人对感兴趣的对象和现象的感知、记忆、想象和思维上,并表现在人对有关事物的优先注意和集中注意上。对某种事物感兴趣往往都带有积极的情绪色彩。对某种事物的兴趣愈浓厚,人对它的情感也愈深厚。兴趣,特别是稳定的兴趣和爱好对于克服工作中的困难,顺利地完成工作任务有很大的助益。但是,本来是兴趣索然的工作,如果有坚强的意志,克服了困难,取得了成绩,人也就会对此项工作产生兴趣。

最后,兴趣还与能力、理想、信念、世界观密切联系着。能力往往是在人对一定的对象和现象有浓厚的兴趣和爱好中形成和发展起来的。能力也影响着兴趣的进一步发展。强烈的认识兴趣对形成人的理想、信念、世界观有一定的作用;既经确立的理想、信念、世界观对新兴趣的形成起着指引方向和确定内容的作用。例如在我们的社会主义国家里,如果学生学习态度端正,学习兴趣浓厚,就有助于他确立共产主义的理想和科学的世界观,而这种理想和世界观又可以激起他对学习更迫切、更广泛的浓厚的兴趣。

三、兴趣的种类

人们的兴趣是各式各样的，可以用不同的标准对它们进行分类。

根据兴趣的内容，可以把它们区分为物质的兴趣和精神的兴趣。

物质的兴趣表现为对衣、食、住、行等物质生活品（如单元住宅、家具、优质服装、自行车等）或精神用品（如照相机、电视机等）的兴趣。畸形的物质兴趣表现为贪婪、追求豪华或不择手段地聚积财产。

精神的兴趣表现为认识的兴趣（如对数学、物理、化学、生物学、心理学、哲学等的兴趣）或对文艺、体育、美术以及社会活动等的兴趣。精神的兴趣很能表明一个人的精神境界，是个性发展高水平的表现。

根据兴趣的倾向性可以区分为直接兴趣和间接兴趣。

由事物或活动本身引起的兴趣称为直接兴趣。新奇的东西、与需要直接相符合的事物都容易引起人的直接兴趣。

由活动的目的、任务或活动的结果引起的兴趣称为间接兴趣。例如，人可能对活动本身没有兴趣，但对于从事这种活动所追求的目的，如对谋求职业、职务、社会地位、学位感兴趣，或对劳动的结果感兴趣，这类兴趣都属于间接兴趣。

根据兴趣维持时间的久暂，可以区分为短暂的兴趣和稳定的兴趣。短暂的兴趣，产生于某种活动中，随着某种活动的结束而消失。稳定的兴趣，不会因某种活动的结束而消失，它已成为个人一生中的显著特点。稳定的兴趣，使人具有高度的自觉性和积极性。如德国杰出的科学家高斯在他爱人病危时，仍在研究数学问题；世界著名文豪列夫·托尔斯泰在八十多岁高龄时，依然伏案写他的巨著；我国著名科学家竺可桢在临终前的一天，坚持在病床上写他的气象日记；等等。这些事例说明，稳定的兴趣是创造性劳动的重要条件之一。对事业有了稳定的兴趣，他就会对事业充满热情，专心致志地进行探讨，创造性地从事活动。

四、兴趣的特征

人们的兴趣有很大的个别差异。这种差异可以从以下四个方面加以分析。

（一）兴趣的指向性

兴趣总是指向一定的对象和现象。人们的各种兴趣指向可能很不相同：有人对数学感兴趣，有人对哲学感兴趣，有人对文学感兴趣，有人对体育感兴趣。兴趣指向的不同，主要是由于人的生活实践不同所造成，并受一定的社会历史条件所制约。由于兴趣指向的内容具有社会制约性，我们也可以根据社会伦理的观点，把兴趣区分为两类：高尚的兴趣和低级的兴趣。前者同个人身心健康和社会进步相联系，后者使人腐化堕落、有碍社会进步。

(二)兴趣的广度

人们的兴趣在广度上可能不同。有人兴趣广泛，可以同时具有多种不同的兴趣；有人兴趣狭窄，除了对自己所从事的专业产生兴趣外，对其他任何事物几乎都不会产生兴趣。前者是兴趣广博者，后者是兴趣贫乏者。兴趣贫乏者接受的知识有限，生活显得单调、平淡。广博的兴趣可以使人增加知识，开阔眼界，生活内容丰富多彩。古今中外，有成就的人物大多都具有广博的兴趣。马克思的女儿要他写出他所喜欢的格言，他写了古拉丁谚语："凡是和人有关的，都是我所关心的。"我国古代的科学家祖冲之(429—500)是一位伟大的数学家，同时又是天文学家和物理学家，在这些领域中他都有许多划时代的创造发明。同时他还对经学和先秦诸子有研究，注释过《易经》《老子》《论语》等书；他还精通乐律，熟知农业种植知识。文艺复兴时代的达·芬奇不仅是大画家，而且也是大数学家、力学家和工程师，他在物理学的各种不同部门中都有重要的发现。兴趣愈广泛，知识就愈丰富，事业上的成就可能就愈大。

良好的兴趣品质不仅表现在有广泛的兴趣上，还应该有中心兴趣。如果只有广泛的兴趣，没有一个中心兴趣，就会样样都懂得，样样都不专，结果是一无所长，无所创造。因此，有成就的人物除了有广泛的兴趣外都有中心兴趣，以中心兴趣来统辖其他兴趣。马克思的一切兴趣都围绕着他为解放全人类的革命事业而展开；祖冲之的许多创造发明是建立在对数学研究的基础上；达·芬奇的许多发现则是与绘画艺术有关。有无中心兴趣对能否在事业上做出成绩起着重要的作用。

(三)兴趣的持久性

人对各种事物的兴趣，既可能是经久不变的，也可能是变化无常的。人们在兴趣的持久性方面会有很大差异。有些人对事物缺乏稳定的兴趣，凡事见异思迁，事过之后，兴趣就烟消云散；有些人对事物有稳定的兴趣，凡事力求深入，"锲而不舍"。稳定而持久的兴趣对人的学习和工作有重要的意义。

(四)兴趣的效能

人们的兴趣在能否使人的认识活动深入下去，以达到认识客观事物的结果上，也是有差异的。有些人的兴趣是消极被动的，仅局限于对感兴趣的客体的知觉上，例如喜欢听听歌曲，看看绘画就感到满足，没有进一步表现出认识的积极性，即用实际行动来理解它、掌握它。有的人的兴趣是积极主动的，表现出要使认识深化，为掌握感兴趣的客体而付诸积极行动。这是一种有效能的兴趣，它能鼓舞人积极地追求使他感兴趣的客体，并成为他活动的动机。

第五节 理想、信念和世界观

一、理想

理想是符合客观规律的并同奋斗目标相联系的想象。奋斗目标是人积极向往的对象。作为理想的奋斗目标是符合事物发展规律的。对于这个奋斗目标，人既有生动的想象内容、明确的思想认识，又怀有喜爱、赞扬等肯定的情感体验，并且决心力求加以实现。

理想的这些特点在方志敏烈士对祖国未来的憧憬中表现得特别明显。他在《可爱的中国》中写道："中国在战斗中一旦斩去了帝国主义的锁链，肃清自己阵线内的汉奸卖国贼，得到了自由与解放，这种创造力，将会无限的发挥出来。到那时，中国的面貌将会被我们改造一新。……到那时，到处都是活跃的创造，到处都是日新月异的进步，欢歌将代替了悲叹，笑脸将代替了哭脸，富裕将代替了贫穷，康健将代替了疾苦，智慧将代替了愚昧，友爱将代替了仇杀，生之快乐将代替了死之悲哀，明媚的花园，将代替了凄凉的荒地！这时，我们民族就可以无愧色的立在人类的面前，而生育我们的母亲，也会最美丽地装饰起来，与世界上各位母亲平等的携手了。"

理想也是客观现实的反映。由于现实生活中的某些因素符合个人的需要和世界观，人便加以吸收，强调一些因素，夸大一些因素；与此同时，又舍弃了与需要、世界观不相符合的因素。在对现实进行加工改造的基础上便产生了源于现实、高于现实、走在生活前头的理想。

理想像灯塔，它激发着人的热情，指引着人的活动方向，是使人具有从事艰苦奋斗的力量的源泉，对个性产生深刻的影响。缺乏理想的人不懂得生活的真正含义，没有艰苦奋斗的力量源泉，他们的生活显得庸俗。

理想具有社会历史制约性。不同的历史时代，不同的社会，不同的阶级，不同世界观的人们，具有不同的理想。例如，奴隶主的"理想"是拥有更多的奴隶，封建主的"理想"是拥有更多的土地，资本家的"理想"是赚更多的钱。无产阶级的理想是使每一个人过上更好的生活。剥削阶级的"理想"使个性畸形发展，只有无产阶级的理想才使个性得到完美的发展。

在我们的社会里，人们的理想和抱负也是有差异的。徐联仓、凌文辁用问卷法对我国两个城市的工人进行的调查证明了这一点。其具体结果如下：

问题：激励你前进的理想和动力是什么？

答：（以回答"√"的多少来排列以下答案的次序）

第一个城市：①实现四化；②提高工资奖金；③共产主义信念；④干一番事业；⑤美满家庭；⑥获得荣誉称号；⑦成名成家；⑧提职重用；⑨没有理想和动力。

第二个城市：①实现四化；②共产主义信念；③提高工资奖金；④干一番事业；⑤美满家庭；⑥获得荣誉称号；⑦提职重用；⑧成名成家；⑨没有理想和动力。

这个结果表明，人们的理想和抱负是不同的。实现四个现代化是当时我国工人的主要理想，这个理想激发着我国人民为国争光、为共产主义事业而奋斗。

二、信念

信念是人所遵循的与理想相联系的生活准则。在现实生活中，有的人只有美好的理想，却没有实际行动，不能用理想来指导生活；有的人不仅有理想，而且付诸实现，用理想的原则来指导生活，使个人为之奋斗的目的成为生活的准则。前者是缺乏信念的人，后者是有信念的人。

有信念的人，个性稳定而明确。他们的理想明确，为实现理想的生活准则，矢志不移。这样的人物为实现自己的理想、捍卫自己的生活准则，奋斗不息，不为任何困难所吓倒，不为任何压力所屈服，甚至牺牲自己也在所不惜。文天祥的"人生自古谁无死，留取丹心照汗青"，夏明翰就义前的四句诗"砍头不要紧，只要主义真。杀了夏明翰，还有后来人"都表明他们对事业的坚强信念。这样的人物必然会得到人民的尊重和赞扬，他们是社会进步的推动者。

缺乏信念的人，个性模棱两可。他们或者缺乏理想，或者虽有"理想"却不以自己的行动去实现这种理想。在重大原则问题上，这种人往往见风使舵，投机取巧，翻云覆雨，朝秦暮楚。

信念不同于迷信。信念是在独立思考和深思熟虑的情况下，对自己的生活准则和追求的目的确定无疑，内心真正接受并自愿为之奋斗；迷信和宗教信仰是虽然内心接受其教条并自愿为之奋斗，但缺乏独立思考和深思熟虑。它们对个性的影响截然不同：信念使个性具有积极性、主动性、创造性和自我牺牲精神，迷信只能使个性带有盲目性和盲动性。

三、世界观

世界观是一个人对整个世界的看法和态度,并指导着人的行动。世界观不仅属于认识过程,而且还包括态度和行为。例如一个人对自然和社会的发展规律有了书本知识上的认识,懂得社会主义必然战胜资本主义,只有靠全体人民的辛勤劳动才能建成社会主义的现代化强国,但并不把这种认识付诸行动,认识与行动脱节,这就不能说他有了无产阶级的世界观。因此,确定一个人的世界观不仅要看他的认识和态度,而且要看他的行动。

阶级的世界观和个人的世界观既有区别又有联系。阶级的世界观是指某个阶级对自然、社会和人类思维的观点体系,它属于社会意识形态范畴,是哲学的研究对象。心理学不研究这些内容,仅研究个人的世界观。个人的世界观涉及一个人的知、情、意等各种心理活动,是人的行为举止的最高调节器。心理学研究个人世界观在各种心理活动中的作用及其形成规律,但是个人的世界观又受阶级的世界观的制约,表现出某个阶级世界观的特点。例如,雷锋的个人世界观,即一个共产主义者的世界观是在马列主义、毛泽东思想的哺育下形成的;雷锋个人的世界观——“憎爱分明的阶级立场,言行一致的革命精神,公而忘私的共产主义风格,奋不顾身的无产阶级斗志”,也体现了无产阶级的阶级世界观。

世界观是个性倾向性的集中表现,它影响人的整个精神面貌。世界观的稳定性赋予个性以稳定性和确定性。

共产主义世界观是人类历史上最先进、最科学的世界观。一个具有共产主义世界观的人,也就具有崇高的革命理想、忠贞的革命信念,他待人处事能够从整体出发,从客观出发;他能够跳出个人主义的圈子,“先天下之忧而忧,后天下之乐而乐”;他能够把自己的工作、学习和劳动与共产主义事业联系在一起,具有坚定不移的决心,百折不挠的勇气,在任何困难面前都不动摇他对共产主义事业的信念。

努力使我们的下一代树立起共产主义世界观,是每个教育工作者的神圣职责。一个人的共产主义世界观的树立,靠马列主义、毛泽东思想的哺育。只有积极投身于祖国四个现代化的建设事业,在日常的工作、劳动、学习和生活的过程中,像雷锋同志那样自觉地加强思想修养,才能使自己成为“一个高尚的人,一个纯粹的人,一个有道德的人,一个脱离了低级趣味的人,一个有益于人民的人”(毛泽东, 1952)。

本章相关文献

徐联仓,凌文辁.(1980).工人思想动态的心理学研究.复印报刊资料(心理学)(第8期):53-64.

周冠生.(1980).国外心理学中的个性问题.心理学报(第4期):445-452.

B.B.波果斯洛夫斯基.(1979).普通心理学.魏庆安,等译.北京:人民教育出版社.

谢·列·鲁宾斯坦.(1965).心理学的原则和发展道路.赵壁如,译.北京:生活·读书·新知三联书店.

H.H.Kendler.(1975).Basic psychology.W.A.Benjamin.

S. A. Mednick, J. Higgins, &J. Kirschenbaum. (1975). Psychologyy: Explorations in behavior and experience..John Wiley & Sons.

第五章 感 觉

本章主要问题：

1.什么是感觉？为什么说米勒的神经特殊能量学说和亥姆霍兹的符号论是错误的？
2.怎样测量一个人的感觉能力？
3.我们是怎样感知彩色和非彩色的？
4.声波的物理性质对听觉有什么影响？
5.听感受器是怎样感受声音高低的？
6.皮肤感觉有哪些特点？
7.嗅觉、味觉的感受器，适宜刺激和感受性的特点有哪些？
8.什么是动觉、平衡觉和内脏感觉？
9.感觉的相互作用有哪些表现？

第一节 概 述

一、感觉的定义及作用

感觉是客观事物直接作用于人的感觉器官，而在人脑中所产生的对此事物的个别属性的反映。

在日常生活中，人时刻都在与外界的事物接触，这些事物直接作用于人的各种感觉器官，因而在人脑中就产生各种各样的感觉。例如，我们看到某种颜色、听到某种声音、闻到某种香味、摸到一定的温度等等。同时，感觉也反映有机体本身的活动状况。例如，我们感觉到自身的姿势和运动，感觉到内部器官的工作状况，如舒适、疼痛、饥渴等。不论是对外界具体事物的反映，还是对有机体本身活动状况的反映，感觉这种心理现象并不反映客观事物的全貌，而只是对它们的个别属性的反映。

虽然感觉是一种最简单的心理现象，但它在人的心理活动中起着极其重要的作用。我们只有通过感觉，才能分辨事物的各种属性，感知它的声音、颜色、软硬、重量、温度、气味、滋味等等；我们只有通过感觉，才能了解自身的运动和姿势，才能了解内部器官的工作情况。一切较高级、较复杂的心理现象,如知觉、思维、情绪、意志等,都是在感觉的基础上产生的。感觉是我们认识客观世界的第一步,是我们关于世界一切知识的最初源泉。人只有通过感觉,才有可能逐步认识不依赖于他而存在的客观世界。"不通过感觉,我们就不能知道实物的任何形式,也不能知道运动的任何形式。"(列宁,1957)

二、感觉过程

感觉是一个过程。客观存在的事物,直接作用于感觉器官,后者产生神经冲动,经传入神经(感觉神经)传向中枢神经系统而引起感觉。这里包括3个主要环节:对感受器的刺激过程,传入神经的活动,中枢神经系统特别是大脑皮质的活动,从而产生感觉现象。

感觉过程的第一个环节,是对感受器的刺激过程。作用于感受器的客观事物叫刺激物。刺激物对感受器施加的影响叫刺激。大多数感受器对一种形式能量的刺激感受性特别高。例如眼睛对光具有很高的感受性,对声波则不起反应;听感受器对声波刺激具有很高的感受性,对光则不起反应。对某一感受器来说,感受性最高的那种能量刺激,叫适宜刺激。由刺激引起感受器产生相应变化的整个过程,叫刺激过程。刺激过程的实质是感受器把刺激的能量(机械的、物理的、化学的)转化为神经冲动的过程。

但是,感受器并不是消极的接收器。它在刺激物的作用下将根据反馈信息发生自动调节。这种自动调节使感觉过程能连续地进行下去,从而使感觉映象得到清晰的反映。

感觉过程的第二个环节是传入神经的活动,它把神经冲动传递到中枢。各种感觉的神经通路有长有短,但传递的都是去极化波。

神经冲动在任何时刻只能处于两种状态:全或无,即刺激强度达到阈值就引起最大的反应,刺激强度未达到阈值则不引起反应。神经系统正是借助不同时空模式的神经冲动把外界事物反映到脑中的。

神经冲动在各个神经元之间的传递主要是借助神经介质而进行的。因此,感觉信息的传递除了电编码外,还应考虑化学编码的问题。

感觉过程的最后环节是神经过程转化为感觉,这发生在脑内,特别是在大脑皮质中的活动。根据巴甫洛夫学说,人的感觉具有第二信号系统的性质。感觉映象只有和第二信号系统发生联系,才成为人的主观映象,被人意识到。

总之,感受器接受刺激的过程、传入神经的活动、脑中枢特别是大脑皮质的活动以及相应的感觉现象及其规律,是研究感觉过程的三个环节,也是感觉心理学的研究对象。

巴甫洛夫在1910年前后提出关于分析器的学说。他把那些使复杂的外界环境分解成为个别成分的器官叫分析器,即有机体感受和分析某种刺激的整个机能系统。分析器由三部分组成:感受器、传入神经通路以及相应的各级神经中枢。可以根据构成分析器的外周部分的种类而命名,例如视分析器、听分析器、嗅分析器、味分析器、皮肤分析器等。也可以根据刺激的种类而命名,如光分析器、音分析器等。

三、对感觉生理心理学中的唯心论的批判

在感觉生理心理学领域中,唯心论的突出表现是米勒(J.P.Müller,1801—1858)的“神经特殊能量学说”和亥姆霍兹(H.Helmholtz,1821—1894)的“符号论”。

19世纪上半叶,德国生理学家米勒在研究感觉器官的机能时观察到,用同一种刺激物作用于不同的感官,会引起不同质的感觉。例如,用电流刺激眼、耳等感官,会引起闪光、声响等不同感觉;用不同的刺激物作用于同一感官,会引起同质的感觉,例如用光、电流、机械压力作用于眼睛,同样都产生光觉。于是,他提出每种感觉器官本身都有一种特殊的能量,外界事物所引起的作用只是激起了这个能量,“我们感官知觉的直接对象只是在神经内引起而被神经自身或感觉中枢认为感觉的特殊状态”,并认为“通过感觉认识外部世界永远也不能揭示这个世界的本性和本质,感觉永远也不会使我们直接感知事物的本性”(B.蓝德,1959)。

米勒的这些论点都是站不住脚的。首先,所谓不同的感官神经中有不同的特殊能量,这是没有科学依据的。现代生理学研究表明,神经纤维只是传导冲动,而各种神经纤维所传导的去极化波基本上是相同的,所不同的只是传导速度的快慢和频率的高低,并无能量形式上的差异。其次,米勒认为人所感知的只是感官神经本身的性质和状态的变化,人永远也不能揭示外部世界的本性,这就使他陷入了不可知论的泥坑。最后,所谓不同的刺激作用于同一感官可以产生同样的感觉,也不符合实际。例如,光作用于耳朵和皮肤就不能产生听觉和皮肤感觉。固然,光、压力、电流作用于眼睛都能产生光觉和色觉,但眼睛对这些刺激的感受性却不同:眼睛对光有很强的感受性,对它的感觉是清晰的;而对压力和电流产生的感觉则是模糊的,并且要有足够的强度才能引起。这是因为眼睛的机能和结构经过长期演化专门适应于感受光的刺激。但感光细胞还保留原始上皮细胞对各种刺激都发生反应的性质,所以光以外的刺激达到一定的强度也能引起感光细胞的兴奋而产生光和色觉。然而这两类刺激所引起的光觉和色觉其性质是不同的,前者是正常视觉,后者是异常视觉,在日常生活中其意义是微不足道的。

亥姆霍兹是米勒的学生。他继承了米勒的观点,也错误地夸大了感官的性质对形成感觉的特殊作用。亥姆霍兹虽然也承认感觉离不开客观外界的刺激和有机体内的神经过程,但认为感觉不是物的模写,而只是同物没有“任何相似之处”的记号或符号。

感觉是客观事物的主观映象。它一方面属于主体，在主体中产生，同时它又是客观事物的反映。感觉中的主观形象是客观世界的模写。“不容争辩，模写决不会和原型完全相同，但模写是一回事，符号、记号是另一回事。模写定要而且必然是以‘被模写’的东西的客观实在性为前提的。‘记号’、符号、象形文字是一些带有完全不必要的不可知论成分的概念。”（列宁，1950）

四、感觉的种类

感觉反映事物各种各样的属性。根据它们反映事物的属性的特点，可以把全部感觉分为两大类。

（一）外部感觉

接受外部刺激，反映外界事物的属性的感觉。属于这一类感觉的有：视觉、听觉、嗅觉、味觉、皮肤感觉。

（二）内部感觉

接受机体内部刺激，反映身体的位置、运动和内脏器官的不同状态的感觉。属于这一类感觉的有：肌肉运动感觉、平衡感觉、内脏感觉等。

临床上把感觉分为四类：(1)特殊感觉，包括视、听、味、嗅和前庭等感觉；(2)体表感觉，包括触压觉、温觉、冷觉、痛觉；(3)深部感觉，包括肌肉、肌腱、关节等感觉及深部痛觉和深部压觉；(4)内脏感觉。

五、感觉与个性的关系

人的感觉有共同的机能，存在着普遍规律；但人与人之间的感觉能力也有相当大的差异。人们在感觉机能上的个性差异与他们的实践活动密切相关。

在儿童中，同一感受器的感觉能力没有明显的差异。但是随着生活实践对感觉器官的工作提出不同的要求，人们的感觉能力就表现出了个性差异。例如，专业的炼钢工人在通过蓝色眼镜看马丁炉的火焰时能十分精细地辨别浅蓝色的微小差异；专门研究黑色纺织品的技术员能辨别四十多种黑色色度，而平常人只能辨别两三种色度；熟练的屠夫能准确地割下顾客所需要的各种重量的猪肉而相差甚微；熟练的厨师有高度精确的肌动觉，在切肉丝时丝毫不伤及菜板；音乐家有高度精确的听觉；调味师有高度完善的嗅觉和味觉；等等。

感觉功能失缺者如聋人、盲人、聋盲人，在生活实践的过程中会发挥其余的感觉功能补偿已失缺的感觉，从而使他们成为一个有社会价值的人。

上述事实也说明，感觉能力的发挥与人的生活道路和人致力于这种能力发展的努力程度密切相关。

感觉的变化可以影响皮质结构的变化。如皮质细胞的树状突密度随感觉刺激的阻滞而减少，随着感觉刺激的丰富而增加；触突数量也随着感觉刺激的丰富而增加。因此，教师应十分重视对学生感觉能力的训练。

第二节 感受性及其测定

对刺激物的感觉能力，叫感受性。感受性的大小是用感觉阈限的大小来度量的。所谓感觉阈限是指能引起感觉的持续了一定时间的刺激量。也就是说，感受性的大小是用能引起感觉的刺激量的大小来衡量的。

每一种感觉都有两种类型的感受性和感觉阈限：绝对感受性和绝对阈限，差别感受性和差别阈限。

一、绝对感受性和绝对阈限

并不是任何刺激都能引起我们的感觉，例如我们听不见由屋内另一端传来的手表嘀嗒声，也感觉不到落在皮肤上的尘埃。如果要产生感觉，刺激物必须达到一定的量。那种刚刚能引起感觉的最小物理刺激量，叫绝对阈限（absolute threshold）。凡是没有达到这一数量的刺激物，都处于感觉阈限之下。

绝对感受性是指感觉出最小刺激量的能力。绝对感受性和绝对阈限在数量上成反比关系。就是说，绝对阈限越小，即能引起感觉所需要的刺激越弱，那么，绝对感受性就越大。例如，一个人能听见比别人弱一半的声音，即他的听觉阈限是别人的1/2，我们就可以说这个人的听觉感受性是别人的2倍。如果用E代表绝对感受性，R代表绝对阈限，那么它们之间的关系便可以用下列公式表示：

$$E = \frac{1}{R}$$

绝对阈限因刺激物的性质和机体的状况而不同。在适当的条件下，人的感觉阈限是很低的。例如，在空气完全透明的情况下，人能看见1000米远的1‰的烛光；人能嗅到1公升空气中所散播的一亿分之一毫克的人造麝香。

低于绝对阈限的刺激，虽然我们感觉不到，但能引起一定的生理效应。例如，低于听觉阈限的声音刺激能引起脑电波的变化和瞳孔的扩大。因此，有意识的感觉阈限和生理上的刺激阈限并不完全是等同的。一般说来，生理上的刺激阈限要低于意识到的感觉阈限。

二、差别感受性和差别阈限

在刺激物引起感觉之后，如果刺激在数量上发生变化，并不是所有的变化都能被我们觉察出来的。例如，在原有200支烛光中再加上1支烛光，我们是感觉不出光的强度有所改变的。一定要增加2支烛光或者更多，才能感觉到前后两种光在强度上的差别。这种在感觉上能觉察出两个同类刺激物之间的最小差别量叫差别阈限(difference threshold)或最小可觉差(just noticeable difference)。对这一最小差别量的感觉能力，叫差别感受性。

1834年，德国生理学家韦伯(E.H.Weber，1795—1878)在研究感觉的差别阈限时发现：如果以R表示最初刺激物的强度，以ΔR表示刚刚觉察出有差别感觉的刺激差异量，那么在一定范围内，每一种感觉器官的差别阈限都是一种相对的常数(这个常数也叫韦伯分数)，用数学公式表示即为：

$$\frac{\Delta R}{R} = K$$

这个公式就是韦伯定律，即当R的大小不同时，ΔR的大小也会不同，但$\frac{\Delta R}{R}$则是一个常数。例如，原先举起50克(R)的重量，其差别阈限是1克(ΔR)，那么，至少是51克的重量才被我们感知为比原先稍重一些；如果是100克的重量，那么，至少是102克才被我们感知为比它稍重一些；如果是150克的重量，至少是153克才被我们感知为比它稍重一些。由此可见，在这里，差别阈限值是刺激重量的同一分数：$\frac{1}{50}=\frac{2}{100}=\frac{3}{150}=0.02$。0.02这一韦伯分数告诉我们：必须在原初重量的基础上再增加它的2%，才能觉察出它比原初重量稍重一些。

对于各种刺激来说，韦伯分数(K值)是各不相同的。表5-1的数据是根据许多研究者在最良好的判断条件下所得到的最小数值。

表5-1表明，各种感觉的差别阈限相差是悬殊的。例如，对音高来说，只要原刺激$\frac{1}{333}$的差异，即可被觉察到；而对咸味来说，其差异必须达到原刺激的$\frac{1}{5}$才能被觉察出来，两者相差竟达66倍之多。

表5-1 最小的韦伯分数

音高(在2000赫兹时)*	$0.003=\frac{1}{333}$
重压(在400克时)	$0.013=\frac{1}{77}$
视觉明度(在1000光量子时)	$0.016=\frac{1}{62}$
举重(在300克时)	$0.019=\frac{1}{53}$
响度(在1000赫兹,100分贝时)	$0.088=\frac{1}{11}$
橡皮气味(在200嗅单位时)	$0.104=\frac{1}{10}$
皮肤压觉(在每平方毫米5克重时)	$0.136=\frac{1}{7}$
咸味(在每公斤3克分子量时)	$0.200=\frac{1}{5}$

*括号内是刺激强度的绝对水平。

费希纳(G.T.Fechner,1801—1887)进一步假设每一最小可觉差(差别阈限)代表一个单位感觉,并以此作为感觉的度量单位。他在韦伯定律的基础上推导出下式:

$$S=K\log R+C$$

其中,S是感觉强度,R是刺激强度,K和C均是常数。这个公式表示,感觉的大小和刺激强度的对数成正比(费希纳定律)。

值得注意的是,韦伯定律和费希纳定律只是在中等刺激强度的范围内(虽然这个范围也相当大)才是正确的。在接近绝对阈限或刺激过分强烈时,差别阈限都会显著增大。

差别感受性和差别阈限也是呈反比关系。

三、感觉阈限的测定

感觉阈限的测定有多种方法,通常把这些方法称为心理物理法。从1860年开始,费希纳就把物理量和心理量之间的函数关系的研究领域,称为心理物理学。

在心理物理法中最简单的方法是最小变化法(又叫限度法)。其特点是把各刺激强度按小梯级排成系列,用两种操作方法,即上行法和下行法向被试呈现刺激。在上行法(以↑表示)中,起初的刺激强度远低于感觉阈限,被试觉察不到,然后以小梯级递增,直到被试产生感觉为止。此时记下的刺激量代表反应的"出现阈限"。在下行法(以↓表示)中,起初的刺激强度在阈限之上,被试清楚可觉,然后以小梯级递减,直到被试感觉不到为止。

此时记下的刺激量即为反应的"消失阈限"。为了消除期待误差和习惯误差，上行系列和下行系列要交替进行。绝对阈限是"出现阈限"和"消失阈限"的算术平均数。

下面以测定音高的绝对阈限为例加以说明(见表5–2)。实验开始前指示被试当他听到声音时报告"有"，听不到声音时报告"没有"。主试从每秒24周这个较大的刺激开始，被试报告"有"。主试每次减1周逐渐把刺激降低，被试继续回答"有"，直到刺激降到14周时，被试才报告"没有"。这一系列的阈限就落在15周与14周之间，取14.5为消失阈限(*T*)写在这一系列的下面。然后，主试从阈限以下的10周开始，逐步递增。在这一系列中，反应在15周与16周之间以"没有"改变为"有"，因此，出现阈限(*T*)为15.5。主试交替进行下行和上行实验，直到阈值相对稳定为止。再将各系列的*T*值相加，算出其平均值(*M*)为14.5周/秒。14.5周/秒就是被试对音高的绝对阈限。

表5–2　用最小变化法测定音高的绝对阈限

刺激(周/秒)	可听到的音高的下阈交替的递减和递增系列									
	↓	↑	↓	↑	↓	↑	↓	↑	↓	↑
24	有									
23	有									
22	有		有							
21	有		有							
20	有		有						有	
19	有		有				有		有	
18	有		有		有		有		有	
17	有		有		有		有		有	
16	有	有	有		有		有		有	
15	有	无	有	有	有	有	有		有	有
14	无	无	无	无	?*	无	?	有	?	无
13		无		无		无		无		无
12		无		无		无		无		无
11		无		无		无		无		无
10		无		无				无		无
9				无				无		
8				无				无		
7				无				无		
T=	14.5	15.5	14.5	14.5	14.5	14.5	14.5	13.5	14.5	14.5
M(平均数)=14.5　*SD*(标准差)=0.45										

*? ="怀疑"，作为从前一个判断符号的改变计算。(R.S.武德沃斯，H.施洛斯贝格，1965)

用最小变化法测定差别阈限是给被试呈现一个标准刺激、一个比较刺激，要求被试判定比较刺激是大于、等于或是小于标准刺激。在上行法中，比较刺激从远小于标准刺激开始，以小梯级递增，直到被试报告“等于”标准刺激及第一次报告大于标准刺激为止。将反应“等于”到第一次判断为“大于”标准刺激的数值加以平均，即为上辨别阈限（Lu）。在下行法中，比较刺激远大于标准刺激开始，以小梯级递减，直到被试报告“等于”标准刺激及第一次报告小于标准刺激为止。将反应“等于”到第一次判断为“小于”标准刺激的数值加以平均，即为下辨别阈限（L_1）。差别阈限$=\frac{Lu-L_1}{2}$。

除了最小变化法之外，还有两种常用的阈限测定方法：常定刺激法（正误示例法）和适应法（平均误差法）。

感觉阈限往往受多种因素的影响。实验方法的不同、刺激作用的久暂、刺激面积的大小、感受器原有的水平、指导语以及被试的动机、态度等都会影响阈限值。同时，人与人之间也有一定的个别差异。

第三节 视 觉

一、视觉的刺激

宇宙间充满着各种电磁波。从波长小于几个微微米的宇宙射线，到波长达上千米的无线电波都属于电磁波的范围。在这些波长的范围内，只有很小一部分才能产生视觉。视觉的适宜刺激是波长380nm[①]到780nm之间的电磁振荡，即可见光谱（图5-1）。

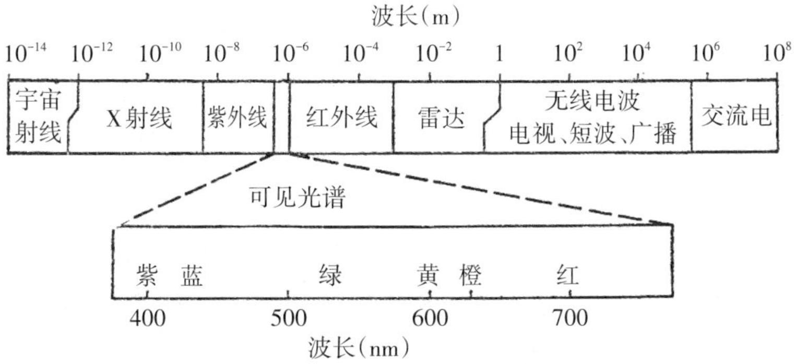

图5-1 电磁波与可见光谱

光波的物理性质与我们视觉中的色调、明度、饱和度有密切的关系。

① 1nm（nanometer，纳米）=10埃（Angstrom）=10^{-9}m。

色调就是常见的红、橙、黄、绿等颜色。色调取决于物体表面反射的光线中什么波长占优势。引起红色感觉的光，在可见光中波长最长；引起紫色感觉的光，波长最短。各种不同波长的光波产生不同的色调可看表5-3。

表5-3　光谱颜色波长和范围（据荆其诚等）

色调	波长（nm）	范围（nm）
红	700	640～750
橙	620	600～640
黄	580	550～600
绿	510	480～550
蓝	470	450～480
紫	420	400～450

白光通过三棱镜的折射可以产生由红到紫的各种颜色的光谱。如果相反地把由红到紫的不同颜色的光再聚合在一起，又能获得白光。所以，白光不是单一波长的电磁振荡。

由于对眼睛作用引起的感觉不同，通常把光刺激分为两大类：非彩色，包括白色、黑色和各种不同程度的灰色；彩色，除黑、白、灰以外的一切颜色。如果某种物体不加选择地把投射在它上面的白光平均地反射出来，那么，我们看到这种物体就是非彩色的。如果某种物体有选择地把投射到它上面的一定波长的光波加以反射，而把其他波长的光波加以吸收，那么，我们看到这种物体的颜色就是彩色的。非彩色没有色调这一特征。

明度就是颜色的明暗程度。彩色和非彩色都有明度的特征。任何一个确定的色调，如红色，它在明度上可以不同。明度与光能的强度密切相关。强度越大，颜色越亮，最后接近白色；强度越小，颜色越暗，最后接近黑色。在谈到反射光的表面时，明度是指作用于这一表面的光线的反射系数。当照射到物体表面的光线的强度相等时，物体表面的反射系数越大，明度就愈大，反之，明度就愈小。例如，黑纸只反射出投射光的4%，而白纸却反射出投射光的85%。在光照强度相等的情况下，后者比前者明度要大得多。

饱和度是指某种色调的纯杂程度。例如，紫红色、粉红色、墨绿色、浅绿色都是饱和度较小的彩色；而真红色（如国旗的红色）和鲜绿色，则是饱和度较大的彩色。饱和度取决于物体反射出来的光线中，决定其色调的波长所占的比例。例如，某种物体反射出来的光波中，如果700nm的光波所占的比例越大，那么，该物体的红色饱和度就越大；如果其他不同波长的数目越多，红色的饱和度就越小。

为了使人们更容易理解颜色三种特性的相互关系，可以用色轴图（图5-2）加以说明。

图5-2中，垂直中轴代表白、灰、黑系列的明度变化；顶端是白色、底端是黑色、中心是中灰色。绕中轴四周的是不同的色调——红、橙、黄、绿、蓝、紫等。四周与中轴的垂直距离代表饱和度的变化，与中轴的垂直距离越短，饱和度越小；与中轴的垂直距离越长，饱和度越大。由图5-2可见，明度不同，颜色的饱和度也不同。越是接近白或黑两端，颜色的饱和度越小；在中等明度下，颜色的饱和度最大。

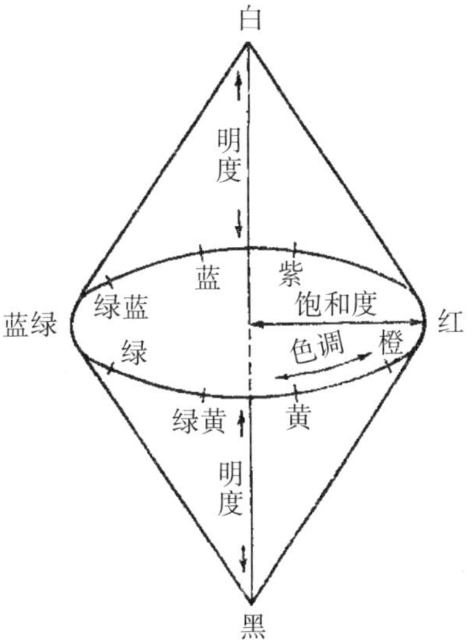

图5-2 色轴图

二、视觉的生理机制

光刺激引起视觉的过程，首先是光线透过眼的折光系统到达视网膜，并在视网膜中形成物象，同时兴奋视网膜的感光细胞，然后冲动沿视神经传导到大脑皮质的视觉中枢产生视觉。因此，视觉过程的生理机制包括折光机制、感光机制、传导机制和中枢机制。

（一）眼球的结构

眼睛是我们的视觉器官，其构造颇似照相机。它具有较完善的光学系统及各种使眼球转动并调节光学装置的肌肉组织。

眼球由眼球壁和折光系统两部分组成。图5-3是人眼结构的模式图。

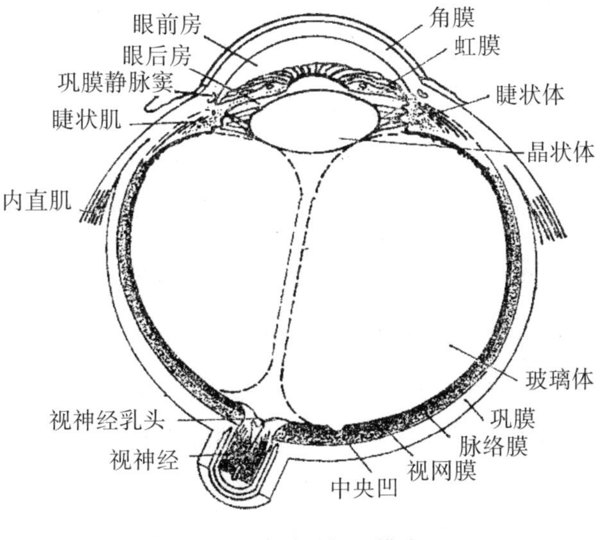

图5-3 眼球的解剖模式图

- 眼球
  - 眼球壁
    - 外层（纤维膜）包括角膜、巩膜。
    - 中层（血管膜）包括虹膜、睫状体、脉络膜。
    - 内层（视网膜）。
  - 折光系统，包括角膜、房水、晶状体、玻璃体。

（二）折光机制和感光机制

角膜、房水、晶状体、玻璃体组成整个眼睛的折光系统，它们具有透光和折光的作用。当眼睛注视外界物体时，由物体发出的光线通过上述折光装置使物象聚焦在视网膜的中央凹造成清晰的物象。眼球的折光系统与凸透镜相似，在视网膜上形成的物象是倒置的、左右换位的。由于大脑皮质的调节作用和习惯的形成，我们仍把外物感知为正立的。

视网膜由感光细胞（视杆细胞和视锥细胞）、双极细胞和神经节细胞形成三层（图5-4）。感光细胞组成视网膜的最外层，离光源最远。光线必须穿过神经节细胞组成的第三层和双极细胞组成的第二层才能达到感光细胞层。

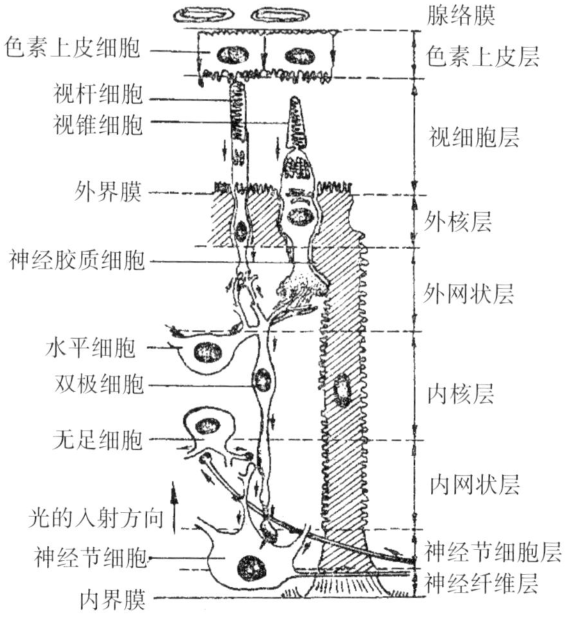

图5-4　视网膜的结构及光的入射方向模式图

视杆细胞主要分布在视网膜的周围部分；视锥细胞主要分布在视网膜中央部分。特别是中央凹，全是视锥细胞。视神经穿出眼球的地方没有感光细胞，叫盲点。

由于视杆细胞和视锥细胞结构的不同，它们的机能也不同。视杆细胞对弱光很敏感，但不能感受颜色和物体的细节；视锥细胞则专门感受强光和颜色刺激，能分辨物体的细节，但在暗光时不起作用。前者是暗视器官，后者是明视器官。一些夜间活动的动物，如鼠，感光细胞以视杆细胞为主，很少或没有视锥细胞；一些日间活动的动物，如鸡，感光细胞几乎全是视锥细胞,很少或没有视杆细胞。人眼视网膜的中央凹只有视锥细胞没有视杆细胞,而边缘部分绝大多数是视杆细胞,很少有视锥细胞。因此,如果将刺激局限于中央凹或边缘部分,就可以分别研究视锥细胞或视杆细胞的机能。

现代神经生理学的研究表明,视杆细胞含有视紫红质(rhodopsin)的感光物质。视紫红质是视黄醛(retinene)和视蛋白的结合物。它在弱光作用下,分解为视黄醛和视蛋白,并使视杆细胞去极化,产生神经冲动,把信息传向大脑产生暗视觉。视黄醛实际上是维生素A醛。当人缺乏维生素A时,就会影响视紫红质的合成,从而引起夜盲症。

视锥细胞中的感光色素叫视紫蓝质(iodopsin),能感受强光。有三类视锥细胞分别含有感红色素、感绿色素和感蓝色素,它们各自对红、绿、蓝光最为敏感。

(三)传导机制和中枢机制

视觉传导通路有三级神经元。视网膜的感光细胞接受刺激后,将冲动传至双极细胞(第一级神经元),再传至视网膜的神经节细胞(第二级神经元)。神经节细胞的轴突集合成视神经,入颅腔后延续为视交叉。在视交叉处,来自两眼的视神经纤维,每侧有一半交叉至对侧,余者不交叉。其结构是,凡来自两鼻侧视网膜的纤维(即接受颞侧光刺激的部分),均交叉至对侧,并上行至对侧外侧膝状体。而来自两颞侧视网膜的纤维(即接受鼻侧光刺激的部分),则不交叉并上行至同侧外侧膝状体。由外侧膝状体起始为第三级神经元,其细胞的轴突组成视放射,最后到达枕叶的距状裂两侧的纹区。

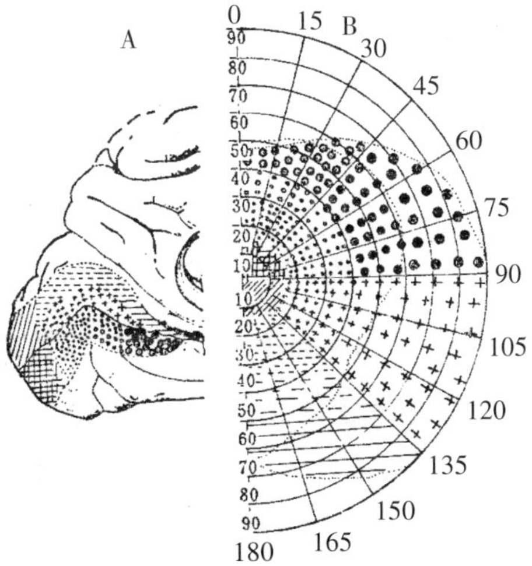

A.左侧皮质枕时的内侧面;B.右眼视野的颞侧。

图5-5 大脑皮质视区与视野的对应关系(Holmes,1945)

视网膜上各个不同的点,在视觉传入通路和皮质视区是按空间对应原则投射的(图5-5)。来自视网膜中央部分的传入纤维投射于枕叶的枕极,来自视网膜周围部分的传入纤维投射于枕叶的较前部分，即皮质的内侧面。由于视网膜是点对点地投射在皮质上，所以皮质视区的微小损伤就会引起视野对应部分的盲点。当视网膜的兴奋达到皮质后，枕叶区的脑电图便发生变化，α节律被抑制，产生带有断续频率的振动，这时便产生了视觉。

在视觉过程中各级视觉中枢还有传出性的神经支配，对视觉器官进行反馈性调节，如瞳孔的变化、眼朝光源方向转动，水晶体曲度的改变等，以保证在视网膜上形成清晰的物象。

三、视觉现象

（一）视觉感受性和视敏度

1. 对光的强度的感受性

在适当的条件下，视觉对光的强度具有极高的感受性，其感觉阈限是很低的。实验表明，人眼能对7～8个光能量子起反应。就是说，假定大气完全透明，眼睛能感知1000米远的1‰烛光的光源。如果用这个阈限强度的能量把1克水加热1℃，那要花6000万年的时间才能把这种能量累积起来。

视觉对光的强度的差别阈限在中等强度时是符合韦伯定律的，即$\frac{\Delta R}{R}$近似于$\frac{1}{100}$。但在光刺激极弱时，比值可达$\frac{1}{1}$，光刺激极强时，比值可缩小到$\frac{1}{167}$。

视觉对光强度的感受性与眼的机能状态、光波的波长、刺激落在视网膜上的位置等因素有关。眼睛对暗适应越久，对光的反应越敏感。波长500nm左右的光比其他波长的光更容易被觉察到。光刺激离中央凹8°～12°时，视觉有最高的感受性；刺激盲点时，对光完全没有感受性。

2. 对光波长的感受性

视觉对光波长的感受性不同于对光强度的感受性。一般说来，看见哪里有光总比说出光的颜色要容易些。在任何一种确定的波长中都有这样一段强度区域，在这一区域中，人眼只能看出光亮却看不出颜色（图5-6）。图5-6表示人眼对不同波长光线的感受性，虚线表示对每一波长看到无色光时需要的最小强度；实线表示对每一波长看出颜色时需要的最小强度。

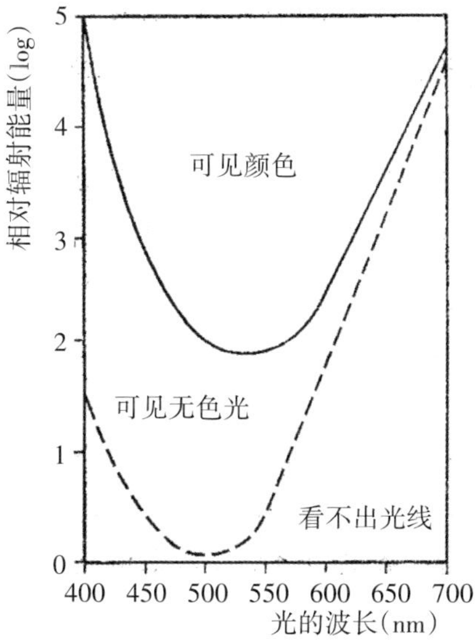

图5-6 人眼对不同波长的感受性

视网膜的不同部位对色调的感受性是不同的。视网膜中央凹能分辨各种颜色。从中央凹到边缘部分,视锥细胞减少,视杆细胞增多,对颜色的辨别能力逐渐减弱:先丧失红色、绿色的感受性,最后黄色、蓝色的感受性也丧失,成了全色盲。这种现象可用下面的简易实验加以证明:在桌子上放一张白纸,白纸中央画一个"+"字符号,用一只眼睛在30~40厘米处盯着"+"字,然后把一小张红色或绿色纸片由"+"字处逐步向外移动。刚开始能看到红色或绿色,移到一定距离看起来就成了灰色。如果用黄色或蓝色纸片,移到更远一些的距离看起来也变成了灰色。

人眼对颜色的辨别能力在不同波长是不一样的。在光谱的某些部位,只要改变波长1nm就能看出颜色的差别,但在多数部位则要改变1~2nm才能看出其变化。图5-7是不同波长的颜色辨认曲线。它表明,最低阈限在480nm和600nm附近,最高阈限在540nm附近和光谱的两端。在整个光谱上,人眼能分辨出150种不同的颜色。

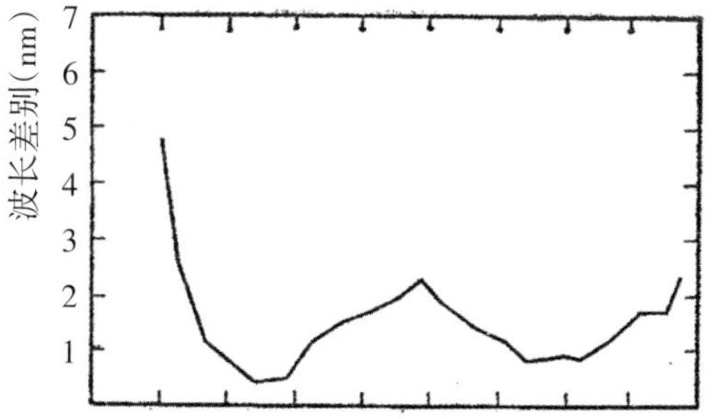

图5-7 光谱各部位的颜色辨认阈限

3. 视敏度

视觉辨别物体细节的能力叫视敏度(在临床医学上也叫视力)。一个人辨别物体细节的尺寸愈小,视敏度就愈高;反之,视敏度就愈差。视敏度与视网膜物象的大小有关,而视网膜物象的大小则取决于视角的大小。所谓视角就是物体的大小对眼球光心所形成的夹角。同一距离,物体的大小同视角成正比;同一物体,物体距离眼睛的远近同视角成反比。视角大,在视网膜上的物象就大。分辨两点的视角愈小,表示一个人的视敏度愈高,视力愈好。常用测定视敏度的视标有"C"形和"E"形。视角的度数等于1分角(圆周为360度,1分角为1/60度)时,正常的眼睛是可以分别感受这两个点的。因为1分角的视象大小是4.4微米,相当于一个视锥细胞的直径。在理论上说,物体的两点便分别刺激到两个视锥细胞上,因而能把它们区分开来。如果视角小于1分角,物体两点便刺激在同一个视锥细胞上,这样就觉察不出是两个点了。正常人的视力为1.0,但有的人可达1.5,甚至更大。这不仅取决于中央凹视锥细胞的直径,也取决于大脑皮质视区的分析能力,即对于两个相邻视锥细胞产生不同程度兴奋的分析能力。

影响视敏度的因素较多。首先,起决定作用的是光线落在视网膜的哪个部位。如果光线恰好落在中央凹,这一部位视锥细胞密集且直径最小,因此视敏度最大。光线落在视网膜周围部分,视敏度大减。此外,明度不同,物体与背景之间的对比不同,眼的适应状态不同等,也都对视敏度有一定的影响。

(二)颜色混合、色觉缺陷和色觉理论

1. 颜色混合

映入我们眼帘的光线很少是一种波长的光,因为照在物体上的光线主要是来自像太阳那样发出不同波长的光源。我们看见的几乎都是许多波长的混合光。从牛顿时代起,人们就开始研究颜色的混合并企图找出颜色混合的规律。现已确定的颜色混合规律主要有以下三条。

(1)互补律

每一种颜色都有另一种同它相混合而产生白色或灰色的颜色。这两种颜色称为互补色。例如,红色和浅青绿色、橙黄色和青色、黄色和蓝色、绿色和紫色等,都是一对对的互补色。

图5-8是根据许多研究者的实验结果而绘制出的互补色图。从图示可见,除了497.78~565.52nm这一段外,其他任何彩色都可以按图找出它的互补色。

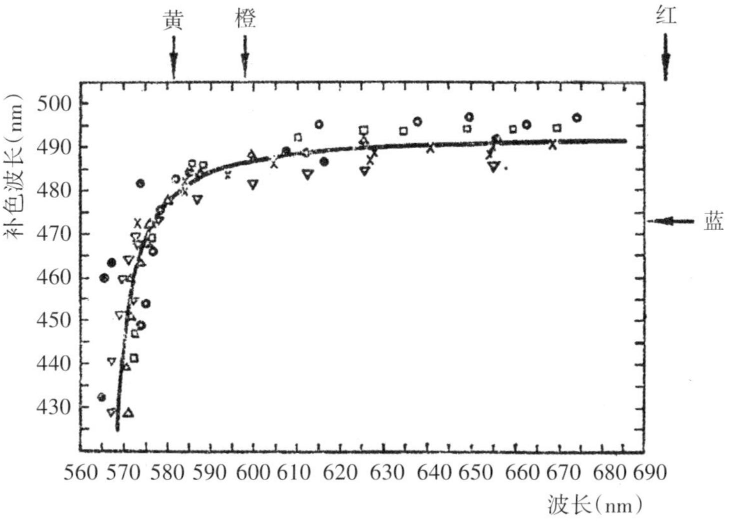

图5-8 互补色图

(2)间色律

混合两种非补色,便产生一种新的介乎它们之间的中间色。例如,红色与蓝色混合产生紫色,红色与黄色混合产生橙色等。

(3)代替律

相混合的两种颜色,都可以由不同颜色混合后产生的相同颜色来代替。如果颜色A = 颜色B,颜色C = 颜色D,那么,颜色A + 颜色C = 颜色B + 颜色D。代替律说明,只要感觉上颜色是相似的,就可以互相代替,产生同样的视觉效应。

应当注意,这里所讨论的是不同波长的光在活的视觉系统中的混合,而不是颜料在调色板上的混合。这两种混合有本质上的区别:前者是加法过程;后者是由于某些波长的光线被吸收而引起的,是一种减法过程。

最常用的颜色混合的实验仪器是色轮。将红、绿、蓝三种基本色以适当的比例加以混合,可以得到光谱上的各种颜色。如果在这三种基本色中适当加上白色和黑色,就可以得到各种不同色调、明度和饱和度的颜色。

2.色觉缺陷

色觉缺陷,包括色弱和色盲。色弱主要表现为对光谱的红色和绿色区的颜色分辨能力较差。色盲又分为两类:局部色盲和全色盲。局部色盲包括红-绿色盲和蓝-黄色盲。前者是最常见的色盲类型,后者则少见。红-绿色盲的人在光谱上只能看到蓝和黄两种颜色,即把光谱的整个红-橙-黄-绿部分看成黄色,把光谱的青-蓝-紫部分看成蓝色;在500nm附近,他们看不出它的颜色,只觉得是白色或灰色的样子。蓝-黄色盲的人把整个光谱看成是红和绿两种颜色。全色盲的人把整个光谱看成一条不同明暗的灰带,没有色调感。在他们看来,整个世界是由明暗不同的白、灰、黑所组成的,正如同正常人看到的黑白电视那样。全色盲的人在全人口中是极罕见的。

3. 色觉理论

解释色觉的理论很多,主要有三色说和黑林视觉说。

(1)三色说

英国物理学家扬(T. Young)于1801年提出,后为亥姆霍兹1860年所发展,合称为扬-亥姆霍兹三色说。这个学说从红、绿、蓝三原色按不同比例混合可以产生各种色调及灰色这一事实出发,假定在视网膜上有红、绿、蓝3种神经纤维。每种神经纤维的兴奋都能引起一种原色的感觉。3种神经纤维对光谱的每一波长都有其特有的兴奋水平,其峰值见图5-9。当光刺激同时引起3种纤维不同程度的兴奋时,便按相应的比例产生各种色觉。例如,当光刺激同时引起3种纤维同样强烈的兴奋时,便产生白色或无彩色的感觉。如果红、绿、蓝3种纤维的兴奋比例为5∶7∶11,那么,红、绿、蓝3种纤维5个单位的同时兴奋,产生的是白色。色调若由绿色纤维2个单位兴奋和蓝色纤维6个单位兴奋来决定,其结果看到的将是明度较大的绿蓝色。

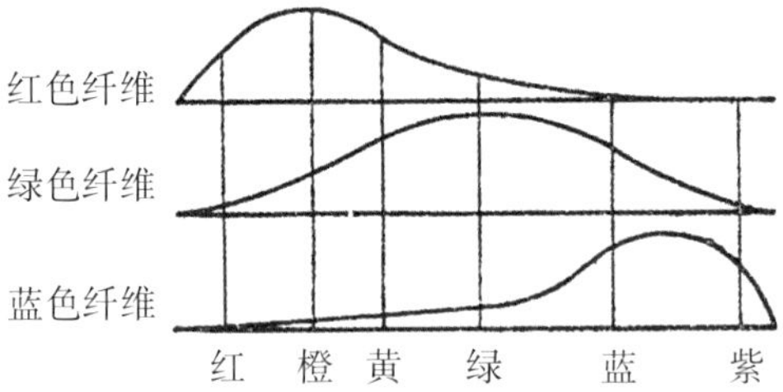

图5-9 亥姆霍兹学说的神经纤维兴奋曲线

(2)黑林视觉说

也称黑林四色说或拮抗理论,是黑林(E. Hering,1834—1918)于1878年提出的。他假定视网膜中具有3对互相拮抗的视素:白-黑视素、红-绿视素、黄-蓝视素。这3对互相拮抗的视素的同化和异化过程就产生各种颜色:光刺激下异化的白-黑视素,引起的神经冲动产生白色感觉;没有光刺激时白-黑视素起同化作用,引起的神经冲动产生黑色感觉;红光刺激下异化红-绿视素,产生红色感觉;绿光刺激则同化红-绿视素,产生绿色感觉;黄光刺激异化黄-蓝视素,产生黄色感觉;蓝光刺激同化黄-蓝视素,产生蓝色感觉。由于各种颜色都含有一定的白色成分,因此每一种颜色除了影响其本身的视素活动外,还影响白-黑视素的活动。图5-10表示3对视素的同化和异化作用;XX'线以上表示异化作用,以下表示同化作用。a、b、c三条曲线分别表示白-黑视素、黄-蓝视素和红-绿视素的异化作用和同化作用。曲线a的形状表明光谱饱和色的明度成分，从曲线a可见黄绿色是光谱中最明亮的颜色。各种色觉就取决于这3对视素活动相对幅度的大小。

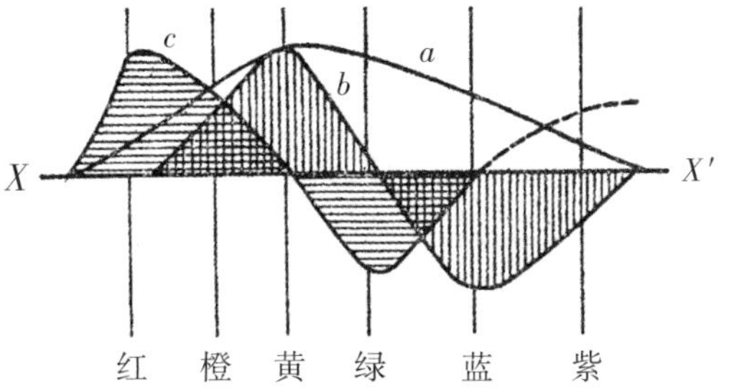

图5-10　黑林学说的视素代谢作用

上述两种学说都能解释许多色觉现象，但也都有不足之处。扬-亥姆霍兹三色说虽能圆满地解释颜色混合现象，却不能满意地解释色盲现象。因为根据三色说，色盲是由于缺乏一种或几种神经纤维而造成的。3种神经纤维同时以同等强度的兴奋才能产生白色或灰色的感觉，色盲的人既然缺乏一种或几种神经纤维就不应该有白色或灰色的感觉，但事实并非如此。所有色盲的人都有白、灰、黑的感觉。黑林视觉说也能解释许多色觉现象，却不能解释用三原色混合能产生光谱中的一切颜色这种现象。在历史上，这两种学说曾长期对立，争论不休，似乎很难统一。

现代神经生理学研究表明，在视网膜中确实存在3种视锥细胞，分别对红、绿、蓝很敏感，同时，在视觉传导路中还发现对白/黑、红/绿、黄/蓝三类反应起拮抗作用的神经细胞。因此，目前一般认为，颜色视觉过程是分阶段进行的：第一阶段，视网膜具有3种独立的视锥感色素，它们有选择地吸收光谱不同波长的能量，同时每一种色素又可单独对黑、白产生反应。第二阶段，神经冲动由视锥细胞向视觉中枢传导的过程中，上述3种反应又重新编码，形成三对颉颃性的神经反应，即红或绿、黄或蓝、白或黑反应。色觉的神经机制是按层次进行的：在视网膜水平上，按照扬-亥姆霍兹三色说而发生，冲动在视觉通路上的编码传递过程，按照黑林视觉说而进行。因此，从现代神经生理学的观点来看，这两个学说是可以统一的。色觉神经机制的最后阶段发生在大脑皮质视区，在这里我们才产生各种主观上的颜色感觉。

四色说的最新证据。萨瓦特金（G.Svaetichin）、狄瓦洛斯（R.L.Devalois）等人在猿猴和鱼类视网膜和视神经通路的研究中，发现有一种负责明度的细胞。这种细胞对可见光谱的全部波长都发生反应，但对黄绿光反应最大。另一些在视网膜深处的细胞（双极细胞、节细胞）和外侧膝状体的细胞对红光发生正电位反应，对绿光发生负电位反应。还有的细胞对黄光发生正反应，对蓝光发生负反应。因此在视觉神经系统中可分出3种反应：光反应、红-绿反应、黄-蓝反应。红-绿反应又分为红兴奋-绿抑制和绿兴奋-红抑制；黄-

蓝反应也分为黄兴奋–蓝抑制和蓝兴奋–黄抑制。这4种“对立”的感色细胞,是很符合黑林视觉说的。

(三)视觉后象和闪光融合

1.视觉后象

对感受器的刺激作用停止以后,感觉并不会立即消失,还能保留一个短暂的时间。这种在刺激作用停止后暂时保留的感觉印象,叫后象。后象在视觉中表现得特别明显。例如,在夜里拿着火把以一定的速度做画圈动作,远处看到的是一个火圈;天边的星星陨落时,看上去是一条火线形的流星;礼堂里的电扇只有四个叶片,转动时,看上去像个圆盘挂在那里。本来,上述现象都是一个“点”或“线”在快速移动,但看到的却是一个圆圈、一条线、一个面,这都是视觉后象作用的结果。由于移动着的各个“点”“线”对眼睛的暂留作用,便产生了“圆圈”“线”“面”的感觉,即断续的刺激引起了连续的感觉。

视觉后象有两种:正后象和负后象。

请你在亮着的灯前闭上眼睛两三分钟后,睁开眼睛注视电灯3秒钟,再闭上眼睛,就会看见眼前有一个灯的光亮形象出现在暗的背景上。因为后象和灯一样,都是亮的,即品质相同,所以叫正后象。随着正后象出现以后,如果继续注视,就会看见一个黑色的形象出现在亮的背景上,因为后象和灯光在品质上是相反的,所以叫负后象。

彩色视觉也有后象,不过正后象很少出现,而负后象却很清楚。例如,注视一个红色的正方形之后,再看一张灰白色的纸,在这张灰白色的纸上就可以看到一个蓝绿色的正方形。彩色的负后象是原来注视色的补色。

后象可以使断续的刺激引起连续的感觉,但是断续的刺激必须达到一定的频率。刚刚能引起连续感觉的最小频率,叫临界频率。

2.闪光融合

在视觉中,临界频率引起的心理效应是闪光融合现象。所谓闪光融合现象,是指断续的光刺激达到临界频率时,看到的不再是闪光而是融合的不闪动的光。例如,当市电频率为50次/秒时,日光灯每秒钟闪动100次,但是我们看不出它们是断续出现的。刚刚产生闪光融合感觉的闪光频率,叫闪光融合临界频率。

在中等光强度下,视觉后象保留的时间大约是0.1秒。因此,一个闪烁的光源每秒钟闪烁超过10次,就会产生闪光融合现象。但是,闪光融合临界频率还要受许多主客观条件影响。例如,光的强度、波长、光落入视网膜的位置以及机体的生理心理状态等都会影响闪光融合临界频率。

第四节 听 觉

一、听觉的刺激

在弹性媒质中,物体振动所激起的纵波,叫声波。振动频率为16~20000周/秒的声波是听觉的适宜刺激。听觉是对声波物理性质的反映。

听觉有音高、响度和音色的区别。这主要是由声波的频率、振幅和波形三种基本物理性质所决定的。

音高是指我们听到声音的高低,它主要由声波的振动频率所决定。声波的频率用每秒的振动次数,即赫来表示。声波的振动频率高,我们听到的声音就高;振动频率低,听起来声音就低。在乐音中,音高是由第一个基本音的频率决定的。音高与声波的振幅无关(图5-11,A、B)。

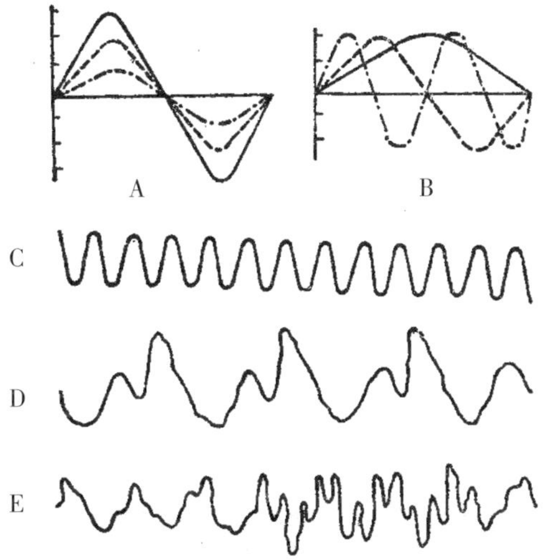

A. 三条声波曲线、频率相等,但振幅不同;B. 三条曲线振幅相同,但频率不等;C. 纯音的正弦波形;D. 一种管风琴的乐音,有周期性的复合音;E. 铃声是噪音,为不规则且无周期性的声波。

图5-11 声波的频率、振幅与波形

响度是指我们听到声音的强弱,它主要由声波的振幅所决定。声波的振幅越大,声音的强度就越大,作用于耳膜的能量就越大,听到的声音就觉得强些;反之,听到的声音就觉得弱些。图5-11 A中,3种声波的频率相同,但振幅不同,因此,这3种声音的音高相同,但响度不同。

音色就是由不同的发音体所发出来的不同声音,它是由声波的波形所决定的。例如,胡琴和小提琴的音,即使它们的音高和响度都完全相同,但我们总感觉这两种音是不同的。这就是音色上的区别。音色的不同是由于各发音体所发出的声波都有自己的特殊波形之故。

最简单的声波是纯音。纯音是单一的正弦曲线形式的振动(图5-11,C),用音频信号发生器和音叉都可以发出纯音。不同频率和振幅的纯音混合而成的声音叫复合音。平常,我们听到的声音几乎都是复合音。

全部声音按波形和振幅是否有周期性的振动,可以分为乐音和噪音。乐音是周期性的声波振动(图5-11,C、D),噪音是不规则的声波,且无周期性(图5-11,E)。噪音超过一定强度(85分贝),较长时间作用于听觉器官时,就会影响人们的工作效率和健康。

二、听觉的生理机制

(一)传声途径

耳由外耳、中耳、内耳三部分组成。外耳包括耳廓和外耳道;中耳主要由鼓膜、鼓室和听小骨组成;内耳由前庭器官(它与听觉无关,将在后面讨论)和耳蜗组成(图5-12)。耳蜗形似蜗牛壳,是一个绕蜗轴盘旋两圈半的骨管。骨管内部被骨质螺旋板和基底膜分隔成上、下两半,上半叫前庭阶,下半叫鼓阶。前庭阶通向中耳的小孔叫卵圆窗,鼓阶通向中耳的小孔叫蜗窗。耳蜗内部充满着淋巴。听觉的感觉细胞(毛细胞)排列在基底膜上,毛细胞上有盖膜(图5-13)。

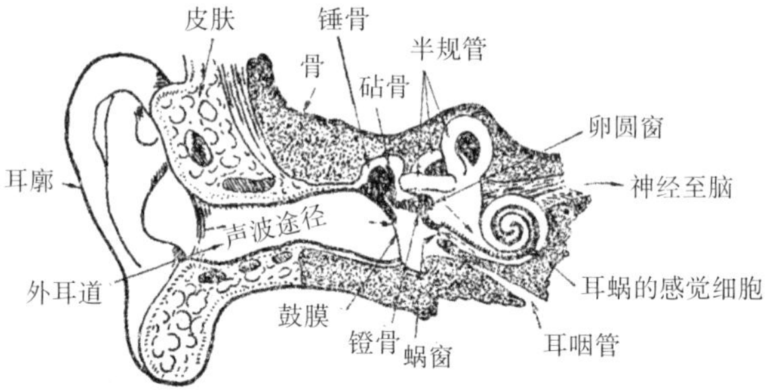

图5-12　人耳简图

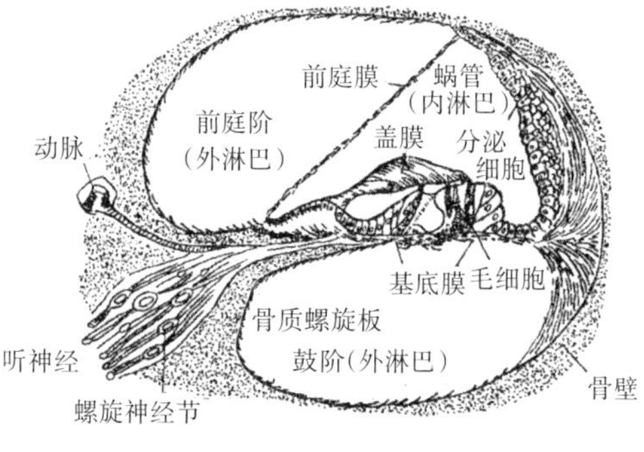

图5-13　耳蜗断面图

耳廓起收集声波的作用，声波经外耳道撞压鼓膜，引起三块听小骨（锤骨、砧骨、镫骨）的机械振动，从而增强声波压强把振动传向卵圆窗，推动耳蜗中的淋巴，振动在液体中传导，最后传向中耳的蜗窗。这是声传导的全过程。此外，声波还可以通过颅骨直接传入内耳，这叫声波的骨传导。

当耳蜗内的淋巴液振动时，基底膜就发生振动。基底膜的振动便引起基底膜上的毛细胞同盖膜冲击，引起毛细胞的兴奋，由听神经把冲动传向大脑。

（二）听觉学说

听感受器是如何感受声音高低的呢？对这个问题的解释，有两种主要的理论：共鸣学说和行波学说。

1.共鸣学说

亥姆霍兹于1863年提出。他在考察内耳结构时，观察到耳蜗中包含很多神经感觉单位，它们依次排列在基底膜上；耳蜗底部的基底膜窄，顶部基底膜宽；基底膜上，底部的横纤维短，顶部的横纤维长。他认为，基底膜的横纤维是感音的共鸣要素。由卵圆窗传来的振动迅速传遍前庭阶，但基底膜的横纤维只是有选择地对一定的频率发生共鸣，就像竖琴的琴弦对不同频率的声波发生共鸣那样：短纤维对高频率发生反应，长纤维对低频率发生反应；一条纤维只对一种声波频率发生反应。由于横纤维的振动转化为神经兴奋，传到听觉中枢便产生不同音高的听觉。共鸣学说把基底膜上大约2.4万条横纤维看成对16～20000周/秒声波的共鸣要素。

晚近的研究表明，这个理论有相当的局限性，例如基底膜纤维很少是孤立地起作用的，人对声音频率的辨认与基底膜纤维长短的比例也不相适应等。

2.行波学说

从20世纪40年代以来，共鸣学说在新的实验事实面前受到了怀疑。贝克西（Georg von Békésy，1899—1972）1951年对新鲜尸体的耳蜗进行直接观察，没有发现亥姆霍兹所讲的那种情况。基底膜横纤维很少是孤立起作用的。镫骨的振动总是使一大段基底膜发生振动，产生行波。于是他提出了行波学说。根据他的行波学说，声波的振动作用于卵圆窗时，基底膜便产生相应的振动。振动从蜗底开始，逐渐向蜗顶推行，振幅也随着逐渐加大到基底膜的某一个部位而达到最大值，进而在振动停止前消失。随着外来声波频率的不同，基底膜最大振幅的所在部位也不同。声波频率越低，最大振幅部位越靠近蜗顶；频率越高，最大振幅部位越接近蜗底（图5-14）。耳蜗底部的基底膜对高、低音都能发生振动，而顶端只对低音刺激发生振动。这就是听觉的行波学说。这个学说认为，基底膜对不同频率的声音的分析,取决于最大振幅所在的位置。这一位置上的毛细胞兴奋引起的神经冲动传到大脑皮质的听区,就产生音高的听觉。

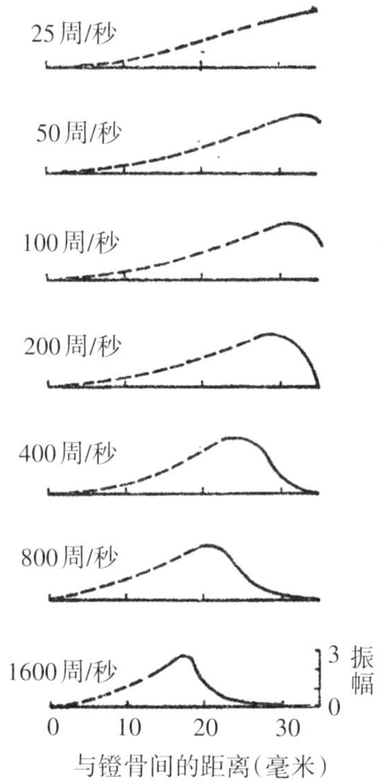

图5-14 不同频率声波刺激引起的行波最大振幅的位置

三、听觉现象

(一)听觉感受性

人所能听到的声音的频率不能小于16赫,不超过20000赫。这个范围,各人的情况也不完全相同。疾病会改变这个范围,年龄因素也会改变听觉的绝对感受性。随着年龄的增加,对声音频率的感受性会逐渐降低。

在16~20000赫的声音范围内,我们的听觉对1000赫附近的声音具有最高的感受性,对500赫以下和5000赫以上的声音,需要大得多的强度才能被感觉到。听觉不仅与声音的频率有关,还与强度有关。从图5-15可见,当音强超过140分贝时,所引起的不再是听觉,而是感到不舒适、发痒或发痛。图5-15中两条曲线所包括的范围是正常人的听觉范围。

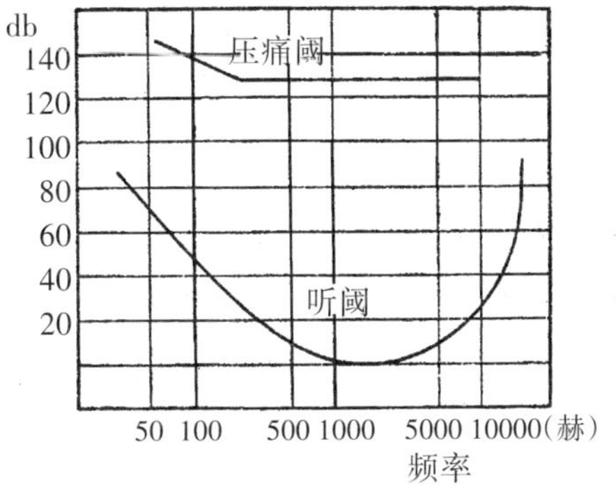

图5-15 听觉的阈限曲线

人的听觉的差别感受性是很高的。当频率约为1000赫，音强超过40分贝时，人能觉察到频率变化的范围约为0.3%。听觉的差别感受性与人的生活实践有特别密切的关系。例如，有经验的音乐家和乐器师，对中等高度的音的差别阈限仅为半音，即他们能在钢琴的两个相邻的键之间辨别出20个到30个中间的音来；经验丰富的飞行员对飞机发动机的极细微差异，能马上辨别出来；有经验的内科医生对心音的细微差异，能立即觉察到。

(二)声音的混合

两个声音同时传到同一个耳朵，结果会产生3种情况：

如果两者的强度一致而频率略有不同，我们听到的是两者频率的差数，这叫拍音。例如，频率各为1000和1001的两个音，其差数为1，即每秒钟产生一次拍音。拍音是一种音响一升一降的起伏音。

如果两个声音强度大致相等而频率相差较大，如频率的差数在50或50以上时，我们听到的是一种混合音，即在原音之外还能听到一种或几种声音。混合音分差音和和音，前者为两原音频率之差，后者为两原音频率之和。例如，两原音为700赫和1200赫，所产生的差音为500赫，和音为1900赫。

如果两个声音的强度相差较大，只能听到其中的一个，这叫声音的遮蔽。声音的遮蔽可分3种情况：纯音遮蔽纯音、噪音遮蔽纯音以及噪音和纯音对语音的遮蔽。研究声音的遮蔽现象在通信工程、军事及生产中都具有重大的现实意义。

第五节 皮肤感觉、嗅觉和味觉

一、皮肤感觉

皮肤受到刺激能产生多种感觉。一般把皮肤感觉分为触压觉、冷觉、温觉、痛觉和振动觉等。触觉、冷觉、温觉和痛觉的感受器在皮肤上呈点状分布，称为触点、冷点、温点和痛点。身体的不同部位，各种点的数目各不相同。如图5-16，是人类皮肤的一个切面图，它表明不同感受器的形态和位置。由于我们有像视觉、听觉这样接受远距离刺激的感受器，皮肤感觉的重要性往往被掩盖着。其实，皮肤感觉在人们认识客观世界时仍然有重要的作用。

表5-4 每平方厘米的皮肤感觉点(据E.von Skramlik)

	痛点	触点	冷点	温点
额	184	50	8	0.6
鼻尖	44	100	13	1.0
胸	196	29	9	0.3
前臂的掌面	203	15	6	0.4
手背	188	14	7	0.5
拇指球	60	120		

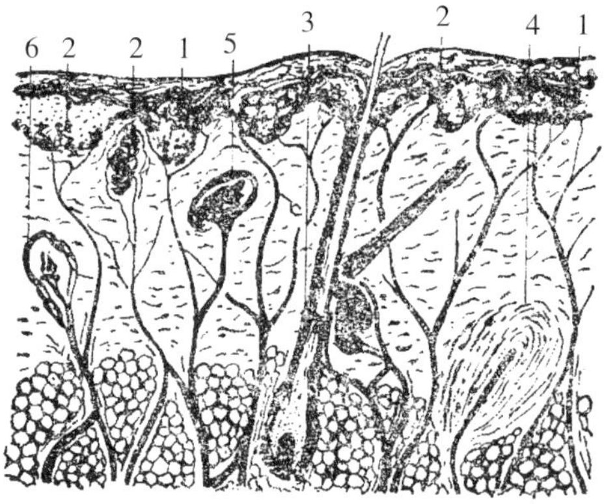

1.游离神经末梢;2.触觉小体;3.毛囊感觉神经末梢;4.环层小体;5.冷觉终末器;6.球状小体。

图5-16 人类皮肤切面图

(一)触压觉

外界物体接触皮肤表面(不引起皮肤变形)所引起的感觉叫触觉。触点的数量在身体不同部位是不同的，这可以用触觉计加以确定。无毛发部位的触觉感受器叫触觉小体，有毛发部位的触觉感受器叫毛囊感觉神经末梢。当毛发受到外力作用而弯曲时，毛发的杠杆作用引起毛囊周围的感觉神经末梢的兴奋。如果物体对皮肤的作用加强，引起皮肤变形,便产生压觉。压觉感受器叫环层小体。触压觉的传入神经通路都经过脊髓,其皮质中枢在中央后回。

触压觉的绝对感受性和差别感受性都因身体部位而异。活动越频繁的部位,如指尖、嘴唇、眼睑等处的触压觉特别敏感,感受性最高;而背、腹部的感受性则相当低。

同时给皮肤上两点以刺激,如果两点的距离大,感到的是两个点;如果距离缩小到一定程度,就会感到是一个点。触觉能辨别出两个刺激点的最小距离叫触觉的两点辨别阈限。触觉的两点辨别阈限因身体部位而异。例如舌尖约1.1mm,指尖约2.2mm,手掌约9mm,背部约68mm。

(二)振动觉

振动物体与身体接触时产生一种振动的感觉。实验表明,人所能接受的振动频率在15~1000周/秒,其中振动频率为200周/秒左右最为敏感。振动觉的感受性与皮肤温度、年龄等因素有关。皮肤温度在37℃时振动觉最敏感。皮肤温度过高或过低时,振动觉的感受性都会降低。年龄超过50岁时振动觉感受性开始下降。一般认为,振动觉可能是触压觉反复刺激的结果。在聋盲人的生活中振动觉的信息补偿着听觉、视觉的丧失。

(三)温度觉

温度觉包括冷觉和温觉。皮肤表面有些点对冷的刺激敏感,另一些点对热的刺激敏感,也有一些点对两者都敏感。人体表面的冷点要比温点多。冷觉感受器叫冷觉终末器(克劳斯氏球),温觉感受器叫球状小体。

皮肤表面温度的变化是温度觉的适宜刺激。一种温度刺激会引起什么样的感觉,这要由刺激温度与皮肤温度之间的关系而定。与皮肤温相同的刺激温度,不能引起冷觉感受器或温觉感受器的兴奋,不会产生温度觉。低于皮肤温的温度,冷觉感受器兴奋,产生冷觉;高于皮肤温的温度,温觉感受器兴奋,产生温觉。

温度觉的感受性因身体部位而异。一般说来,面部对冷热具有最大的感受性,而下肢的感受性最小。身体经常被遮盖的部位对冷有较大的感受性。刺激面积的大小、刺激温度改变的速度对温度觉的感受性都会发生影响。

温暖的感觉和热的感觉是不同的。温暖的感觉使人感到舒适,热的感觉使人难受。当刺激温度超过45℃时,就会产生热甚至烫的感觉。这是一种复合的感觉,是温觉和痛觉同时产生的结果。

(四)痛觉

凡是机械的、物理的、化学的、温度的、放射能的以及电的各种刺激,达到对有机体起破坏作用时,都会产生痛觉。痛觉的感受器是表皮下各层中的游离神经末梢。

痛觉感受性因身体部位而异:背部、颊部最敏感,脚掌、手掌最不敏感。影响痛觉阈限的因素很多,其中心理因素,如过去经验、暗示、情绪状态、注意都会对痛觉阈限发生影响。痛觉是有机体内部的警报系统,它对保存有机体的生存有重要的意义。一般说来,痛觉是很难适应的。

除了皮肤有痛觉感受器之外,全身各处包括肌肉、关节、内脏都是痛觉感受器。

二、嗅觉

嗅觉的适宜刺激是有气味的气体物质。嗅觉感受器的嗅细胞位于鼻腔上部两侧的黏膜中。嗅细胞是双极细胞,其树突向覆盖的黏膜中伸出许多纤毛,叫嗅纤毛,轴突则组成嗅神经(图5-17)。当气体微粒进入鼻黏膜时,被其中的液体所分解,从而对嗅纤毛发生作用。嗅细胞的神经冲动经嗅神经传入大脑,产生嗅觉。

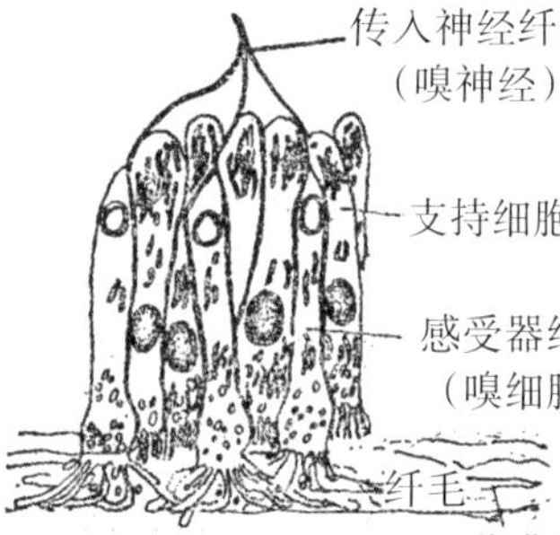

图5-17 嗅感受器的结构

嗅觉阈限受许多因素的影响。作用的物质不同,嗅觉的阈限也不同。

表5-5 几种代表性的嗅觉阈限(Wenger, Jones, & Jones, 1956)

物质	气味	感觉阈限(每公升空气中所含的毫克量)
四氯化碳	甜味	4.533
水杨酸甲酯	冬青油味	0.100
醋酸戊酯	香蕉油味	0.039
正-丁酸	汗味	0.009
苯	煤油味	0.0088
黄樟脑	樟脑味	0.005
醋酸乙酯	果味	0.0036
吡啶	烧焦味	0.00074
硫化氢	臭蛋味	0.00018
正-丁硫醚	腐败臭味	0.00009
香豆素	鲜干草味	0.00002
柠檬醛	柠檬香味	0.000003
乙硫醇	烂洋白菜味	0.00000066
二硝基叔丁基二甲苯	麝香味	0.000000075

嗅觉感受性还受机体状况和环境因素的影响。机体的某些疾病,如感冒、鼻炎会降低嗅觉感受性。环境因素如温度、湿度和气压等对嗅觉感受性也有影响。

几种气味同时作用的时候,便产生气味的混合。气味的混合可以表现为下列现象:可能产生一种新的气味或原先两种气味的相继出现；可能产生一种气味掩蔽另一种气味，或中和/混合后的气味完全不引起嗅觉。

三、味觉

味觉的适宜刺激是溶于水的化学物质。如果擦干舌面将干糖或盐置于其上，起初并不产生味觉，只有待唾液将其溶化后才能尝到滋味。

味觉的感受器是味蕾(图5-18)，主要分布在舌面上，也分布于咽喉的黏膜和软腭等处。当味觉感受器兴奋后，冲动沿舌咽神经、面神经和迷走神经传入脑干，经丘脑最后传到大脑皮质体表，感觉区的最下部而产生味觉。

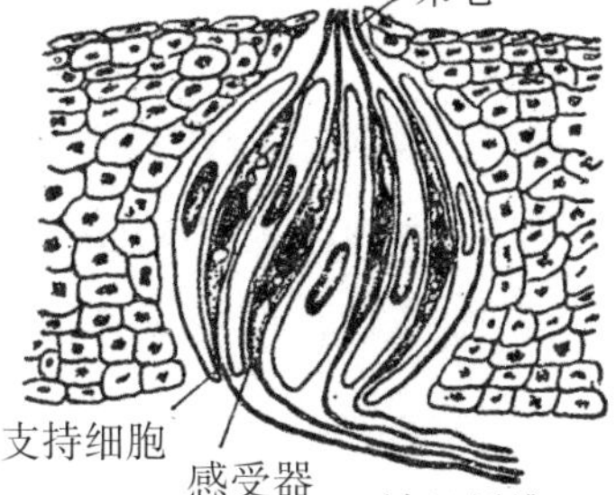

图5-18 味蕾

一般认为有四种基本味觉：苦、酸、咸、甜。可以用奎宁、醋酸、食盐、蔗糖引起上述四种味觉。味觉的感觉阈限可用克分子浓度来表示。实验表明，味觉的感觉阈限的中位数大致如下(Pfaffman，1959)：

奎宁——0.000008克分子浓度；

醋酸——0.0018克分子浓度；

氯化钠——0.01克分子浓度；

蔗糖——0.01克分子浓度。

舌面的不同部位，味觉的感受性是不同的。虽然舌面对甜味、酸味、苦味、咸味四种滋味都有感受性，但舌尖对甜味最敏感，舌根对苦味最敏感，舌的两侧对酸味最敏感，舌的两侧前部对咸味最敏感。由于口腔不仅有味蕾，而且还有温度觉和触觉感受器，同时味觉又往往与嗅觉相联系，所以味觉总是由多种感受细胞对有味的多种性质的刺激产生反应。这些感觉综合起来，就能产生多种复杂的感觉。

味觉的感受性往往受食物温度的影响。在20℃~30℃之间，味觉感受性最高。同时，味觉的感受性还与机体的需求状态有关。饥饿的人，对甜、咸的感受性增高，对酸、苦的感受性降低。肾上腺皮质功能低下的病人,由于NaCl排出量增加,对咸味的感受性提高。味觉对维持有机体内环境的动态平衡起重要的作用。

第六节　内部感觉

反映机体内部变化的感觉叫内部感觉。内部感觉的感受器分布在内脏、骨骼肌、肌腱、关节,以及内耳的前庭和三个半规管中。这些感受器总称为内感受器。动觉、平衡觉和内脏感觉都属于内部感觉。

一、动觉

动觉也称本体感觉,是反映骨骼肌运动和身体位置状态的感觉。动觉感受器位于肌肉、肌腱和关节中。肌肉中的感受器叫肌梭,肌腱中的感受器叫腱梭,关节中的感受器叫关节小体。肌肉的状态和伸展情况、关节的角度变化等,都是这些感受器的适宜刺激。当这些感受器受到刺激时,冲动传到大脑皮质的中央前回,便产生动觉。借助动觉,我们感知着肢体在空间的位置、姿势及运动的情况。

人在感知外界事物的过程中几乎都有动觉的反馈信息参加。例如,在注视物体时,大脑不仅接受来自视网膜感觉细胞的信息,而且还接受来自眼球肌肉的动觉信息,这种信息的供给是目测物体远近和大小的必要条件。言语器官肌肉的动觉同语音听觉和字形视觉相联系,这是言语活动和思维活动的基础。

手,不仅是改造世界的一种重要器官,而且也是认识世界的一种特殊感觉器官。人类在改造世界的长期斗争中,手的皮肤感觉和动觉紧密结合,产生了一种特殊的反映形式——触摸觉。触摸觉是动觉和皮肤感觉的复合感觉。用手抚摸、按压、托起物体时,手的肌肉、肌腱关节的动觉结合着皮肤感觉,发出了物体的软硬、粗细、凹凸、大小、光滑、粗糙、重量及物体轮廓等信息,人就能够认识物体的这些属性。如果被试闭上眼睛并排除皮肤感觉,仅仅依靠手的动觉(如用木棍或铅笔),也能分辨出物体的大小、形状、弹性等属性,但准确度差些;如果排除视觉和动觉,仅仅依靠皮肤感觉,如将各种形状的木块放在被试的前臂或手掌上,则不能感知这些木块的形状。所以,触摸觉在形状知觉中起重要作用。在触摸觉中,两只手所担负的机能也是不同的。如用右手劳动的人,左手起支持作用,右手起鉴别作用。

二、平衡觉

平衡觉是反映头部运动速率和方向的感觉。平衡觉的感受器叫前庭器官。前庭器官包括内耳的椭圆囊、球囊和三个半规管(图5-19)。椭圆囊和球囊内有耳石和感受性毛细胞。毛细胞的纤毛穿插在耳石膜内。耳石的重力与直线加减速度是椭圆囊和球囊的适宜刺激。当头部位置改变或做直线变速(加速或减速)运动时,由于惯性和重力的作用,耳石牵引并刺激毛细胞,使之兴奋;冲动经前庭神经传入延髓和小脑引起姿势的调整以保持身体平衡,同时也传到大脑皮质,产生位置感觉和速度感觉。

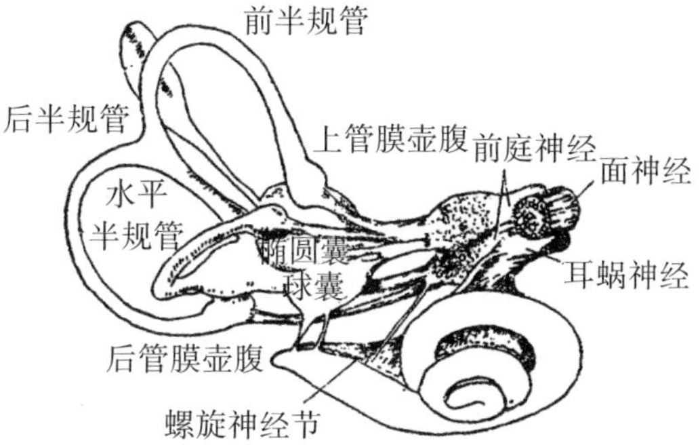

图5-19 前庭及耳蜗器官(右侧)的位置模式图

3个半规管位于3个互相垂直的平面上。每个半规管都有一个膨大部分叫壶腹。壶腹内有感受性毛细胞。半规管的适宜刺激是头部的旋转加速度。当头部做旋转加速运动时,半规管中的内淋巴刺激毛细胞,冲动经前庭神经传入中枢,引起姿势的调整以保持身体平衡,同时上传到大脑皮质,产生旋转感觉。

平衡觉的皮质投射区位于颞叶听区之前,叫前外雪氏回。

对前庭器官兴奋性的测定可采用下列两个指标:让被试坐在特制的旋转椅上,旋转停止后,测定被试眼球震颤的持续时间(一般在25~40秒);或在旋转停止后,测定被试步行路线的偏倚程度。稳定的被试在旋转后仍能沿直线步行。

平衡觉和视觉、内脏感觉有密切的联系。当前庭器官受到刺激时,仿佛看到视野中的物体在移动,使人晕眩,同时也会引起内脏活动的剧烈变化,使人恶心和呕吐(晕船或晕车病)。

平衡觉对于从事航空航海事业的人起着重要的作用。如果从事航空航海事业的人,平衡觉过于敏感,就难以适应飞行或海上活动;如果平衡觉过于迟钝,就不可能在高空或海上准确地判断方位。所以,在确定一个人是否适合航空航海事业时,总是要进行这方面检查。

三、内脏感觉

反映内脏各器官活动状况的感觉叫内脏感觉(也叫机体觉)。内脏感觉的感受器分布于各脏器(如食道、胃、肠、膀胱、肺、血管等)壁内。它可以把内脏的活动及其变化的信息,经传入神经传向中枢,从而产生各种内脏感觉,如饥、渴、饱、胀、便意、恶心、疼痛等。内脏感觉在大脑皮质也有投射区,一般认为第二感觉区和大脑边缘系统在内脏感觉中起着重要作用。内脏感觉和其他感觉一样,也受传出纤维的控制。实验表明,刺激内脏神经时,在脊髓记录到的诱发电位,可受高位脑中枢的兴奋或抑制两方面的影响。

内脏感觉的特点是感觉不精确,分辨力差。许多内脏的感受器根本不能引起主观感觉。当内脏器官工作正常时,各种感觉便融合为一种感觉,即所谓的自我感觉。在病变时,有些脏器的感受器才产生痛觉。内脏感觉在调节内脏活动中起很重要的作用。没有内脏感觉系统,有机体的生存是难以想象的。

第七节　感觉的相互作用

事物总是互相联系,互相影响的。对某种刺激的感受性不仅取决于该刺激的性质,同一感受器接受的其他刺激以及其他感受器的机能状态,都会对这一刺激的感受性发生影响。同一感受器接受的其他刺激以及其他感受器的机能状态对感受性发生的影响,叫感觉的相互作用。感觉的相互作用有两种形式:同一感觉中的相互作用,不同感觉间的相互作用。

一、同一感觉中的相互作用

同一感受器中的其他刺激影响着对某种刺激的感受性的现象,叫同一感觉中的相互作用。例如,我们在黑暗中要看某个小光点,如果视野中还有其他一些小光点,那么,就比较容易看到那个光点,这时其他一些光点好像在增强着对那个光点的感觉;如果视野中有强光刺激,那就难以看到那个光点,这时强光的刺激好像在削弱着对那个光点的感觉。我们都有这样的经验:夜晚,明月当空,看到的星星似乎少些;无月的晴空,看到的星星特别繁多。同一感觉相互作用的突出事例是适应和感觉的对比。

(一)适应

由于刺激物对感受器的持续作用从而使感受性发生变化的现象,叫适应。这是在同一感受器中，由于刺激物在时间上的持续作用，导致对后来的刺激物的感受性发生变化的现象。适应可以引起感受性的提高，也可以引起感受性的降低。

适应现象表现在所有的感觉中，但是，在各种感觉中适应的表现和速度是不同的。

视觉的适应可分为对暗适应和对光适应。从明亮的阳光下进入已灭灯的电影院时，开始什么也看不清楚，隔了若干时间之后，我们就会感到眼前不再是一片漆黑，能分辨出物体的轮廓来了。这种现象叫对暗适应。对暗适应是环境刺激由强向弱过渡时，由于一系列相同的弱光刺激，导致对后来的弱光刺激的感受性的不断提高：开始的5～7分钟，感受性提高得很快，经过1小时左右，相对感受性可提高20万倍。当从黑暗的电影院走到阳光下时，最初感到耀眼发眩，什么都看不清楚，只要稍过几秒钟，就能清楚地看到周围事物了。这种现象叫对光适应。对光适应是环境刺激由弱向强过渡时，由于一系列的强光刺激，导致对后来的强光刺激感受性的迅速降低。

对暗适应产生的原因是视杆细胞的视紫红质被分解，突然进入暗处尚未恢复，所以不能立即看清物体。到暗处后需要等待一段时间来恢复，即视紫红质的合成增多，含量逐渐增加，对弱光刺激的感受性逐渐提高，这样就能逐渐看清物体。反之，由暗处初到强光下，感光物质大量分解，对强光刺激的感受性很高，神经细胞受到过强的刺激，所以只感到眼前一片光亮，甚至引起疼痛，睁不开眼，同样看不清物体。经过片刻，感光物质被分解了一部分之后，对强光的感受性迅速降低，从而能看清物体了。在适应过程中，除视网膜的感光细胞发生变化外，还有中枢机制参与。实验表明，在对暗适应的情况下，短时间给被试的一只眼睛以亮光，结果另一只眼睛的感受性也受影响。

与视觉的适应相比较，听觉的适应很不明显。有人认为，一般的声音作用之后，听觉感受性有短时间的降低，并认为听觉的适应带有选择性。即在一定频率的声音作用下，只降低对该频率（包括邻近频率的声音）的感受性，而不降低对其他频率的声音的感受性。但也有人认为，即使是一个普通强度的声音的持续作用，也没有听觉的适应现象。如果用较强的连续的声音，像工厂高音调的机器声，持续作用于人，那确实会引起听觉感受性降低的适应现象，甚至出现听觉感受性的明显的丧失。

触压觉的适应很明显。我们安静地坐着时，几乎觉察不到衣服的接触和压力。经常看到有些老年人把眼镜移到自己的额头上却到处寻找他的眼镜。实验证明，只要经过3秒钟左右，触压觉的感受性就下降到约为原始值的25%。温度觉的适应也很明显。例如，我们在游泳池游泳的时候，开始觉得水是冷的，经过三四分钟后，就不再觉得水冷了。相反，我们在热水中洗澡的时候，起初觉得水很热，但经过三四分钟后，就觉得澡盆中的水不那样热了。但是，对于特别冷或特别热的刺激，则很难适应或完全不能适应。痛觉的适应是很难发生的，即使有，也极为微弱。只要注意一集中在痛处，你马上就会感到疼痛。正因为痛觉很难适应,它才成为伤害性刺激的信号而具有生物学的意义。

"入芝兰之室,久而不闻其香;入鲍鱼之肆,久而不闻其臭。"这是嗅觉的适应。嗅觉的适应速度,以刺激物的性质为转移。一般的气味只要经过1~2分钟就可以适应,强烈的气味则要经过10多分钟才能适应,特别强烈的气味(带有痛刺激的气味)令人厌恶,难以适应甚至完全不能适应。嗅觉的适应带有选择性,即对某种气味适应后,并不影响对其他气味的感受性。厨师由于连续地品尝,到后来做出来的菜愈来愈咸,是味觉的适应现象。

适应能力是有机体在长期进化的过程中形成的,它对于我们感知外界事物、调节自己的行为具有积极的意义。例如在夜晚的星光下和白天的阳光下,亮度相差达百万倍,如果没有适应能力,人就不能在不断变化的环境中精细地感知外界事物,正确地调节自己的行动。研究适应现象对生产实践也有重要意义。例如,在交通运输业中,夜晚驾驶室的照明与外间亮度的差异的处理,就应考虑视觉的适应问题。

(二)感觉对比

对比是同一感受器接受不同的刺激而使感受性发生变化的现象。这是同一感受器中不同刺激效应相互作用的表现。

对比分为两类:同时对比和先后对比。

1. 同时对比

几个刺激物同时作用于同一感受器时产生同时对比现象。这在视觉中表现得很明显。例如,把一个灰色小方块放在白色的背景上,看起来小方块就显得暗些;把相同的一个灰色小方块放在黑色的背景上,看起来小方块就显得明亮些,同时在相互连接的边界附近,对比特别明显。如果把一个灰色的小方块放在绿色的背景上,看起来小方块显得带红色;把相同的灰色小方块放在红色的背景上,看起来小方块显得带绿色。彩色对比在背景的影响下,向着背景色的补色方面变化,同时在两色的交界附近,对比也特别明显。

2. 先后对比

刺激物先后作用于同一感受器时产生先后对比现象。例如,吃了糖之后,接着就吃广柑,觉得广柑很酸;吃了苦药之后,接着喝口白开水也觉得有点甜味。凝视红色物体之后,再看白色物体,就会出现青绿色的后象等。

研究对比现象的实践意义。在工业生产中,各种机器设备,工艺管道等色彩的设计,要考虑到对比现象。例如,机器设备的表面,采用浅灰、浅蓝或浅绿色,可以同背景色调和,削弱对比,以减少视觉的疲劳;机器的重要操作部分采用淡黄色或白色,加强对比,便于识别,以提高工效;布置在角落中的设备、阀门、交通梯等,宜用明亮的色调,加强对比,便于识别,以免发生事故。

二、不同感觉间的相互作用

对某种刺激物的感受性,不仅取决于对该感受器的直接刺激,而且还取决于同时受刺激的其他感受器的机能状态。在一定条件下,各种感受器的机能状态都有可能发生相互影响、相互作用。在日常生活中经常可以观察到:用刀子沿着玻璃边擦出来的吱吱声,往往会使许多人的皮肤产生寒冷的感觉;强烈的声音常使牙痛的病人痛得更厉害;有时很高的声音或某种难堪的声音,使人产生呕吐的感觉;咬紧嘴唇或握紧拳头,会感到身体某一部位的疼痛似乎减轻了些;举重时,如果有轻音乐伴奏,重物好像变得轻了些。所有这些现象都是不同感觉间相互联系、相互作用的结果。

关于不同感觉间的相互作用问题,内容相当复杂,这里仅讨论三个问题:不同感觉的相互影响,不同感觉的补偿作用,联觉。

(一)不同感觉的相互影响

在一定的条件下,各种不同的感觉都可能发生相互影响。

其他感觉能使视觉发生某种变化。例如,在噪声听觉影响下,黄昏视觉的感受性降低;在飞机发动机的强烈噪声影响下,黄昏视觉的感受性降低到受刺激前的20%。在噪声听觉影响下,颜色视觉也会发生变化。如在噪声刺激时暗适应的眼睛对绿蓝色光线的感受性增高,对红橙色光线的感受性反而降低。噪声刺激使视觉的差别感受性明显变坏。轻微的肌肉工作、凉水擦脸,可以使黄昏视觉的感受性提高。此外,嗅觉、味觉、痛觉也会对视觉感受性产生一定的影响。

其他感觉能使听觉发生某种变化。闪光刺激能使声音的响度(如音叉音)产生起伏变化,即使人产生声音的“脉动”感觉。听觉的方向定位明显地受视觉刺激的影响。例如,在装有扩音设备的礼堂里,如果你坐在礼堂侧面的喇叭下听报告而又能清楚地看到报告人,你就会觉得声音是从前面报告人那里传来的,其实这声音是从侧面传来的。只要不看报告人,低头闭上眼睛,你马上就会觉察到声源的方向有变化——声音是从侧面喇叭传来的。

味觉、嗅觉、平衡觉等都会受其他感觉的影响而发生某种变化。食物的颜色和温度会影响对食物的味觉;摇动的视觉形象会引起平衡觉的破坏,产生呕吐现象。

各种感觉相互影响的事例很多,其中的规律尚未研究清楚,一般的趋向似乎是:对一个感受器的微弱刺激,能提高其他感受器的感受性;而强烈的刺激则降低其他感受器的感受性。

（二）不同感觉的补偿作用

感觉的补偿作用是指某种感觉缺失以后可以由其他感觉来弥补。例如，盲人失去了视觉机能，可以通过自己的脚步声来辨别附近的建筑物、河流、旷野等地形，也可以通过触摸觉来阅读盲文；聋哑人只要发音器官正常，可以“以目代耳”，学会看话甚至可以学会“讲话”。

随着科学技术的发展，不同感觉的补偿作用有了更大的可能性。现在，感觉补偿型助视器已能用于导航、文字阅读和图像识别。例如，声呐眼镜可解决盲人行走困难；“阅读仪”能把普通印刷体的单字的视觉形象转换成低频的触觉形象，盲人用手把着这个仪器在书页上移动，就能以每分钟80个字的速度看书；还有一种“电眼”，能把外界的物象转换成作用于盲人腹部皮肤的电刺激信号，借助此种仪器盲人能在房间里自由走动、取东西，以及了解图形和查看简单的量表等。

各种感觉之所以能够相互补偿，其主要原因是刺激的能量是可以互相转换的。如果光不能转换成机械能或电能，就不可能有上述的“盲人阅读仪”和“电眼”的出现。由于世界上各种不同形式的能量（如机械能、电能、光能、热能、化学能等）在一定条件下是可以互相转化的，所以，各种不同感觉在一定条件下才可以互相补偿，由一种感觉的信息转变成另一种感受器所能接收的信息而加以感知。同时感觉系统又存在着重新调整的机能。人可以通过有意识的特殊训练使某种感觉的功能逐步提高、更加灵敏，这种感觉就可以补偿另一种感觉的缺失。

（三）联觉

联觉，是指一种感觉兼有另一种感觉的心理现象。颜色感觉容易产生联觉，即某种颜色往往兼有冷暖感、远近感和轻重感。

红、橙、黄等色，类似于太阳和烈火那样的颜色，往往引起温暖的感觉，称之为暖色；蓝、青、紫等色，类似于碧空和寒水那样的颜色，往往引起寒冷的感觉，称之为冷色。颜色的冷暖感是相比较而言的，不是绝对的。暖色中，又有冷暖的差别；冷色中，也有冷暖的差别。例如，朱红色与紫红色相比就显得较热，淡绿色与墨绿色相比就显得较冷。

红、橙、黄等暖色带有接近感，称为进色，有向前方突出的感觉。这些颜色能使宽大的房间在感觉上变小。蓝、青、紫等冷色带有深远感，称为退色，有向后方退入的感觉。这些颜色能使狭小的房间在感觉上变大。色调的浓淡也带有远近感，深色调使人感到近些，浅色调使人感到远些。画法上“近山浓抹，远树轻描”的原则，就是利用了这种心理效应。

色调的浓淡也能引起轻重的感觉。深色调还使人感到重些，浅色调使人感到轻些。

在其他感觉中,也能产生联觉。例如,我们经常听到人们说,“甜蜜的嗓音”“沉重的乐曲”“明快的曲调”“尖酸的气味”等等,这些都是一种感觉兼有另一种感觉的心理现象。

由于同样一个房间,色调不同,人的心理效应也不同。因此在设计建筑物的色调时,应考虑色觉的联觉现象。例如,医院的病房应根据病情的不同,采用不同的色彩。研究表明,淡蓝色有凉爽的感觉,对高烧患者有好处;紫色可使孕妇感到镇定;赭石色有助于低血压患者提高血压;黄色或橙黄色则可刺激胃口。又如,车间内的色调配置也应考虑色觉的联觉现象。在余热较多的车间宜采用冷色,使人有凉快的感觉,以辅助降温的作用。

感觉的相互作用除上述几种形式外,还有一种重要形式——各种感觉之间的联合。这个问题,将是知觉一章所要讨论的内容。

本章相关文献

曹日昌.(1963).普通心理学.北京:人民教育出版社.

荆其诚,等.(1979).色度学.北京:科学出版社.

斯米尔诺夫.(1957).心理学.朱智贤,等译.北京:人民教育出版社.

克雷奇,等.(1980).心理学纲要.周先庚,等译.北京:文化教育出版社.

和田陽平,大山正,今井省吾.(1969).感覚+知覚心理学ハンドブック.誠信書房.

Б.Г.Ананъев.(1961).感觉理论(俄文版).

H.R.Schiffman.(1976).Sensation and perception:an integrated approach.Wiley.

第六章　知　觉

本章主要问题：

1. 什么是知觉？它与个性有什么关系？
2. 立体的经验是怎样获得的？
3. 人是怎样感知时间的？
4. 运动知觉是怎样产生的？它依存于哪些条件？
5. 错觉是怎么一回事？它都是坏的吗？
6. 什么是观察？良好的观察力必须具备哪些条件？

第一节　概　述

一、知觉的定义

知觉是直接作用于感觉器官的客观事物的整体在人脑中的反映。

例如，当我们漫步公园时，不仅看到各种颜色，听到各种声音，闻到各种气味，而且认识到这是盛开的鲜花，那是精致的凉亭，即在我们的头脑中产生了鲜花、凉亭的整体形象。这就是知觉。

感觉和知觉有共同的地方。它们都是客观事物直接作用于感觉器官，在头脑中产生的对当前事物的反映。当客观事物直接作用于感觉器官，引起它的活动时，才会产生感觉和知觉，一旦客观事物在我们的感觉器官所及的范围之内消失时，感觉和知觉也就停止了。感觉和知觉都是对客观事物的直接的反映。

感觉和知觉又有区别。通过感觉我们只能获得事物的个别属性的知识（某个冷东西接触到我的手；某种红色出现在我的眼前）。通过知觉我们却能获得事物的整体形象（盛开的鲜花，精致的庭园）。或者说，感觉是对事物个别属性的反映，知觉是对事物的各种不同属性、各个不同部分及其相互关系的综合的反映。例如，对一朵花的颜色、气味、形状等个别属性的相互关系综合地反映在头脑中，就形成盛开的鲜花的具体形象；对一个花园中的各个不同部分，如亭台楼阁、假山喷泉、花草树木及其相互关系综合地反映在头脑中，就产生一个优美的公园的具体形象。毋庸置疑,知觉的这种主观映象是由事物的客观本性所决定的。

由于感觉反映的是事物的个别属性,因此,一般地说,只需个别感觉器官的活动就行了。知觉反映的是具有各种不同属性或各个部分的事物的整体,因此,往往需要有各种感觉器官联合的活动,才能形成一个事物的完整的形象。

事物总是由许多个别属性所组成。没有反映事物个别属性的感觉,就不会有反映事物整体的知觉。因此,感觉是知觉的有机组成部分,是知觉的基础;知觉是在感觉的基础上产生的。对一个事物的感觉越丰富、越精确,对该事物的知觉也就越完整、越正确。事物的个别属性总是离不开事物的整体。在实际生活中,孤立的感觉很少出现,人都是以知觉的形式直接反映事物,感觉只是作为知觉的组成成分存在于知觉之中。只是为了科学研究的需要,我们才把感觉区分出来加以探讨。

二、知觉和个性的关系

人的知觉过程既有共同的规律性,也有人与人之间的个别差异。知觉反映事物的共同性,使人们有可能互相了解,得出共同的结论,客观地反映现实。但是,进行知觉过程的是每个具体的人。这样,知觉过程一方面受个性倾向性的影响,另一方面也显示出人们各自不同的知觉特点。

知觉过程受个性倾向性的影响是明显的。首先,需要动机对知觉过程有制约作用。马克思说:“焦虑不堪的穷人甚至对最美的景色也没有感觉,珠宝商人所看到的只是商业的价值,而不是珠宝的美和特性,他没有珠宝的感觉。”(马克思,恩格斯,1963)焦虑不堪的穷人急于解决生计的需要,只注意他所焦虑的事情,最美的景色也知觉不到;珠宝商人出于牟利的动机,只看到珠宝的商业价值,看不到珠宝的美和特性。其次,兴趣也影响着知觉过程。对于正在兴建中的工厂,画家的兴趣不同于建筑工程师,他们的观察角度也往往不同。

知觉过程表现出来的稳定特点,也显示出人的个性差异。这种个性差异在知觉的精细性、完整性、细致程度以及在情绪色彩等方面都可能表现出来。有的人知觉的特点富于概括性和整体性,只注意事物的主要意义,不注意事物的细节,对事物的分析较弱。这些人属于知觉的综合型。另一类人知觉的特点是过分注意事物的细节和琐碎的情况,对事物的局部和细节感知清晰,但对整体性则感知较弱。这些人属于知觉的分析型。第三种人的知觉兼有上面两种类型的特点,既力求把握事物的全貌又力求注意事物的细节,属于分析-综合型。第四类人知觉的特点是混乱的、无组织的、具有明显的情绪色彩,属于知觉的情绪型。

知觉过程是在同其他心理过程相联系中进行的。当我们意识到摆在我们面前的东西时，思维过程就参与在知觉过程中；当我们用词说出知觉对象的名称时，言语活动就参与在知觉过程中；当我们对知觉对象抱有一定的态度时，知觉过程就带有情绪的成分；当我们有意地组织自己的知觉过程，力图看清楚、听清楚、摸清楚知觉对象时，知觉过程就带有意志的成分。知觉不是一种孤立的心理现象，它与具体人的整个心理活动密切联系着。

三、知觉的种类

可以根据知觉过程中某种感官所起的主导作用进行分类。

知觉通常是由多种感官联合活动而产生的。例如，学生听课时的知觉，由听觉（听老师讲）、视觉（看老师板书）、动觉（翻阅教材）等感觉器官的联合活动而产生。但起主导作用的是听觉，因而可以说是听知觉。听故事、听音乐都可以称为听知觉。参观画展、陈列品，起主导作用的是视觉，可以说是视知觉。当然，这种分类只具有相对的意义。刺激物中往往有两种或两种以上的强成分，这样就有两种或两种以上的感觉器官的活动在知觉中起主导作用。例如看电影、看戏，视觉和听觉都起重要作用，可称为视—听知觉。

也可以根据知觉对象的性质进行分类，即根据知觉对象的空间特性、时间特性和运动特性进行分类。因为世界上的任何事物都是在运动、变化和发展之中，而运动着的物质总是在空间和时间之中进行的。运动是物质固有的属性。空间和时间是物质存在的基本形式。我们对客观世界的对象和现象的知觉，是从它的空间特性、时间特性和运动特性去感知的，因而可以把知觉区分为空间知觉、时间知觉和运动知觉。

第二节　知觉的特性

一、知觉的选择性

作用于人的客观事物是十分纷繁多样的，但人不可能全都清楚地感知到，也不可能对所有的事物都做出反应，总是有选择地以少数事物作为知觉的对象，对它们知觉得格外清晰，而对其余的事物则反映得比较模糊。知觉的这种特性我们称为知觉的选择性。

凡是在每一瞬间被我们清晰地知觉到了的事物，是我们知觉的对象；与此同时，只被我们比较模糊地感知着的事物，就成为衬托这种对象的背景。知觉的对象，形象清楚、鲜明，好像突出在背景的前面；而背景则好像退到它的后面，变得模糊不清。例如，当我们注视着教师的板书时，黑板上的文字就是我们知觉的对象，而黑板附近的墙壁、挂图、讲台等就成为模糊的背景；当我们在教室里倾听教师讲课的时候，教师的讲话就成为我们知觉的对象，而当时听到的其他比较模糊的声音如别人的写字声、门外的脚步声等，便成为衬托这种对象的背景。

知觉中的对象和背景的关系并不是固定不变的，而是经常依一定的主客观条件相互转换。以刚才的两个例子来说，当我们注视教师讲解挂图的时候，原属背景一部分的挂图现在就成了知觉的对象，而黑板上的文字便成了背景的一部分。同样，当我们不再倾听教师的讲课而去听门外的脚步声时，原属背景一部分的脚步声就成了知觉的对象，而教师的讲话声却成为背景的一部分。对象和背景可以互相转换，在图6–1中可以清楚地看到。

图6–1 对象和背景可以转换的图（范竞达作）

在大多数场合下，从知觉的背景中分出对象来并不困难，但是，有时对象的分出却成了一件困难的任务。试看图6–2的两个图形，你不见得能看出两个正方形藏在哪里。

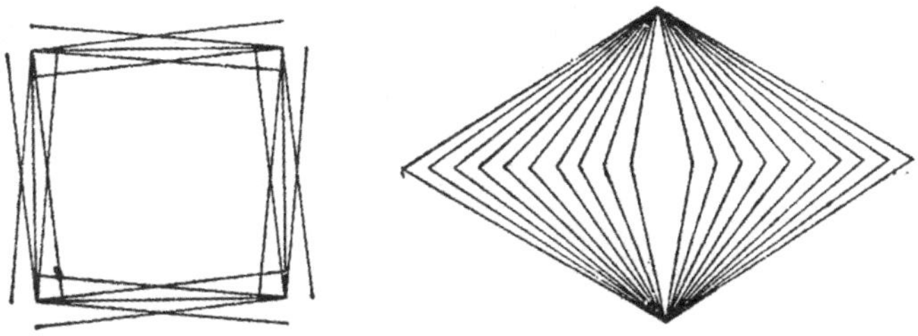

图6–2 正方形藏在哪里？

从知觉的背景中区分出对象来，一般依存于下列条件。

（一）对象与背景的差别

对象和背景之间的差别越大，对象从背景中区分出来就越容易；反之，对象和背景之间的差别越小，这种区分就越困难。如图6–3的两个图形，你很快看出了两个正方形在哪里，原因就在于扩大了对象和背景之间的差别。对象和背景之间的差别，包括颜色、形态、刺激强度等方面的差别。

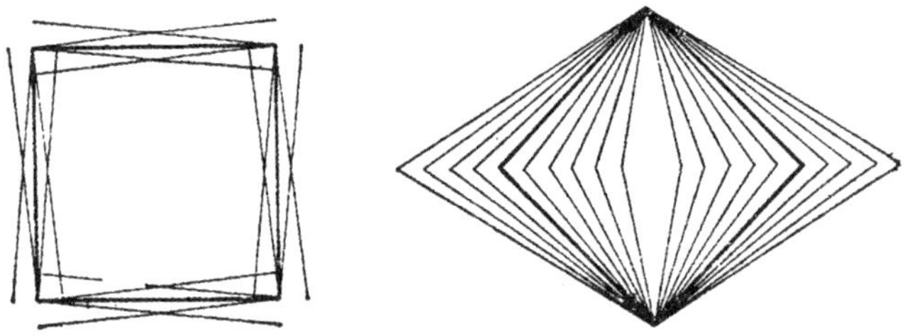

图6-3 很快找到了正方形

1.对象和背景在颜色方面的差别

例如从万绿丛中区分出红花来，非常容易；从白雪皑皑的冰雪中区分出白熊来，相当困难。教师用红笔批改学生的作业，报纸上的重要新闻用红色套印，我们用红蓝铅笔勾画书上的重要词句，就是扩大对象和背景之间在颜色上的差别，使知觉的对象格外清晰地显现出来。

2.对象和背景在形态方面的差别

例如查六位对数表时，如果你只用眼，不用手指着所查出的数字，就感到很困难。因为你所查的数字与其他数字在形态上相似，不易把它们区分出来。书籍中的一些重要词句用黑体字、加着重号印刷，扩大了这些词句和其他词句在形态上的差别，读者一眼就能看出。

3.对象和背景在刺激强度方面的差别

例如在一个嘈杂的场合，想听到邻座稍远一点的人的谈话，便感困难，因为他们的谈话和周围的声音就刺激强度来说差别不大。这时，如果有一个突出的声音（尖叫声）就很容易作为对象被知觉出来。

（二）对象各部分的组合

刺激物各部分相互关系的组合也是我们分出对象的重要条件。刺激物的接近组合和相似组合，很容易成为知觉的对象。

1.接近组合

在感知各种刺激物的时候，彼此十分接近的刺激物比彼此相隔较远的刺激物更容易组合在一起，从而成为知觉的对象。接近，既可以是空间上的接近，也可以是时间上的接近。例如，我们往往倾向于把空间上距离接近的点或线组合成一组，看成一个图形。请看图6-4（A），你会立即把在距离上接近的黑点看成三组，很难把相距较远的两个黑点看成一组。这是刺激物在空间上的接近组合。听人敲时间间隔不同的单调响声，你很容易把时间间隔比较接近的响声组合在一起，而与时间间隔相距较远的响声区别开来。这是刺激物在时间上的接近组合。

2.相似组合

在感知各种刺激物的时候，彼此相似的刺激物比不相似的刺激物更容易组合在一起，而成为知觉的对象。所谓相似，包括形状、大小、颜色、强度等物理性质的类似。请看图6-4(B)，不论是横排还是竖排，你总是会把小圆圈看成一组而与其他图形区分开来。

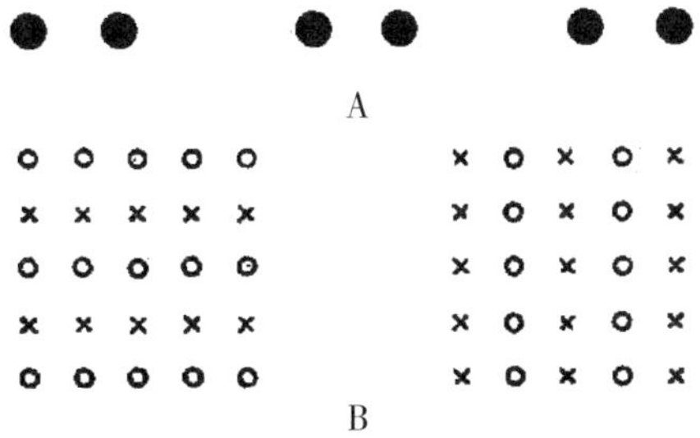

图6-4 接近组合和相似组合

(三)象的运动

在混乱运动的背景上，向着同一方向运动的刺激物容易被区分出来。在观看大型舞蹈表演时，我们总是把那些向着同一方向表演的演员看成一组，把他们从混乱而迷人的背景中区分出来。在相对静止的背景上，运动的刺激物如夜空中的流星，容易被区分出来。

除上述这些条件外，知觉者的主观因素，如态度、兴趣、爱好、情绪状态以及有无确定的任务等，都会影响知觉对象的区分。

二、知觉的理解性

在感知当前事物时，人总是根据以往的知识经验来理解它，并用词把它标志出来。知觉的这种特性称为知觉的理解性。例如，同样是一棵香樟树，植物学家观察到的特点和木匠观察到的特点可能就不一样：植物学家根据他的知识经验可能用分类学的概念把它称为“双子叶植物”，木匠则可能根据他的知识经验以木材的用途把它称为“优质木材”。同样一幅画成人和儿童的感知也不同：成人不但能了解图画的内容和寓意，而且还能根据自己的知识经验感知到儿童看不到的细节。知识经验不同，对知觉对象的理解也不同。知觉的理解性说明在知觉中感性形象总是和思维活动联系在一起的。

理解在知觉中起着重要的作用。这主要表现在：

由于理解，知觉更为深刻。在知觉一个事物的时候，与这个事物有关的知识经验越丰富，对该事物的知觉也就越富有内容，对它的认识也就越深刻。例如，当电机工程师在观察发电机时,他一定比对发电机一窍不通的外行看到的东西要多得多。外行只看到发电机的外观和大概,而有经验的工程师对发电机的观察就富有内容,他不仅看到发电机的外观,而且看出发电机的许多细节,听出发电机的性能等。

由于理解,知觉更为精确。例如,不懂外语的人听初学者说外语,只能听到一些音节,根本听不出他的外语讲得正确与否;精通外语的人不仅能听出他讲得是否正确,甚至连发音的细微差别、修辞的适当与否都能辨别出来。因为精通外语者理解外语,懂得外语的发音规则、文法修辞。

由于理解,提高了知觉的速度。例如,当我们读到"把我国逐步建设成为现代化的、高度民主的、高度文明的社会主义强国"这个句子时,并不是一个字一个字、一笔一画地去看的,而是只要当我们看到"把我国"这几个字的时候,后面的字虽没有看清,但是由于对它的理解,很快就念出了这个完整的句子。实验证明,用速示器在0.1秒的时间内呈现一些卡片,如果卡片上的字是一些不常见的、不成句的单字,一眼最多只能看到两三个;但如果卡片上的字是常见的单字,一眼能看到4~6个;如果是由单字组成的句子,一眼至少能看到8个字,甚至更多一些。这说明,理解提高了知觉的速度,过去经验补充了还没有出现的那一部分的单字。

除人的知识经验外,影响对知觉对象的理解的因素还有:

第一,言语的指导作用。在环境相当复杂、对象的外部标志不很明显的情况下,言语的指导作用,唤起了人们的过去经验,有助于对知觉对象的理解。请看图6-5,初看时只觉得是一些黑色的斑点,很难知觉出它是什么东西。但是,只要说明"这是人骑马",词的命名便唤起了我们的过去经验,从而补充了知觉内容,使我们看出了图形。

图6-5 可以形成知觉对象的斑点

第二,实践活动的任务。实践活动是人的知觉的基础,知觉服从于当前的活动任务。人们的活动任务不同,对同一个对象的理解可能不同,产生的知觉效果也可能不同。例如,在一个实验中,叫甲组学生用装配好的圆规画一个规定的几何图形,叫乙组学生把拆散了的圆规零件装配好之后再画相同的几何图形。做完这些工作后,叫学生收起圆规,然后出其不意地叫这两组学生尽量画出他们刚才用过的圆规。结果是:甲组学生所画圆规不准确,许多重要零件没有画出来;而乙组学生的圆规画得相当正确。知觉的准确性,明显地受活动任务的影响。

第三,情绪状态。同样一种事物,情绪状态不同,人对它的知觉也不同。例如,当一天中我们的心境很好,充满了希望,那么这一天看到的总是事物好的一面;而抑郁的心境总是使人看到事物不好的一面。

第四,定势的影响。定势也叫心向,是指对活动的一种准备状态。这种准备状态可以在刚刚发生过的知觉的影响下而形成,也可以在较长的时间内由某种刺激作用而形成。例如连续10~15次用两个大小不同的球放在被试手中,以造成定势(判断哪只手的球"大些"或"小些"),然后在下一次(如第16次)让被试感知两个一样大小的球,要被试判断:这两个球是大小相同还是大小不同?如果不相同,那么哪一个"大些"(或"小些")?结果表明:由于定势的影响,两个大小一样的球被估计为大小不一样:一个"大些",一个"小些"。这里又有两种情况:一些被试把以前放小球的那边的球,知觉为"小些",把以前放大球那边的球知觉为"大些",这一现象称为固着定势。另一些被试恰好相反,把以前放大球那边的球知觉为"小些",把以前放小球那边的球知觉为"大些",这一现象称为对比定势。这些都说明定势对知觉的影响。定势对知觉的影响相当普遍,它不仅表现在触摸物体时,而且在视觉、听觉领域中也能表现出来。可见,知觉不仅依存于客体,而且也依存于知觉者的主观状态。而知觉者的主观状态最终还是由客观刺激所造成的。

三、知觉的整体性

知觉的对象具有不同的属性、由不同的部分组成,但是人并不把知觉的对象感知为个别的孤立部分,而总是把它知觉为一个统一的整体。知觉的这种特性称为知觉的整体性。

人之所以把具有不同属性、不同组成部分的对象感知为一个统一的整体,是因为知觉对象的各种属性和部分是有机地结合在一起的,即成为一个复合的刺激物。这个复合刺激物的各个组成部分,既可以同时作用于我们的感官(同时性刺激),也可以相继地作用于我们的感官(继时性刺激);既可以作用于同一个感官,也可以作用于不同的感官。但是,不论在哪种情况下,复合刺激物的各种属性和部分总是以统一的整体出现的。当大脑皮质接受来自感官的信息后,对复合刺激物的各种属性、部分及其相互关系不断进行加工处理,就逐渐形成了对复合刺激物的暂时联系系统。例如,吃苹果时,苹果的各种属性,通过各种感觉通道把视觉的、味觉的、嗅觉的和触摸觉的感觉信息传向大脑皮质,经大脑皮质的分析和综合,就形成了暂时联系系统,以后如果只有对象的个别属性发生作用,如只看到苹果但没有吃它,整个暂时联系系统也同样再现,产生统一的映象,仍然感到苹果是甜的、清香的。因此,对知觉对象的整体的知觉总是依赖于对它的部分的感知。

对象的各种属性和部分在整体知觉中起的作用是不同的。

对象的各种属性和部分的强度不同,它们对整体知觉的影响也不同。对象中的关键性的强的成分决定着知觉的整体性。条件反射的研究表明,对复合刺激物形成条件反射时,强的组成部分(如强大的声音、亮的光等)如果单独使用,它所引起的效应差不多同整个复合刺激物所引起的效应一样。而弱的组成部分则不表现出这种效应。复合刺激物中强的成分掩蔽了弱的成分,弱的成分在复合刺激物中仿佛失去了自己的独立作用。所以,在知觉对象时,当对象的若干关键性部分突出出来,便可以形成完整的知觉。漫画就是利用了这个原理。对象的个别细节部分是复合刺激物中的弱的成分,往往不易被人觉察到。

应当注意,在知觉中所谓强的刺激成分,不一定是物理属性强的刺激物,凡是与人的生活实践有直接联系的刺激物,即便其物理属性较弱,也可以成为强的刺激物。

知觉的对象不仅具有各种属性和部分,而且这些属性和部分彼此又处于某种相互关系之中。因此,对象各部分的相互关系也影响着整体的知觉。同样的一些部分由于处于不同的相互关系中,就可以由它们形成不同的整体。同样一些乐音可以改变它们的先后顺序、音程和每一个乐音的长度而组成不同的曲调。只要对象各部分的关系保持不变,即使它的组成部分发生了显著的变化,整体的知觉仍然可以保持不变。例如,当一首乐曲用高八度音或低八度音演奏时,或者当一首乐曲用不同的乐器来演奏时,同样可以清楚地作为一个整体被再认出来。

巴甫洛夫学派用关系反射解释上述现象。所谓关系反射就是有机体对刺激物之间的关系所形成的条件反射。在关系反射中,只要刺激物各组成部分的关系保持不变,就算刺激物的成分发生改变,也不影响它的效果。例如,使狗分辨每分钟120次和60次的节拍器的声音,形成阳性和阴性条件反射,然后用其他刺激(光或其他声音)替换节拍器声。只要仍然保持原来这两种频率,那么,每分钟120次和60次的刺激,照样能引起狗的阳性和阴性条件反射。

由于知觉反映了对象各组成部分的相互关系,所以在知觉中已经开始有了最初步的概括因素。

对对象个别部分的知觉也依赖于对象的整体知觉。例如米勒-莱尔错觉(Müller-Lyer illusion),即两条完全相同的平行线段,两端有射线向外发散的线段比两端射线向内发散的线段知觉更长。

总之,不仅对对象整体的知觉依赖于它的个别组成部分,而且对对象的个别部分的知觉也依赖于整体的知觉。在知觉中,整体和部分总是相互制约的。

四、知觉的恒常性

当知觉的条件在一定范围内改变了的时候,知觉的映象仍然保持相对不变,知觉的这种特性称为知觉的恒常性。

在视知觉中,知觉的恒常性表现得特别明显。对象的大小、形状、亮度、颜色等映象与客观刺激的关系并不完全服从于物理学的规律。尽管外界条件发生了一定的变化，我们在观察同一物体时，知觉的映象仍相当恒定，产生大小恒常性、形状恒常性、亮度恒常性、颜色恒常性。

大小恒常性是指不论观看的距离如何，我们仍倾向于把物体看成特定的大小。例如，同样的一个人站在离我们3米、5米、15米的不同距离处，他在我们网膜上的视象因距离不同而改变着，但是我们看到这个人的大小却是不变的。这是大小恒常性现象。

形状恒常性是指尽管观察物体的角度发生变化，但我们仍倾向于把它感知为一个标准形状。铁饼的形状，只有它的平面与视线垂直的时候，它在网膜上的视象形状才与实际形状完全一样。如果偏离了这个角度，网膜上的视象形状便或多或少不同于铁饼的实际形状。但是，在后一种情况下，我们看到铁饼的形状仍然不变。这是形状恒常性现象。

亮度恒常性是指尽管照明的亮度改变，但我们仍倾向于把物体的表面亮度知觉为不变。在强烈的阳光下煤块反射的光量远大于黄昏时白粉笔所反射的光量，但是即使在这种情况下，我们还是把煤块知觉为黑色的，把粉笔知觉为白色的。这是亮度恒常性现象。

尽管物体照明颜色改变了，我们仍能把它感知为原先的颜色，称为颜色恒常性。不论在黄光照射下还是在蓝光照射下，我们总是把一面国旗知觉为红色的。这是颜色恒常性现象。

除视知觉外，知觉的恒常性还表现在其他知觉领域中。例如，当我们转动头部的时候，虽然声音对听觉器官的作用条件发生了变化，但我们感到声音的方位并没有变化。这是方位知觉恒常性现象。总之，知觉恒常性是一种相当普遍的现象。

知觉的恒常性在人的生活实践中具有重大意义，它使人能在不同的情况下，按照事物的实际面貌反映事物，从而使人有可能根据对象的实际意义来应对客观世界。如果知觉不具有恒常性，那么人就难以适应瞬息万变的外界环境。

对于知觉恒常性现象，心理学家进行了许多实验。下面简单介绍这些实验。

1. 大小恒常性实验

让被试坐在椅子上，距被试七八米处挂一黑色布幕。在黑色布幕前距被试一定距离处用支架呈现一个标准圆，其半径为r，要求被试注视它，观察其面积的大小。然后在被试的近处呈现各种与标准圆差不多大小的圆（呈现的位置要略偏左右些，不要使被试、呈现的刺激和标准圆在同一直线上）。如果远处标准圆的半径为6cm，被试从近处看到的圆的半径也是6cm左右。实际这两个圆的大小在视网膜上的投影相差许多倍，但知觉的大小却保持相对恒定。

知觉保持大小恒常性的程度用大小恒常性系数来表示。大小恒常性系数的计算公式是：

$$K = \frac{R - S}{r - s}$$

式中，K为大小恒常性系数，r为标准圆的半径，R为判断圆的半径，S为视角的大小。

大小恒常性受许多因素的影响。熟悉的环境提示着对象的距离及其实际大小，有助于保持大小恒常性。实验表明，用双眼观察最能保持知觉恒常性，单眼观察次之；如果通过长筒进行观察，这时由于排除了周围环境的参考线索，大小恒常性趋于消失。

大小恒常性只能在一定的距离内起作用。如果对象距离很远，知觉的大小便越来越符合光学几何投影的规律，大小恒常性便逐渐消失。

水平观察和垂直观察对大小知觉恒常性也有很大影响。水平观察符合日常生活的通例，大小恒常性容易保持；向上或向下垂直观察，大小恒常性容易丧失。

2. 形状恒常性实验

让被试坐在桌边，将圆形的碟子依次放在离被试不同距离的桌面上。要求被试观察碟子的形状并用铅笔在方格纸上画出他当时知觉到的碟子的形状（图6–6）。

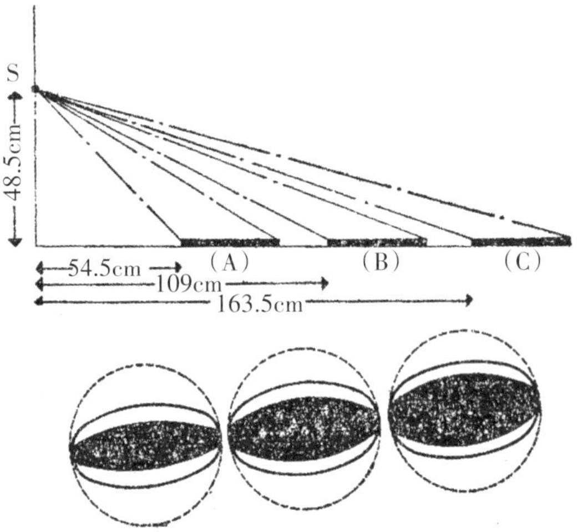

图6–6 形状恒常性实验(Thouless, 1931)

图6–6中，A、B、C中的黑色图形是光学几何投影的形状，虚线表示碟子的物理形状，实线表示被试知觉到的形状。实验表明，知觉到的形状具有一定的恒常性，它要比光学投影的形状更圆些。

3. 亮度恒常性实验

如图6–7(A)所示，A、B是两个混色盘，用木板将其三面围起来。光由W处射到B盘上。A、B盘之间放一隔板S遮住光线，在A盘形成阴影。被试由O处观察，判断两个色盘的相对亮度。

两个色盘都由白和黑两部分组成，色轮转动时混合成灰色。主试调节B盘的黑白比例便可以测定被试的亮度恒常性。当A、B两盘都用同样的黑白比例（如320°白+140°黑）

进行混合时,由于阴影的影响,实际上A盘较暗,B盘较亮,但由于被试了解到投射阴影这一线索,于是A盘的亮度便保持了一定的恒常性。

如果用图6-7(B)的方法,由于在实验装置中加上一个横板R,R有两孔,被试通过圆孔只能看到A盘和B盘的中央部分。此时被试看不到光源和阴影,失去了周围环境的参考线索,亮度恒常性就消失了。

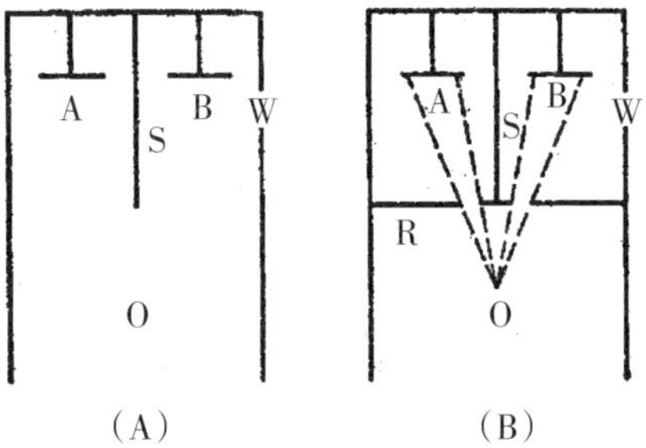

图6-7 亮度恒常性的实验

4.颜色恒常性实验

用绿光照射一张白纸,被试通过一个纸筒观察纸的中央,便会把纸看成绿色的。如果不通过纸筒观察,让被试同时看到周围环境:纸张的形状及绿色光源,就会把纸看成白色的,即保持了颜色的恒常性。

知觉的恒常性主要是过去经验的作用。人总是在自己知识经验的基础上感知对象的。当外界条件发生一定变化时,变化了的客观刺激物的信息与经验中保持的印象结合起来,人便能在变化的条件下获得近似于实际的知觉形象。因此,对知觉对象的知识经验越丰富,在一定条件下,就越有助于保持感知对象的恒常性。

第三节 空间知觉

物体有形状、大小、远近、方位等空间特性。空间知觉是物体的这些空间特性在人脑中的反映。空间知觉包括形状知觉、大小知觉、距离知觉、立体知觉和方位知觉等。

一、形状知觉

物体的形状是靠视觉、触摸觉和动觉来感知的。

物体的形状不同,它在网膜上的视象也不同。网膜视象的形状,是形状知觉的一个重要信息。眼睛在察看物体时,眼球沿着物体轮廓运动而产生的动觉,也是形状知觉的信息。用手抚摸物体的轮廓时,肌肉活动产生的连续的动觉,也向大脑提供了物体形状的信息。大脑皮质对这些信息进行综合处理,就能正确地反映物体的形状。

通过视觉感知形状时,由于人的观察角度不同或物体的位置改变,网膜上的视象形状就会发生变化。例如,圆形的碟子或长方形的门,从侧面看去,碟子在网膜上的视象是椭圆形的,门的视象是梯形的。但是,在日常生活中,由于人多次从各种不同的角度观察同一物体,并经常以触摸觉验证所获得的视觉形象,视觉和触摸觉、动觉之间的联系便牢固地建立起来。这就保证了人对物体形状的正确知觉。

二、大小知觉

大小知觉是靠视觉、触摸觉和动觉来感知的。视觉对大小知觉具有重要的作用。在生活实践中,视觉、触摸觉、动觉以及判断物体距离的各种线索(包括身体运动的经验和其他感觉信息)形成紧密的联系,视觉才可能单独地、正确地判断物体的大小。

物体大小的视知觉,由下列两个因素决定。

(一)物体的大小

在人离物体距离相等的条件下,视象与物体的大小成正比:大物体,视象大;小物体,视象小。因此,视象大小是大小知觉的一个重要信息。

(二)物体的距离

视象是按光学的几何投影原理形成的,与物体的距离成反比。同一物体,处于远处,视象小;处于近处,视象大。大小不同的物体,由于远近不同,可能视象的大小相同,甚至视象的大小相反。因此,物体大小的视知觉总是与距离知觉紧密联系着的;只有两者互相配合,才能保证物体大小视知觉的正确性。

三、距离知觉

距离知觉是对物体离我们远近的知觉。人对物体远近的判断依存于许多线索。

(一)对象的相对大小

对象的相对大小是距离知觉的线索之一,如图6-8 A所示,小圆点好像离我们远些,大圆点好像离我们近些。对于熟悉的人或物的判断则有所不同。高矮不同的两个熟人,如果现在你看到那个本来矮小的人显得高大些,而那个本来高大的人看起来矮小些,那么,你便会觉察到前者离你近些,后者则离你远些。

(二)中间物的遮挡

在观察物与观察者之间的物体,叫中间物。离我们远的物体往往被中间物部分地遮挡住,前面的物体我们觉得近些,被遮挡的物体我们觉得远些。中间物的遮挡是距离知觉的一个线索(图6–8 B)。如果没有中间遮挡,远处物体的距离就难以判断。例如,高空的飞机倘若不与云重叠,就很难看出飞机和云的相对高度。

(三)物体的结构级差

物体的结构级差是距离知觉的又一线索。所谓“级差”是指某种东西在某个维度上的递增和递减。当你站在一条砖块铺的路上向远处观察,你就会看到愈远的砖块显得愈小,即远处部分每一单位面积砖块的数量在网膜上的映象较多。在任何表面上,随着距离的增加,都会产生远处密集和近处稀疏的结构密度级差,这种结构级差便成了距离知觉的线索。在图6–8 C中上部结构密度较大,下部结构单元较小,于是产生了向远方伸延的距离知觉。

(四)空气透视

由于空气层的蓝灰色彩的影响,透过空气层看远处的物体,就会感到物体改变了颜色。远处物体,好像蒙上了一层蓝灰色的“轻烟”,因而细节不分明,棱角模糊;近处物体,看起来颜色明亮,细节和棱角清楚。这是空气透视的结果。不过,空气透视和天气的好坏有很大的关系。天高气爽,空气透明度大,看到的物体就觉得近些;阴雾沉沉或风沙迷漫,空气透明度小,看到的物体就觉得远些。

(五)明暗和阴影

物体在光线的照射下,由于各个表面接受光线的角度和接近光源的远近不同,物体各个表面上反映明暗的程度不同,受光部分明亮,背光部分灰暗。明亮的部分,我们觉得它近些;灰暗或阴影的部分,我们感到它远些(图6–8 D)。在绘画艺术中,运用明暗色调,往往把远的部分画得灰暗些,把近的部分画得色调鲜明些,以造成远近和立体感的效果。

(六)线条透视

同样大小的物体,离我们近的,在视角上所占的比例大,视象也大;离我们远的,在视角上所占的比例小,视象也小。视角大小的变化会引起线条透明的视觉效应,如图6–8 E所示,近大远小的线条透视是距离知觉的一个线索。在铁路上你可以看到,近处的两条铁轨间的距离宽些,远处的窄些,更远处则汇合成一点。这便是线条透视的视觉效应。

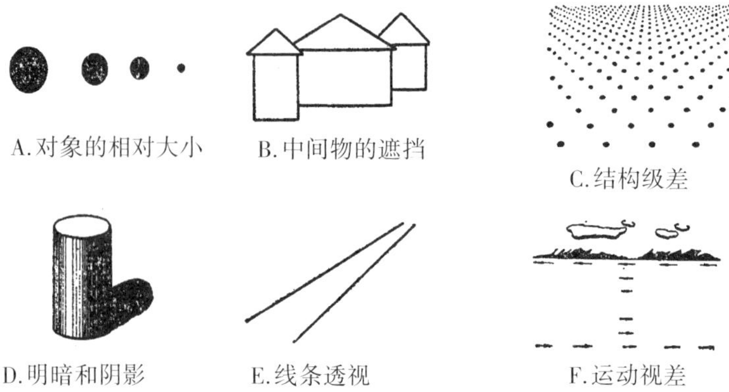

图6-8 距离知觉的几种重要线索

(七)运动视差

物体的位置因观察者头部的移动似乎也在移动:近物移动得快,远物移动得慢,这种现象叫运动视差。例如,我们在向前运行的火车上观看窗外景物,近处的电线杆很快地向后闪过,较远的一些田野、房舍向后移动较慢,最远处的山峦则向着我们相同的运动方向移动。视野中各物体运动速度的差异,是我们估计它们相对距离的重要标志(图6-8 F)。

(八)眼睛的调节

调节是指水晶体曲率的改变。人在看东西的时候,为了使视网膜获得清晰的物象,水晶体的曲率就要发生变化:看近物时,水晶体较凸起;看远物时,水晶体比较扁平(图6-9)。这种变化是由睫状肌进行调节的。睫状肌在调节时产生的动觉,给大脑提供了物体远近的信息。不过,调节作用只在10米的范围内有效。

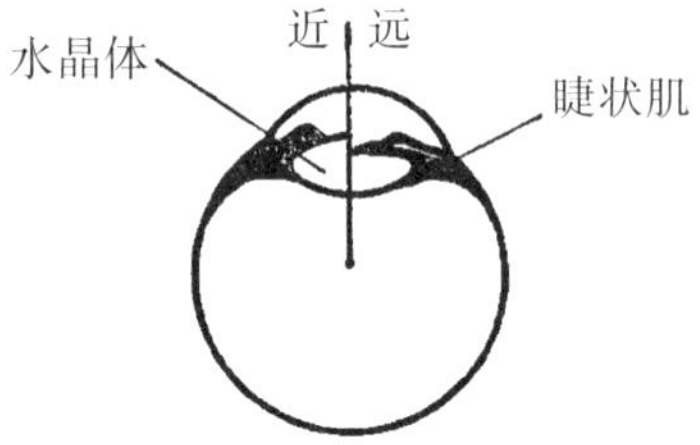

图6-9 眼睛的调节作用

以上8种距离知觉的线索,对于单眼视觉和双眼视觉都起作用。

(九)双眼视轴的辐合

所谓辐合就是指两眼视轴向注视对象的合拢。在看东西的时候,两眼视轴同时对准物体,交合在一点,才能获得清晰的单一视象。眼睛肌肉在控制视轴辐合时,产生的动觉也给大脑提供了物体远近的线索(图6-10)。不过辐合只在几十米的范围内起作用,物体太远,视轴趋于平行,对物体距离的感知则依靠其他的线索。

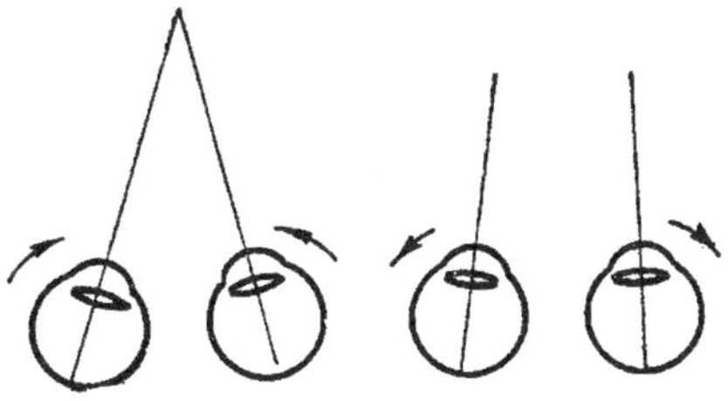

图6-10 双眼视轴的辐合

四、立体知觉

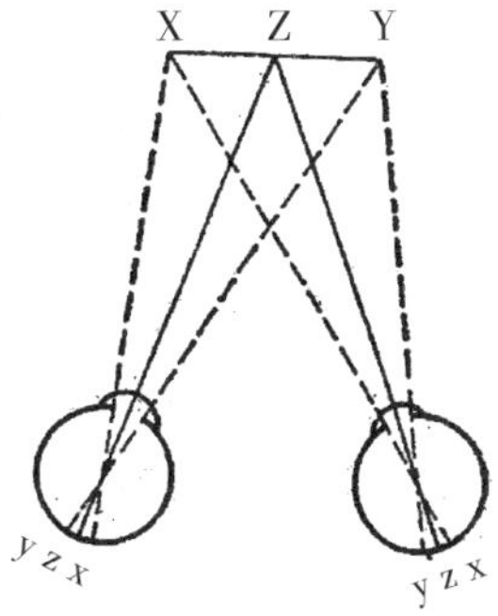

图6-11 平面物体的视象落在两眼网膜的对应部位

立体知觉，即深度知觉，是对立体物体或两个物体前后相对距离的知觉。除了距离知觉的有关线索外，立体知觉主要是双眼视差和手触摸物体凹凸的触摸觉的结合。

正常人的两只眼睛，其构造是一样的。两眼之间有一定的距离（成年人大约是65mm）。当我们注视一个平面物体的时候，两个视象完全相同，并在两个视网膜的相同部位上。如果将两个视网膜重合起来，则两个视象的位置也是重合的。这时，我们感觉到的是平面的物体（图6-11）。

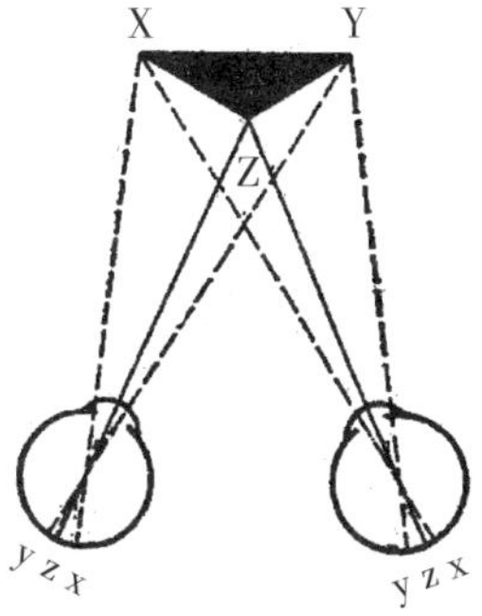

图6-12 立体物体的视象落在两眼网膜的非对应部位

当我们看立体物体或一大片景物（其中物体远近不同）的时候，两眼的视象便稍微有点差别：右眼看到右边多些，左眼看到左边多些。这样，两个视象落在两个视网膜的部位上便不完全相同，也不会完全重合（图6-12）。这就是双眼视差。双眼视差是立体知觉的重要线索。双眼视差转化为神经冲动，传到大脑，经过加工处理便产生了立体知觉。在观察一大片景物时，远近不同的视象落在两眼网膜不相应部位上，就产生了深度知觉。实体镜就是运用双眼视差的原理制成的。在实体镜里分别放上两张略有差别的照片，两眼通过三棱镜看去，在距离适宜时，就会产生立体感。在生活实践中，视觉的立体感往往受到触摸觉的验证，并与之结合在一起的。

在立体视觉中，双眼视差的作用也受到距离的限制。约在500米以外，双眼视差对感知立体物已不大起作用，1300米是立体知觉的极限。1300米以外，立体感的获得要依靠其他线索。例如，物体各部分明暗和阴影的分布、中间物的遮挡等。

五、方位知觉

方位知觉(即方向定位)是对物体所处的方向的知觉,例如,对东、南、西、北、上、下、左、右、前、后的知觉。

(一)方位知觉的参考系

物体在空间的方向位置,只能相对地描述。我们不能抽象地谈物体在空间的方向位置,只能指出它具体的、相对于另一物体的方向位置。这后一物体就是作为确定前一物体的参考体。固连于参考体上的任何一种坐标系,称为参考系。

东、南、西、北的方向是以太阳出没的位置和地磁为参考系所建立的方位。日出处为东,日没处为西,地磁的南极为北,地磁的北极为南。有了这个参考系,我们就可以在此基础上,以环境中熟悉的物体为参考体进行定向。例如,以已知某建筑物的门的朝向为参考体,来确定陌生物体的方向。在特殊条件下,没有熟悉的地面物作为定向的参考体,也可以用星象、罗盘或其他仪器来定向。在完全失去了客观标志和仪器来建立参考系的情况下,人是无法辨别东、南、西、北的。

上、下的方向也是相对的,依参考体而异。通常,我们是以天空和地面的关系为参考体来确定上、下方位的:天为上、地为下。人在此基础上,再确定其他事物的上下关系。

左、右、前、后的方向是以观察者自身为参考体所建立的参考系而言的。腹为前,背为后,两手一左一右,通常我们就是根据这个参考系来确定物体的左右、前后。左右、前后的方向也是因参考体而异,因而也是相对的。

应当注意,不仅感知物体的方向位置必须使用一个标准(参考体)或参考系才能确定,其他知觉如大小知觉、距离知觉、运动知觉、时间知觉等,也必须使用一个标准或某一参考系才能做出判断。例如,当我们问一个物体有多大时,就必须以某一物体为参考体才能进行判断。当我们问一个物体经历了多长的时间,也必须以某种时间作为参考体才能进行判断。

人主要是借助视觉、听觉、触摸觉、动觉、平衡觉等感官的协同活动对物体进行方向定位的。

(二)视觉的方向定位

在正常的环境中,人以视觉为主进行方向定位。物体在视野中的位置不同,相应地网膜上视象的位置也不相同。物体在网膜上的视象是上下颠倒、左右反转的,但是由于人在生活过程中,视象和触摸觉已经形成了牢固的联系,根据物象在视网膜上的位置,我们就能正确地判断物体的上、下、左、右等方向。

用视觉确定方向时，人往往要转眼、转头、转身去寻找物体，把视线对准物体，以便在视网膜上形成清晰的物象。如果物体在身体的上、下方，人还要仰头、低头、屈身去寻找物体。在这些情况下，视觉、动觉和平衡觉的协同活动向大脑提供的信息，就使人知道物体所在的空间位置。

（三）听觉的方向定位

对声源的方向定位，需要双耳协同工作。从一侧来的声音，由于到达两耳的强度和时间上的差别，成为声源方向定位的主要线索。与声源同侧的耳朵获得的声音较强，对侧耳朵由于声波受头颅阻挡得到的声音较弱，这样，声源就被定位于较强的一侧。低频声音因波长较长，头颅的阻挡作用小，两耳听到的强度的差别也较小。这时，判定方向主要靠两耳感受声音位相上的差别，即声波同一位相到达两耳的时间先后不同。高于3000赫兹的声音，两耳强度差较大，易于定位。两耳感受刺激的强度差是高频声音方向定位的主要线索。声速是344米/秒，当声源从正中偏向3°时，刺激两耳的时间差仅为0.03毫秒，人便能感觉到声音偏向一侧。时间差越大，感到声音偏向侧面的角度越大。偏向身体左右两侧的声音，到达两耳的强度差和时间差较大，人们易于辨别其方向；处于两耳轴线垂直平分面上的声音，到达两耳的强度差和时间差相等，人们难以分辨其方向。

强度差和时间差在声音方向定位中的作用可用逆听器（图6-13）的装置加以验证。逆听器有两个喇叭，左边的喇叭头有一个曲管经过头顶通到右耳孔；右边的喇叭头也是如此，与左耳孔相通。结果左耳接受右侧声波刺激，右耳接受左侧声波刺激。在闭眼的情况下，被试辨认的声音方位是颠倒的。

图6-13　逆听器

在听觉方向定位时，人经常转动身体和头部的位置，使两耳的距离差不断变化，以便精确地判断声音的方向。这样，即使是一只耳朵，借助头部和身体转动的线索也能够确定声音的方位。

听觉方向定位要靠大脑两个半球的协同工作。实验证明，切断胼胝体的狗，不能对声源定向。

在通常的情况下，正常人的方向定位以视觉、听觉为主，辅之以其他感官的协同活动。但在特殊的情况下，人还可能以其他感觉为主进行方向定位，例如在黑暗中，靠触摸觉和动觉来确定周围物体与人之间的方位关系等。

第四节　时间知觉

“一切存在的基本形式是空间和时间。”(恩格斯,1970)时间也和空间一样是一种客观存在。

时间知觉是人脑对客观现象的延续性和顺序性的反映。

一、时间知觉的参考系

时间,既没有开始也没有结束,从无穷的过去直到无穷的将来。要计量时间,也必须以某种客观现象作为参考体。人对时间的知觉总是以某种客观现象作为参考体的。作为时间知觉的参考标志有很多:

(一)自然界的周期性现象

太阳的东升西落,月亮的盈亏变化,星座的向西移动,季节的变化等,都可以成为我们感知、判断时间和调节活动的客观依据。自古至今,自然界的这些周期性现象对人测量时间和调节活动,都起过积极的作用。古代人根据自然界的周期性现象计算时间,制订历法,耕耘狩猎。目前我们对时间的不严格计量,如上午、下午、一天等,还是以太阳的变化位置为参考体来计量时间,安排生活的。

(二)计时工具:钟表和日历

人类发明了计时工具后,就以此来计量时间和调节活动。较长的时间,以日历的年、月、日来计量;较短的时间,以钟表来计量。我们用生活中的重大事件进行时间定向(如解放前后,粉碎“四人帮”之后等)时,就是以通常的日历作为参考体来计时的。

(三)人体自身的节律性活动和计数活动

脉搏、呼吸、肌肉运动的节奏性运动都可以成为计时的参考标志。利用数数,也能计量时间的久暂。

黄希庭、张增杰用再现法对5~8岁儿童短时距知觉的特点做过实验:呈现时距为3″、5″、15″、30″,让被试再现这些时距。实验在两种条件下进行:无时间标尺(没有提供节拍器)和有时间标尺(提供节拍器的响声)。结果表明,5~6岁组的儿童不会计数,时间知觉不准确、不稳定。7岁组儿童仍不能主动数数计时,时间知觉仍不准确;但在提供节拍器的情况下70%的儿童数拍计时,时间知觉准确性明显提高。8岁组有80%的儿童用数数计时,时间知觉的准确性和稳定性大为提高,有开始接近成人的倾向。用数数计时,明显提高了短时距知觉的准确性和稳定性(张增杰,黄希庭,1963,1979)。

二、生物钟

人除了有意识地运用各种参考标志来感知时间、估计时间之外,人的节律性行为和生理过程也能起自动计时器的作用。这就是通常所说的生物钟问题。

生物钟普遍存在于各种生物之中。草履虫的细胞核的大小以24小时为周期发生着变化:中午12点最小,然后逐渐增大,到夜间12点变得最大,次日12点又变得最小。雀鲷鹭生活在离海边约50千米的地方,每天要飞到海边来寻食。潮汐时间每天向后推迟50分钟,雀鲷鹭每天飞到海边来的时间也总比前一天推迟50分钟。抬潮蟹,落潮时活动,涨潮时栖息,它身上的保护色也与涨潮、落潮同步地发生变化。此外,如鸡叫3遍天亮、青蛙冬眠春晓、大雁南来北往等等,都是动物的生理活动和行为习性的节律性变化。这种现象好像生物体内有某种时计在控制。这种时计称为"生物钟"。

生物的节律性行为有些以24小时为周期,同太阳日相吻合;有些同月出、月落,或与海洋的潮汐相一致;有些以一年为周期;有些周期可能更长,达几年之久。

人体内也有生物钟。例如,不用闹钟,你也许会在预定的时间醒来。也许你从沉睡中醒来,就能够相当准确地说出是白天或夜晚的什么时间。这时,你并没有有意地运用某种时间参考标志,而是人体内在的一种时间感觉。你还可以看到,有些人的疾病会周期性地发作,如一些老年人的关节炎和风湿病有周期性发作的现象。甚至有的人的情绪也会有周期性的变化。这些都不是有意识地发生的,而是体内的时计在起作用。

人体内生物钟的物质基础是什么呢?科学家们发现,人体内的许多生理过程都有节律性的变化:心跳、呼吸、体温在一日之中有节律性的变化;血压、血液中白细胞的数目,血糖指标、排尿量以及尿中的化学成分每天都有节律性的变化;大脑的α波和内分泌也有节律性的变化。生物钟可能与人体内生理的、物理的、化学的节律性变化有关,是这些节律性变化的综合反应。

为了确证人体内有生物钟,科学工作者用深达40米的地洞或特殊的隔离室对被试进行了长期的研究。这里没有钟表、收音机,也没有预先安排的电灯开关提供外面是白天或黑夜的信号。被试一进入这个环境,便失去了从外部世界可以得到的任何时间线索。实验表明,被试的节律性活动和生理过程仍基本上保持24小时的周期。有人在日常工作条件下,对一个正常的男性被试进行了长达15年的研究,发现人类的一些生理过程存在着近似周年的节律。对两名有精神病态的人进行长期的观察表明,一名表现为每年有狂郁症的周期节律,另一名表现为大约一周年的体重增减循环。

生物钟是遗传的还是环境造成的？对这个问题的解释有两种理论。一种认为，生物钟是物种遗传的特征，也是单个动物的遗传特征，但它可以被外部的物质刺激加以调拨，从而改变其节律；另一种认为，生物钟完全是由各种宇宙环境现象所决定的。这两种解释，到底哪个最好，尚有待科学实验来证明，不过，目前大多数学者都倾向于前者。

三、时间估计

参与时间知觉的感官有听觉、触觉和视觉等。实验表明，听觉和触觉的时间估计最为准确。听觉辨认时距的最高限度为1/100秒，触觉辨认的最高限度为1/40秒，视觉辨认的最高限度是1/10～1/20秒。

人对长时距的估计往往不足，对短时距的估计往往过长，对1秒钟左右的估计最为准确。在一个实验中，让被试估计1分钟的时距，有一位被试在13秒时便认为到了1分钟。时距越长，时间估计的错误越大。

影响人对时间估计的因素，主要有下列几种。

活动内容影响着对时间的估计。在一段时间里，做紧张而有兴趣的事情，人们会觉得时间过得快，从而把这段时间估计得短些；如果对事情不感兴趣，事情又无关紧要，就觉得时间过得慢，对这段时间的估计要长些。例如，当学生从事积极的智力活动时，便觉得一节课很快就过去了；如果课程内容单调乏味，学生没有学习积极性，就觉得时间过得特别慢。

情绪和态度也影响着对时间的估计。在欢乐的时候，觉得时间过得快，时间被估计得短些；在烦闷和厌倦的时候，觉得时间过得慢，时间被估计得长些。期待着愉快的事情（如等火车、迎亲人），就会感到时间过得慢些；希望不愉快的事情不要来临，就觉得时间过得快。

在回忆的时候，时间估计的情况与上述情形相反。同有趣的、欢乐的事情联系着的一段时间，回忆起来就觉得长些；单调乏味的一段时间，回忆起来就觉得短些。之所以出现这种情况，这与回忆时联想的多寡有关。

由于上述因素的影响，人的时间知觉的个别差异明显，儿童更为显著。时间估计也可以通过人的实践活动，在积累经验的基础上变得更加精确。例如有经验的教师不用看手表也能准确地估计一节课的45分钟。

四、时间知觉和空间事件

时间知觉和空间事件是可以互相影响的，这已为许多实验所证实。最早进行这方面研究的是赫尔森和金（Helson & King，1931）。如图6-14所示，在被试的前臂上安排了3个等距离的受刺激点，组成一个触觉的等边三角形，当刺激A点和B点之间的时间间隔大于刺激A点和C点的时间间隔时，被试觉得AB的距离似乎要大于AC的距离，表现出时间知觉对空间知觉的影响。这种现象称为T效应。T效应在视觉领域也得到了证明(Abbe，1937)。

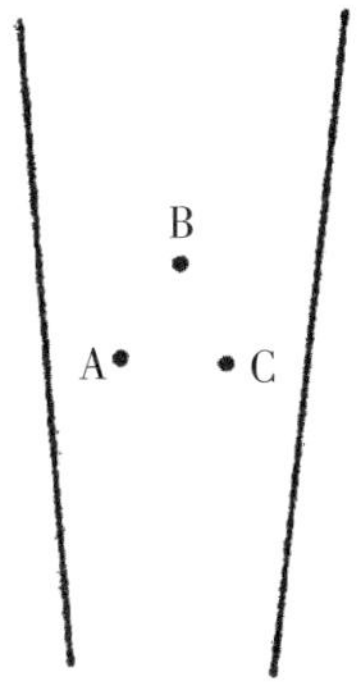

图6-14 T效应的实验安排

时间知觉受空间事件影响称为K效应。在汉塞尔和西尔威斯特(Cohen，J.Hansel & Sylvester，1953，1955)的实验中，将3个灯泡排成一行，如图6-15所示。开亮A灯泡和B灯泡之间的时间间隔等于开亮B灯泡和C灯泡之间的时间间隔。但由于AB的距离大于BC，被试觉得A灯泡和B灯泡之间点亮的时间间隔要长些，表现出空间知觉对时间知觉的影响。

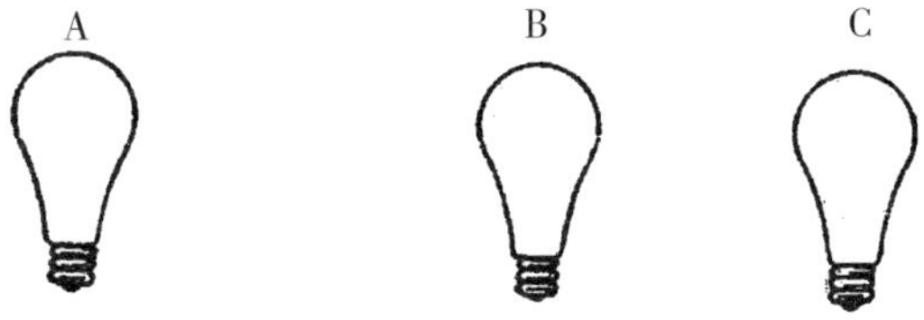

图6-15 K效应的实验安排

笔者的一个研究表明，K效应在儿童身上表现得特别明显。实验中，主试用尼龙线牵引一辆小汽车，呈现两种时距：小汽车行驶2米或4米历时10秒，小汽车行驶2米或4米历时20秒，让被试再现这4种实验课题中的两种时距。结果表明，各年龄组的被试对小汽车行驶2米历时10秒或20秒的再现时距都小于小汽车行驶4米历时10秒或20秒的再现时距。再现时距的准确性明显地受到空间关系的影响，即尽管呈现时距都是10秒或20秒，但由于小汽车行驶距离远些(4米)，他们的再现时距都较长些，并且年龄愈幼小，K效应也愈明显(黄希庭，杨宗义，刘中华，1980)。

第五节 运动知觉

运动是物质的根本属性和存在方式。整个物质世界，小到微观粒子，大到宏观天体，从非生物到生物，从自然界到人类社会，都处在不断的运动之中。“应用到物质上的运动，就是一般的变化。”(恩格斯，1971)“一切运动都是和某种位置移动相联系的。”(恩格斯，1971)但是，“位置移动决不能把有关的运动的性质包括无遗”(恩格斯，1971)。

心理学中讲的运动知觉，一般是指对物体的空间位移和移动速度的知觉。通过运动知觉,我们可以分辨物体的静止和运动以及运动速度的快慢。

一、运动知觉依存于哪些条件

运动知觉依赖于许多主客观条件。这些条件有:

(一)物体运动的速度

非常缓慢的运动和非常快速的运动,都不能直接地觉察出来。例如,钟表上时针的移动,速度太慢,我们不能直接觉察出来;光的运动,速度太快,由于视网膜刺激的短暂性,我们也看不出它的运动。

眼睛刚刚可以辨认出的最慢的运动速度,称为视运动知觉下阈。运动速度大到看不清时,这种运动速度,称为视运动知觉上阈。视运动知觉的阈限用视角/秒表示。研究表明,视运动知觉下阈为1～2度/秒(Gordon,1947),上阈为35度/秒(Roger Brown,1958)。

运动知觉的差别阈限符合韦伯定律。实验方法是用一个物体的标准速度和另一个物体的变化速度进行比较,让被试辨别两种速度的最小差别。这两种速度可以用3种方法呈现:① 分别呈现:两台仪器相距一定的距离,分别呈现标准速度和比较速度;② 紧接呈现:在一台仪器上先呈现标准速度,接着呈现比较速度;③ 同时呈现:在一台仪器上同时呈现标准速度和比较速度,让被试对这两种速度进行比较,做出判断。由于呈现方法的不同,运动知觉的韦伯分数也不同。根据许多研究者的实验结果,运动知觉的韦伯分数是:

分别呈现:0.138;

紧接呈现:0.0769;

同时呈现:0.00128。

(二)运动物体离观察者的距离

运动物体离观察者的距离,直接影响着运动知觉。以同样速度运动着的物体,如果离我们近,看起来速度快;如果离我们远,看起来速度慢;如果离我们很远,看起来移动得很慢,甚至看不出在动。这是因为物体运动的角速度的不同而产生的。等速运动的物体,在相同时间内,距离远时比距离近时运动的视角范围小(图6-16)。在这里,角速度是指在单位时间内物体运动的视角范围。因此,运动知觉阈限也可以用角速度来表示,根据物体运动的角速度和它离我们的距离,就可以换算出物体运动的绝对速度。

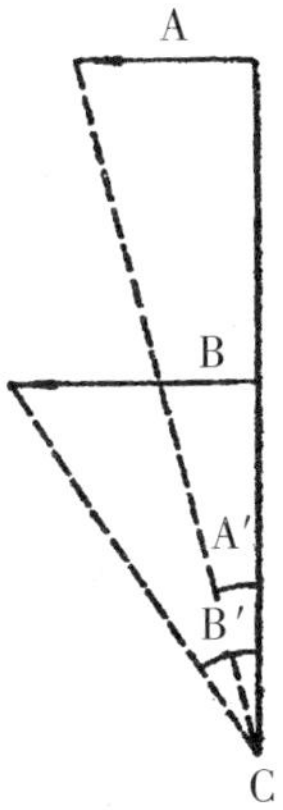

A和B表示不同距离物体的运动速度;A′和B′分别表示A和B的角速度;C表示观察者。

图6-16 运动物体的距离同角速度的关系

(三)运动知觉的参考系

世界上的任何事物都处在不断的运动中。运动和静止,运动速度的快和慢,都是相比较而言的。人在观察某一物体是运动还是静止,以及运动速度的快慢时,都是以另一物体做比较的。这个被比较的物体,就是运动知觉的参考体,或参考系。例如,我们在公路上看到行人来来往往,汽车南来北去,这种运动知觉是以地球作为运动物体的参考系的。

选择的参考系不同,运动知觉也就不同。例如,在没有更多的参考标志的条件下,两个物体中的一个在运动,人可能把它们中的任何一个看成运动的。我们可以把月亮看成在云彩后面移动,也可以把云彩看成在月亮前面移动。其实,相对于云彩来说月亮并没有移动,只是运动着的云彩"诱导"出静物(月亮)好像在运动,这种现象叫作诱导运动。

在暗室中,被试注视一个静止的光点,过一段时间就会看到光点在运动,这种现象叫作自主运动。这种现象的发生,是由于在视野中缺乏其他事物作为参考体之故。

(四)观察者自身的静止或运动状态

观察者自身也往往是运动知觉的参考系。他的运动或静止状态以及对这种状态的自我意识,也是运动知觉的一个重要条件。例如,在火车上观看临近火车的开动,往往分不清是自己这列火车在开动还是另一列火车在开动。这时,只有以月台等固定景物作为参考体,或通过平衡器官觉察到自身的颠簸或加速,判定了自身的运动状况之后,才能分辨出哪一列火车在运动。

有时观察者自身在运动却误认为自己是静止的,这样就产生了运动错觉。例如在开动的轮船上,俯首观水,稍久,便只觉得水在流动而轮船却不动。这是观察者把自身运动的参考系看成了静止的参考系之故。

除上述条件外，其他因素也会影响运动知觉，例如，视运动知觉还与照明度因素有关等。

二、人通过哪些感官反映物体运动

人用眼睛专门感知光波，用耳朵专门感知声波，却没有专门感知运动的感官。我们对事物运动的知觉是通过多种感官的协同活动而实现的。参与运动知觉的感官有视觉、动觉、平衡觉，有时还有听觉和肤觉。

例如，在人的眼睛和头部不动时，运动物体连续刺激网膜各点，视象在网膜上的移动，通过视觉的信息，我们便感知到物体在运动。

又如，在听觉方面，我们可以从火车的声音由弱变强或由强变弱，感知到火车在由远及近或由近及远地运动。

再如，皮肤上的连续刺激，使我们感到有某个东西在身上爬行。

在通常情况下，运动知觉是靠各种感官的协同活动而实现的。在人的眼睛和头部不动时，运动物体在网膜上的视象的连续转移，便产生了物体运动的知觉，而网膜视象的移动方向同运动物体的移动方向正好相反。但是在人的生活中由于视觉、动觉和触摸觉的协同活动，已经习惯了这种上下颠倒、左右反转的情况。用眼睛和头部追随运动的物体，由于眼球和头部转动的动觉信息，人也会知觉到物体在移动。如果我们自己在移动，或用眼睛从一个固定的物体转移到其他固定的物体，虽然网膜的视象在移动，我们却并不因此认为物体在移动。这是因为身体的平衡觉、头部的动觉抵消了网膜上视象的位移。所以，大多数情况下，运动知觉是各种感官相互作用的结果。

静止的刺激很快地相继刺激网膜上邻近的部位，也会获得运动的印象。如图6-17在不同位置上的A、B两条直线，如果以适当的时间间隔（0.06秒）依次先后呈现，便会看到A向B移动，如C。当时间间隔过短（低于0.03秒），只会感到A与B同时出现；时间间隔过长（长于1秒），便感到A、B先后出现。实际上没有动的刺激物，在适当条件下却感知到它在运动，这种知觉现象，便叫作"似动现象"。电影就是利用似动现象的原理摄制和放映的。

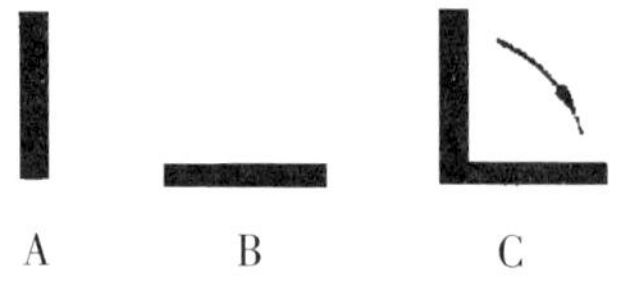

图6-17 似动现象的实验

第六节 错 觉

错觉是对外界事物的不正确的知觉。在一定的条件下，人在感知事物的时候，会产生各种错觉现象。

一、错觉种类的举例

早在春秋战国时候，荀子就分析过多种错觉现象。如“冥冥而行者，见寝面以为伏虎，见植林以为后人也，冥冥蔽其明也”“厌目而视者，视一以为两；掩耳而听者，听漠漠而以为讻讻，埶乱其官也”“水动而景摇，人不以定美恶，水埶玄也”(《荀子·解蔽篇》)。

错觉现象十分普遍，差不多能在各种知觉中发生。

(一)图形错觉

图形错觉主要是视错觉。如图6-18所示，垂直水平错觉图中，垂直线和水平线是等长的，但看起来垂直线好像要长一些。在米勒-莱尔错觉中，由于箭头朝向的不同，两条等长的线段看起来好像不一样长。在赫夫勒错觉(Hofler illusion)中，两条本来笔直的线段变弯了。在黑林错觉和冯特错觉中，本来的平行线看起来不平行了。在奥尔比逊错觉(Orbison illusion)中，正方形四条边都变弯了。

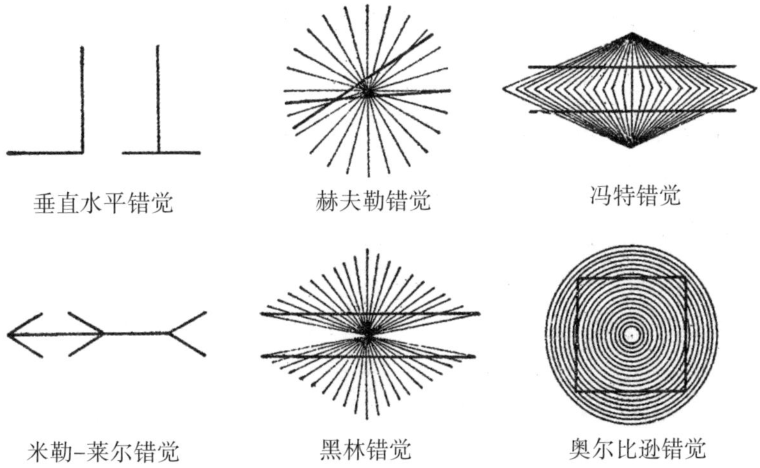

图6-18 图形错觉

(二)形重错觉

一斤铁同一斤棉花的物理重量相等，但是，人们用手加以比较时(不用仪器)都会觉得一斤铁比一斤棉花重得多。这是以视觉之“形”而影响到肌肉感觉之“重”的错觉。

(三)大小错觉

初升或将落山时的太阳,看起来要比中午时大些。其实,它们是一样大的。这种错觉主要是由于太阳与周围环境的关系不同而造成的。初升或将落山时的太阳与群山、房屋、树林等相比较就显得大些,中午时太阳与辽阔的天空相比较就显得小些。这种现象称为太阳错觉。你如果乘过海轮,就会有这样的经验:在码头上看远洋轮,觉得它是个庞然大物。如果乘上去航行在辽阔的海洋上,就觉得它太渺小了。这些都是同样性质的错觉现象。

(四)方位错觉

听报告时,报告人的声音是从扩音器的侧面传来的,但我们却把它感知为从报告人的正面传来。又如,在海上飞行时,海天一色,找不到地标,海上飞行经验不够丰富的飞行员因分不清上下方位,往往会产生"倒飞错觉",造成飞入海中的事故。

(五)运动错觉

当图6-19的圆盘慢慢转动时,你注视它15秒或20秒,此时,这圆盘似乎在放大或似乎在缩小(视旋转方向而定);如果你转过头来定视一个人的面孔,便觉得此人的面孔似乎也在放大或缩小。

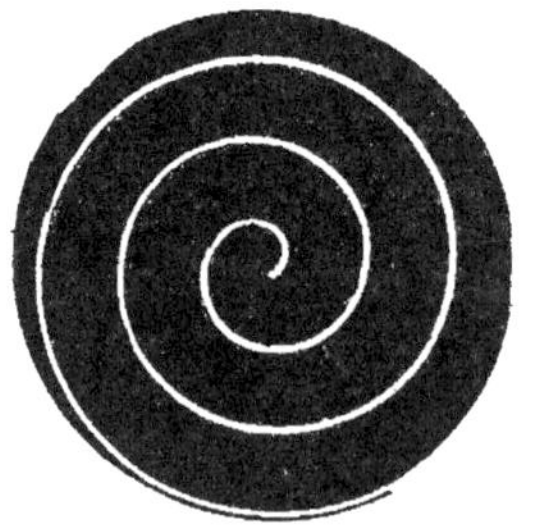

图6-19 演示运动错觉的图形

还可以举出许多错觉的例子。不过,要注意的是,错觉不同于幻觉。错觉是在外界刺激物作用于感觉器官时产生的不正确的知觉;而幻觉则是在没有外界刺激物作用于感觉器官时所产生的一种虚幻的知觉。幻觉在一定时间内能够消失;错觉一般是不会消失的,只有通过实践加以验证,才能识别其真伪。

二、错觉产生的原因

关于错觉产生的原因虽有多种解释,但迄今都不能完全令人满意。这是一个相当复杂的问题。从现象上看,错觉的产生可能既有客观的原因也有主观的原因。

客观上,错觉的产生大多是在知觉对象所处的客观环境有了某种变化的情况下发生的。有的是对象的结构发生了某种变化,如垂直水平错觉,有的是对象处于某种背景之中,如太阳错觉等。知觉的情景已经发生了变化,但人却以原先的知觉模式进行感知,这可能是错觉产生的原因之一。

主观上，错觉的产生可能与过去经验、情绪等因素有关。人对当前事物的感知总是受着过去经验的影响。错觉的产生也受到过去经验的影响。例如，我们生活在地球上，习惯地把小的对象看成在大的静止背景中运动，如人、车辆在静止的大地上运动。所以，月夜观月，也习惯地把大片白云看成静止的，误认为月亮在云后移动。

情绪态度也会使人产生错觉。例如，时间错觉：焦急地期待、通宵地失眠、百无聊赖、无事可干等都会使人感到时间过得很慢，有所谓的“度日如年”“一日三秋”之感。全神贯注于自己的事业或欢乐的活动，会使人感到时间过得很快，有所谓的“光阴似箭，日月如梭”之感。战败了的士兵，由于恐惧情绪而产生“风声鹤唳，草木皆兵”的错觉等。

错觉也可能是各种感觉相互作用的结果。例如，形重错觉的产生很可能是大脑接受视觉信息多于肌肉动觉的信息而引起，因为正常人从外界所接收的信息，绝大部分来自视觉。在提同样重量的物体时，根据视觉提供的信息，人便准备用大力气去提大物，用小一点的力气去提小物，结果便感到两个物体重量不同，总觉得较小的物体重些。又如，听报告时声音从侧面的扩音器传来，我们总觉得它来自报告人的口中。这种“声源移位的错觉”则是视觉和听觉相互作用的结果。

总之，产生错觉的原因是多种多样的。这里，既有客观的因素，也有主观的因素；既有生理的原因，也有心理的原因。在各种错觉产生的过程中，这些因素也不是孤立地平均地起作用的。某种具体错觉产生的原因，应具体地进行分析。

三、研究错觉的意义

研究错觉现象及其产生的原因，具有理论和实践的意义。

通过对错觉的研究，可以更全面地了解人的认识的产生条件、过程和特点，为批判唯心论和形而上学的认识论，以及论证辩证唯物论的认识论提供科学材料。

通过对错觉的研究，可以在实践活动中采取措施来识别错觉和利用错觉。有时，我们需要识别错觉，当错觉出现时，能辨别其真伪，以免在行动上发生错误或事故。识别错觉的最有效的办法是实践。例如，我们只要用圆规和三角板实际地测量一下前述的图形错觉，就不难发现其真伪。有时我们需要利用错觉使其在某些实践活动中产生预期的心理效应。例如，在军事上，可以创设条件，给敌人造成错觉，以达到伪装和隐蔽的目的。在服装设计上，根据人体的体型特征创设条件，造成某种错觉，使人有一种美的感受，等等。

第七节 观 察

一、什么叫观察

观察是有目的、有计划、比较持久的知觉。

根据人在知觉事物时,有没有预定的目的方向性,可把知觉分为两类:无意知觉和有意知觉。

无意知觉是事先没有预定的目的任务,也不需要意志努力的知觉。它可能是由外界事物的某种特点(如对象的鲜明性、异常性等)所引起,也可能由这些对象与人的兴趣需要相符合所引起。例如,当你漫步公园,只见绿树成荫,湖边的柳条随风飘荡,平静的湖面不时泛起一阵阵涟漪;你也许会听到近处鸟儿的喳喳声和远处汽车的喇叭声……这些就是无意知觉。

有意知觉是按照事先预定的目的任务,并需要一定意志努力的知觉。例如,听报告、参观博物馆、分析设计图纸等都是这类知觉。

观察是有意知觉的高级形式。在观察的时候,观察者要预先提出一定的目的或任务,拟出一定的计划,察看(或倾听)被观察的对象,仿佛向它提出问题,从中寻求某种答案。例如,教师指导学生观察石灰石,让他们一面察看,一面解答下列问题:"这是什么东西?""由什么构成的?""有哪些主要特点?""有什么用途?"观察后进行总结。可见,观察不是消极地注视,其中必有积极的思维活动,是一种"思维的知觉"。

观察在人类实践活动的各个领域中,具有极其重要的意义。科学研究、生产劳动、艺术创作、教育实践都需要对所从事的对象进行系统、周密、精确的观察,获得有价值的第一手材料,从而探寻出事物发展变化的规律。科学家、革新家、教育家、作家、画家的成就,在很大程度上是与观察力的高度发展分不开的。著名的英国生物学家达尔文创立生物进化论,是大量科学观察的结果;伟大的俄国生理学家巴甫洛夫十分重视观察,他的座右铭是"观察、观察、再观察"。

二、良好观察力的必备条件

观察力就是观察的能力。良好的观察力必须具备下列条件:

(一)观察必须是客观的

我们的感觉是能够正确地反映客观事物的。但是,如前所述,在日常生活中,错觉可以在各种知觉中发生。在观察时,人往往无意地根据过去的经历、知识或有意地去填补空白,从而使观察产生错误,这就需要进行反复的核对,以消除虚假的观察结果。

在戈廷根(Göttingen)的一次心理学会议上,突然从门外跑进一个人,他后面追着一个拿手枪的人。两人正在屋子中央搏斗时,突然响了一枪,接着两人又一起冲了出去。这一事件共计20秒钟。主席立即请所有与会者写下他们的目击经过。将交上来的40篇报告与事先的录像进行对照,结果表明,只有1篇在主要事实上错误少于20%,14篇有20%~40%的错误,25篇有40%以上的错误。值得注意的是:在半数以上的报告中,10%或更多的细节纯属臆造。其他心理学家所做的类似实验,其结果也大致相同。

(二)观察必须是辩证的

客观事物是互相联系的,处于不断的运动、发展和变化之中。对事物的观察,应该采取联系的观点、运动和发展的观点,应避免孤立地、片面地、静止地去观察。

(三)观察必须目的明确、计划详尽,避免先入之见的干扰

观察是以提出任务开始的。根据提出的观察任务,要拟定出详细的观察计划,这样才能预见到观察对象的各个方面,避免知觉的偶然性和自发性。但是,人在观察时,思想应该不受约束,以免用先入之见去搜寻预想的结果,从而忽视了对意外现象的注意。意外情况可能导致意想不到的重要事实的发现。有创造能力的科学家的敏感性就在于善于抓住意外的、表面上微不足道的线索而取得科学上的突破。

(四)观察必须以观察者的事先准备,具备一定的知识和技能,掌握工作方法为前提

有学问的土壤学家能在一小撮泥土上发现许多有价值的因素,而一个门外汉看到的只是一撮泥土而已。

(五)观察时必须做好记录,善于详尽地收集资料

良好观察力的条件是在生活实践中经过有计划的系统训练而获得的。教师应结合教育、教学实际,有目的、有计划地对儿童进行训练,使他们的观察力得到发展。

本章相关文献

曹日昌.(1963).普通心理学.北京:人民教育出版社.

B.B.波果斯洛夫斯基.(1979).普通心理学.魏庆安,等译.北京:人民教育出版社.

斯米尔诺夫.(1957).心理学.朱智贤,等译.北京:人民教育出版社.

克雷奇,等.(1980).心理学纲要.周先庚,等译.北京:文化教育出版社.

和田陽平,大山正,今井省吾.(1969).感覚+知覚心理学ハンドブック.誠信書房.

H.R.Schiffman.(1976).Sensation and perception:an integrated approach.Wiley.

S. A. Mednick, J. Higgins, &J. Kirschenbaum. (1975). Psychologyy: Explorations in behavior and experience. John Wiley & Sons.

第七章　注　意

本章主要问题：

1. 注意是一种什么样的心理现象？它在人的心理生活中起什么作用？
2. 用什么办法判断一个人是否专心地进行学习或工作？
3. 在注意某种事物时，我们的脑子是怎样进行活动的？
4. 什么是注意力？怎样鉴别人们注意力的好坏？
5. 怎样克服分心，使你的学习、工作更富有成效？
6. 一心能二用吗？

第一节　概　述

一、注意的定义

注意是心理活动对一定对象的有选择的集中。

注意是大家所熟悉的一种心理现象。例如，学生在上课时用心地听老师讲课，仔细地观察黑板上的挂图，当老师提出问题时，学生们都聚精会神地思考着老师提出的问题。这里讲的“用心”“仔细”“聚精会神”就是学生在上课时的注意现象。在同一时间内，学生只听老师的讲课，不听其他的声音；只观察挂图，不看其他的东西；只思考老师提出的问题，不思考其他问题。这就叫有选择，或有选择的指向。上述活动不仅有选择地指向一定的对象，而且维持着这种选择，并且使活动不断地深入。这就叫有选择的集中。由于这种有选择的集中，每一瞬间人的心理活动就只能指向一定的对象，而离开其余的对象。

注意的对象既可以是外部世界的物体和事件，也可以是我们自己的行动或观念。在同一时间内，人只能注意少数的对象而不能注意所有的对象。在一个数千人的群众集会上，我们只能同时看清楚少数几个人，而不能看清所有的与会者；在回忆往事的时候，我们只能同时忆及少数的往事，而不能忆及所有的往事；在射击的时候，我们只能同时注意与射击目标有关的动作，而不能注意其他一切动作。由于心理活动对一定对象有选择的集中，这些少数对象就被清晰地意识到，而其他同时对我们起作用的对象，就没有被意识到或只能模模糊糊地被意识到。因此,注意总是心理活动离开其他的对象而对某些对象的集中。集中注意的对象是注意的中心,其余的对象或处于“注意的边缘”,或在注意的范围之外。当然,注意中心与注意边缘也是经常变化的。新的对象不断地变为注意的中心,原来注意中心的对象可以退到注意的边缘,甚至完全不被注意到。

我们可以把一定对象中的多种因素作为一个整体而加以注意,也可以对一定对象的某一部分或某种属性加以注意。例如,在察看机器时,我们可以把具有各种零件的机器作为一个整体加以注意,也可以仅注意机器中的某个零件或某个零件的某种属性;在听音乐时,我们可以将许多音调作为一个完整的乐曲来欣赏,也可以仅注意乐曲中某一个音的响度或音调。当我们在这样做的时候,对象的整体或部分便清晰地被我们意识到。

二、注意是心理活动的共同特性

注意不是一种独立的心理过程,而是感觉、知觉、记忆、思维、想象等心理过程的一种共同特性。注意是心理活动的选择性,它表现在人的心理活动中。

任何心理过程的开端,总是表现为我们的注意指向于这一心理过程所反映的事物。但是,注意并不反映这个事物。因为当人在注意着什么的时候,他也就感知着什么、记忆着什么、想象着什么、思考着什么。在心理过程开始之后注意并不消失,它伴随着心理过程,保证着心理过程能顺利地进行。但是,注意并不是心理过程。因为它只能维持某种心理活动的指向,使这种活动不断地深入。这时注意也不反映某种事物。我们平常所说的“注意来往的车辆”,并不是说注意本身就是独立的反映过程,而是由于习惯,把“注意看来往的车辆”中的“看”字给省略了的缘故。

不仅认识过程有注意,而且在人的情感体验和意志行动中,注意也是不可缺少的。例如,在悲痛的时候,我们注意着引起悲痛的原因;遇到困难的时候,我们注意着当前所要克服的困难。无论哪种心理过程都离不开注意。所以,注意是心理活动的一种共同特征,表现在人的全部心理活动之中。

人在清醒的时候,心理活动总是指向某种事物的。我们通常所说的“不注意”,实际上是没有注意应该注意的事物而注意了其他无关的事物。例如,说某个学生上课时没有注意,其实,他并不是完全没有注意,只不过是没有把注意力集中到听课上,而是把注意力指向与上课无关的事情上去了。

那么,注意在心理活动中起着什么作用呢?

注意使心理活动处于一种积极状态并具有一定的方向。例如,当我们注意思考某一问题的时候,思维便处于积极的状态,思维活动集中于解决这个问题上,思想按这个问题的内在联系一个接着一个地依次发生，这样就使思考的问题易于解决。注意在知觉过程中同样起着这种作用。带有注意的知觉总是处于积极的状态，具有一定的方向。我们只知觉到与我们当前任务有关的东西，而不为其他刺激所吸引，这样，我们的知觉就清晰而准确。当医生注意地听诊病人的时候，注意提高了医生的听觉感受性，使他的感知具有一定的方向，从而能够顺利地诊断疾病。总之，注意能使感受性提高，思维清晰，情绪高涨，从而使行动集中有力、反应及时准确。注意对学习、劳动和创造而言都是必不可少的心理因素。

三、注意和个性的关系

既然注意是心理过程的共同特征，那么，一个人经常表现出来的注意状态就表现了他的个性特性。根据人的注意状态的不同，可以把人区分为细心的人、疏忽大意的人和分心的人。细心的人做事注意力集中，他不仅留意外部事物的变化，而且善于觉察他人的内心世界；疏忽大意的人，不善于把注意力集中于一定的对象，对注意对象的判断肤浅表面，缺乏洞察别人内心世界的能力；分心的人，其注意力很容易为外界情景和无意联想所左右，这种人意志力薄弱，内心世界相当贫乏。

注意明显地受个性倾向性的制约。人们的理想、信念、世界观等个性倾向性决定着注意的内容和方向。缺乏理想、充满资产阶级思想的人，注意金钱和庸俗的物质享受；具有崇高理想、真正树立了无产阶级世界观的人把注意力集中在为人民服务的事业上。在不同职业中所形成的兴趣，也明显制约着注意。例如，建筑师对于大森林中的参天树木，往往作为良好的建筑原料加以注意，而诗人、画家注意到的却是大自然的美景。

第二节 注意的外部表现和生理机制

一、注意的外部表现

人集中注意于某个对象时，常常伴随着一些特有的生理变化和表情动作。注意时最显著的外部表现，有下面几种情况。

（一）适应性的运动

当注意听一个声音时，把耳朵转向声音的方向，侧耳倾听。当注意看一个物体时，把视线集中在该物体上，眼睛盯着看，即所谓的举目凝视。当沉浸于思考问题或想象某件事物的时候,眼睛常常是“呆视着”,好像看着远方一样,即所谓的全神贯注。侧耳倾听、举目凝视、呆视远方都是注意的适应性运动。巴甫洛夫把注意叫作定向反射。所谓定向反射就是当新异刺激出现时,有机体以自己的感觉器官朝向新异刺激,并探究其来源的一种反射。这种反射也叫“是什么”反射或探究反射。这是一种简单的无条件反射,是注意的初级形式。

(二)无关运动的停止

当人正在紧张注意时,其外部动作常常表现为静止状态。儿童听老师讲故事,听得出神了,抬起头一动也不动地望着老师。这就是紧张注意时无关运动停止的表现。所以,无关运动的停止也是紧张注意的一种特征。

(三)呼吸变得轻微而缓慢

人在注意时呼吸变得轻微而缓慢,呼与吸的时间比例也改变了,一般吸得更加短促,而呼得愈加延长了。在紧张注意时,常发生呼吸暂时停止的情况,即所谓的“屏息”现象。例如,在音乐演奏会上,人们听得很专心,尽管有那么多听众,却仍然很安静,听不到其他响声,甚至连自己轻微的呼吸也觉察不到。因此,所谓屏息无声,是紧张注意的另一种特征。

此外,在紧张注意时,还会出现心脏跳动加速,牙关紧闭,握紧拳头等现象。例如,在专心观看激烈的体育竞赛时,观众常有这种现象。

但是,我们也会看到注意的外部表现和注意的内心状态不相符合的情况。例如,貌似注意一件事情而真实的心理活动却集中在另一件事情上,我们常说的“小和尚念经有口无心”“心不在焉地听讲”等,就是指的这种现象。还有貌似不注意的现象,例如有经验的侦探在破案时外表上若无其事,但内心对案情则十分注意。

记录注意时的眼睛运动轨迹,可以用来研究一个人的注意的特点。因为在视知觉过程中,人的视线总是对准所注意的对象的某一点。这一点也就成为眼睛的注视点,然后眼睛以跳动的方式将视线转换到新的目标上。在每次转换目标以后,眼睛都会稍停片刻,注视这一目标,然后再跳动到新的注视点上,即以“注视—跳动—再注视—再跳动”的形式观察着所知觉的对象。可以利用照相、电影摄像,或者记录眼球运动时眼肌的电位变化,来研究注意时对象的不同部分所起的作用。

二、注意的生理机制

注意的生理机制是很复杂的,它包括中枢神经系统多水平的整合活动。为了探索注意的生理机制,神经心理学家把注意区分为3种不同的成分:与有机体觉醒状态相联系的注意,选择性的注意和有目的、主动的注意。对注意神经机制的探讨既应当在脑的个别结构方面,也应当在注意的个别成分方面进行研究。

(一)觉醒状态和注意的生理机制

觉醒状态和注意是密切联系的。觉醒状态影响着有机体对外界输入信息的接受性能。没有觉醒,就不会有注意这种心理现象。动物实验表明,脑干网状结构的上行激活系统对保证有机体的觉醒状态和注意是必不可少的。例如在一定水平上切断脑干网状结构时,动物就出现持久的睡眠状态。临床的观察也表明,脑干上部和第三脑室壁的损伤患者出现睡眠或梦样状态,皮质的紧张度急剧下降,选择性的注意发生严重障碍。

觉醒状态的维持与脑内多种神经介质有着密切的关系。脑内的儿茶酚胺(CA)是维持觉醒的重要因素,其中多巴胺(DA)主要与行为觉醒有关,去甲肾上腺素(NE)主要与脑电觉醒有关。用注射左旋多巴,使脑内形成CA,动物出现行为觉醒;但是应用CA合成的抑制剂,如α-甲基酪氨酸,降低脑内CA,则动物产生睡眠。应用电毁动物脑内不同区域的方法,分别降低NE和DA,发现电毁Nebula复合体,脑内DA降低,动物的清醒行为和运动能力丧失,但脑仍具有清醒的特征。用毁损动物蓝斑核前端的NE神经元或中缝核前端的5-羟色胺(5-HT)神经元的实验表明,NE神经元活动加强及5-HT神经元活动降低,都可使动物保持清醒。有人以正常动物或缺乏睡眠的动物的脑脊液中分离出一种分子量为500~1000之间的肽类物质(称为E因子)注入鼠脑室内,引起白鼠活动增加,睡眠减少,从而认为E因子可能与觉醒有关(Olsnes,S.等,1974)。因此,可以认为,脑内的CA等神经介质对维持注意状态是必要的。

(二)边缘叶在注意成分中的作用

脑干网状结构的上行激活系统只能保证最一般的觉醒状态和注意,要保证选择性的注意,即分出某种信号并抑制对附加刺激物的反应,就必须有更高位的脑组织:边缘叶和大脑额叶的参与。

边缘叶中的海马以及与之相联系的尾状核是保证有机体有可能实现选择性注意的重要器官。据最新的在神经元水平上所进行的研究表明,这些组织(特别是海马)中多数神经元并不是对特异通路的所有刺激都做出回答,它们似乎会对新、旧刺激进行比较:对新的信号做出反应,对习惯化的刺激加以抑制。因而,海马被认为像"过滤器"那样,抑制旧的习惯化的刺激,从而保持对新信号的反应。临床研究表明,上述这些组织的损伤,患者选择性的注意严重障碍,例如,中心线附近深部肿瘤的患者并不表现出认识、动作、言语或形式逻辑过程的明显障碍,但心理过程的选择性却遭到破坏,患者高度分心,很快中断主动的有目的的行动。

(三)大脑额叶在注意成分中的作用

大脑额叶在高级的、有目的的、主动的注意中起着重要作用。切除额叶的动物不能进行延缓反应。可以用下列方法来测定动物的延缓反应:在可滑动的盘内存放两个或更多的杯子,让猴子或猩猩隔着栏杆观看,把一份食物放在一只杯子的下面。然后在动物前面放下不透明的门,经过一定的时间,把盘子推近栏杆并开门,使动物伸“手”能拿到杯子。让动物选择一个杯子,选对了就可以得到奖赏。正常的猴子在看到食物与选择杯子之间延缓几小时甚至更长的时间也能选对。动物切除双侧额叶后,哪怕仅延缓5秒钟,也只是碰巧才选对。它们完全不能正确选择有食物的杯子。如果去掉有关的附加刺激物或在使用降低皮质总紧张度的镇静剂的情况下进行实验,这种动物的延缓反应可以得到恢复。这说明切除额叶的动物之所以不能进行延缓反应,其根本的原因不是它不能保持过去的痕迹,而是由于附加刺激经常引起分心,不能集中注意之故。

临床观察也表明,额叶损伤的患者会产生定向反射的病理性亢进,因而妨碍他们有目的地完成任务。这种病人对任何附加刺激都能产生冲动性的定向反应,不能按照言语指示集中注意。他们非常容易分心,经常根据刺激物的变化而由一种工作转到另一种工作,不能按计划办事,不能根据以往的经验预测未来,有目的的行为发生严重障碍。

(四)巴甫洛夫学派对注意神经机制的解释

巴甫洛夫学派认为,在注意一定对象时,大脑皮质的相应区域就产生一个优势兴奋中心。这个优势兴奋中心是大脑皮质对当前刺激物进行分析和综合的中心。用巴甫洛夫的话来说:“在大脑两半球具有优势兴奋性的区域中,最容易形成新的条件反射,顺利地形成分化。因此,在这时,可以说这是大脑两半球的创造性部分。”(巴甫洛夫, 1959)由于优势兴奋中心的存在,人对外界事物或对自己的行为、思想、感情就反映得最鲜明,最清晰。

优势兴奋中心是根据负诱导的规律而发生的。当大脑皮质的一定区域发生优势兴奋中心时,大脑皮质的其他区域就或多或少地处于抑制状态。负诱导愈强,注意愈集中。

优势兴奋中心不是长时间地保持在大脑皮质的一个部位上的。它随着主、客观的种种因素不断地从一个区域转移到另一个区域:原先处于优势兴奋状态的区域转化为抑制状态,而原先处于抑制状态的区域又产生新的优势兴奋中心。这可能是注意以一个对象转移到另一个对象的生理机制。巴甫洛夫对优势兴奋中心不断转移的情况曾做过如下的描述:“如果能够透过头盖骨来看,如果大脑两半球具有占优势兴奋性的地方能够发光,那么,我们在思考着的有意识的人脑中就会看到一个发光的斑点是如何沿着他的大脑两半球转移着;这个斑点的奇妙而不规则的轮廓无论在形式上和大小上都经常在变化着,而且这个斑点是被大脑半球上所有其余空间内的或深或浅的阴影围绕着。”(巴甫洛夫,1962)

“发光的斑点”就是优势兴奋中心，即注意的中心；而围绕着它的“阴影”就是皮质的抑制区域，即注意的边缘或注意范围之外。

人不同于动物，人能够按照一定的活动任务，有意识地控制自己的注意。这种机能与第二信号系统的活动密切相关。人的注意是第一信号系统和第二信号系统协同活动的结果。第二信号系统使人能够按照自己的或别人的提醒，坚持注意或转移注意，使注意带有意识的特点。

应当指出，注意是十分复杂的心理现象，其生理机制至今尚未完全搞清楚，还有不少问题有待进一步探索。

第三节　注意的种类

一、无意注意和有意注意

根据产生和保持注意时有无目的性和意志努力程度的不同，可以把注意分为无意注意和有意注意两种。

（一）无意注意

无意注意也叫不随意注意，是事先没有预定的目的，也不需要做意志努力的注意。

无意注意往往是在周围环境发生变化时产生的。它表现为在某些刺激物的直接影响下，人就不由自主地立刻把感觉器官朝向这些刺激物并试图认识它。例如，在上课时，老师在黑板上挂上一张新的挂图，学生就自然而然地注意着这张挂图；在安静的阅览室内，突然传来一阵巨响，大家都把头转过去倾听着那个声音。这些就是无意注意。

无意注意是一种定向探究反射。由于有机体把相应的感官朝向周围环境的变化，注视着、倾听着，或者抚摸着有关的新事物，借助这种反射就有可能更清楚、更全面地查清刺激物的性质，弄清刺激物的意义和作用，从而使有机体在这个环境中确定活动的方向。

引起无意注意的原因可以分为两类：一是客观刺激物本身的特点，二是人本身的状态。前者是产生无意注意的主要原因。

1.刺激物的特点

（1）刺激物的强度

这是引起无意注意的一个重要原因。强烈的光线、巨大的声响，浓郁的气味都容易引起人的无意注意。

根据这个道理,教师讲课时,声音不能太小,声音的强度要适当,能使坐在教室最后一排的学生都听得清楚,这样就容易集中学生的注意。

刺激物的强度,可以是绝对强度,也可以是相对强度。固然,强烈的刺激物能引起人们的注意,但是刺激物的相对强度在引起人们的注意时也具有重要的意义。所谓刺激物的相对强度,是指这个刺激物与其他刺激物的强度相比较而言。一个强烈的刺激物如果在其他强烈刺激物所构成的背景上出现,可能就不会引起人们的注意;相反,一个不甚强烈的刺激物,如果在没有其他刺激物的背景上出现,则可能引起人们的注意。例如,在喧嚣的地方,即使很大的声音也不会使人注意;在寂静的夜晚,轻微的耳语声也能引起人们的注意。

根据这个道理,学校应远离公路,设在比较安静的地方;音乐教室和操场应离教室和图书馆远一些,使教室和图书馆保持安静。这样,学生方能集中注意进行学习。

(2)刺激物之间的对比关系

刺激物之间在强度、形状、大小、颜色,或持续时间等方面的差别特别显著,特别突出,就容易引起人的无意注意。例如,许多圆形中的一个三角形,孩子群中站一个大人,万绿丛中一点红,许多断续而短促的声音中的一个长而持续的声音,等等,都容易引起人的注意。

根据这个道理,教师讲课时,要突出重点,要加强语气,要适当重复,不仅口头讲,而且在黑板上写,这样就可以帮助学生注意听课。有经验的教师都善于运用这个道理,当学生不注意听课时就不再讲了,暂时停一下,使教室暂时肃静,这种肃静就会引起学生的注意。

(3)刺激物的活动和变化

活动的、变化的刺激物比不活动、无变化的刺激物容易引起人们的注意。例如,大街上的红绿霓虹灯有规则地一亮一灭,很容易引起行人的注意;游园晚会上的声控熊猫特别引人注目。

根据这个道理,教师在讲课时语调不要平铺直叙、声音不要一样大小,语气和声调都应有所变化,而且要有必要的手势,这样就能引起学生的注意。

(4)刺激物的新奇性

新奇的东西很容易成为注意的对象,而刻板的、千篇一律的、多次重复的东西就不易引起人们的注意。所谓好奇心,就是指对这种新奇刺激物的注意。

新奇刺激物引起人们的注意,也依赖于人们对它的理解程度。如果人们对当前这种新奇的东西一点儿也不理解,虽然可能一时引起注意,但很快就会失去效果,不能长时间地吸引人。如果人们对当前这种新奇的东西有一些理解,但又不完全理解,为了求得进一步的理解,于是引起了人们强烈的注意。人们对这种稍微有所理解的新奇的东西,不仅特别容易引起注意,而且还能长时间地维持注意。

根据这个道理,教师在讲每一堂课时都必须增加新的内容,而新的内容又不能脱离学生已有的知识基础,必须与学生的已有知识联系起来。这样,课堂教学不仅可以紧紧地抓住学生的注意,而且可以长时间地维持学生的注意。

2.人本身的状态

虽然,无意注意主要是由外界刺激物所引起的,但是也依存于人本身的状态。同样一些外界事物,由于感知它们的人本身的状态不同,就可能引起一个人的注意而引不起另一个人的注意。属于人本身的状态有以下几个方面。

(1)需要和兴趣

凡是能满足人的需要(不论是机体的、物质的需要或者是精神的需要)、符合人的兴趣的事物,就容易成为无意注意的对象。例如,人们天天看报,所注意的消息往往有所不同:从事文教工作的人,总是更多地注意文教方面的报道;从事体育工作的人,总是更多地注意体育方面的新闻。之所以如此,这是由人们的需要、兴趣的不同所造成的。旧章回小说的作者常常在描写关键而紧张的情节时突然有意停止,写道:“欲知后事如何,且听下回分解。”这样就会引起读者对小说的持久的注意。

(2)情绪状态

人当时的情绪状态,在很大程度上影响着无意注意。如果一个人当时心胸开朗,心情愉快,平常不大容易引起他注意的事物,这时也很容易引起他的注意;如果一个人郁郁寡欢、无精打采,平常容易引起他注意的事物,这时也不会引起他的注意。所谓“视而不见”“听而不闻”,有时就是在这种情绪状态下产生的。

(3)健康状况

疾病、过于疲劳,或者处于瞌睡状态时,人常常不能觉察到那些在精神饱满时很容易引起注意的事物。身体健康、精神饱满时,人最容易对新事物发生注意,同时注意也能集中、持久。

(二)有意注意

有意注意也叫随意注意,是有预定目的、需要做一定努力的注意。

有意注意是一种主动地服从于一定的活动任务的注意。它不仅指向人乐意去做的事,而且指向应当要做的事,因而这种注意是受人的意识的自觉调节和支配的。例如,由于同学们立志要做一个又红又专的人民教师,虽然学习上遇到困难或不感兴趣的东西,但仍然聚精会神地听老师讲课,专心致志地阅读参考书,集中注意于自己还没有弄懂的地方。这就是有意注意。在有意注意时,人往往要做一定的努力才能完成某种活动任务。

有意注意是在人的实践活动中发展起来的。工人做工、农民种地、学生学习、教师教书、科学家做科学实验,无论哪一种劳动,人总是有预定的目的任务。每一种劳动都是一种复杂而持久的工作,即使人十分爱好这种活动,其中也总会包含一些无兴趣的、引不起注意的作业。人为了满足物质和文化生活的需要,就必须坚持把自己的注意有意地集中和保持在这些活动上。因此,有意注意的维持必须以一定的意志努力为前提。缺乏有意注意能力的人,要想在学习、工作、劳动中做出成绩,那是不可想象的。

怎样才能引起和保持有意注意呢?

1.设法排除与完成活动任务无关的干扰

虽然有意注意即使在有干扰的情况下也是可能产生和保持的,但干扰毕竟不利于注意的坚持。对注意的干扰可能是外界的刺激物(如分散注意的无关声音和光线等),也可能是机体的某些状态(如疾病、疲倦等),或者是一些无关的思想和情绪,等等。为了坚持对某一对象的注意,应设法采取措施,排除与完成活动任务无关的干扰。例如,保持环境的安静,降低干扰声音的强度;预先把工作的地方收拾整齐,把一切可能妨碍工作的东西都去掉;把工作需要的一切物品都准备齐全,布置好适当的照明条件以及建立习惯的工作条件;在工作时保持身体的舒适姿势等。这些都会使人更容易把注意集中和保持于正在进行的活动上。

2.加深对任务的理解,不断组织自己的活动

有意注意是服从于活动任务的注意,所以对于任务的重大意义理解得越清楚、越深刻,完成任务的愿望越强烈,那么,为完成这项任务所必需的一切就越能引起有意注意。在明确了活动任务所要达到的目的,具有了实现活动任务的决心和愿望之后,还要善于组织自己的活动,使自己所做的一切都服从于活动的任务。那么,怎样组织自己的活动,才能保证不断地坚持注意呢?

①经常按照活动任务的要求,提醒自己去注意正在进行的活动,特别是在要求加强注意的"紧要"关头,这种对自己的及时提醒,可以起到组织注意的作用。

②在活动进行的过程中,经常提出问题,也可以加强对活动的注意。提出的问题必须跟"已经做过什么"联系起来,从"已经做过什么"中提出"现在应做什么"的问题,这可以帮助我们把注意集中在即将进行的活动上。提出的问题也必须跟"现在正在做什么"联系起来,从"现在正在做什么"去回想活动的任务,这也可以帮助我们集中注意于正在进行的活动上。

③在进行智力活动的时候,把头脑中的智力活动和外部的实际活动结合起来,这对于保持有意注意起着很重要的作用。一个刚开始学习阅读的儿童,如果他用手指着字的旁

边，就能更容易地把注意力保持在所读的文句上；用铅笔尖指着地图移动，就能更清楚地看到地图上的河流。因此，为了保持注意，最好是把应当保持注意的对象变成实际行动的对象，因为实际行动本身就要求有注意参加。

有计划地组织自己的活动常常需要做出巨大的努力。经过多次成功地组织活动之后，这种对活动的组织就越容易实现，有意注意也就能更顺利地进行。

3. 间接兴趣，特别是稳定的间接兴趣，对保持有意注意也有很大作用

在有意注意中，注意和兴趣的关系往往是间接的。人对于活动的直接结果可能没有兴趣，但是对于活动的最后结果却有很大的兴趣。这种间接的兴趣，即关于结果的兴趣，几乎存在于自觉进行的每一件工作中。例如，初学外语的人，可能会感到记住读音规则、生词、语法这些事本身是相当枯燥无味的，但是由于认识到掌握外语可以学习外国的先进科学技术以及它在实现四个现代化中的作用，便对学习外语产生了间接的兴趣，因而在学习过程中就能够保持高度的有意注意。这种间接兴趣越稳定，就越能对活动的对象产生有意注意。

在教育和教学工作中，教师除了运用无意注意的规律引起学生对学习的注意之外，应该把主要的精力放在对学生的有意注意的培养上。因为学习不是游戏，而是紧张的、持久的劳动，它要求学生不仅要注意他感兴趣的东西，而且要注意他不感兴趣、不能引人入胜的东西。

如何培养学生对学习的有意注意呢？首先，教师必须通过各种教学活动，培养学生自觉地为祖国、为人民而学习。在开始讲授一门新课时，要说明学习这门课程的目的、任务、意义，以引起学生的有意注意。在每一章开始时，要明确提出需要解决的问题。在教材比较难懂的地方，要预先说明问题的复杂性和重要性，以动员学生的有意注意。这样，就能使学生认识到加强注意的必要性，同时也能充分利用间接兴趣来维持学生对活动的注意。其次，教师要经常向学生提出新问题、新任务和新要求，并且要一贯地严格要求学生。教师提出的要求必须具体明确，任务必须是学生力所能及而同时又需要做一定的努力才能达到的。这样才能培养学生不断自觉地克服困难，集中注意于学习活动上。同时还要培养学生比较广阔的兴趣和独立的工作能力等。

（三）无意注意和有意注意的关系

无意注意和有意注意虽然存在着区别，但是在实际工作中，它们往往是不能截然分开的。因为任何一件工作都需要有这两种注意的参加。倘若我们单凭无意注意去从事某件工作，那么，不仅工作会显得杂乱无章，缺乏计划性和目的性，而且也不能维持长久。同时，我们进行的任何工作都不是一帆风顺的，总会遇到一些困难或干扰，也不是什么事都

有趣,总会有单调乏味的过程。因此,必须在有意注意的参与下,工作才能完成。倘若我们单凭有意注意去从事工作,那么,工作也难以持久,因为有意注意往往需要紧张的努力,时间久了,就会使人感到疲劳,所以也必须有无意注意的参加,工作才能持久。在人的每项具体活动中,总包含有无意注意和有意注意,它们既有区别又有联系。

无意注意和有意注意在活动中是可以互相转化的。例如,一个人偶尔为某种活动所吸引而去从事这种活动,后来才认识到它具有重大的意义,于是自觉地、有目的地去从事这种活动,并且在遇到困难和干扰时仍保持对该活动的注意,这就是无意注意转化为有意注意。相反,有意注意也可以转化为无意注意。例如,在刚开始做某件工作时,由于对它不熟悉、不感兴趣,往往需要一定的努力才能把自己的注意保持在这件工作上。经过一段时间后,对这件工作熟悉了,发生兴趣了,就可以不需要意志努力而继续保持注意。这就是有意注意转化为无意注意。但是,这种无意注意仍然是自觉的、有目的的,只不过不需要意志努力罢了。所以这种无意注意也称为"有意后注意",即事先有预定的目的,但不需要意志努力的注意。

二、外部的注意和内部的注意

根据注意的对象是存在于外部世界,还是存在于自己的内心世界,如思想、记忆、动机、情绪体验等,可把注意区分为外部的注意和内部的注意。做这种区分对于我们研究如何控制注意是有益处的,同时也可以使我们了解个性的某些特点。

外部的注意伴随着我们的感知同时进行。如果没有这种注意的发展,就不可能形成对外部世界的探索态度。内部的注意同自我意识密切联系在一起。内部的注意是人所特有的心理现象。借助于内部的注意,人能够窥测自己的内心世界,分析自己的心理活动。动物意识不到自己的内心世界,它没有内部的注意。外部的注意和内部的注意是交互抑制的。人很难既集中注意于外部世界的事物,又集中注意于自己的内心世界。例如,在思考时,我们往往要排除外部刺激的干扰,或闭上眼睛,或眼睛呆呆地看着远方,使外部世界变得模糊不清。简单的外部动作有时有助于维持内部的注意,轻声地念出思考的内容,不随意地比画手势,有助于思考问题。内部的注意的重要性是很明显的,没有内部的注意,人不可能深思熟虑地解决问题,不可能体验到自己的情感,不可能剖析自己的内心世界。它是发展意识和自我意识的必要条件。有了内部的注意,学生才能对自己的思想品质、道德感、智慧和审美等方面进行评价。因此,培养学生的内部的注意有助于学生良好个性的形成。

第四节 注意的特征

一、注意的范围

注意的范围也叫注意的广度，是指在同一时间内意识能清楚地把握对象的数量。

在同一时间内，人能清楚地看到或听到的东西，其数量是很有限的。我们可以用速示器来研究视知觉的注意范围。在速示器上，以不超过0.1秒的时间呈现一些印有数字、图形或字母的卡片，因为呈现时间很短，眼睛来不及转动，被试对一些刺激物的知觉几乎是同时进行的。在这个时间内，被试所能知觉到的数量就是他注意的范围。研究表明：在0.1秒的时间内，成人的注意平均广度在8个黑色圆点左右（图7–1）或4～6个彼此不相联系的外文字母。注意的范围也就是知觉的范围。

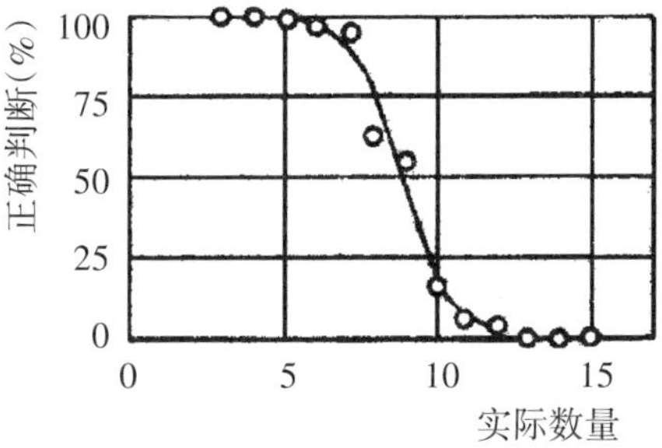

图7–1 呈现刺激量与正确判断的关系（据R. S. Woodworth）

注意的广度的另一种形式是感知在时间上分布的刺激物的广度。例如在接收电码中常常要求感受高速度连续呈现的刺激物，这就涉及注意在时间上的广度问题。陶布曼（Taubman，1950a，1950b）利用计时器连续呈现1～10个短促的音或闪光，每次呈现的刺激数量不等，呈现速率也有变化，然后叫被试说出每次呈现的数量。由于正后象的缘故，视觉刺激物呈现的速度太快，便产生融合现象。听觉却可以感受更高的频率。一般地说，刺激物数量越多，呈现速度越快；判断的错误越多，而且越趋向于低估，这种倾向对于视觉刺激物来说更加明显（表7–1）。

表7–1 对连续刺激物的注意广度（据陶布曼的材料）

闪光		声音	
每秒钟闪光次数	注意广度	每秒钟声音次数	注意广度
2	大于10	8或10	大约10
3	大约6	12	大约7
4	大约4	14	大约5
5	大约4	16	大约4
7	大约3		

注意的范围并不是固定不变的，它受到两方面因素的影响：一是知觉对象的特点，二是知觉者的活动任务和知识经验。

知觉的任务相同，但知觉对象的特点不同，注意的范围会有很大的变化。例如，用速示器呈现不同特点的外文字母让被试来辨认，结果发现：被试对颜色相同的字母要比对颜色不同的字母的注意范围要大一些；对排列成一行的字母，比对分散在各个角落的字母的注意数目要多一些；对大小相同的字母，比大小不同的字母所能注意的数量要大得多；对组成词的字母的注意范围，比对孤立的字母所注意的范围大得多。这就是说，被注意的对象越集中，排列得越有规律，越能成为相互联系的整体，注意的范围就越大。

因此，若要扩大注意的范围，就要找出感知对象之间的联系，把它们结合起来，构成一个整体加以注意。

知觉的对象相同，但人的活动任务不同或人的知识经验不同，注意的范围也会有变化。例如，用速示器呈现不能构成词的一些字母，要求被试说出字母写法上的错误，这时，他能知觉到的字母的数量，比单纯要求他说出有些什么字母时的数量要少得多。这是因为要说出字母写法上的错误，就要更仔细地辨别每个字母的细节，其任务要困难得多。又如，用速示器呈现一个中文句子，我们的注意范围就远比不懂中文的外国人要大得多。这是因为人们的知识经验不同之故。

注意范围的扩大，在生活实践中有很重要的意义。以学习为例，注意范围扩大了，阅读的速度就会加快，阅读的效率就会提高。排版员、驾驶员、体育裁判员等，都需要有较大的注意范围。

二、注意的紧张度

注意的紧张度，是指心理活动对某些事物的高度集中，而同时离开其余的一切事物。这是注意在强度上的特征。

人在做任何一件工作的过程中，都可能在某些时候具有紧张的注意，也可能有时注意不那么紧张。例如，在上课时，学生可能以高度紧张的注意听讲，不放过老师所讲的任何一个意思，甚至任何一个字。但同样是这个学生，由于头一天晚上失眠，责任感迫使自己专心听讲，但他的知觉不准确了，思维不灵活了，老师讲课的有些内容漏掉了，有些内容也不能清楚地理解了。这说明这个学生的注意的紧张度在减弱。

在紧张注意的情况下，一个人会沉浸于他所注意的对象，专注于他所思考的问题，而注意不到周围所发生的事情。例如，对某个特别有兴趣的事物的凝视，聚精会神地听讲，低头沉思着某个问题，都是注意高度紧张的表现。

让人产生浓厚兴趣的事物,有重大意义的事物,都能引起高度紧张的注意。

注意的紧张度与注意的范围是有联系的:越紧张地加强注意,注意的范围就越小;注意的范围越大,要保持高度紧张的注意就越困难。但是,长时间的、高度紧张的注意也会引起疲劳,这时注意的紧张度会逐渐减弱,注意就会逐渐趋于分散。

紧张的注意能提高活动的效率。在学习、工作和劳动时我们应该设法提高注意的紧张度,休息时应放松注意的紧张度,以解除紧张注意时所造成的疲劳。合理地调节学生的注意紧张度,对于搞好教学工作是必要的。在上课时,教师应该设法调动学生的注意,使之进行高效率的学习。课间休息应教育学生放松自己的注意,使注意力从紧张状态松弛下来,做适当的分散,以消除疲劳,实现上节课到下节课的转移,进行有张有弛的学习。

三、注意的稳定性

注意的稳定性,是指在一定事物上注意所能持续的时间。这是注意在时间上的特征。

注意的稳定性有狭义和广义之分。

狭义的注意的稳定性是指注意维持在同一对象上的时间。人在感受同一个事物时,注意很难长时间地保持固定不变。例如,把一只怀表放在被试耳朵的一定距离处,使他刚能听到表的嘀嗒声。被试即便是十分专心地听,也会感到时而听到表的声音,时而又听不到;或者感到表的声音时而强些,时而又弱些。注意的这种周期性的加强和减弱的现象,叫作注意的起伏现象。

在知觉"双关"图形时,也可以看到注意存在着间歇性的波动起伏。请你注视图7-2这个截去尖端的棱锥体。你时而会把它看成顶端向着你,时而又会把它看成底端向着你,不管你怎样力图稳定它,也无济于事。但是,只要你把它想象为一个有实物意义的图形,例如一个台座(这时,它好像是顶端向着我们),或者一个空房间,三面是墙,上有天花板,下有地板(这时,棱锥体好像是顶端背着我们),那么,注意的起伏现象便消失了。

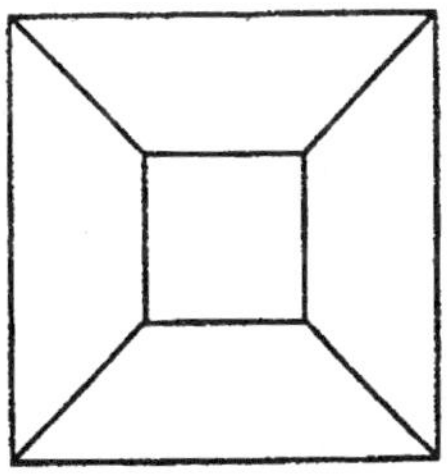

图7-2 "双关"图形

注意的起伏现象在其他方面也可以看到。在研究反应时的实验中,要求被试对刺激(声音、光等)尽可能迅速地做出预先规定的反应(如按电钮)。实验表明,如果在给予刺激之前有一个预备信号——"注意!",那么在出现刺激之前2~3秒钟的时间内给予这种信号会得到最好的结果。如果这个时间间隔较长,就出现注意的起伏现象。因此,狭义的注意的稳定性,其时间是相当短的。

注意的起伏包括一个正时相(那时觉得有刺激或刺激强些)和一个负时相。这种起伏速度,不仅不同的人,而且同一个人在不同的时期里都有很大的差异,一般平均一个全波在8～10秒。正、负时相长短也变化不定，一般说来，正时相的持续时间是随着刺激的增强而加长。

广义的注意的稳定性是指注意维持在同一活动上的时间，虽然人接触的对象或行动有变化，但人对整个活动的注意却保持不变。例如，学生在完成作业的过程中，可能要看教科书、参考书，要写字或演算，虽然他所接触的课文、所写的字句或数字时刻在变化着，但是他的注意一直保持在完成作业这一项总的活动任务上，因此，他的注意仍然是稳定的。

就广义的注意的稳定性而言，要保持稳定的注意，其重要的条件之一，是在工作中明确规定所要解决的总任务是什么，每一步骤所要解决的局部任务是什么，并且积极考虑怎样去实现这些任务，这种积极的思维活动能清楚地反映注意的对象。其次，要力求活动的多样化，因为单调的活动会迅速降低注意，如果使活动交替进行，并且不断地出现新的内容，提出新的问题，就可以保持稳定的注意。例如，让你长时间地注意地图上的某一点，你的注意就很难保持住，但如果让你沿着地图上的某条河流注意其两岸的城市，这样的注意就能比较持久。再次，把注意和外部的实际活动结合起来。当注意某一对象时，我们最好是把注意和抚摸物体、实际操作结合起来，因为行动可以起到组织和控制注意的作用，使注意较长时间稳定在这个对象上。例如，如果在实际行动中要求一定的注意，即使这种行动非常简单而且不断重复，注意也能保持得很长久。在一个实验中，被试面前设置了一面屏幕，屏幕上有一个窗口，窗口后面有一个由转轴带动的长纸带，纸带上画有许多小圆圈，以每秒3个圆圈的速度通过窗口。被试的任务是用铅笔把从窗口通过的小圆圈勾去。结果表明，被试能够在20分钟内毫无错误地进行工作，共勾去了3600个小圆圈。最后，注意的稳定性还与一个人的主体状态有关。例如在失眠、疲劳或生病的时候，注意就不易稳定。身体健康、精力充沛、对注意的对象感兴趣并采取积极的态度，注意就容易保持稳定。

同注意的稳定性相反的状态是注意的分散，即分心。注意的分散就是注意离开了当前应当完成的任务而被无关的事物所吸引。注意的分散是由无关刺激的干扰或由单调刺激的长期作用所引起的。

无关刺激对注意的干扰作用，依存于这些刺激的特点及其同注意对象的关系。实验表明，与注意的对象相类似的无关刺激，比不相类似的无关刺激的干扰作用要大得多。同样的无关刺激，对思维过程的影响大，对知觉过程的影响小；在知觉过程中，无关刺激对听知觉影响大，对视知觉影响小。使人感兴趣的或能引起强烈情绪的对象，也能分散我们的注意。实验还表明，隔绝了外界的任何附加刺激，要保持注意也是很困难的。因为在这种情况下，大脑皮质的兴奋性极度降低，注意也难以维持。微弱的附加刺激有时不但不会削弱注意，反而会加强注意。

四、注意的分配

人能同时做两件事吗?实践证明,这是可能的。例如,教师边讲课、边板书,还要注意学生的表现;学生边听、边看,还要边记笔记;汽车司机边开车、边注意来往的行人和车辆;等等。这些都是注意分配的实例。

注意的分配是指在同一时间内把注意指向不同的对象。实验表明,在用纸笔做简单的乘法运算的同时背诵一首熟悉的诗,人能顺利地进行这两种工作,其速度也不会降低;如果其中一件工作有一定的困难的性质,人也能同时完成这两种工作,但速度却变慢了。

用不同种类的刺激严格地同时作用于两个感官,注意分配就相当困难。在这种情况下,通常是先感知到一个刺激,然后再感知到另一个刺激。实验表明,严格地同时给两耳以不同的信息,被试不能同时加以注意,他只能接受其中的一种。

注意的分配是有条件的。最重要的是,在同时进行着的两种活动中,必须有一种活动是自动化了的或部分自动化了的。人对于这种自动化了的活动就不需要有更多的注意,而把注意的中心集中在比较生疏的活动上,这样,注意的分配才成为可能。例如,初学骑自行车的人,其注意完全集中在骑车上,就顾不到其他的事情。如果骑自行车的技术熟练了,自动化了,就可以在骑车时环顾左右或与他人交谈,把注意分配到骑车以外的事情上去。其次,同时进行的几种活动之间的关系也很重要。如果它们彼此毫无联系,则同时注意这些活动便有困难;但如果它们之间有联系并且通过练习已经形成了某种反应系统,则同时注意这些活动就很容易。例如司机驾驶汽车的复杂动作,通过训练后形成一定的反应系统,就可以不费力气地完成各种驾驶动作,并且把注意分配到其他与驾驶有关的事情上。

现实生活处处要求人们的注意能够很好地分配。注意的分配是在生活实践的过程中锻炼出来的。大家知道,初参加工作的教师往往只注意对教材的讲述,虽然他的两眼望着学生,却看不到学生违反纪律的现象。通过教学实践的锻炼,特别是熟悉教材之后,他便能一边讲课,一边观察学生的行为,把课堂教学组织好。

五、注意的转移

注意的转移是根据新的任务,主动地把注意从一个对象转移到另一个对象上。例如,前两节课听一门功课,后两节课又听另一门功课,根据新的任务把注意从一门功课转移到另一门功课上,这就是注意的转移。

注意的转移与注意的分散是根本不同的。前者是有意地根据任务的需要把注意从一个对象转向另一个对象;而后者则是在需要注意稳定的时候,不随意地改变了注意的对象。

注意转移的快慢和难易,依赖于原来注意的紧张度。原来注意的紧张度越大,注意的转移就越困难、越缓慢,反之,注意的转移就比较容易。有的教师喜欢一上课就测验或发试卷,然后进入新课,这样做教学效果往往不好,其主要原因是学生对测验或试卷上的分数十分注意,教师很难把学生的注意力转移到新课上来。

注意转移的快慢和难易,还依赖于新注意的对象的特点。新注意的对象愈符合人的需要和兴趣,注意的转移越容易。反之,注意的转移就越困难。

注意转移的能力对有的工作显得特别重要。例如飞行员和火车、汽车司机等必须有较好的注意转移能力。有的研究指出,一个好的飞行员在起飞和落航的5～6分钟的时间内,注意的转移达200多次,如果注意的转移不及时,其后果就不堪设想。所以在选拔飞行员时,要用专门的仪器对注意转移和分配的能力进行测定。

研究学生注意的转移对搞好教学工作具有重要意义。观察表明,学生在完成某种活动时长时间地保持注意,容易产生疲劳,教师应合理地安排从一种活动形式过渡到另一种活动形式,使他们得到休息。有时某些学生在课间休息后很难把注意力及时地转移到新课上去,这时教师应发挥教育机智使新课变得更有意义些,以吸引他们的注意。

上述这些注意特征,人与人之间存在着一定的差异:有些人注意的范围广些,有些人注意的范围窄些;有些人注意稳定些,有些人注意不稳定;有些人注意转移快些,有些人注意转移慢些;有些人注意的分配好些,有些人注意的分配差些;等等。这些特征在不同的人身上就组成了各具特点的注意能力,即注意力。一个人的工作效率如何,不仅取决于其是否具有某种注意特征,而且取决于根据活动的性质把各种注意特征正确地结合起来。注意力的个别差异,主要是在不同的生活实践和教育、训练中养成的,并且也可以通过生活实践的锻炼而得到改善和提高,但也与神经系统的类型特征有关。例如,注意的稳定性依赖于神经过程的强度,即依赖于神经细胞长时间地维持兴奋过程的能力;注意的转移依赖于神经过程的灵活性,即依赖于兴奋和抑制交替的速度等。

本章相关文献

曹日昌.(1963).普通心理学.北京:人民教育出版社.

B.B.波果斯洛夫斯基.(1979).普通心理学.魏庆安,等译.北京:人民教育出版社.

斯米尔诺夫.(1957).心理学.朱智贤,等译.北京:人民教育出版社.

R.S.武德沃斯,H.施洛斯贝格.(1965).实验心理学.曹日昌,等译.北京:科学出版社.

H.Φ.多布雷宁.(1962).注意心理学的基本问题.苏联心理科学.北京:科学出版社.

H.R.Schiffman.(1976).Sensation and perception:an integrated approach.Wiley.

第八章　记　忆

本章主要问题：

1. 什么是记忆？它与个性有什么关系？
2. 记忆有不同的阶段吗？
3. 为什么有意义的材料容易记住？
4. 遗忘的原因是什么？
5. 为什么有时回忆会发生困难？
6. 怎样才能记得牢？
7. 什么是遗觉表象？什么是记忆表象？
8. 记忆的生理机制是什么？

第一节　概　述

一、记忆的定义

记忆是过去经验在人脑中的反映。详细地说，记忆是人脑对感知过的、思考过的、体验过的、行动过的事物的反映。例如，从前见过的人，现在不在面前，我们能想得起他的姿态相貌；见到他时能认得出来。这就是记忆。

不仅我们感知过的事物能保持于头脑中，而且我们思考过的问题、理论，接触人或事物时体验过的情绪，练习时做过的动作都能保持于头脑中。在生活实践中，见过、学过、想过、做过的事情以及体验过的情绪，都可以成为我们的过去经验而保持在我们的头脑中，我们能够记住它们，并能在以后的生活实践中回想得起，或当它们再度出现时能认得出来。这些都是记忆。

记忆是心理过程。汉语中“记忆”一词，最简洁地表明了人们对过去经验的反映，总是先“记”而后“忆”的过程。记忆过程包括识记、保持、回忆或再认3个基本环节。从信息加工的观点来看，记忆就是信息的输入、储存和提取。

所谓识记，就是识别和记住事物的过程。例如，读过的外文单词能够记住，听过的乐曲能够记住,都是识记。从信息加工的观点来看,识记是信息输入和编码的过程。

所谓保持,就是已获得的知识经验在脑中得到巩固的过程。并不是所有识记的东西都能保留在头脑中,有些可能遗忘,有些则保留在我们的头脑中。从信息加工的观点来看,保持是信息的储存和继续编码的过程。

所谓回忆和再认,就是在不同的情况下恢复过去经验的过程。经历过的事物不在眼前,能把它重新回想起来的过程,称为回忆。例如学过的诗歌,我们不看书而把它背出来,就是回忆。经历过的事物再度出现时,能把它认出来的过程,称为再认。例如,杜甫《江南逢李龟年》的诗曰:“岐王宅里寻常见,崔九堂前几度闻。正是江南好风景,落花时节又逢君。”杜甫过去多次见过李龟年,听过他的歌曲,尽管时过境迁,相逢时仍然非常熟悉。这便是再认。从信息加工的观点来看,回忆和再认是提取信息的过程。再认和回忆是有区别的:再认是从现成的对象出发的,回忆则是要在经验中找到对象。例如,在回忆时,A是作为刺激,而另外一些对象B被回忆起来,在再认时,A和B是现成的,是对两者之间的已有联系加以确认。

识记、保持、回忆或再认都是记忆的过程,它们是密切联系在一起的。没有识记,就谈不上对过去经验的保持;没有识记和保持,就不可能对经历过的事物回忆或再认。识记和保持是回忆和再认的前提,而回忆和再认则是识记和保持的结果和表现。

从识记、保持到回忆或再认,就是经验的积累和恢复的过程。反映过去经验的记忆过程,就包括积累经验和恢复经验的过程。因此,记忆是过去经验在人脑中的反映,而识记、保持、回忆或再认则是记忆的基本过程。

二、记忆的种类

根据记忆的内容,可把记忆分为形象记忆、语词-逻辑记忆、情绪记忆和运动记忆。

(一)形象记忆

以感知过的事物在脑中再现的具体形象为内容的记忆,称为形象记忆。这些具体形象,可以是视觉形象,也可以是听觉的、触觉的或味觉的形象。例如,鲁迅在《故乡》一文中写道(鲁迅, 1981b):

这时候,我的脑里忽然闪出一幅神异的图画来:深蓝的天空中挂着一轮金黄的圆月,下面是海边的沙地,都种着一望无际的碧绿的西瓜,其间有一个十一二岁的少年,项带银圈,手捏一柄钢叉,向一匹猹尽力的刺去,那猹却将身一扭,反从他的胯下逃走了。

这少年便是闰土。我认识他时,也不过十多岁,离现在将有三十年了……

很明显,这是作家的形象记忆。形象记忆在任何一种艺术创作上都具有非常重要的意义。

(二)语词-逻辑记忆

以对概念、公式、规律等的逻辑思维过程为内容的记忆,称为语词-逻辑记忆。这种记忆所保持的过去经验,不是具体形象,而是被研究过的事物的意义和本质,并且通过语词表现出来。所以,这种记忆有时也叫意义记忆。例如,我们关于什么是真理,生命的本质是什么,心理的实质是什么等的记忆,便是语词-逻辑记忆。这种记忆具有高度的理解性和逻辑性,科学越发达,就越需要语词-逻辑记忆。

(三)情绪记忆

以体验过的某种情绪或情感为内容的记忆,称为情绪记忆。鲁迅在1931年2月写的《无题》诗(鲁迅, 1981a):

惯于长夜过春时,挈妇将雏鬓有丝。
梦里依稀慈母泪,城头变幻大王旗。
忍看朋辈成新鬼,怒向刀丛觅小诗。
吟罢低眉无写处,月光如水照缁衣。

这首诗充分反映了诗人对国民党反动派血腥屠杀的无比愤慨,对死难烈士寄托了深切的哀思,表达了诗人坚贞不屈的斗争意志。情绪记忆充满字里行间。情绪记忆对于艺术工作者来说是非常必要的。因为只有生动地记住剧中人物的情绪和情感,他的表演才会自然。

有时也有这样的情形:记忆的内容早已忘掉了,但它的情绪效果却一直保留在记忆中。例如习惯性的恐惧,这也是一种情绪记忆。

(四)运动记忆

以过去做过的运动或动作为内容的记忆,称为运动记忆。例如,我们在做蛙泳和自由泳的运动时能记起一个接一个的动作,我们在缝纫和骑自行车的时候记住各不相同的动作。运动记忆是形成运动性熟练技巧的基础,它对体育运动和劳动技能的掌握是十分必要的。

上述分类仅具有相对的意义,而不是绝对的。例如,有人根据记忆的内容把记忆分为形象记忆和言语记忆两类。这里所讲的形象记忆是指除去以言语为材料的记忆之外的所有形象性事物的记忆,也包括情绪记忆和运动记忆。

三、记忆和个性的关系

记忆在人的心理活动中起着十分重要的作用。由于记忆,人们才能保持过去的反映,积累知识经验,从而形成各自的个性心理特征。同时,人们记忆品质上的差异及记忆类型的不同也反映出人们的个性差异。

记忆的品质主要表现在记忆的速度、准确性和持久性上。有的人记得快、记得准、记得牢;有的人记得缓慢,但记得准、记得牢;有的人记得快,但记不准,并且错误的印象很久都保持着;有的人记得慢,记不准,忘得也快。第一类人的记忆力最好。对第二种和第三种情况的学生,教师应特别引起注意,分清情况,给予帮助。在记忆类型上,画家善于视觉形象记忆,哲学家有较强的语词-逻辑记忆,演员富于情绪记忆,运动员善于运动记忆。记忆类型上的差异,一方面与高级神经活动的类型特点有关,另一方面与人的职业活动有关。

记忆不是消极地接受信息和被动地留下痕迹的过程,而是一个积极主动的过程。已形成的个性反过来也影响着记忆。例如,兴趣、态度、信念等不仅影响人们对知识经验的吸取,也影响对它们的保持。凡是符合人的兴趣和需要的材料就记得快、记得牢。因为兴趣、需要推动着他专心致志地去探究,去吸取有关的知识。当人以积极、进取的态度进行学习,就记得快、记得牢;以消极、懒散的态度对待学习,就记得慢、易忘记。信念也影响着记忆。与信念相一致的学习材料,人们便记得快、记得牢;与信念不相一致的材料,则不易记住。

加伯(R.B.Garber)曾做过一个实验,让具有亲苏和反苏信念的大学生每周都阅读一次亲苏和反苏的散文,并进行回忆。5周后的测验结果表明,反苏的学生保持了散文中更多的反苏内容,亲苏的学生记住了更多的亲苏内容。在张述祖的一个实验中,用具有不同情调色彩的美感词、恶感词和中性词,让大学生识记并在25天后进行回忆。结果表明,带有美感情调色彩的词比带有恶性情感色彩的词,无论在识记或保持的效果上都具有相当显著的优势(张述祖,1979)。

第二节　瞬时记忆、短时记忆和长时记忆

从信息加工的观点来看,记忆是信息的输入、储存和提取。根据信息存入方法和编码方式的不同,储存时间的长短不同,可把记忆分为3个阶段:瞬时记忆、短时记忆(STM)和长时记忆(LTM)。

一、瞬时记忆

瞬时记忆也叫感觉储存。当刺激停止后，信息在感觉中的保持最多不超过2秒钟，叫瞬时记忆。例如，看一道闪光，光熄了，闪光好像仍然在我们的眼睛里稍微保持了一会儿。瞬时记忆的最明显例子是视觉后象。电影是一组断续的画面，由于瞬时记忆，我们才把它们看成连续不断的活动。

1960年斯帕林(G. Sperling)在一个首创性的实验中，用速示器以0.05秒的极短时间向被试闪现1列3行，每行4个字母的材料。经短暂时间后，他要求被试回忆这12个字母，大多数被试仅能回忆出4～5个字母。后来斯帕林修改了实验程序，如表8-1所示，仍然以0.05秒的极短时间闪现1列3行，每行4个字母，在视觉呈现终止后，向被试发出3种纯音之一。他通知被试：高音表示要回忆上面一行，中音回忆中间一行，低音回忆下面一行。当字母刺激停止后，立即响起声音，被试能正确地回忆任何单独一行中的3个字母。但是，在字母刺激停止后1秒钟响起声音，他们回忆的准确度便下降到最低点(即在多数字母中只能回忆出4～5个)；如果再延缓一些时间，其结果与延缓1秒钟没有多大差异。这是什么原因呢？ 斯帕林认为，这里有一个感觉储存阶段。进入的信息这时是以感觉痕迹的形式被登记下来的。除了视感觉储存外，还有听感觉储存。例如，在测听一组数字时，瞬间可以不加分析地立即复述出来，这就是听感觉储存。

表8-1 斯帕林部分报告法的实验安排

12个字母一套，闪现时间为0.05秒	闪现一套字母后，呈现3种音调中的1种	被试根据音调的指示报告字母
A D J E	←——高音调	?
X P S B	←——中音调	
N L B H	←——低音调	

瞬时记忆的特点是：有鲜明的形象性；保持时间很短，在视觉范围内最多不超过1秒钟，在听觉范围内估计在0.25～2秒钟之间；储存的容量受感受器的解剖生理特点决定，(有人认为，视感觉储存定位于视网膜内)感觉的形象可能具有大量的潜在信息。在瞬时记忆中登记的材料如果没有受到注意，就会很快消失，如果受到注意就转入短时记忆。

二、短时记忆

短时记忆与瞬时记忆的主要差别是持续时间。瞬时记忆的储存最多不超过2秒钟，短时记忆的储存最多不超过1分钟。例如，当你打电话时查了电话簿，记住了一个6位数的电话号码，你一个号一个号地往下拨，这就需要短时记忆。如果没有打通，隔了一段时间再拨，短时储存消失了，又需要再查。

早在1850年以前，短时记忆就以"领会广度"和"直接记忆广度"等问题而被研究。所谓记忆广度是指，某种材料在一次呈现后，被试能正确地复现出多少。典型的实验是用3～12位数的数字表（表8-2）让被试跟着主试复述：主试从短到长依次念出表中数字，被试跟着一个个复述，直到被试达到能力限度为止，这就是该被试的短时记忆的广度（或记忆容量）。实验表明，短时记忆的容量大约为7±2。这个数据有两层意思。一是它的单位是信息"组块"或单元。例如，54371689152，如果你把这个数字读一遍后便进行回忆，那必定要出错，因为它超过了短时记忆的容量。如果你能把这些数字分为3组：543—7168—9152，并且这3组数字又和日常的某些号码，如电话号码、门牌号码等相类似，那么你就能把它们回忆起来。因为3个单元正在短时记忆的容量之内。所以，短时记忆的容量是指7个左右的组块或单元，在很短的时间内，我们对这个组块或单元内部的成分是没有加以注意的。二是，短时记忆的容量有时可能是5，最大不超过9，一般在7左右。刚参加工作的报务员听到的是分开来的"滴""达"声，通过实践的练习，他可能把这些声音组成字母、词甚至短语。这样他的组块中的信息量就增多了。所以，短时记忆的容量，可以通过增加包含在每一组块中的信息量来增大。

表8-2　实验记忆广度的数字表

972	641
1406	2730
39418	85943
067285	706294
3516927	1538796
58391204	29081357
764580129	042865129
2164089573	4790386215
45382170396	39428107536
870932614280	541962836702

短时记忆的保持时间一般在0.5～18秒钟。向被试呈现3个辅音组成的无意义音节，如"btr"，18秒钟后他们都能回忆出来，但大多数被试都默默地进行了复述。彼得逊（L.Peterson）等人在实验中改变了程序：呈现音节表后，立即让被试倒着背诵三位数字，倒着背几秒钟后让他们回忆音节表。其结果如图8-1所示。这是一条典型的短时记忆的保持曲线。由于被试无法复述无意义音节，保持逐渐减少。在18秒钟后回忆的正确率下降到10%以下。短时记忆的储存，如果不被复述，大约会在1分钟之内衰退或消失。短时记忆为什么会遗忘？这里有两种假说。一种理论认为，这是痕迹被动的衰退过程，短时记忆就

像一个有漏洞的水桶,桶里的水一滴一滴地漏掉。另一种理论认为,这是主动的干扰过程,新的项目把旧的项目从短时记忆中挤了出来。究竟谁是谁非,目前尚无法做出判断。

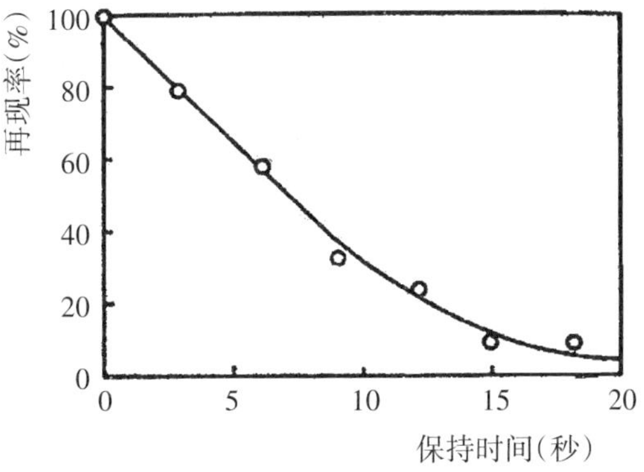

图8-1 短时记忆的保持曲线(据L.Peterson & M.J.Peterson)

短时记忆和感觉储存的差别在于:感觉储存由于持续时间极短,我们是意识不到的,但短时记忆中的储存我们是能意识到的。感觉储存的容量可能具有大量的潜在信息,短时记忆的容量仅为7±2。感觉储存如果未被注意,信息大约在1秒钟之内消退;如果被注意,感觉储存就转入短时记忆。短时记忆中的储存如果没有复述,信息大约在1分钟之内消退;如果加以复述,短时记忆就转入长时记忆。

三、短时记忆和长时记忆的差别

信息在记忆中的储存超过1分钟,包括数日、数周、数年、数十年……没有一定的界限,都叫长时记忆。

如果短时记忆的储存经常地充分地被复述,短时记忆就会转入长时记忆。信息一旦转入长时记忆,从理论上讲,即使不再复述也能长久地保留下来。

除了持续时间上的区别外,短时记忆和长时记忆的差别还表现在下述方面:

1.短时记忆中的信息,我们是注意它,留意到它的。长时记忆中的信息我们是不注意它,没留意到它的。当我们注意到长时记忆中的信息时,例如,回忆起以往的某件事情时,我们就把信息从长时记忆中回收到短时记忆中来。

2.短时记忆的容量非常有限,大约为7±2。若要增加短时记忆的容量,只能通过增加每个组块中的信息量来达到。而长时记忆只要有足够的复习,其容量是没有什么限制的。

3.长时记忆的储存即使一时受到干扰,以后还能恢复;短时记忆的储存如果受到干扰,便不能恢复。长时记忆的信息通常是因为消退和干扰相结合而丧失;短时记忆的储存,不论是消退或是干扰都能使信息丧失。

现代生理学的研究表明，瞬时记忆和短时记忆是借助神经细胞的电活动模式而实现的，长时记忆则可能与脑的生理解剖变化有关。当海马受到损伤，短时记忆就不能转入长时记忆。这都说明，记忆确实存在3个阶段。

总之，用信息加工的理论来看，记忆过程分3个阶段，或称为3种记忆系统。图8-2和表8-3是记忆3个阶段理论的简要概括，它们说明了记忆3个阶段的过程和主要特点。外界物理刺激引起感觉，这是对刺激进行的初步加工；它所留下的痕迹就是感觉储存，如果不加注意，痕迹便瞬息消失；如果加以注意，就进入第二阶段——短时记忆。对短时记忆的信息，如果不及时加工进行复述，痕迹必然要消失或被新信息所取代；如果经过编码，加以复述，就转入第三阶段——长时记忆。信息在长时记忆中被编码、储存起来，在一定的条件下可以提取出来。这时，信息又从长时记忆中被回收到短时记忆中来，从而能被人意识到。

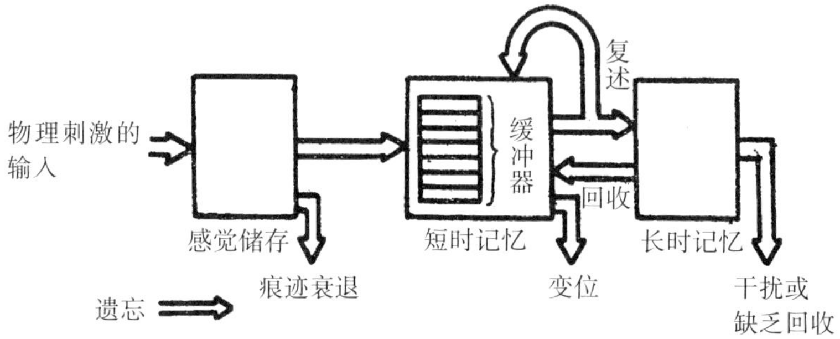

图8-2 记忆的3个阶段示意图

表8-3 记忆的3个阶段的比较

	瞬时记忆	短时记忆	长时记忆
记忆消失和遗忘的原因	痕迹消失	痕迹消失和（或）被新信息取代	检索困难，缺乏回收
储存时间	瞬间	0.5～18秒，不超过1分钟	数日、数周、数年
储存容量	感觉映象可能具有大量的潜在信息	7±2	无限制
向下一阶段转移的过程	感觉映象受到注意	对短时记忆的复述，这些信息就转入长时记忆；复述时将信息加以组织，系统化为有意义的材料，更有助于转入长时记忆	经常复习，使信息组块系统地纳入已有的认知结构，有助于长时记忆的巩固

关于记忆3个阶段的理论，还有不少问题有待进一步研究。例如，信息转入长时记忆需要多少练习？信息有时能否直接从短时记忆转入长时记忆？……至于长时记忆的规律，我们将在本章的以下各节加以讨论。

第三节 识 记

一、目的任务和活动对识记的影响

根据识记是否按照一定的目的任务而进行,可以把识记分为无意识记和有意识记两种。

凡事先没有预定目的,也不用任何识记方法的识记,称为无意识记(也叫不随意识记)。例如,在日常生活、学习和工作中,人们偶然感知过的事物,阅读过的小说,在一定情况下体验过的情绪,仓促间做过的动作,当时并没有预定的目的去记它,也没有考虑过如何去记住,只是自然而然地把它们记住了,这就是无意识记。

人的许多知识是由无意识记积累起来的。我们住处的环境,日常的生活方式,传说、谚语、故事,等等,在接触时并没有预定的目的去记它,最后却成为我们知识经验的组成部分。在整个学前期,最初,无意识记是儿童唯一的一种记忆,后来又成为他们的一种主导形式的记忆。无意识记对儿童掌握知识、形成技能有直接的联系。人接受教育的许多内容,是通过无意识记而取得的。

无意识记具有很大的选择性。一般说来,与人的需要兴趣密切联系的内容,往往容易被无意识记所记住。例如,学生参加高考和刚进入大学时的情景,教师第一次登台讲课,战士第一次参加战斗,科学家取得重要的科学成果等,由于对人生具有重大的意义,在当时激起的深刻的情绪体验,往往容易长久地记住。

有预定的目的任务,并且运用一定方法而进行的识记,称为有意识记(也叫随意识记)。例如,学生学习文化知识,传令兵传令,人们为解决问题而进行的调查访问等,都要求有目的地记住一定的事物,并采用某些方法,力求把它们记住,这就是有意识记。在教育、教学和生活实践中,有意识记是更为重要的。人们掌握系统的知识,主要是靠有意识记。

显然,无意识记和有意识记有着质的区别:前者是不自觉的,没有一定意图的,后者是自觉的,有一定意图的;前者是无须费力的,后者则要采取一定的方法经过一定的努力;前者带有偶然性,所积累的经验往往是零星的,后者是有计划地进行的,所积累的经验较系统;前者是初级的,后者比前者高级并且是从前者发展起来的。在一般的情况下,有意识记的效果优于无意识记。但我们也不应忽视无意识记,因为无意识记费力小,教师在教学中如能使学生通过无意识记来掌握教学内容,便能减轻学生的识记负担,也能提高识记效率。

就有意识记而言,除了一般的"要记住"的任务之外,还可以有不同的特殊的任务。

各种不同的识记目的任务，对于识记的效果、方法、进程都会有不同的影响。

例如，对于一篇文章可以要求学生记住它的基本内容、主要思想，也可以要求学生逐字逐句地背诵下来。在前一种情况下，学习者识记时就要注意它的基本内容和各部分之间的逻辑联系，试做它的内容提纲。这样，识记的进程开始较为缓慢，等到融会贯通，理解到全文的论点、论据及其逻辑联系时，识记的进程就会大大加快。在后一种情况下，学习者除了要细致弄懂材料之外，更主要的是反复地逐字逐句地加以背诵，注意字句间的严密顺序。这样，识记的进程是逐步进展的。

又如，识记任务在时间上的要求不同，记忆的巩固程度也往往大不一样。在一个实验中，要被试识记两段难易程度相似的语文材料，事先说明，第一段在次日检查，第二段在一星期之后检查，而实际上这两段材料都在两周后检查。结果表明，被试第一段记住40%，第二段记住80%，第二段的记忆成绩比第一段好得多。经验也证明，只是为了应付考试而去记所学的知识，考后就忘得差不多了；如果是为了长期掌握所学知识去记忆，则一般会保持得久得多。后一种情况之所以保持得久些，是因为有长久的记忆任务，能引起更为复杂的智力活动和更高的积极性之故。

凡是识记的材料成为人的活动的对象时，识记的效果就大为提高。这不论对无意识记或是有意识记都是如此。

在斯米尔诺夫(А.А.Смирнов，1894—1980)的一个实验中，给被试一系列成对的句子，每一对句子都和一种文法规则相符合，要被试指出每对句子所体现的文法规则，并按照这一规则自己造一个句子，没有给予识记任何句子的提示。在第二天要被试回忆主试所给出的句子和被试自己所造的句子。结果表明，对自己编造的句子的识记效果比对主试所给出的高3倍。

在有意识记的时候，识记的客体成为活动的对象或活动的结果，学习者积极参加活动，识记的效果大为提高，这早已为许多教学经验所证实。例如，一个学生要记住历史年代，如果只靠阅读课文和利用现成的年代表来记，就不如根据课文的材料亲自制作历史年代表的记忆效果好。学习物理、化学时要学生记住实验的程序，如果只靠记实验手册的规定，就不如结合条文规定让学生亲自操作的记忆效果好。

识记材料成为活动的对象，学习者积极地参与活动，他的注意力高度集中，识记的材料就容易清晰地被感知，深刻地被理解，并与自己的知识经验联系起来，纳入自己的知识系统之中。这样，识记材料就能较巩固地保存在记忆中。

因此，为要提高识记效率，学习者必须给自己提出一定的识记任务，并把识记材料变为积极活动的对象；任务要尽量具体，并且要带有长久保持的意图。

二、材料意义对识记的影响

识记的材料是否有意义，意义的大小以及学习者是否了解其意义，对识记的效果有明显的影响。

根据学习者是否了解事物的意义来进行识记，可把识记区分为意义识记和机械识记。

意义识记是在了解事物及其逻辑关系基础上的识记。例如，要记住力学中的牛顿第二定律的数学表达式：$f=ma$。就要弄清楚f，m，a的意义以及三者的相互关系。f是力，m是质量，a是加速度。上述数学表达式说明了任一物体在不同外力作用下，物体的加速度与外力之间的同向、正比关系，同时也说明了不同物体在相等外力作用下，物体的加速度与物体质量之间的反比关系。在做了上述的意义了解后，从而记住$f=ma$这个公式，这就是意义识记。

机械识记就是通常所说的死记硬背，既不了解事物的意义，也不理解其间的内在联系，单靠重复背诵去记。例如，在记上述公式时，不了解f，m，a代表着什么，也不了解它们之间的关系，只是照着它们的前后顺序去背。这就是机械识记。

日常生活经验和大量的实验研究都证明，意义识记的效果优于机械识记。艾宾浩斯（H.Ebbinghaus，1850—1909）最早进行了这方面的实验，他识记12个无意义音节[①]，需要16.6次，才能成诵；识记36个无意义音节，需要55次；而识记6节诗，其中有480个音节，只要8次，就能成诵。识记材料愈富有意义、愈为学习者所理解，识记就愈快，保持也愈牢。

所谓材料的意义就是指材料代表着一定的客观事物，和学习者的某些经验有一定的联系。意义来自以下两个方面：

（一）联想

联想就是由一种经验想起另一种经验，或由想起的一种经验又想起另一种经验。亚里士多德曾指出，一种经验的发生必伴以与它一道出现的经验，或与它相似的或与它相反的经验而发生。这就是被后人认为的3条最主要的联想定律，即接近律、相似律和对比律。

1.接近律

由一种经验而想到在空间上或时间上与之接近的另一种经验。例如，提到天安门而想到人民大会堂，说到冬天而想起下雪。前一种联想是空间上的接近，后一种联想是时间

①艾宾浩斯用ɑ，e，i，o，u，ä，ö，üau，ei，eu作为无意义音节的元音字母；用b，d，f，g，h，j，k，l，m，n，p，r，s（=sz），t，w，还有ch，sch，软音s，和法文中的j（共19个）作为音节的开头辅音字母；用f，k，l，m，n，p，r，s（=sz），t，ch，sch（共11个）作为音节的末一个辅音字母，共制成了像baf döm，leit等2300个无意义音节。这样，基本上排除了联想的机会，使识记材料的难度相等。

上的接近。空间上的接近和时间上的接近往往是互相联系在一起的。

2.相似律

由一种经验想到在性质上与之相似的另一种经验。例如,由马特洛索夫而想起与之类似的英雄黄继光,由李白而想起与之类似的诗人杜甫,由“床前明月光”而想起“地上霜”等。

3.对比律

由一种经验想到在性质上或特点上与之相反的另一种经验。例如,由大想起小,由高想起矮,由黑想起白,从难想到易,从冷想到热,从真理想到谬误,等等。

心理学的联想实验。在联想实验中,主试说出一个词(如“和平”)或展示出一种图片(如“小汽车”),要求被试尽快地说出他所联想到的词或事实。对主试的刺激词与被试的反应词之间的关系,如果事先未加任何限制,这叫自由联想(如果让被试不断地自由联想下去,这叫连续的自由联想);如果事先给以某种特定的限制,例如限定两者之间必须是意义上相似或具有因果关系,这就叫作控制联想。

材料的意义可以用对一定的词或图片所引起的联想数来表示,也可以用在一定的时间内对某个刺激词能提供联想的被试的百分数来衡量。

能引起更多联想的材料,识记的效果就好。特别是能上口诵读,能引起快感情绪体验的材料,联想识记的效果就更好。

(二)材料的组织或模式

识记材料的意义还来自并包含在它所属的类别或系统中。一个词的意义不仅来自它自身,而且还来自它属于哪一种词类并包含在上下文的先后关系中。因此,如果能把材料加以归类或系统化,便能提高识记效率。在鲍斯菲尔德(Bousfild)的一个实验中,让被试学习一个字表,上面印有:长颈鹿、小萝卜、斑马、潜水员、拜伦、掮客、菠菜、面包师傅、土拨鼠、舞蹈演员、黄鼠狼、阿莫斯、南瓜、打字员、奥托等60个单词。他可以自由地研究和分析。当被试发现这些词是分属于4个范畴:动物、植物、人名、职业时,识记的效果便显著提高。

在鲍尔(G.Bower)的一个实验中,让被试识记112个单词,这些词都能组织到4个等级的分类系统中去。图8-3是这种等级分类系统的一个。对于实验组,

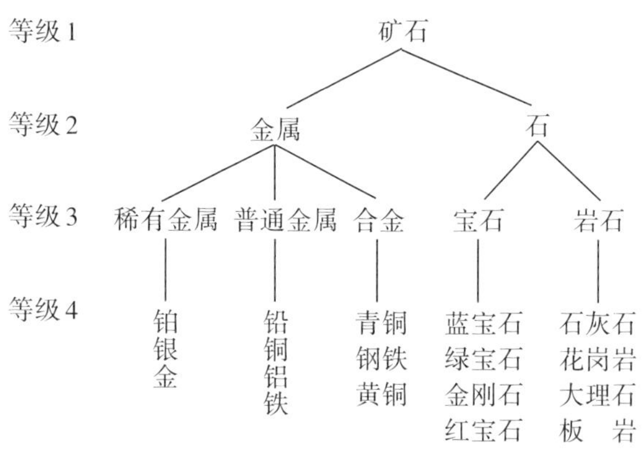

图8-3 用来向被试提示的矿石分类系统

一开始就告诉他们如何将这些词组织到分类系统的前3个等级中去，然后给予4个等级的词让他们识记。让控制组识记4个等级的词，但不告诉他们这些词潜在的分类系统。结果如图8-4所示，用有意义的分类级别系统来组织记忆材料，记忆的效果明显提高。读书时写学习提纲，其好处就在于对学习材料进行归类，形成一定的系统，从而有助于我们的记忆。

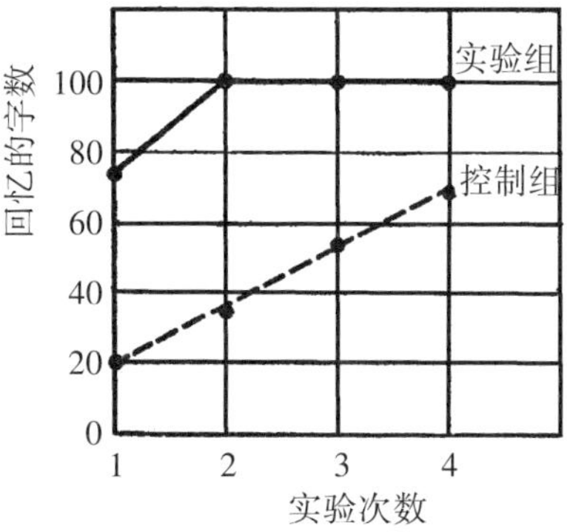

图8-4　提示词的分类系统对记忆的影响（据G.Bower）

因此，要提高识记效率，学习者应在理解的基础上识记，对识记材料要多做联想，认真加以组织，使材料形成一个系统。即使是无意义的材料，如果能人为地赋予某种意义，例如，记电话号码“24361”时，把它设想为“两打与19^2”（一打是12，两打是24，19^2=361），也会大大提高识记效率。

应当指出，对于机械识记也要有足够的估计。因为在学习时总会有一些材料是无意义的或意义较少的，如历史年代、人名地名、分子量、比重等，同时人为地赋予某种意义又难以办到，这就必须依靠机械识记。有时对于一些极有意义的材料，限于学习者的知识水平，一时还难以理解，也需要先应用机械识记。随着知识经验的积累，学习者就可能逐步理解它了。不过，对于有意义的材料，我们都应先理解其意义，然后加以记忆，不要对什么材料都去死记硬背。

三、材料的数量对识记的影响

识记的效果如何也依赖于材料的数量。一般说来，要达到同样的识记水平，材料愈多，诵读的次数或所用的平均时间也愈多。在艾宾浩斯的实验中，他识记12个无意义音节达到能背诵的程度，需读16.6遍，24个音节需读44遍，36个音节需读55遍。自艾宾浩斯之后，用无意义音节所做的许多实验，都得到类似的结果，虽然有很大的个别差异。在索科洛夫（E. H. Соколов）的实验中，被试识记12个无意义音节达到背诵的程度，每个音节平均需时14秒多；识记24个音节，每个音节平均需时29秒多；识记36个音节，每个音节平均需时42秒。在识记有意义的材料如散文或诗歌时，平均时间的增加，虽然不像无意义材料那么显著,但其趋势是一样的。在李昂(D.O.Lyon)的一个实验中,他识记几段散文,每天阅读一次,达到恰能背诵为止。其结果见表8-4。

表8-4 识记材料的数量与识记时间的关系(Lyon, 1914)

散文字数	识记总时间(分)	100个字平均用时(分)
100	9	9
200	24	12
500	65	13
1000	165	16.5
2000	350	17.5
5000	1625	32.5
10000	4200	42.0

上述结果是识记文章词句所用的时间,如果识记文章内容的论点或事实,识记时间就不只是依存于它的字数,而是要依内容的逻辑结构和学习者的知识经验等情况而定了。

由于识记材料的数量是影响记忆效果的一个重要因素,这样就产生了整体识记、部分识记和综合识记这三种方法孰优孰劣的研究。整体识记是指每次识记整个材料,直至成诵为止。部分识记是将材料分为若干部分,每次识记一个部分,记住一个部分后再记另一部分,直至成诵为止。综合识记是上述两种识记的综合:先进行整体识记,然后进行部分识记,再进行整体识记,直至成诵为止。在沙尔达柯夫的一个实验中,让被试分别用上述三种方法识记同一诗篇,其结果见表8-5。

表8-5 三种识记方法的效果比较(根据沙尔达柯夫)

识记方法	效果	
	所需时间(分)	20天后再现时平均需要提示的次数
整体识记	8	4
部分识记	16	7
综合识记	6	1.5

表8-5的数据说明,综合识记效果最好,其次是整体识记,效果最差的是部分识记。部分识记之所以效果不好,是因为在识记的一开始就把富有意义联系的材料分成若干部分,这在一定程度上就妨碍了对整个材料的理解,同时每一部分的开始和终末又难以与邻接的部分衔接起来,容易造成次序颠倒,这样就降低了它的识记效果。整体识记是在对整个材料理解的基础上进行的,意义联系较多,所以其识记效果高于部分识记。但整体识记由于每次所记的材料数量较多,平均使用力量,不能对难点多用时间和力量(这一点部分识记则能办到),因而它的效果也不是最理想的。综合识记兼有整体识记和部分识记之优点,既不妨碍对整个材料的理解,又可以对其难点多用时间和力量,因而它的效果最佳。不过,这3种方法的优劣并不是对所有的材料都是一样的。一般说来,如果材料较短且具有密切的意义联系,可用整体识记;如果材料本身没有多少意义联系,可用部分识记;如果具有意义联系的材料既长又难,则用综合识记效果较好。

四、复习的作用

孔子曰:“学而时习之,不亦说乎!”他把复习看成一件乐事,因为复习不仅能巩固记忆,而且能“知新”,能加深对材料的理解。学过的材料,如能经常复习,就可以长久不忘。艾宾浩斯用实验证明了这一点。在一个实验中,他识记无意义音节和诗,达到成诵;第二天再复习,达到成诵;如此继续,达到成诵需要复习的次数越来越少,第五天不进行复习也能背诵了,其结果如表8-6所示。

表8-6　复习的累积效果(根据艾宾浩斯的实验)

实验日		1	2	3	4	5	6
达到成诵所需的复习次数	12个无意义音节	16.6	11	7.5	5	3	2.6
	80个章节的诗	7.8	3.8	1.8	0.5	0	0

但是,复习的效果并不取决于机械的重复次数,而是取决于怎样正确地组织复习。要使复习富有成效,其条件是:

(一)要使复习过程多样化

单调的机械的重复,使人感到枯燥乏味,容易使大脑皮质产生抑制过程,不利于联系的巩固;多样化地进行复习,能维持学习者对识记材料的兴趣,调动他们的积极性和主动性,有助于联系的巩固。在复习的过程中,应动员多种感官参与复习过程,要把各种感知方式在复习中结合起来,使复习过程成为有看、有听、有说、有做的活动。例如,既看课文又看实物,既读又写,既讲给别人听又听别人讲等。这样,多种感觉到的信息到达大脑皮质,就会在那里留下很多“同一意义”的痕迹,并在视觉区、听觉区、言语区、动觉区等建立起广泛的神经联系,从而加深识记的效果。

(二)要把阅读和试图回忆结合起来

识记需要成诵的材料时,可以通过一遍又一遍的单纯重复来学习,也可以在阅读的过程中结合试图回忆来学习。研究表明,在复习时,如果学习者时时进行试图回忆,把阅读和试图回忆结合起来,那么,复习的效果就可以大为提高。在盖茨(A.I.Gates)的一个研究中,把被试分为6组,让他们在同样的时间内学习同样的材料,第一组全部时间用于反复阅读,其余5组把阅读和试图回忆结合起来,其中试图回忆的时间分别占20%、40%、60%、80%和90%。其结果如图8-5所示。

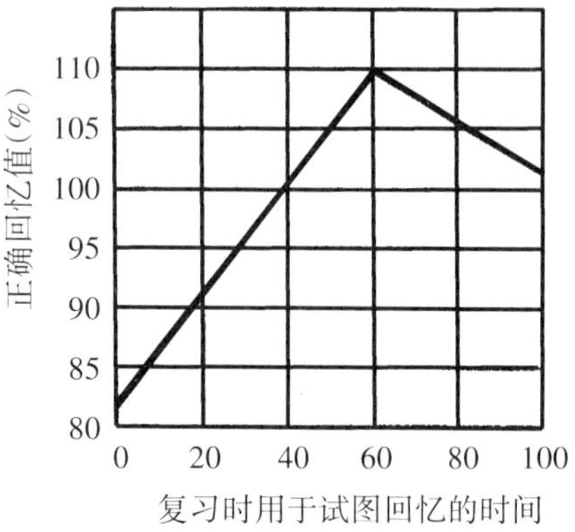

图8-5 复习时试图回忆的效果(根据盖茨的实验)

图8-5表明,把阅读和试图回忆结合来的各组,其识记效果都远高于反复阅读组。从盖茨的研究结果来看,把60%的时间用于试图回忆,复习的效果最好。不过,试图回忆所占的时间比例到底多少最为合适,不少研究表明,这要由学习材料的性质以及学习者所用的学习方法等因素而定。研究还表明,在第一次阅读材料之后就进行试图回忆,对提高复习的效果起着重要的作用。

时时试图回忆,把阅读和试图回忆结合起来,能提高复习效果的原因是,在整个学习的过程中,学习者都具有一种积极的、进取的和探索的精神。每次试图回忆之后,学习者及时地了解到自己的学习成绩,从而激起进一步学习的动机,每次试图回忆之后,他清楚地了解到材料的特点和难点,从而根据学习的要求合理地分配复习时间,并在难点上多下功夫。

(三)正确地分配复习时间

根据复习在时间分配上的不同,可以有两种复习方式:一种叫集中复习,即集中在一段时间内,对所要识记的材料连续地、反复地进行学习;另一种叫间时复习,即把所要识记的材料分散在几段相隔的时间内进行学习。如果计算一定时间内的成绩,集中复习因复习的次数多,识记效果较好;如果计算一定次数后的复习成绩,则间时复习的效果较好。在曹日昌(1911—1969)的一个实验中,被试分为4组,识记4个各有12个无意义音节的字表,各个字表都用10分钟识记。第一组连续诵读20次;第二组隔30秒钟读一次,共读10次;第三组隔60秒钟读一次,共读7次;第四组第一、二两次隔90秒钟读一次,第二次以后隔120秒钟读一次,共读5次。如果按最后一次的成绩计算,1~4组正确记忆的音节数是:4.83,4.13,4.03,3.25。复习次数多的成绩较高。如果按第五次的成绩计算,1~4组的数字是:1.75,2.58,3.08,3.25。间时复习的成绩优于集中复习,在实验所用的时间范围内,时间间隔越长,成绩越好。在沃尔柯夫(И.И.Волков)的实验中,以诗篇为识记材料,让一组被试用集中复习直至记熟为止,另一组用间时复习,每天读两遍直至记熟为止。结果表明,识记有意义的材料，间时复习也优于集中复习（见表8-7）。

表8-7 集中复习和间时复习的效果比较

复习方式	熟记诗篇平均所需的次数	再现的平均错误次数
集中复习	18	9
间时复习	7	4

许多研究表明，不论是识记无意义的材料还是识记有意义的材料，间时复习的成绩都优于集中复习。但间时复习的优越程度则与材料的意义性、材料的难易程度、组织形式以及学习阶段等因素有关。一般说来，间时复习对较为无意义的材料比对有意义的材料有更大的优越性，对困难的材料比对十分容易的材料有更大的优越性；学习的初期采用间时复习比学习后期有更大的优越性。

在采用间时复习时，每次复习的时间间隔也不宜过长。如果时间间隔过长，会造成遗忘，使识记效果降低；如果时间间隔过短，就会近似于集中复习，也使识记效果降低。一般说来，最初识记时，各次复习可以稍密些，以后材料熟悉了，各次复习的时间间隔可以逐渐加长。同时还应该考虑到心理发展的水平。研究表明，学龄初期儿童在采用间时复习时，时间间隔应比高年级学生短些，这样效果较好。

第四节 保持和遗忘

一、保持

（一）保持量的测定

保持就是我们感知过的事物、体验过的情绪、做过的动作、思考过的问题在记忆库中的储存。经历过的事物到底有多少还保存在我们的记忆库中呢？这就涉及保持量的测定。保持量的测定主要有下列3种方法。

1. 回忆法或再现法

就是原来学习或识记过的材料不在面前，让被试把它们默写出来或说出来。保持量的计算是以正确回忆的项目的百分数为指标的。算式如下：

$$\text{保持量}=\frac{\text{正确回忆的项目量}}{\text{原来识记的项目量}}\times100\%$$

如果识记的标准不是全部记住，那么计算回忆的成绩时，应以识记时达到的标准为基础。

2.再认法

就是把识记的材料和没有识记过的材料混在一起,要求被试把识记过的材料和没有识记过的材料区分开来。通常是识记过的旧项目和没有识记过的新项目的数量相等,然后向被试一一呈现,由被试报告每个项目是否识记过。保持量按下列公式计算:

$$保持量=\frac{认对数-认错数}{呈现材料的总数}\times100\%$$

3.再学法或节省法

就是要求被试把原来学过的材料再学或再记,直至达到原来学会的标准。然后根据初学和再学所用的次数或时间以及学会的标准(以C代表)来计算保持量,即以再学比初学所节省的次数或时间来计算保持量。因此这种方法也叫节省法。计算公式如下:

$$保持量=\frac{(A-C)-(B-C)}{A-C}\times100\%$$

式中:A为初学的次数或时间,B为再学的次数或时间,C为学会的标准。

除了上述3种方法外还有其他计算方法。上述3种方法可以根据实验的需要,改变某些因子,以用来研究记忆的许多问题。因此,这3种方法也是研究记忆的主要方法。

(二)保持的进程

艾宾浩斯第一个对保持的进程进行了系统的研究。为了使学习尽量少受旧有的和日常工作经验的影响,他以自己为被试,以无意义音节为学习材料,以重学时节约的诵读时间或次数为保持或遗忘的指标,发现并绘制出保持曲线。保持的对立面是遗忘,它们是相反相成的。保持的进程或保持曲线也就反映出遗忘的进程或遗忘曲线(图8-6)。

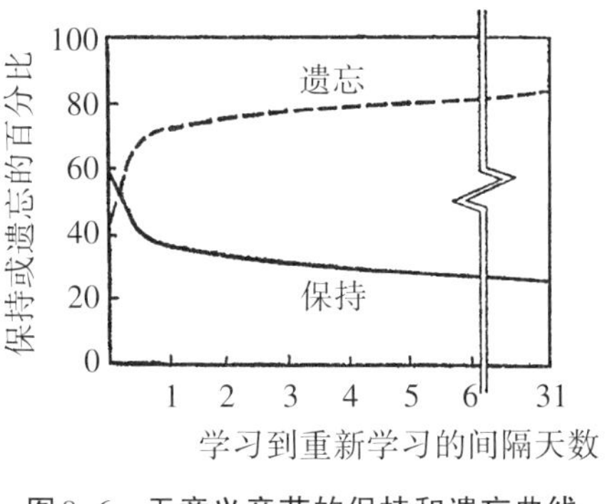

图8-6 无意义音节的保持和遗忘曲线

这两条曲线的形式表明,在识记后的短时间内保持量急剧下降,遗忘较多,随着时间的进展保持量渐趋稳定地下降,遗忘的发展便较慢了。继艾宾浩斯之后,许多人用无意义材料和有意义材料对保持的进程进行了研究,都证实了艾宾浩斯曲线的普遍性。

用不同的指标检查保持量,所得的结果也会不同。在陆志韦(1894—1970)的一个实验中,用再认、重组材料、重学、回忆等方法测量被试识记无意义音节后的保持量,所得结果如图8-7所示。这个结果说明,用再认法测定保持量,由于原先学习过的材料重新出现在被试面前,有利于记忆的恢复,所以测得的保持量最多。用回忆法测定保持量,原先学习过的材料不在被试面前,记忆的恢复难度大,测得的保持量最少;但如果对材料进行重学,就可以恢复到原先的熟悉程度,因此,用重学法测定保持量,其结果常居于再认法和回忆法之间。其他人的研究大多也得到类似的结果。

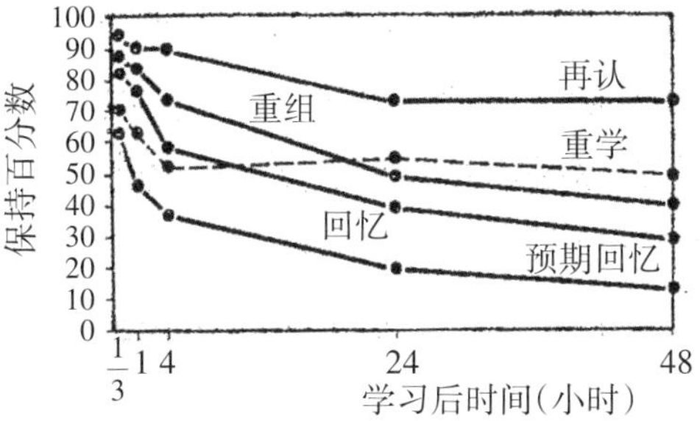

图8-7 用不同的测量方法得到的保持曲线(根据陆志韦的实验)

如果保持曲线是一条负加速的曲线,其中遗忘开始很迅速,之后逐渐变慢,那么它在到达零以前会不会变成一条直线呢?换言之,遗忘会结束吗?对这个问题的研究,目前还很不够。但已有不少证据表明,这是可能的,即没有什么东西会全部遗忘。

(三)保持量的增加

随着时间的进展,保持量逐渐减少。但在一定的条件下也有例外的情况,即学习后过几天测得的保持量比学习后立即测得的保持量要高。这种现象叫作记忆的恢复。巴拉德(P.B Ballard)让一组12岁的儿童学习《古代海员》的诗歌,事先没有提醒,在学习后立即对他们进行测验,之后,在1天、2天、3天、4天、5天、6天或7天后又进行重测,结果如图8-8所示。

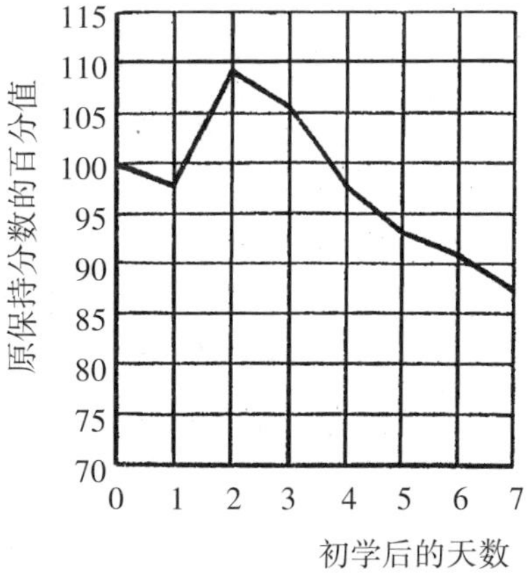

图8-8 一组12岁儿童的记忆恢复曲线(根据巴拉德的实验)

图8-8表明，儿童在识记后隔两三天的保持量比识记后立即测得的保持量要高6%～9%。继巴拉德之后，许多人重复了这类实验，都得到同样的结果，证明儿童在学习后的两三天保持会有所发展。保持的发展不是被试在这段时间进行复习的结果。在这类实验中这个条件是控制了的。记忆恢复现象，儿童比成人较普遍，学习较难的材料比学习较易的材料明显，学习程度较低的比学习纯熟的更容易看到。

对保持量增加现象的解释，有几种假设。一种观点认为，识记后立即进行回忆，学习者对学习材料还没有形成一个统一的整体，对材料的储存是零散的，因而成绩低；之后学习者采用了某种较为有效的解决任务的方法，把学习材料作为一个整体来考虑，这样回忆的内容就较详尽。另一种观点认为，由于识记时有积累抑制，影响了识记后的立即回忆成绩，过了一定的时间，抑制解除了，记忆的成绩也就可能提高。这些解释，都有待进一步的研究。

（五）记忆内容的变化

任何事物都是发展变化的。储存在记忆库中的记忆内容也是要发生变化的。例如，让几个人同读一份材料，如《西游记》中的高老庄大圣除魔，要求每人尽量记得全面、准确。过了一定的时间，要他们复述。各人的复述内容都不会完全相同。在卡密克尔（L.Carmichael）等人的一个实验中，当被试在观看图8-9的中间一列的3个图形时，第一组听到图上左边一列的名称，第二组听到右边一列的名称，拿走图形后，让他们画出这些图形。结果表明，被试都画了不少正确的图形，但是，在第一组和第二组画得最不像的图形中约有3/4的歪曲图形类同于他们所听到的名称。

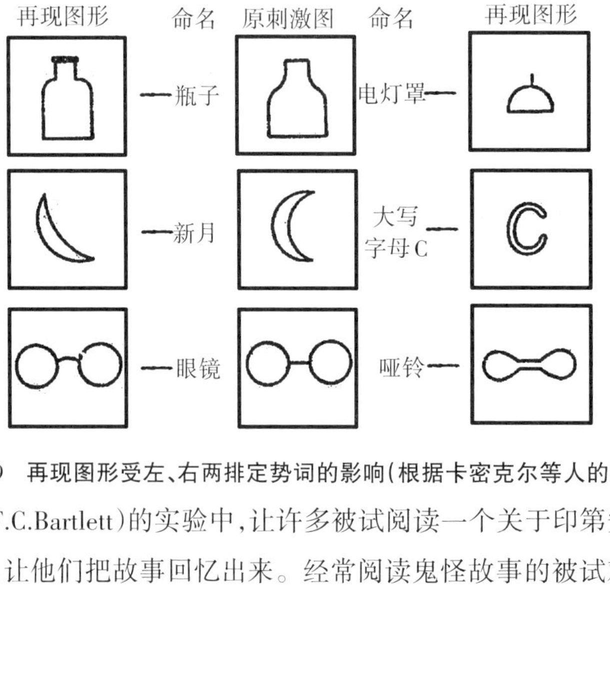

图8-9 再现图形受左、右两排定势词的影响（根据卡密克尔等人的实验）

在巴特勒特（F.C.Bartlett）的实验中，让许多被试阅读一个关于印第安人和鬼打仗的故事，过了一定时间，让他们把故事回忆出来。经常阅读鬼怪故事的被试对于鬼的内容增加了许多细节，而经过博物学和逻辑学训练的被试则大大删去了鬼的内容，把故事编得更合乎逻辑。这说明，记忆往往受一个人的认知结构的影响。因此，不能把信息在记忆库中的储存简单地理解为把东西存放在保险柜中那样，是一成不变的。

记忆内容的变化大致有两种动力倾向。一种倾向是记忆内容中不甚重要的部分趋于消失，而较显著的特征却较好地保持着，这样就导致记忆形象或词中某些醒目的特征的丧失，使记忆内容更简略、更概括、更匀称、更合理。另一种倾向是记忆内容中的某些方面特征和项目有选择地被保持下来，同时增添了某些未曾呈现过的特征，这样就导致记忆形象或词中某些醒目特征的突出，使记忆内容成为被试"较易理解的"事物。

二、遗忘

（一）影响遗忘的因素

对于曾经识记过的事物，不能再认和回忆或再认和回忆时发生错误，这种现象就是遗忘。遗忘有各种表现，并不是记过的东西忘得一干二净才算遗忘。识记后遗忘的发展受多种因素的影响，其中主要的因素有以下3点。

1.识记材料的性质和数量

遗忘的进展与识记材料的性质和数量有很大的关系。一般说来，熟练的动作遗忘得最慢，记熟了的形象材料也比较容易长久保持，无意义的材料则比有意义的材料遗忘要快得多。研究表明，在学习程度相等的条件下，识记材料的多寡和遗忘的速率成正比：识记材料愈多，忘得愈快；相反，忘得慢。因此，学习不宜贪多求快，否则不仅浪费了时间和精力，而且会引起学习者对识记材料的消极情绪。

2.学习的程度和方法

学习的程度和方法对遗忘的快慢也有影响。一种学习材料如果学得没有达到一次就能完全背诵的标准，我们说这是低度学习的材料；如果达到恰能背诵之后还继续学习下去，这种材料就是过度学习的。显然，低度的学习材料容易遗忘，过度学习了的材料要比恰能成诵的材料保持得好一些。在克鲁格（W.C.F.Krueger）的一个实验中，让3组被试练习画手指迷宫，第1组被试练习到恰能正确地画出手指迷宫为止，第2组被试多50%的练习，第3组多100%的练习。以后检查3组的保持量，结果如图8-10所示。学习程度多50%，记忆效果显著提高；超过50%，记忆效果并不随之再有显著的增长。其他人的研究结果也证实了这一点。

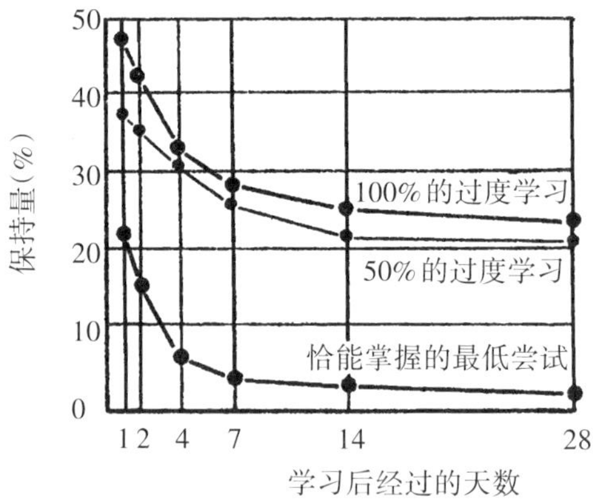

图8-10 学习程度和保持的关系(根据克鲁格的实验)

学习方法对遗忘的影响,其情况大致如下:用视觉识记的材料比用听觉识记的,遗忘得要慢些;用试图回忆识记的材料比用单纯重复识记的,遗忘得要慢些;用间时复习的方法识记的材料比用集中复习的方法识记的,遗忘得要慢些。

3.识记者的主观因素

遗忘的进程在很大程度上依赖于识记者的主观努力、兴趣、需要等主观因素。经过识记者努力加工组织过的材料不易遗忘,未经识记者加工组织过的材料,虽然多次感知过,难免会很快遗忘。对识记者有重要意义的、能引起他的兴趣的、符合他需要的材料,不易遗忘或后遗忘;反之则遗忘得快或先遗忘。能引起情感上强烈变化的材料,例如能激起读者感情共鸣的文艺作品,使人经久难忘;相反,那些平淡乏味,激不起情感波澜的作品,会使人很快遗忘。

(二)关于遗忘的理论

对遗忘原因的解释,主要有3种假说:干扰理论、衰退理论和压抑理论。

1.干扰理论

这一假说认为,遗忘是因为我们在学习和回忆之间受到其他刺激的干扰之故。一旦排除了这些干扰,记忆就能够恢复,记忆痕迹本身不会发生变化。这个理论最明显的证据是倒摄抑制和前摄抑制。

(1)倒摄抑制

后学习的材料对回忆先学习的材料的干扰作用,称为倒摄抑制。让我们做一个简单的实验。请你先用手盖住表8-8右边的3个号码,并识记左边的2个号码。然后盖住所有的号码,隔30秒钟后进行回忆;如果记不清了,就再细读左边的号码两遍,把它记住。现在请你盖住它,并用30秒钟来诵读右边的3个号码。练习30秒钟后,盖住所有的号码,立即回忆先学习的左边的号码。这时你也许会感到回忆十分困难。这就是因为后学习的右边的号码干扰了对先学习的左边的号码的回忆。

表8-8 用以证明倒摄抑制的号码

先学习的号码	后学习的号码
287641	961425
	637401
358419	283469

为了检验倒摄抑制的效果,通常采用的实验安排如下:

实验组:学习A　　学习B　　回忆A

控制组:学习A　　休息　　回忆A

如果实验组的保持量低于控制组,这就说明后学习的材料B对先学习的材料A的回忆产生了干扰。处理下述几种变量:A与B的相似性,对于A与B的学习程度、时间间隔以及B的难易程度,便可以检验在不同情况下倒摄抑制的效果。研究表明,先后两种学习的材料既相似又不相似,倒摄抑制的影响最大;先后两种学习的材料很相似或很不相似,倒摄抑制的影响较小。先学习的巩固程度愈低,倒摄抑制的影响愈大;先学习的巩固程度愈高,倒摄抑制的影响愈小。后学习的材料的难度愈大,倒摄抑制的影响愈大;后学习的材料越容易,倒摄抑制的影响愈小。恰在回忆A前学习B,倒摄抑制的影响最大;学习A后立即学B,抑制的影响次之;在学习A后和回忆A前都有一定的时间间隔,然后学习B,倒摄抑制的影响最小。

(2)前摄抑制

先学习的材料对回忆后学习的材料的干扰作用,称为前摄抑制。

为了检验前摄抑制的干扰效果,通常采用的实验安排如下:

实验组:学习B　　学习A　　回忆A

控制组:学习A　　休息　　回忆A

如果实验组的保持量低于控制组,这就说明先学习的材料B对后学习的材料A的回忆产生了干扰。识记无意义材料时,前摄抑制的影响大,因而造成大量的遗忘。识记有意义的材料或学习材料已经熟悉,前摄抑制的影响就不那么明显了。

在学习中,前摄抑制和倒摄抑制的影响是非常明显的。如学习一篇课文,一般总是开头和结尾部分容易记住,而中间部分则容易忘记。其原因是,课文的开始部分只受倒摄抑制的影响,没有前摄抑制的影响;结尾部分只受前摄抑制的影响,没有倒摄抑制的影响;中间部分则受两种抑制的影响,因而最易遗忘。

从睡眠对记忆的影响也可以推断,遗忘的原因可能是干扰。在詹金斯(J.G.Jenkins)等人的一个实验中,让被试识记10个无意义音节的材料,达到能一次背诵的标准。一种情况是识记后立即入睡,另一种情况是识记后继续日常工作。结果如图8-11所示:日常工作干扰了对先学习的材料的回忆,其效果都低于睡眠后的效果。

看来,干扰是产生遗忘的重要原因,这是有充分根据的。

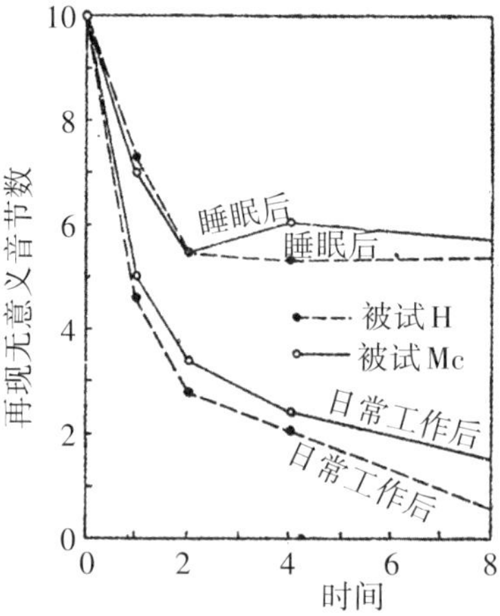

图8-11 睡眠对记忆的影响(根据詹金斯等人的实验)

2.衰退理论

这一理论认为,遗忘是记忆痕迹得不到强化而逐渐减弱以致最后消退的结果。所谓记忆痕迹是指刺激作用中止后脑组织应激部位留下的变化。从条件反射学说来看,在感知、思维、情绪、动作等活动发生的时候,神经组织的有关部位就建立起暂时联系,联系形成后在神经组织中就留下一定的痕迹,这种痕迹的保持就是记忆。由于痕迹发生作用,联系得以恢复,就使旧经验以回忆、再认等形式表现出来。可见,痕迹只是一种形象的、比喻的说法。

记忆痕迹随时间的推移而消失的假说接近于常识,容易为人们所接受。因为某些物理的痕迹或化学的痕迹也是随着时间的推移而衰退的。但是,要用实验来证明这一假说,却遇到了许多困难。

证明衰退理论的实验之所以困难,是因为难以排除干扰的影响。假如,让被试学习A后,在一段时间内使记忆痕迹衰退,然后再测量A的保持量。那么,在这段使记忆痕迹衰退的时间内,被试又可能学习了新的材料,干扰对A的回忆。在这种情况下所测得的保持量的减少,很可能是倒摄抑制的影响,而不是衰退。即便被试在学习A后,不再进行新的学习,如立即让他入睡,但他要做梦,当他醒来刚要回忆时新的干扰又可能产生。退一步说,即便我们能控制这些条件,但每个被试都有一定的学习经历,储存在他头脑中的材料对新学习的材料都能产生前摄抑制。因此,要设计一个证明衰退理论的实验,必须排除一切干扰的影响,即必须保证被试在实验前没有学过任何东西,在学习A后和回忆A前不进行任何新的学习。然而,这是办不到的。

尽管不能用实验来证明衰退理论,但也难以驳倒这个理论。因为事物都有发生、发展和衰亡的过程,记忆痕迹也不例外。记忆的恢复,可能是痕迹的生长过程;随着时间的流逝,回忆量减少或回忆愈来愈不确切、不完全、甚至彻底遗忘,可能是痕迹衰退的结果。

3. 压抑理论

弗洛伊德在对精神病人使用催眠术时发现,许多人能回忆起早年生活中的许多琐事,而这些事情平时是回忆不起来的。于是,他认为,这些经验之所以不能回忆,是因为回忆它们将体验到痛苦、不愉快和忧愁,因而被无意识的动机所压抑。这种理论叫压抑理论,也叫有动机的遗忘。

尽管支持压抑理论的材料主要来自临床试验,并没有大量的实验材料加以证明,但这个理论仍有一定的积极意义。因为遗忘的干扰理论和衰退理论都不考虑个体的需要、欲望、动机等在记忆中的作用,而需要、动机在记忆中的作用则是不可忽视的。正是在这一点上,压抑理论也是有意义的、值得重视的。

第五节 回忆和再认

一、回忆

根据回忆是否有预定的目的、任务,可以把回忆分为有意回忆和无意回忆。

无意回忆是没有预定的目的,只是在某种情景下自然而然地想起某些旧经验。例如,一件往事偶然涌上心头,“触景生情”等,都是没有预定的回忆意图而产生的无意回忆。无意回忆虽然没有预定的目的,但也不是无缘无故发生的。它可能是由当前某种事物所引起,也可能由某种体验或思想所引起。由于它们与回忆起的经验之间的关系不那么密切,因而往往没有被人所意识到。

回忆可能是直接的,也可能是间接的。直接唤起旧经验的回忆,称为直接回忆。例如,一看到“2×4=?”这个算式,立即就想到是8;一谈到祖国的首都,可能立即就想到天安门、人民英雄纪念碑、故宫、王府井等地方。这些回忆没有任何中间环节,直接就唤起了旧经验。通过中间环节(或线索)才忆起需要回忆的旧经验,称为间接回忆。例如,有时回忆某本书放在哪里,你可能在想:是放在书架上还是放在抽屉里?或是被某位朋友借去了?通过这些中间环节最后你才把它回忆出来。间接回忆总是和思维活动密切联系在一起,借助判断、推理才找到所要回忆的经验。

二、再认

对于不同的事物,再认的速度和确信度往往是不同的。这主要取决于下述两个条件。

(一)对旧事物的识记的巩固程度

对旧事物的识记愈巩固、愈熟悉,再认的速度就愈快,并且确信无疑。对旧事物的识记不巩固,仅有似曾相识之感,再认可能发生困难,不仅速度慢,而且也不那么确信。

(二)与经历过的事物的相似程度

经历过的事物重新出现时,如果变化太大,再认就会发生困难,不仅速度慢,而且可能认错;如果变化不大,再认就容易,速度快且确信无疑。

三、检索的困难

从信息加工的理论来看,回忆和再认就是从记忆库中回收(或提取)信息的过程。在回收时,经常会遇到检索的困难。

检索的困难,可能是干扰所致。有时我们明明知道某人的姓名或某个字,可是一时就是想不起来,事后却能忆起;有时我们明明知道试题的答案,可是由于当时情绪紧张,一时就是想不起来,事后正确的答案不假思索便油然而生。这种明明知道材料而暂时不能回忆起来的现象叫"舌尖现象"(TOT)。克服这种情况,简便的办法是把回忆暂时搁置起来,去解答其他问题。等这些干扰过去后,需要的经验往往自然出现。例如,写作时忆不起一个字的写法不妨暂时留下空白,等想起来再补;考试时一时想不起某道题的答案,可以暂时停止回忆,先解答其他试题,可能不久就想起了答案。

检索是一个寻找的过程。寻找必须凭借线索。线索就是事物的部分、特点以及识记时的情景等。唐诗云:"十年离别后,长大一相逢。问姓惊初见,称名忆旧容。"(李益《喜见外弟又言别》)在回忆时,或先忆起这个人的面貌,或先忆起他的举止、衣着,或先忆起与他接近的姓名,或先忆起当时的生活情景。凭借这些线索,连续追思,最后才可能寻找到正确的答案。

检索的困难,可能是难以找到线索或找错了线索。例如,黄昏时分,远处站着两个人,既看不清面貌也听不到谈话声。缺乏必要的线索,再认就会有困难,甚至发生错误。又如,在回忆实验心理学产生的时代背景时,误把冯特1879年在莱比锡大学创立第一个心理实验室的时间当作1779年,以这个线索去回忆实验心理学产生的时代背景,就会使回忆发生困难甚至错误。遇到这种情况,应当多找其他线索,从多方面验证检索的结果,才有可能使回忆的错误逐渐减少，趋于正确。

正因为回忆和再认都必须凭借线索，因此，识记时应多建立联系。联系越丰富、越系统化，检索也就越容易；反之就越困难。当学生对教材内容的回忆发生困难时，教师应从多方面启发学生去寻找线索，注意验证检索的结果。这样将有助于学生正确地回忆起教材的内容。

第六节 表 象

一、遗觉表象

我们大多数人能够把看见过的东西的视觉印象保持在头脑中，但这种印象通常是模糊的、缺少细节的。然而，也有一些人能够保持着一种几乎同照片一样清晰的视觉形象。他们只要对一张图画看上30秒钟左右，把图画拿走后，仍然能够在摆图画的地方“看见”这幅图画的形象。请注意，他们所“看见”的这幅图画，不是在头脑中“看见”，而是好像就在眼前的某个地方摆着一样。这种视觉形象，在他们眼前能保持几分钟之久，他们能详细地把它描述出来，甚至画面上那些最不显眼的细节也能描述得清清楚楚。在笔者的一个实验中，这种儿童在拿走图画后，除了能“看见”画面的主题内容之外，还能“看见”画面上有几根电线杆，几条电线，人物戴什么帽子、穿什么鞋子、是否戴眼镜等细节，简直像照相一样。因此可以说，这种人具有一种“摄影记忆”，用心理学的术语来说，具有一种遗觉表象。

遗觉表象在成年人身上很少出现，一般在儿童身上出现。林传鼎等人的研究表明，我国儿童遗觉表象的出现频率约为22%～33%（林传鼎，1979）。研究遗觉表象的方法是：将一幅充满细节的图画置于浅灰色的绒布背景上，让儿童观察30秒钟至1分钟，移去图画后，让儿童叙述他在灰色绒布上还看见什么。大多数儿童报告说没有看见什么或者只是描述正在消逝的后象。但也有一些儿童报告了逼真而持久的形象。这种形象是他眼睛“看见”的呢，还是在头脑中“看见”的呢？这可以用叠置测验加以验证。叠置测验是这样进行的：将一幅只有两条平行线的图画置于浅灰色的绒布背景上，让儿童观察1分钟后，紧接着让其观察画有折线或辐射线的图画，如果他们能形成冯特错觉或黑林错觉，表明在图画移去后，仍能“看见”图画的形象，即有遗觉表象；如果不能形成冯特错觉或黑林错觉，表明他是在头脑中“看见”图画的形象，即没有遗觉表象。

遗觉表象的显著特点是鲜明、生动，好像就在眼前“看见”一样。但是，当有遗觉表象的儿童试图把这个形象从灰布转移到另一个平面上时，这个形象在到达灰色绒布的边缘时便消失了。同时，这种遗觉表象也不是一个精确的照片，被试儿童对作为刺激的图画有增删,也有歪曲,而他对图画最感兴趣的部位,常常印象最清楚,提供的细节也最多。

有一种观点认为,遗觉表象有助于改进视觉刺激向记忆的转化。但事实并非如此。有遗觉表象的儿童似乎并不比一般儿童具有更好的长时记忆。还有一种观点认为,遗觉表象与智力有关,但这方面的实验数据太少,也不能下定论。总之,关于遗觉表象的实质,它的作用和地位仍有待进一步的探讨。

二、记忆表象

感知过的事物不在面前而在头脑中再现出来的形象叫记忆表象。它是由与感知过的事物有联系的其他事物或有关的言辞而引起的。例如在收拾书架时,看到过去读过的语文课本,因而在脑中呈现出过去语文老师的面貌体态的生动形象,甚至还仿佛听到他范读课文的声音。这时语文老师并不在面前,这些形象的再现是由与他有联系的事物(语文课本)所引起的。人掌握了语言,也能用词唤起有关的记忆表象。例如,当说到“欢乐的国庆之夜”,就能唤起过去经历过这个节日之夜的生动情景。

记忆表象不同于遗觉表象,遗觉表象是视觉刺激物移去后还能“看到”视觉刺激物的形象,而记忆表象是在头脑中看到或听到过去感知过的形象。记忆表象又不同于知觉,因为知觉是对当时的事物的反映,是由当前的刺激物所引起;记忆表象则是对曾经感知过而当时不在面前的事物的反映,是由其他事物或词所引起。然而,记忆表象又是在知觉的基础上发生的。因为如果没有知觉,记忆表象就不可能发生。

记忆表象具有两个重要特征。

(一)直观性

记忆表象是感知过的事物在头脑中的再现,其形象总是比较生动具体的。在唤起视觉记忆表象时,就仿佛在脑中看到这种事物一样;在唤起听觉记忆表象时,就仿佛在头脑中听到了那种声音一样。当然,记忆表象的直观具体形象又不同于知觉的直观具体形象。首先,记忆表象的形象比较暗淡模糊,不如知觉的形象鲜明生动,也不如遗觉表象那样逼真。其次,记忆表象的形象多为片段,不如知觉的形象全面完整。再次,记忆表象的形象比较流动多变,不如知觉的形象持久稳定。例如,我们对某个人的知觉,其形象总是十分清晰、全面完整,而且也不会变化无常。但是当我们回忆这个人时,其形象在我们的头脑中就不那么鲜明生动和全面完整了。它一般只反映这个人的大体轮廓和一些主要的特征,同时不论我们在头脑中怎样努力要保持这个形象,它也不会持续很久,最多能保持几秒钟。所以记忆表象总是不稳定的、变化的。

（二）概括性

记忆表象可以分为特殊的记忆表象和一般的记忆表象。特殊的记忆表象是头脑中再现出来的某个具体事物的形象；一般的记忆表象是头脑中再现出来的某一类事物的形象。像八达岭的形象、天安门的形象就是特殊的记忆表象；马的形象、田野的形象就是一般的记忆表象。一般的记忆表象显然具有概括性，因为任何一般的记忆表象都不是反映某个具体事物，而是反映同一类的事物。特殊的记忆表象也有概括性。因为我们在知觉某个具体事物时，往往由于光线不同、距离不同、角度不同，所以在脑中形成的形象也有不同。但是我们在回忆这个具体事物的形象时，并不是回忆出某一次感知到的事物的个别特点，而是回忆出多次感知到的事物的一般特点的综合。所以，任何记忆表象都具有概括性。但是，记忆表象的概括和思维用语词的概括有本质的不同：记忆表象是形象的概括，而思维是抽象的概括。当然，在记忆表象的概括中，语词也起重要的作用；然而，这种概括，毕竟是形象的概括。

记忆表象的直观性和概括性是密切联系在一起的。从记忆表象的直观性来看，它和知觉相似；从记忆表象的概括性来看，它又和思维相似。因此，记忆表象是介乎知觉和思维之间的中间环节，是感性认识到理性认识的过渡阶段。利用记忆表象的这些特点，可以使学生更好地掌握知识，发展智力。例如，我国心理学工作者曾对幼儿园儿童的加减法计算进行训练。原来儿童只能按实物计算，不能做口头计算或心算。研究者先让儿童借助实物计算，然后把实物掩盖起来，让儿童想着那里的实物计算，即利用记忆表象计算。经过这个过渡环节，儿童能较快地进行口算或心算。

第七节 记忆的生理机制

目前关于记忆的生理机制的研究，主要涉及三个问题：记忆的固定和阶段、记忆在脑中的定位、记忆信息的物质载体。

一、记忆的固定和阶段

很久以来，人们就观察到脑创伤所引起的记忆丧失。例如，突如其来的外伤，像车祸所引起的脑震荡，能引起逆向性遗忘。这种病人旧有的记忆没有障碍，仍然保持着，但是他记不起这一偶发事件，记不起是什么事件伤害了他。那么，这种逆向性遗忘的机制是什么呢？有人提出假设，认为记忆有一个固定的过程。如果刚刚发生的事件（如车祸前瞬间看到的对方的车辆)在脑创伤时还处于短时记忆阶段,脑创伤可能阻断了正在活动着的神经元的某种活动,因而使短时记忆不能转入长时记忆被固定下来。大量的动物实验和临床观察都说明记忆在脑中的固定必须经过一定的时间。

在动物实验中,通常用回避学习来检查记忆的固定和阶段。实验是这样设计的:控制组,将白鼠放在空场中央的小高平台上,几秒钟后它很快从台上跳下来,但是台下的地板是带电的,动物跳下后将受到疼痛的电击。通过训练,动物在小平台上停留的时间愈来愈长,最后就不跳到地板上来了。如果第二天动物仍然不跳到地板上来,这说明动物有了回避电击的经验,有了记忆的痕迹。实验组则让白鼠每天进行一次回避训练,训练后以不同的时间间隔电击脑,使之痉挛。电击脑使动物痉挛是阻断短时记忆巩固最常用的方法。

邓肯(Duncan,1949)的实验结果表明,如果在回避训练15分钟后电击脑,使动物痉挛,其记忆几乎不受影响;而电击脑越是接近学习训练的时间,记忆的阻碍就越大。这个结果不仅说明,记忆的固定必须经过一定的时间,而且表明,记忆是由两个阶段——短时记忆和长时记忆所组成。短时记忆能被电击痉挛所破坏,长时记忆则不受电击痉挛的影响。朱宾和巴塞尔(Zubin & Barrera)用电击痉挛治疗抑郁症患者的研究表明,电击痉挛也妨碍人的记忆固定;电击痉挛离原学习的时间越近,就越妨碍记忆保持。其他研究者的实验也都证明了记忆有一个固定的过程,存在着两个阶段。那么这两个阶段的神经机制又是怎样的呢?

通常的假设是,短时记忆可能是借助于神经细胞的电活动模式或反响回路而实现,长时记忆则可能与解剖结构的变化有关。例如,如果反响回路的活动经常反复,那么就有可能使突触结构发生变化,从而形成许多神经细胞之间的复杂网路。这里,既可能导致突触的生长,也可能导致蛋白质生物合成方面的变化。总之,这些持久性的变化可能是长时记忆的生理基础。

二、记忆在脑中的定位

关于记忆的脑定位问题,有两种学说:一种学说认为,不同类型的记忆信息储存在脑的不同部位,记忆有明确的脑定位;另一种学说认为,记忆与脑的各个部位都有关,没有特定的脑定位。

潘菲尔德(Penfield.W,1952,1957)在医治癫痫病人时,用电极刺激右侧颞叶,引起患者对往事的鲜明回忆,患者说:"我听到了管弦乐队的音乐声。"只要电极保留在原地,过去经验就继续产生,一旦移去这个电极,记忆就突然中断。潘菲尔德把这种现象称为"诱发回忆"。用电刺激皮质的其他区域,则不发生这种反应。进一步的实验表明,颞叶区的诱发回忆多半是视觉、听觉方面的形象记忆。例如当刺激左侧颞叶时,一个11岁的患儿说:

“我听到了几个小孩的呼唤声，叫我上街去玩。”另一个患者受刺激时，报告他看到一个人牵着一条小狗，沿着他乡下房屋旁边的小路走去(参看图8-12)。刺激颞叶所引起的诱发回忆是一种清楚的过去经验的重现，好像播放电影一样；它不同于刺激视区、听区所引起的一般光感和声感。

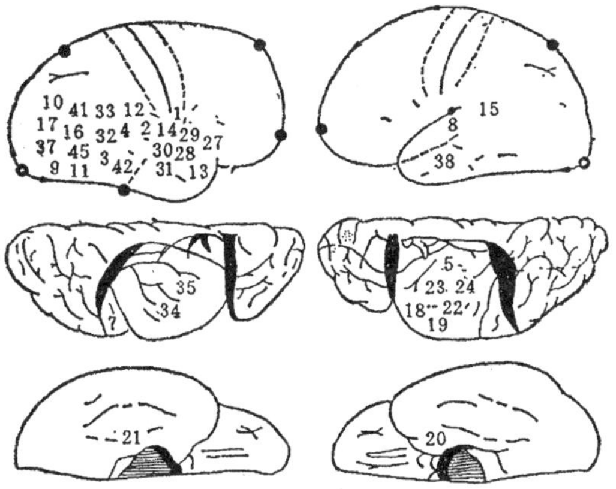

1:熟悉的街道　2:人物　3:人物　4:物体　5:熟悉的景物　7:人物　8:持棒的人　9:朋友　10:熟悉的机械　11:亲切的护士　12:熟悉的景色　13:人物　14:景色　15:爱打闹的人　16:妇女　17:登上阶梯的人　18:人物和景色　19:景色　20:景色　21:熟悉的房间　22:人物　23:人物　24:吸烟的人　27:景色　28:人物　29:房间里母亲和儿子　30:人物　31:物体　32:人物　33:时髦的人　34:物体　35:在家里的母亲　37:亲人发怒斥责的形象　38:孩提时代的她　41:带枪的小偷　42:小偷　45:在自己庭院的兄弟

图8-12　用电刺激人脑颞叶所唤起的视觉形象(Penfield & Perot，1963)

在科恩(Cohen)等人的研究中，给抑郁病患者脑的不同部位电击痉挛。被试分3组：一组只击右脑，另一组只击左脑，第3组电击脑的两侧。在电击前所有患者都有言语记忆(有词的联想)和形象记忆(画了一幅图画)。电击治疗后几小时，测验他们记忆保持的情况。结果如表8-9所示：电击左脑损害言语记忆，但不损害形象记忆；电击右脑损害形象记忆，但不损害言语记忆；电击脑的两侧，形象记忆和言语记忆都受到损害。因此，可以推论，言语记忆可能储存在脑的左半球，形象记忆可能储存在脑的右半球。

表8-9　电击痉挛休克后记忆的丧失

	只击大脑左半球	只击大脑右半球	电击两半球
文字材料	严重丧失	没有丧失	严重丧失
表　象	轻微丧失	严重丧失	严重丧失

临床研究表明，海马与近期记忆的功能密切相关。切除患者两侧的海马，近期记忆消失，但很久以前的记忆(如孩提时代的事)和从前学会的技能(如骑自行车)并不会丧失；患者不能再认90分钟前自己画的图画；开始学习新课题时，不能联想原先刚学过的课题。对患逆向性遗忘症的病人的尸体进行解剖发现，其两侧海马受到损坏。临床上还观察到，由

于手术切除第三脑室囊肿而损伤了穹窿，导致患者近期记忆功能的丧失；乳头体或乳头体丘脑束的疾患也会导致近期记忆功能的丧失。

从动物脑中引出的诱发电位的实验表明，脑的不同部位在学习、记忆时的功能是不同的。艾迪（Adey，1960）等人以猫的背侧海马和嗅脑皮质引出并记录θ波的电位变化，发现学习初期θ波始发于海马，传至嗅脑皮质；但学习后期，θ波则首先出现于嗅脑皮质再传至海马。这个结果说明，对某种信息的识记（学习初期）冲动由海马传至嗅脑皮质，而再现某种信息（学习后期）冲动是从嗅脑皮质传至海马的。

总之，不少学者认为左脑储存言语记忆、右脑储存形象记忆，颞叶-海马-穹窿-乳头体系统在记忆中起着十分重要的作用，特别是海马和颞叶可能是记忆痕迹的储存库。

但是，也有学者主张，记忆与脑的各个部分都有关系，无特殊的定位。美国心理学家拉什利（K.S.Lashley，1890—1958）在各种动物身上做的许多实验结果表明，动物的学习成绩与大脑皮质特定部位的切除关系不大，但与切除面积的大小有关：切除面积愈大，对学习成绩的影响也愈大。例如，他把大白鼠脑的不同部位损坏后，对记忆功能的比较研究表明，损坏皮质的特定部位后，大白鼠走迷津的学习成绩未受到影响，而损坏皮质的某一部位和损坏同样大小的另一部位其影响是相等的。于是，他提出脑的均势说，认为脑中没有特殊的记忆区。因为即使是最简单的记忆“痕迹”也是很复杂的，也许要涉及成千上万的神经元的相互联系。20世纪60年代兴起的“聚集场”假说，也支持这一学说。这个假说认为，神经细胞之间形成一个庞大而复杂的神经网络系统，记忆并不仅仅是依靠某一条固定的神经通路，没有哪一个神经细胞能脱离细胞群而单独地储存某种信息。近年来，有人又提出记忆的全息解释，认为记忆的信息储存在脑的各部分，每部分都有一个全息图，也是支持无定位说的。

其实，定位和无定位应该是辩证统一的，孤立的定位或否认不同脑区的特殊性，可能都有片面性。目前这个问题虽然还没有定论，但较普遍的看法是：记忆是不同脑部位参加的复杂的联合活动，而不同的脑部位在其中有着自己的特殊的作用。

三、记忆信息的物质载体

如果把保存在头脑中的过去经验称为记忆信息，那么，这种信息的物质载体是什么呢？这里主要有两种学说，一是学习、记忆是突触联系的变化，二是学习、记忆是神经元内部化学成分的变化。

（一）学习、记忆是突触联系的变化

长期以来，人们从组织学的角度对长时记忆的神经基础进行了探讨，认为学习、记忆

与神经细胞之间的突触联系有关。这里又有两种主张:1.认为学习、记忆的机制是聚集于突触部位的神经末梢的增多或延长;2.认为学习能影响有关的突触间隙。然而,不论哪一种主张都认为学习、记忆能促进突触部位的传递作用。著名的澳大利亚神经生理学家艾克尔斯(J.C.Eccles)以他独到的实验技术对突触和单个脑细胞的实验研究表明,当某一感官受外界刺激时,有关的神经细胞的电位就发生变化,开始发放神经冲动并构成一定的时空模式,沿着神经细胞的通路传递。如果同样的刺激反复进行,冲动就沿着同样的通路传入,就会引起突触的生长,使传入的效率提高,这时就形成了记忆。也就是说,记忆是突触功能的用进废退效应。不少研究支持了这种假说。

例如,啮齿类动物脑内的许多神经元在出生时都尚未成熟,如果让一组动物接受实验性训练,另一组动物放在通常的笼内饲养,不接受训练,结果表明,前者神经元的发育速度比后者快,所以可能形成较精细的突触联系(Altman,1968)。

有人将一组大白鼠饲养在丰富、多变的环境中,那里有探究和解决问题的多种渠道,它们可以获得各种经验;另一组大白鼠则隔离饲养。结果表明,前者较之于后者,脑的重量增加,脑中的乙酰胆碱酯酶活性增大,胶质细胞增多,神经元的细胞体、细胞核增大,树突小枝明显增多,轴突的横切面增大。这都说明,学习记忆促进了突触的生长。

对记忆突触功能的研究,必然要涉及突触递质。克雷奇(D.Krech)等人认为,突触传递效能较高的,其学习能力比较强。实验已经发现,某些突触递质,如乙酰胆碱的水平与学习、记忆的功能,关系十分密切。饲养在复杂环境中的大白鼠比饲养在单调环境中的大白鼠,脑内有较高的乙酰胆碱酯酶活性。如果用药物(阿托品、车莨菪碱)阻断乙酰胆碱,动物的记忆减退。用药物(丙氟磷)调节乙酰胆碱或乙酰胆碱酯酶的水平,也导致学习和记忆的变化。

(二)学习、记忆是神经元内部化学成分的变化

随着分子生物学的兴起,特别是发现了遗传的信息传递机制之后,出现了记忆的分子学说。1958年瑞典的神经生理学家海登(H.Hyden)首次提出了"记忆的分子内机制"的假设。他推论说,如果特别稳定的去氧核糖核酸(DNA)是对"种族记忆"进行编码,那么适应性较强的核糖核酸(RNA)也许是对个体记忆进行编码,并认为,由于神经刺激而产生的冲动频率的变化,改变着神经元的离子平衡,从而导致RNA的碱基成分的变化。当前,有三类研究支持这个假说。

第一,注射某种化学药物,使动物脑内RNA的生物合成加快或阻断,结果导致实验动物记忆能力的提高或减低。例如,给动物注射番木鳖碱,提高脑内RNA的浓度,动物的学习能力提高;注射嘌呤霉素,抑制RNA的生物合成,动物的记忆遭到破坏。

第二，让动物进行特殊类型的学习，检查脑中某些特定细胞中的RNA有无变化。例如，海登训练白鼠保持平衡攀登45°的钢丝，以取得食物，然后解剖学会了此种技能的白鼠，对那些主管平衡动作的特定神经细胞（忒特氏细胞）进行显微镜分析。结果发现，这些细胞不仅含有较多的RNA，而且RNA的结构与未曾做过平衡训练的控制组相比较，也有明显的不同：腺嘌呤（A）增加，尿嘧啶（u）减少，使A/u之比从1.06上升到1.32。

第三，记忆"迁移"实验。这类实验是将受训动物（供体）的脑组织提取物，注入未经训练的动物体中，然后测量后者在学会供体原先训练的行为作业中所表现出来的"节省"。早期的研究是，从建立了某种条件反射的扁虫身上提取出RNA，注射到未经训练的扁虫身上，然后让它们再形成供体同样的条件反射。有研究表明，后者形成条件反射的速度明显加快。晚近的研究是，先让白鼠学会一定的行为模式，然后从它们的脑中制备出一种记忆分子（一种脑肽分子），施于未受训练的动物，结果这种动物也能显示出原有习得行为的某种迁移。不过，这类研究往往因不能重复验证而受到人们的批评。

今后的研究也许能够证实记忆的信息载体是像RNA那样的某种生物大分子，并且能够从一个有机体迁移到另一个有机体。这从科学幻想的观点来看是十分诱人的。虽然上述构思目前仅属假说，但是我们仍然相信，随着科学技术的发展，终有一天人类将会揭开记忆之谜，到那时，人类对自身的认识将进入一个崭新的时代！

本章相关文献

曹日昌.（1963）.普通心理学.北京：人民教育出版社.

克雷奇，等.（1980）.心理学纲要.周先庚，等译.北京：文化教育出版社.

E.R.希尔加德.（1979）.心理学导论.周先庚,等译.北京：北京大学出版社.

R.S.武德沃斯，H.施洛斯贝格.（1965）.实验心理学.曹日昌，等译.北京：科学出版社.

梅本尧夫.（1969）.记忆（心理学讲座第七卷）.东京大学出版会.

Frandsen,A.N.(1961). Educational Psychology. N.Y: McGraw-Hill Book Company.

A.H.Bus.(1978).Psychology:Behavior in Perspective.John Wiley & Sons Canada,Limited.

H.H.Kendler.(1974).Basic psychology.W.A.Benjamin.

S. A. Mednick, J. Higgins, &J. Kirschenbaum. (1975). Psychologyy: Explorations in behavior and experience..John Wiley & Sons.

第九章　思维和言语

本章主要问题：

1.什么是思维？它与感性认识的关系怎样？

2.思维和语言有什么关系？

3.电子计算机会比人更聪明吗？

4.思维活动时主要的心智操作有哪些？它们各有什么特点？

5.基本的思维形式是什么？心理学是从哪个角度对它们进行研究的？

6.解决问题的思维过程主要经历哪些阶段？哪些心理因素会对这一过程产生影响？其影响如何？

7.思维的种类有哪些？它们有什么特点？

8.言语的基本职能及其种类是什么？

第一节　思维概述

一、思维的定义

思维是人脑对客观现实的概括的、间接的反映。

只要把思维和感觉、知觉加以比较，就可以明显地看出思维的特点。感觉、知觉只能反映事物的个别属性或个别的事物；思维则能反映一类事物的本质和事物之间的规律性联系。例如，通过感觉和知觉，我们只能感知形形色色的具体的笔（铅笔、钢笔、毛笔、蜡笔等等）；通过思维，我们就能把所有的笔的本质属性（写字的工具）概括出来。通过感觉、知觉，我们只能感知到太阳和月亮每天从东方升起，又从西方落下；通过思维，我们则能揭示这种现象的规律性是由于地球自转的结果。因此，概括的反映，是指思维能够反映事物的本质，能够反映事物之间的本质联系和规律。

感觉和知觉只能反映直接作用于感觉器官的事物；而思维则总是通过某种媒介来反映客观事物的。这就是思维的间接的反映。例如，早晨起来，推开窗户，看见对门屋顶是湿淋淋的，于是便推想到：昨夜下雨了。这时，人并没有直接感知到下雨，而是以其他事物为媒介(屋顶潮湿),用间接的方法推断出来的。间接反映的结果,可能正确,也可能错误。如果正确,是由于实践经验和知识经验的丰富,推断的结果符合事物间的规律性联系;如果错误,则是由于知识经验的狭隘或推理违反逻辑规则,推断的结果不符合事物间的规律性联系。但不论是正确的推断还是错误的推断,思维都是一种间接的反映过程。

正是由于思维的概括性和间接性,通过思维,人就可以认识那些没有直接作用于人的种种事物,也可以预见事物的发展变化进程。例如,人不能直接感知电磁场的存在,但根据铁屑在电磁铁的周围以磁力线形式的分布,便间接地认识了电磁场的存在。人不能直接感知天体运行的规律,但根据对各种天体的观察,能间接地认识天体运行的规律,准确地推算出日食、月食发生的时间,制订出未来许多年的历书。借助思维,人的认识能够从个别中看到一般,从现象中透视本质,从偶然中洞察必然,从现存的事物中推测其过去、预见其将来。

二、思维和语言的关系

思维和语言是紧密联系着的。语言是人与人之间进行交际的工具,人们用语言交流各自的思想。同时,语言也是正常人用来进行思维的工具,一切掌握了语言的人都是借助语言进行思维的。

语言和思维的联系可以从下列两方面来看。从语言方面来看,语言离不开思维。任何语言都是由词汇和语法规则构成的符号系统,而词汇和语法规则是思维的成果。因为词的意义不是别的,正是概括的思维或概念,而语言中的语法结构则是人们思维逻辑的表现。从思维方面来看,思维的进行也离不开语言。首先,语言为人脑的活动带来了新的原则。人的大脑产生了言语中枢,有了第二信号系统的活动,这是思维活动的物质基础。其次,思维活动总是借助词而实现的。这是因为词具有概括性。如“书”这个词,与一切的书联系着,概括了它们的本质——成本的著作。词的概括性使思维能够对现实,实现间接的概括的反映。倘若没有可以标志一般东西的词,思维就无法进行间接的概括的反映。最后,语言是思维的(最合适的)“物质外壳”。思维的内容是观念的东西,它必须具有可感知的物质形态才能表达出来。虽然人也可以用其他办法,如手势、面部表情或其他动作姿态来表达自己的思想,但最方便、最完善的表达内心世界的物质形态还是语言。我们主要是用说话、书写来表达自己的思想。

语言和思维的差别,可概括如下(见表9-1)。

表9-1　语言和思维的差别

语　言	思　维
物质的东西	观念的东西
交际工具、思维工具	人对客观现实的间接的、概括的反映
它同客观事物的关系是标志和被标志的关系，其间无直接的必然的联系	它同客观事物的关系是反映和被反映的关系，其间有直接的必然的联系
基本单位是词	基本单位是概念
语法结构的民族性	思维规律的全人类性

目前，关于人类的思维与语言的关系问题，主要有两种理论。一种理论认为，思维和语言的发生是非同步的，有先有后。有的认为先有思维，后有语言，思维不一定同语言相联系；也有人认为先有语言，后有思维，思维是通过语言的习惯缓慢地获得的。另一种理论认为，思维和语言是同步发生的，它们既有区别而又不可分离地联系在一起。笔者持最后一种观点，其理由如前述。

三、思维和感性认识的关系

虽然思维是概括的、间接的、超出感觉范围的反映，但是它仍然和我们知识的基本来源的感性认识密切联系着。感性认识是认识活动的低级阶段，包括感觉、知觉、表象3种心理活动。

感性认识的特点，在于它是客观事物的直接反映。在感觉和客观事物之间，没有任何中间环节。感性认识是思维活动的源泉和根据。思维是在感性材料的基础上产生的。一个从来没有看过和吃过苹果的人，对苹果的外表、味道和质地毫无所知，就不会产生"苹果好吃"的概括；一个生活在原始社会的人，对资本主义社会制度、阶级关系、生产力和生产关系的状况毫无所知，就不会产生"社会主义必然要代替资本主义"的概括。思维无论多么抽象，它加工的材料只能来源于对个别事物的多次感知，从对事物的多次感知中概括出它们的本质和规律。

思维过程的进行除了借助语言符号外还与感性的直观形象有密切的联系。这种现象在解决比较复杂的问题时表现得特别明显。在思考困难的问题时，我们如果借助直观形象或唤起头脑中的表象，就会有助于问题的解决。当然，思维活动时，表象出现的多寡也有个别差异，有的人具有丰富的表象活动，有的人却很少有表象出现。

爱因斯坦（Albert Einstein，1879—1955）在谈到自己的思维过程时说："在我的思维机构中，书面的或口头的文字似乎不起任何作用。作为思想元素的心理的东西是一些记号和有一定明晰程度的表象（image），它们可以由我随意地再生和组合。……这种组合活动似乎是创造性思维的主要形式,它进行在可以传达给别人的由文字或别的记号建立起来的任何逻辑结构之前。上述的这些元素就我来说是视觉的,有时也有动觉的。通用的文字或其他记号只有在第二个阶段才能很费劲地找出来,此时上述的联想活动已经充分建立,而且可以随意地再生出来。”而英国著名的作家赫胥黎(A.L.Huxley)①却正好相反,他在思维活动时很少有表象出现。他说:“从我能记忆的时候起一直到现在,我经常是一个贫于视觉表象的人,即使是意味很深的诗句也不能在我心目中引起图像。在睡意蒙眬之际也没有产生过催眠式的视觉。当我回想什么时,我的记忆也不能提供事物的鲜明视象。经过意志的努力,我能对昨天下午发生的事情产生一种非常不鲜明的表象……但这种表象很不扎实,也绝对不能独立自在。它们和可见的实物的关系,就像荷马诗篇中的鬼魂和在阴间来与他们会晤的血肉之人的关系一样。只有当我发高烧时,我的表象才独立活动。”(克雷奇,等,1980)

四、思维与个性的关系

思维与个性有密切的联系。

思维的主体是活生生的人,他具有多种倾向性。每个人都有自己的认知结构、年龄特征、气质和性格特点。这些都有可能影响人的整个认识活动,也包括对思维的影响。例如,需要和动机(得到高分数的愿望、想谋求某种职业、想得到奖赏等)会激发人积极参加实践活动,发现问题,解决问题,从而使思维能力得到提高。如果没有求知的欲望,没有探索的精神,即使一个人参加了活动,也发现不了活动中的问题,思维能力依然不能提高。世界观对思维活动具有指导方向的意义。辩证唯物主义世界观指引着人的思维按事物的本来面貌进行探索,解决问题比较客观、全面和合乎逻辑。唯心主义、形而上学世界观将阻碍人的思维按正确的方向进行探索。

思维过程的特点也反映了人们的个性差异。思维的深刻性是指考虑问题时善于把握事物的本质。有的人善于提出问题,善于通过现象揭露事物的本质,善于从个别中看到一般,从偶然中洞察必然,考虑问题深刻;有的人不善于区分主要的东西和次要的东西,不善于区分现象和本质,“眉毛胡子一把抓”,甚至“捡了芝麻丢了西瓜”,既不善于提出问题,也不善于思考问题;而更多的人则介乎两者之间。思维的灵活性是指善于在各种情况下具体地解决各种具体的问题。有的人善于根据具体情况灵活而迅速地解决问题,有的人拘泥于一种解决方案,更多的人则介乎两者之间。思维的逻辑性是指思维过程进行的性质是否符合客观事态的逻辑顺序。有的人思维具有严密的逻辑性,有的人考虑问题逻辑性

①A.L.赫胥黎(1894—1963),英国著名作家,是著名的生物学家、进化论的积极支持者T.H.赫胥黎(1825—1895)的孙子。

不强。思维的独立性是指考虑问题时是否有自己的独立见解。有的人不迷信权威,不易受暗示,能严肃地对待各种意见;有的人易受暗示,人云亦云,无独立的见解。可见,思维并不是一种孤立的心理现象,它总是与一个人的其他心理现象密切联系着,是在一个人的整个心理背景上进行的。

五、人工智能和人的思维

20世纪50年代后期以来,出现了模拟人类智力活动的各种电子计算机。这些电子计算机能完成识字、读书、谈话、下棋、翻译,解答数学和日常生活中的问题,诊断疾病,从事科研工作和其他复杂的智力活动。计算机的这类功能称为人工智能。人工智能克服了人脑和有机体的某些生理局限,用物化的智能延伸和扩展人脑和有机体在这些方面的功能,使人从烦琐的脑力劳动和繁重的体力劳动中解放出来。这是当代科学技术的重要成果。

但是,机器毕竟是机器。人工智能毕竟是人类思维的模拟,它与人类的思维有着质的区别。首先,人工智能不能模拟人类思维的社会性。人类的思维是在社会实践中发生和发展起来的。思维中的感性材料、思维要解决的问题、思维能力的发展以及思维的真理性标准都取决于人的社会实践。显然,即使是最高明的智能机也不能参加人类的社会实践。其次,人工智能不能模拟人的主观能动性。人能够发现规律、运用规律,能动地认识世界和改造世界,这更是智能机所望尘莫及的。机器只能按照人预先设定的程序进行工作。它只有受人控制的自动性,而没有人的主观能动性。因此,不能把人工智能同人的思维等同起来,更不能认为今后的人工智能比人还要高明。

第二节 思维活动的心智操作

为了提出和解决生活实践中的各种问题,我们在思维活动中进行着各种心智操作。思维活动的心智操作主要有分析、综合、比较、分类、抽象、概括和具体化。

一、分析和综合

分析是在思想上把整体分解为部分,把复杂的事物分解为简单的要素,分别加以考虑的心智操作。例如,学生把一篇课文分解为若干段落,把广播体操分解为各个局部动作,分别进行研究。通过分析,有助于我们深入对象的内部,研究它们的细节,为从整体上认识对象做好准备。综合是在思想上把对象的各个部分、各个方面和各种因素联系起来考虑的心智操作。例如,学生在了解课文各个段落的基础上归纳出全文的中心思想。通过综合有助于我们按照对象各部分间的有机联系从总体上把握对象。

在思维活动中,分析和综合是辩证统一的。恩格斯说:“思维既把相互联系的要素联合成为一个统一体,同样也把对象分解为它们的要素。没有分析就没有综合。”(恩格斯,1970)

分析和综合的统一,首先表现在它们是相互依存的。没有分析,认识不能深入,对整体的认识只能是空空洞洞的。例如,如果教师对一个学生的行为表现没有做过细致的分析,那么他对学生的认识就不可能深入。只有分析而没有综合,认识可能囿于枝节之见而不能掌握事物的整体。例如,如果教师只分析一个学生的某种粗鲁行为,而不从各方面的表现来考虑,那么,他对该生的认识也可能是不全面的。事实上,分析和综合总是相互依存的。教师在细致地分析一个学生的某种粗鲁行为时,总是从联系的角度来考虑的:他为什么要打人?打了谁?他与被打的同学的关系怎样?等等。任何分析都是从某种整体性出发,都离不开关于对象的整体性认识的指导,否则,这种分析将使认识支离破碎。

分析和综合的统一还表现在它们的相互转化上。分析为最初认识的整体性所指引,分析又是进一步认识整体的手段、途径和方法,从而使得对整体性的认识更加深刻。对整体性的深刻认识又会促进对事物各个部分的认识。例如,教师在分析语文课文时,先简单介绍课文的内容和作者的生平,使学生对课文有个大概的了解(综合),接着教师讲解各段的内容(分析),从而进一步指出作者是怎样用这些内容来阐述课文的主题思想(再综合),再以课文的主题思想为指导进而阐明课文的艺术特点和表现手法(再分析),这样就使学生对课文的理解不断加深。可见,思维活动总是循着“综合—分析—再综合—再分析”而不断前进的。随着分析和综合的不断转化,人对事物认识的层次也不断深入。

分析和综合可以有3种不同的水平:(1)实际操纵物体的分析和综合,例如,有时把机器的某个部件取下来,或把它的各个部件安装好,以考察其性能。这是实际地对物体本身进行分析和综合的过程。(2)感性形象的分析和综合,如理解设计图纸的内容等。这时分析综合的对象不是物体本身而是它的图像,是在思想上把某种形象划分出来或把有关的形象联系起来,结合成一个整体的过程。(3)语词符号的分析和综合,如运用数学定理、数学符号求解代数问题,或用化学定律、化学符号解化学方程式,等等。这是在思想上把某种抽象的知识划分出来或把有关的抽象知识联系起来,结合成一个整体的过程。

在人身上,上述3种水平的分析和综合,可以相互转化、相互渗透。例如,小学一年级学生开始对语文课文进行分段和概括段落大意时,感性形象的分析和综合占优势,但在教学的影响下,通过练习,学生逐步形成按逻辑意义分段的技能,能用较简明的叙述形式、简短的句子或词组概括出各逻辑大段的中心大意(万云英,时蓉华,1962)。成人在分析综合抽象的问题遇到困难时,也往往借助直观形象或操纵物体,从而使思维能顺利地进行。

二、比较和分类

（一）比较

比较是在思想上确定对象之间差异点和共同点的心智操作。

比较的客观基础是事物之间的差异性和同一性。在空间上同时存在着的事物之间，以及在时间上先后相继的事物之间，都存在着差异性和同一性。因而，在思维活动时，既可以进行空间上的比较，也可以进行时间上的比较。空间上的比较是对同时并存的事物进行比较，这有助于我们辨别不同的事物；时间上的比较是对同一事物的历史形态进行比较，这有助于我们了解事物的发展变化。在思维活动时，这两种比较往往是结合使用的。例如，教师要了解某个学生的知识质量，可以在同一时期内用他的学习成绩与其他学生的成绩进行比较（空间上的比较），也可以用他这学期的成绩和上学期的成绩进行比较（时间上的比较）。只有把这两种比较结合起来，教师才有可能全面了解该生的知识质量。

比较是在一定的关系上，根据一定标准进行的。对事物进行比较，首先要确定一个标准。没有标准，无法进行比较；不同的标准当然也不能比较，否则就会犯逻辑的错误。

在教学工作中，教师广泛地运用比较并启发学生运用比较去掌握知识。在这里，最重要的是培养学生从不同的事物中看出共同点，从相似的事物中看出差异点。“假如一个人能看出当下显而易见之异，譬如，能区别一支笔与一只骆驼，则我们不会说这人有了不起的聪明。同样另一方面，一个人能比较两个近似的东西，如橡树与槐树，或寺院与教堂，而知其相似，我们也不能说他有很高的比较能力。我们所要求的，是要能看出异中之同，或同中之异。”（黑格尔，1954）“能看出异中之同，或同中之异”是思维能力高水平发展的一个重要标志。教师应着重培养学生这种比较能力。

（二）分类

分类是在思想上根据对象的共同点和差异点，把它们区分为不同种类的心智操作。

比较是分类的基础。通过比较，了解到事物之间的共同点和差异点，根据共同点可以把事物归并为较大的类，根据差异点可以把事物划分为较小的类，这样就能将事物区分为具有一定从属关系的不同等级系统，从而使知识系统化。

分类必须有一定的标准，即必须根据对象的某种属性或关系来进行分类。客观上，事物有多种属性，事物间有多种联系，因此，分类的标准也是多方面的。主观上，由于思维发展水平和知识经验的不同，人们对分类标准的掌握也有差异。幼儿和小学生往往根据事物明显的外部特征或它们的用途进行分类，如他们不认为鸡和鸭可以归入鸟类，因为在外形上，鸡、鸭和飞鸟有很大的差异。少年仍容易把本质特征和非本质特征并列起来进行分类。因此,教师应重视培养学生按事物的本质属性、事物间的内在联系进行分类,注意纠正他们的错误。

分类还必须懂得一定的术语,这些术语标志着相应的某类事物。如果学生不懂得标志某类事物的术语含义,那么,他就难以将生活中遇到的新事物归入相应的一类之中。为了提高学生的分类水平,教师应结合学生的实际把概念的内涵和外延阐述清楚,使他们真正掌握有关术语。

三、抽象、概括和具体化

(一)抽象和概括

抽象是在思想上把各种对象或现象之间的共同属性抽取出来,并把这些共同属性和其他属性分离开来的心智操作。概括是在思想上把抽象出来的各种对象或现象之间的共同属性结合起来、联系起来的心智操作。例如,我们对各种鸟进行比较以后,抽取出“有羽毛”“是动物”这些共同属性,并把这些属性和其他属性(如短翅的、长翅的,各种不同颜色的,等等)分离开来。这就是抽象。同时,我们把这些共同属性结合起来、联系起来,从而认识到“鸟是有羽毛的动物”。这就是概括。

抽象和概括是密切联系的。没有抽象就无从概括。客观事物具有各种属性,人如果不能从它们的差异中抽出所要概括的属性,概括就无法进行。同时,抽象又取决于概括,要概括哪些属性,才确定从哪些方面进行抽取。经过抽象与概括,人才能逐步舍弃事物的非本质属性,掌握事物的本质属性。

抽象和概括实质上是在比较的基础上所进行的更为高级的分析和综合。因为,抽象实际上是把本质属性和非本质属性区分开来的过程,而概括则是把本质属性联合起来的过程。

抽象和概括可以有各种不同的水平。一般说来,对事物的具体属性(如事物的外形特点等)进行抽象概括是比较容易的,对事物的联系和关系(如空间关系、时间关系、因果关系等)进行抽象概括则比较困难。

(二)具体化

同抽象相反的心智操作是具体化。具体化是把抽象出来的一般认识应用到具体对象上的心智操作。例如,用举例说明定律、规律,用一般原理来解答习题、做实验作业等。使一般认识具体化可以使人更好地理解一般的东西,从而使一般的认识不断地扩大、丰富和深入。因此,具体化有助于我们掌握理论知识。不过,要注意的是,不要使具体化的例子脱离一般的东西。如果具体化仅仅局限于特殊的事例,那么这种具体化将会妨碍我们对一般东西的理解。

在解决任务的思维活动中,上述各种心智操作,分析、综合、比较、分类、抽象、概括、具体化等,往往是互相联系的,很少是以一种心智操作进行的。借助这些心智操作的不同组合,人才能不断地认识世界,提出和解决生活实践中的各种问题。

第三节　思维的形式

基本的思维形式是概念、判断和推理。思维活动时,人运用这些思维形式进行分析、综合、比较、分类、抽象、概括等心智操作,反映事物的本质及其发展变化的规律。通过思维形式研究正确思维的规律,是逻辑学的任务。心理学则通过思维形式,研究个体思维的活动规律。

一、概念

概念是人脑反映事物本质的一种思维形式,是思维的最基本的单位。

概念和词紧密地联系着。词是概念的语言形式,概念是词的思想内容。任何概念都是通过词来表达的,不依赖于词的赤裸裸的概念是不存在的。但概念和词也不完全等同。一个词(多义词)可以代表不同的概念,如“杜鹃”既可以表示一种植物的概念,也可以表示一种鸟的概念。相同的概念也可以用不同的词来表示,如“目”“眼睛”所表示的是同一个概念。有些词(如虚词)则不表示任何概念。

在个体发展过程中,概念主要通过两条途径形成:一是不经过专门的教学,在日常生活中通过辨别学习、积累经验而形成的概念。例如,在日常生活中,儿童看到麻雀、燕子、喜鹊、老鹰有某种共同性,而它们与闹钟、桌子有所不同,通过分析综合形成了“鸟”的概念,虽然他们对“鸟”不会下科学的定义。成人也有这种情况,如人们经常运用“动物”“道德”“桌子”等概念,却不一定知道其科学定义。这一类概念称为日常概念或前科学概念。二是在教学过程(包括自学在内)中,通过揭露概念的内涵而形成的概念。这类概念,一般属于科学的概念。

日常概念受个人经验的限制,常有错误和曲解,概念的内涵有时忽略了本质属性,而包括了非本质属性。例如,有些小学生认为鸟是“会飞的动物”,因而把蝴蝶、蜜蜂都看成鸟,而不同意鸭、鹅也是鸟。在黄翼的一个实验中,个别地询问40个3岁半至8岁的儿童:“树、月亮等有没有生命,是不是活的?”结果,有半数以上儿童认为树不是活的,没有生命;

有70%以上的儿童认为月亮是活的。只是随着儿童知识范围的扩大,主要是在教学的影响下,日常概念才会逐步提高到科学概念的水平。

在教学过程中,学生形成科学概念受多种因素的影响,其中最主要的有:

1.过去经验(如日常概念)对科学概念的形成有重大的影响

这种影响可能是积极的,也可能是消极的。

当日常概念的含义与科学概念的内涵基本上一致时,日常概念会促进科学概念的掌握。例如学生有了对称现象的生活经验,他对几何中"对称"的概念就比较容易掌握。当日常概念的含义与科学概念的内涵不一致时,日常概念会产生消极作用。例如"垂"在日常概念中总是下垂,是由上而下的。所以,当学生在几何课中接受"自线外一点向直线作垂线"时,就只能理解点在上方、线在下方的情况,而认为点在下方时作垂线是不可能的。要克服这种消极影响,必须专门组织新的经验。或演示直观材料,或让学生回忆过去的感性经验,对克服过去经验的消极作用,能起一定的作用。

2.提供概念所包括的事物的变式,对概念的形成也有显著的影响

不充分或不正确的变式,会引起缩小概念或扩大概念的错误。

当概念的内涵不仅包括事物的本质特性,而且包括非本质特性时,就会不合理地缩小了概念。如,有的学生认为昆虫不属于动物、蘑菇不属于植物,就是因为把非本质特性(动物要有大的躯体、植物要有绿的叶子)包括到概念的内涵中。消除这种错误的有效方法,是多提供包括非本质特性的变式。当概念的内涵中包含的不是事物的本质而是其他特性时,就有可能不合理地扩大概念。例如有的儿童没有把鸟的本质特征(羽毛等)包括在鸟的概念的内涵中,认为鸟是会飞的动物,因而把蝙蝠、蝴蝶都看成鸟。要消除这种错误,有效的办法是多提供具有本质特性的变式。

3.用准确的言语揭露事物的本质,给概念下定义有助于科学概念的形成

必须注意,对概念形成有积极作用的定义,必须以丰富的感性材料为基础。定义的提出要视情况而异。关于具体事物的概念,其定义可以在演示直观材料时提出,也可以在唤起相应的表象时提出。抽象的概念要熟悉广泛多样的事物才得以形成,学生只能逐渐加以理解,因而这种概念形成的初期,不能提出定义,最好等学生积累了足够的知识经验后提出定义。例如,只有当学生学习了各种数(整数、分数和小数等)后,给数下定义,学生才能形成数的概念。

4.在实践中运用概念,有助于深入地掌握概念

在实践中运用概念,学生对概念就更加亲切,掌握概念的自觉性和积极性就会提高。

运用概念于实际,是概念的具体化过程,而概念的每一次具体化,都会使概念进一步丰富和深化,对概念的理解就更加全面、更加深刻。

因此,科学概念主要是在有计划的教学过程中形成的。在这一过程中,儿童也不是消极地接纳成人传来的知识,他总是根据自己的理解把别人传授的知识纳入自己的经验系统中,从而按照自己的方式形成概念。

二、判断

判断是对思维对象有所肯定或否定的思维形式,它由概念所组成。例如"雷锋是我们学习的好榜样""人的正确思想不是从天上掉下来的"。

判断以语句的形式表达出来,但语句和判断是有区别的:判断是思维的形式,而语句是言语的形式;同一个判断可以用不同的语句来表达,如"一切事物都包含着矛盾",这一判断可以用"不包含矛盾的事物是没有的""哪有不包含矛盾的事物"等语句来表达;并不是所有的语句都表达判断,如"今天是星期几?"这一语句就不是对事物有所断定。

判断中不单反映出思维过程,而且也表现着人的情感和愿望。例如,"我爱北京天安门""我要买电视机""我想吃点辣椒"等。这些判断不仅对事物有所判定,而且也表达了人的情感和愿望。

判断也能表现出人对事物的评价,这时人以某种标准作为判断的依据。例如,一个好的教师必须精通业务、热爱儿童、忠于党的教育事业。谁具有这些品质,谁就是好教师;谁不具备这些品质,谁就不是好教师。现在,张老师具有上述品质,于是我们说:"张老师是一个好教师。"像这种情况的判断,是需要进行推理的。

三、推理

推理是从一个或几个已知判断推出新判断的思维形式。

归纳推理和演绎推理是两种主要的推理形式。从个别事例推导出一般原理、从事实得出结论,这是归纳推理。在归纳推理时,我们从观察到的事实出发,加以概括,从而解释观察到的事物之间的关系得出一般结论。例如:

鸡的活动具有时间上的周期性节律,

牵牛花的活动具有时间上的周期性节律,

大雁的活动具有时间上的周期性节律,

人的活动具有时间上的周期性节律,

…………

鸡的活动、牵牛花的活动、大雁的活动、人的活动……

都是生物体的活动，

所以，一切生物体的活动都具有时间上的周期性节律。

从一般到个别，将理论、原则运用于具体事例，这是演绎推理。在演绎推理时，我们从一般原理出发，把它应用于具体事例。例如：

凡哺乳动物都是以乳哺育幼体的，

鲸鱼是哺乳动物，

所以，鲸鱼是以乳哺育幼体的。

由于演绎推理是将一般原理应用于具体事例，因而不可能导出新的概括，这种推理缺乏创造性。归纳推理是从个别到一般，虽然其结论的可靠性差些，却富于创造性，科学上的原理、法则、结论大多是由归纳推理而建立起来的。

虽然演绎推理缺乏创造性，但归纳和演绎都是我们认识世界的重要方法。这两种推理也都有可能发生错误。推理错误的原因是多方面的，除违反逻辑规则外，心理因素也会导致推理的错误。

知识经验会影响演绎推理的正确性。有人分别用熟悉的文字、不熟悉的专有名词、字母编写命题，对被试进行测验的结果表明：用被试熟悉的文字编写的命题最容易得到正确的推理。在3段论推理中，如果正确的逻辑推理与生活实际相矛盾，会导致不正确的结论。

前提的气氛会导致推理错误。问题的整个气氛会促使人按照这个气氛来接受或推出不正确的结论，这种现象称为“气氛效应”。例如，在一个实验中，用下列一类习题：“如果所有的X都是Y；如果所有的Z都是Y；则所有的X都是Z。”让未受过形式逻辑训练的被试对题中的结论表示赞同或不赞同。结果有58%的被试表示赞同。稍微改变习题的性质：“所有的X都是Y；所有的X都是Z；所有的Y______Z。”让被试填出题中的结论，结果78%的被试得出的结论是“所有的Y都是Z”。前提所造成的整个气氛促使被试赞同和推出一个与整个气氛相一致的错误结论。

情感或愿望会导致推理错误。例如，一个懒学生得意地得出结论说，这次考试他得到70分是因为早晨吃了油条，于是他指望靠吃油条，而不必努力就能顺利地通过各门功课的考试。这种推理以自己的愿望为出发点，把吃油条和能通过考试硬拉在一起，误认为其间有因果联系，显然是错误的。

此外，不能冷静地估量事实的结果，从数量过少的事例或不典型的情境中仓促下结论等，都有可能导致推理的错误。

第四节 思维与解决问题

解决问题是一个非常复杂的心理过程,包括整个认识过程、情绪和意志活动,其中思维活动是关键性的。本节将讨论解决问题的思维过程以及影响解决问题的思维过程的有关心理因素。

一、解决问题的思维过程

从阶段性上进行分析,解决问题的思维过程大致要经历4个阶段:觉察问题、分析问题、提出假设、检验假设。

(一)觉察问题

解决问题的思维过程从觉察问题开始。问题就是矛盾。矛盾到处都有,时时都有。但是,人并不一定都能觉察到,即使发现了某些问题,人也许对它们不大关心。觉察问题主要取决于人的态度和需要。人对活动的态度越积极,就越容易发现活动中存在的问题,并把它转化为自己需要考虑的问题。有求知欲的人,不满足于对事物的通常解释,进一步追求现象内部的原因和结果,便能在别人看不出问题的地方,在一些熟知的、已有公认解释的事实中觉察出问题。觉察问题也取决于知识经验。缺乏某方面的知识经验,就不容易看出这方面事物的复杂性,也就难以觉察其中的问题;然而缺乏知识经验也会刺激人提出他所不了解的问题,激励他去求知、去思考。

(二)分析问题

如果说,觉察问题是发现矛盾的过程,那么,分析问题就是暴露矛盾,找出主要矛盾的过程。分析问题首先要弄清楚问题的要求是什么,哪些是已知条件,已知条件和问题的要求之间有什么联系,进而明确问题的关键所在,即区分出问题中的主要矛盾。分析问题最主要的就是抓住问题的关键。分析问题时能不能抓住问题的关键,无疑与人的知识经验有关,但在很大程度上也取决于人是否善于分析问题。据说德国著名数学家高斯10岁时对“1+2+3+…+98+99+100=?”这道题,通过分析发现这一数列两端两数之和都是101,最后以“(101×100)÷2=5050”的方式解出了此题。高斯解此题的知识不过是整数四则,然而具有整数四则知识的人却不一定能发现解此题的关键(这一数列两端两数之和都是101),用高斯的方式来解决。

(三)提出假设

提出假设是解决问题的关键。这一阶段包括形成解决问题的方案方法和找出具体的解决问题的步骤。

问题可以用4种典型方式中的一种或几种加以解决。这4种典型方式是:(1)尝试错误,即经过尝试,犯了错误,再尝试,有所进展直到最后成功解决问题。司机找出汽车发生故障的原因,学生解一道数学难题,一般都会采用这种方式。(2)机械的方式,即以记忆的方式解决问题。解决问题的方法、步骤储存在记忆库中,重新遇到这种问题时,立即提取信息加以解决。如小卖部的售货员事先把商品价格背熟,当顾客买东西时不假思索立即背出。(3)推理,即用演绎推理或归纳推理来解决问题。这是一种根据事实,严格遵循逻辑规则解决问题的方式。(4)顿悟,即突然领悟解决了问题。以这种方式解决问题时,人通常觉察不到解决问题的方法和步骤。

(四)检验假设

检验假设是解决问题的最后一步。有两种检验假设的方法:一是实践的检验,即根据假设去具体地解决问题,如果实践成功,问题得到解决,就证明了方案方法和步骤都是正确的,这样,既检验了假设又解决了问题;如果实践失败,就证明方案方法或步骤有错误。另一种是头脑中的检验,即进行推论。例如高明的棋手在下一个棋子之前都是在头脑中进行推论了的。推论是否正确最终还得靠实践来检验。

通过检验,如果假设被证明是正确的,那么,问题就得到解决;如果假设被证明是错的,那么,就需要寻找新的解题方法和步骤,重新提出假设。正确的新假设的提出在很大程度上取决于对失败的原因是否有充分的了解。

以上是从阶段性上,对解决问题的思维过程所做的描述性分析。如果从这个过程的总趋向来看,则可以把它视为逐步逼近问题解决的过程。人觉察到问题之后,总是先从大的方面确定问题的范围,指出可能的解决方向。例如,一个人的胃里长了一个不能采用手术的肿瘤,需要用放射线治疗,怎样才能使强烈的放射线既作用于肿瘤而又不破坏其周围的健康组织?被试在解决这个问题时,总是先从大的范围指出可能的解决方向,然后逐步缩小范围,找出一种确定的解决方法;如果这种确定的方法不能解决问题,他就可能回到最初的大范围去寻找,直到最后找到真正解决问题的方法为止。

从信息加工的观点来看,解决问题的思维过程就好比电子计算机的运算过程。对计算机的输入就像环境对有机体的刺激作用,计算机的输出类似于有机体的行为,计算机内部程序化的信息加工运算,包括加工单元的活动和储存库的活动,就相当于思维过程。根据输入信息(即问题的性质),加工单元按一定的原则从储存库提取一些规则和信息,把它们同输入信息结合在一起进行加工,然后再输出信息。解决问题的思维过程就是信息流的这样一个流程。在启发式程序中,许多课题程序往往把一个课题分解为许多子课题,顺利地解决了子课题就能促成整个课题的解决。如果把这些解题步骤绘制成图,往往形成一种树状结构形式。因此,有些心理学家认为,在信息加工的过程中,这些树状结构可能就是人在解决问题时的思维结构形式。

二、影响解决问题的有关心理因素

解决问题的思维过程受多种心理因素的影响。有些因素能促进思维活动对问题的解决,有些因素则阻碍思维活动对问题的解决,这些心理因素主要有:

(一)观察的特点

一个人的观察特点影响着解决问题的思维过程。如图9-1所示,请你用铅笔画出4条直线,不能倒退,也不能中断,要一次性把图上9个点全部连接上。在解决这个问题时,你也许感到有点为难。其原因是思维活动受到知觉整体性的影响:这9个点很容易被组织起来,看成一个正方形,从而限制了你的铅笔画出正方形的边界。事实上,这个问题的条件并没有限制你把铅笔画出边界。只要你克服了这种先入为主的观察,这个问题就不难解决了(此题的答案见本章最后一页)。经验也表明,对事实进行客观的、详尽的观察,有助于问题的解决;主观的、粗枝大叶的观察,不利于问题的解决。

图9-1 九点图

(二)记忆的作用

知识经验对解决问题的思维过程有很明显的影响。这种影响可能是积极的,也可能是消极的。

当人遇到曾经解决过的或与之相类似的问题时,知识经验将有助于问题的解决。知识经验愈概括化、愈系统化,对问题的解决就愈有帮助。概括化的知识经验能使人举一反三、触类旁通,有助于解决那些比较生疏的问题。例如,学生通过观察或学习,能概括地认识到低等动物的活动受光度、温度和酸碱度的制约,那么就容易解答蝗虫为什么成群飞行的问题,从而找到蝗虫活动受温度影响的正确结论。系统化的知识经验好比一所组织精良的图书馆,在解决问题时人很容易从这个记忆库中提取需要的信息。倘若资料杂乱地堆放在头脑里,检索就会遇到困难。

当人遇到新的问题时,知识经验可能对解决问题产生消极的影响。这种消极影响明显地表现在墨守老一套的方法上,即凭借一些已经行不通的陈旧假设来解决新的问题。有时巩固的知识经验甚至会阻挠人们用新的知识经验来解决问题。例如,一些学生知道关于压力与压强的概念以及确定压强的公式,但在解答"60千克的重量压在15平方厘米的面积上,此重量所产生的压强是多少"的问题时,大部分学生的答案是"压强=4千克"。这是因为学生在解题过程中重现出来的是比较牢固的旧知识(关于等分除法各数表示法的旧知识),它排除了巩固程度较差的新知识(关于压强的单位:克/厘米^2)的结果(N.卡尔梅科娃的材料)。

(三)定势的影响

定势有时有助于问题的解决,有时会妨碍问题的解决。最初研究定势在解决问题中的作用的是迈尔(Maier,1930)。在他的实验中,对部分被试利用指导语给以指向性的暗示,对另一些被试不给以指向性暗示。结果,前者绝大多数被试能解决问题,而后者则几乎没有一个能解决问题。

定势的妨碍作用可以从陆钦斯(Luchins,1942)的实验结果中看到。在实验中,告诉被试有3个大小不同的杯子,要他利用这3个杯子量出一定量的水。其实验程序如表9-2所示。

表9-2 陆钦斯的定势实验

序 列	3个杯子的容量			要求量出的水的容量
	A	B	C	
1	21	127	3	100
2	14	163	25	99
3	18	43	10	5
4	9	42	6	21
5	20	59	4	31
6	23	49	3	20
7	15	39	3	18

实验结果表明,通过序列1~5的实验,由于被试形成了利用B-A-2C这个公式的定势,结果,对序列6和序列7,也用同样的方式加以解决。其实,对6、7这两个序列完全可以用简单的办法(即A-C和A+C)去解决。可见,定势对解决问题产生了消极的影响。

"功能固着"是一种特殊类型的定势。这个概念是德国心理学家邓克(Duncker,1935)

首先提出的。它是指一个人看到某个物品有一种惯常的用途后，就很难看出它的其他新用途；如果初次看到的物品的用途越重要，也就越难看出它的其他新用途。例如在赫林和希尔（Huling，M. & Scheerer，M.）的一个实验中，如图9-2所示，让被试站在一间小房子的白线后面，把两个铁环放在垂直的木钉上。他可以在室内自由走动，运用任何物品帮助他解决此问题，但不许把铁环捡起来直接放在木钉上。房间里有两根木棒，单独用一根木棒够不到铁环，两根木棒用绳子接起来就能顺利地解决问题。对于一组被试，绳子挂在墙上的一枚钉子上，它没有固定的用途，这时被试很顺利地用这根绳子解决了问题。对于另一组被试，绳子也挂在那枚钉子上，但它用来挂日历或其他别的东西，这时大多数被试没有发现绳子能用来解决问题。虽然他们都知道室内的任何物品均可用来解决问题，但绳子挂了日历，它的用途似乎"固定了"，因而就看不出它还能用来捆木棒。

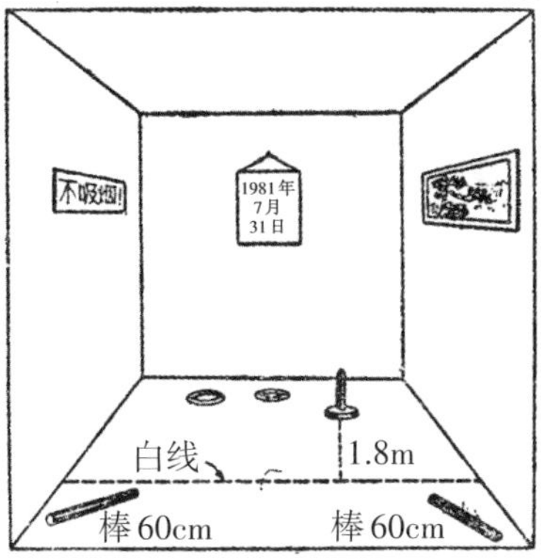

图9-2　功能固着的实验（根据赫林和希尔的实验）

"功能固着"是思维活动的一种惰性。在日常生活中我们经常碰到，硬币好像只有一种用途，很少想到它还能用于导电；衣服好像也只有一种用途，很少想到它能用于扑灭烈火。这类现象使我们趋向于以习惯的方式运用物品，从而妨碍以新的方式去运用它来解决问题。

（四）动机的强度

思维是从问题开始的。但是，只有当人具有解决问题的需要和动机时，他才可能以进取的态度寻觅解决问题的方法和步骤。对问题持漠然的态度，既不能发现问题也不能解决问题；但动机过于强烈，人处于高度的焦虑状态也会阻碍问题的解决。研究表明，动机的强度与解决问题的效率之间的关系可以用图9-3中的"倒U曲线"来表示：当问题解决者的动机强度从0开始递增时，解决问题的效率也随之增加；但动机超过一定强度时，再增加动机强度反而会降低解决问题的效率。虽然，这条曲线的顶点，人与人之间有一定的差异，但是它的形状基本上是呈"倒U形"的。

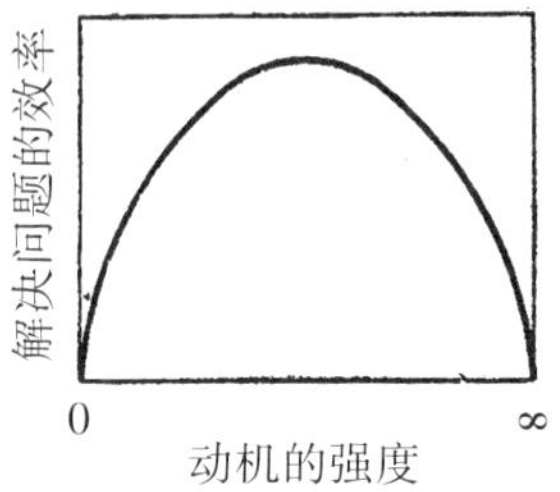

图9-3 动机的强度与解决问题的效率之间的关系

(五)个性差异

个性差异也影响着解决问题的效率。理想远大、意志坚强、情绪稳定、谦虚勤奋、富有创造精神等优良的个性品质都会提高解决问题的效率;缺乏理想、意志薄弱、情绪不稳定,骄傲懒惰,墨守成规等消极的个性品质都将有碍于问题的解决。

个性中的智慧品质明显影响解决问题的思维过程。遇到比较复杂的问题,聪明的儿童特别喜欢用设想、实验、推论来解决;越不聪明的儿童越容易受倾向性的影响,墨守老一套方法,他们易动感情因而影响解决问题的效率。

影响解决问题的心理因素是多方面的。它们不是孤立地起作用,而是互相联系、互相影响的。除上述因素外,想象在解决问题中也起重要的作用。这个问题我们将在下一章讨论。

第五节 思维的种类

一、动作思维、形象思维和抽象思维

根据思维所要解决的问题的内容,可把思维区分为动作思维、形象思维和抽象思维。

(一)动作思维

如半导体收音机不响了,中学生打开它的匣子,用电表检查,看看是否电池已经用完了;电池还有电,再检查线路是否接触不良,三极管是否出毛病了……最后找出了收音机不响的原因,这种思维称为动作思维,其特点是以实际操作来解决直观的、具体的问题。修理工人、工程师经常运用动作思维解决实践中遇到的问题。

(二)形象思维

以已有的直观形象来解决问题的思维,称为形象思维。例如,在重新布置房间前,我们思考着：桌子应摆在哪里、柜子应摆在哪里、墙壁的某处张贴什么画……在思想上解决布置房间的任务。文学家、艺术家经常用形象思考，通过形象来表达自己的思想和情感。

（三）抽象思维

用抽象的概念和理论知识来解决问题的思维，称为抽象思维。例如，当我们思考“什么是道德”“什么是政权”“共产主义道德品质包含哪些内容”等理论问题时，用的是抽象思维。抽象思维也称逻辑思维，哲学家、数学家经常运用抽象思维解决在实践中遇到的问题。

在正常的成年人身上，上述3种思维往往是互相联系、互相渗透的。一个人不可能只单独地使用一种思维来解决问题。例如，司机用实际操作检查马达出故障的原因时，必然与马达正常运行时的形象相对照，同时还运用已有的知识经验（如汽车运行的原理）进行逻辑推论。只有这样才能找出马达出故障的原因。

从个体发育的角度来看，儿童的动作思维和形象思维先发展起来，抽象思维出现较晚。但是，成人中哪一种思维占优势却不表明思维发展水平上的差异。作家、诗人、艺术家、设计师主要运用的是形象思维，但他们的思维发展水平并不亚于主要是运用抽象概念和理论知识的哲学家和数学家。

二、聚合式思维和发散式思维

根据思维探索答案的方向，可把思维区分为聚合式思维和发散式思维。

（一）聚合式思维

这种思维是把问题所提供的各种信息聚合起来得出一个正确的答案（或一个最好的解决方案）。只有当问题存在着一个正确的答案或一个最好的解决方案时，才会有聚合式思维。在开始进行这种思维时，思维者并不知道这个答案，但通常，人们是知道这个答案的或赞同这个答案的。因此，聚合式思维不过是把提供的各种信息重新加以组织，找出人们已知的一个答案。

（二）发散式思维

这是一种沿着各种不同的方向去思考，去探索新的远景，去追求多样性的思维。只有存在着几种解决方案，或即使有一个正确的答案但没有人知道，或不是人们都同意这是最好的答案，在这样的情况下才会有发散式思维。在发散式思维活动中，我们根据问题所提供的信息，探索着好几个可能的答案，同时又很难肯定其中哪一个答案是“最正确的”。

聚合式思维和发散式思维的区别,可以从图9-4中清楚地看出:

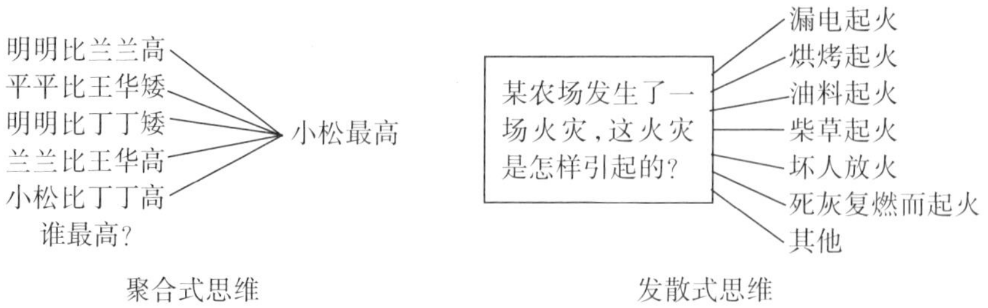

图9-4　聚合式思维和发散式思维

发散式思维和聚合式思维又是紧密联系的。当我们分析火灾发生的原因时会产生许多联想,做出种种假设,这是发散式思维;通过调查、检验,并一一放弃这些假设,最后找到唯一正确的答案,这又是聚合式思维。

三、习惯性思维和创造性思维

根据思维的主动性和独创性,可把思维区分为习惯性思维和创造性思维。

用惯常的方法来解决问题的思维,称为习惯性思维。这种思维缺乏主动性和独创性。功能固着、聚合式思维均属于习惯性思维。因为在习惯上人们总以为问题只有一个正确的答案,而这个答案就好像摆在那里似的。事实上,问题的解决往往可以有好几种方案,而这些方案能否取得预期的结果,在生活实践中又没有得到过验证。因此,发散式思维属于创造性思维。在解决问题时,创造性思维具有主动性和独创性。科学家的发明创造,文学家的创作,理论家的创见等,都是通过创造性思维而实现的。

第六节　言　语

一、语言和言语

语言是人类最重要的交际工具,它是由词按照一定的语法规则所组成的符号系统。例如汉语、英语、日语、俄语等都是这样的一种符号系统。在语言系统中,每个语言成分都有一定的意义,并且以能听到的声音和能看见的形状而存在着。

语言是人类社会特有的现象,是人类祖先在社会劳动中产生的。一种语言的词和它的语法特点,亦即一种语言的规范,是在许多世代的社会历史发展过程中形成的。语言随着社会的产生而产生,随着社会的发展而发展。

言语是人们在各种交际和活动中应用语言的过程。例如，我们用汉语进行交谈、讲演、做报告、写文章等等，都是不同方式的言语活动。言语交际总是在人与人之间进行。交际双方的感受器、脑和效应器进行着不同的活动。说话的人或写作的人，通过发音器官或手的动作把语言说出来或写出来，这是言语的表达过程；听话的人或读书的人理解着语言文字所表达的思想，这是对语言文字的感知和理解。在解决问题时，人还运用语言进行思维，思考时还伴随着不出声的内部言语。因此，语言和言语是有区别的。语言是工具（交际的工具、思维的工具），言语则是对这种工具的运用。语言是社会现象，具有较大的稳定性；言语是心理现象，具有个体性和多变性。不仅每个人都有自己的言语风格，而且同一个人在不同的场合，其言语表达方式也不同。研究语言的科学是语言学，而言语活动则是心理学的研究对象。

语言和言语又是互相联系的。言语不可能离开语言材料而存在，离开语言这种工具，人就无法表达自己的思想或意见，也就无法进行交际活动。语言也离不开言语，因为任何一种语言都必须通过人们的言语活动才能发挥其交际工具的作用；一旦某种语言不再被人们用来进行交际，它终究要从社会上消失掉。总之，语言和言语既是互相联系，又是互相区别的。

二、言语的基本职能

（一）言语的符号固着职能

言语的符号固着职能，是指言语中的词总是标志着一定的对象或现象。在一个民族中，某个词和它所标志的对象或现象之间的关系是人们在长期的交际过程中固着下来的。这种关系，该民族的人都了解，并且具有相对的稳定性。因此，当人说出某个词时，就标志着或称呼出一定的对象或现象，这样，人们就能交流思想、互相了解。

言语中的词跟词所表达的对象或现象的关系并不是必然的，而是约定俗成的。例如汉语中的“牛奶”，俄语是“Молоко”，英语是“milk”；汉语中的“做工”，俄语是“Работатъ”，英语是“work”，法语是“Trvailler”。这种习惯是每个民族在长期的交际过程中固着下来的。在个体的成长和发育过程中，儿童通过学习逐渐掌握这种相约而成的固着关系。例如，成人给儿童喝牛奶的同时指示说“奶奶”或“吃奶奶”，当儿童发出与“奶奶”有点相似的声音时成人就给以牛奶。经过这样多次的结合，儿童就逐渐掌握了“牛奶”这个词的意义。他不仅在事物出现时能用相应的词来称呼，而且事物不在面前时，也能用词唤起相应的表象。

词不仅能标出外部世界的对象或现象，而且也能标出主观世界的感知、体验、愿望和动机。当言语活动与人的心理活动发生联系时,心理活动就获得了有意识的性质。这是人的心理与动物的心理的主要区别。

(二)言语的概括职能

言语的概括职能,是指每个词都是概括性的,甚至最具体的词也是概括的,只是概括的程度可能不同。"植物""动物"这类词,显然是概括性的。就是"狗""萝卜"这类词,一般认为是具体的词,其实,也还是概括性的。"狗"一词,是所有狗的概括,包括黑狗、白狗、老狗、小狗、哈巴狗等等;"萝卜"一词,是所有萝卜的概括,包括红萝卜、白萝卜、大萝卜、小萝卜、胡萝卜等等。从这里可以看出,"狗""萝卜"比"黑狗""红萝卜"概括性大,"动物""植物"比"狗""萝卜"概括性更大。而"黑狗"和"红萝卜"也还是概括性的,前者概括了所有的黑狗,后者概括了所有的红萝卜。即使像"重庆""雷锋"等专有名词,也仍然是概括性的。"重庆"概括了重庆的各个地方、各个方面,"雷锋"概括了雷锋同志的各个方面。概括性,是词跟对象或现象之间的主要区别。词是对象或现象的概括,是概念的物质外壳。

正是由于词是对象或现象的概括,是概念的物质外壳,我们才有可能借助词进行抽象思维,认识事物的本质,掌握事物的发展规律。

(三)言语的交流职能

言语的交流职能,是指言语活动具有传递知识、沟通情感、表达意愿的作用。

由于言语有标志和概括的职能,人们在言语活动中才能传递各种知识。要使传递知识成为可能,言语者必须学会以确切的词汇和语法结构来表达思想,并且要唤起言语感知者产生同样的思想或表象。

人们在言语活动中还能沟通情感。言语活动中情感的表达主要是运用声音的高低、轻重,语速的快慢等特征所形成的语调。如说:"你这个家伙!"由于强调的不同,可以表示讨厌、轻蔑、高兴或爱抚等情感。民间流传的趣话"下雨天留客天留我不留",可用3种语调不同的读法,每种读法所表达的意思和情感是不同的。

人们在言语活动中还能表达意愿,即说话者让听话者服从自己的意图。例如,教师说:"上课啦,同学们坐好!"交流职能中的表达意愿和表达情感是紧密联系在一起的。研究表明,父母或教师言语中的情感成分影响着儿童对父母或教师的意愿的服从:以悦耳的语调发出的要求比责骂更为有效,肯定的禁止比威吓更为有效,不慌不忙的指示比急促的指示更为有效。在成人的交往中也是这样:谦恭有礼且热情的接洽通常比粗暴的要求更为有效。

正是言语的交流职能使人与人之间不但在横的方面互相联系起来,而且在纵的方面也互相联系起来,即能够继承前人的文化遗产、传递自己的知识经验,从而使人们的智慧和经验在历史的长河中不断地发展和丰富起来。

三、言语的种类

言语可分为两大类:外部言语和内部言语。外部言语又包括口头言语和书面言语。

(一)外部言语

1. 口头言语

口头言语是指,人凭借自己的发音器官发出语言来表达思想和情感的言语。

口头言语具有下列特点:第一,词和句的发音必须在一定的时间里进行。每个语音一般经过不到一秒钟就要为另一个语音所代替,这样才能组成整个的词。词的个别部分过于延长,句子中发音的间歇或迟滞不适当,都会使听取和理解感到困难。第二,说出整个句子前,必须对全句的结构进行综合,选出恰当的词连贯地加以表达。第三,句和句之间的联系也要在较短的时间内进行预先考虑,使言语连贯流畅地进行。第四,言语的听觉反馈对口头言语的进行起着重要的作用。倘若用仪器使言语听觉反馈受阻或延宕,将引起口语的不正常,出现支吾、口吃等现象。生而聋者,虽然发音器官正常,但由于言语听觉反馈失缺,所以也不会说话。

口头言语可以分为对话言语和独白言语两种形式。

(1)对话言语

人们在聊天、座谈、辩论、质疑等情况下的言语活动叫作对话言语。对话言语是一种简单的言语形式。首先,对话言语是一种相互支持的言语。在对话过程中,交谈者互为听众,互为发言者,以对对方的质疑、反驳等来支持这种言语的进行。第二,对话言语是在交谈者彼此互相感知的条件下进行的。在对话过程中,交谈者通过手势、表情、音调等相互作用着。他们常常彼此观察着,关心着共同讨论的问题。因而,这种言语在文法结构和逻辑系统方面都不够完善,也不够严谨,有许多意思并不在言语中表达出来,靠彼此意会。第三,对话言语具有情境性。在对话过程中,有些事情以前已经谈过,或者当前正在议论,并且每个人都充分利用表情、动作、声调来表达自己的意思。所以,交谈者只要针对当时的情境,用省略了的简短语句表达,别人也会明白。例如,上电影院售票窗口买票,你拿出人民币时说"今晚八点前座两张",售票员就懂得你所说的意思。

(2)独白言语

一个人在做报告、讲演、讲课时的言语活动叫作独白言语。独白言语是在同听众的接触中进行的,它是在对话言语的基础上发展起来的。但是,独白言语和对话言语有所不同：首先，独白言语把其他人都作为自己的听众，没有交谈者的应答来支持。这种言语的支持物是自己说话的主题和自己吐露的词句。其次，独白言语是连贯的前后呼应的言语。它服从于逻辑思维的要求，表达的意思要完善，语法结构要严谨。最后，独白言语对言语速度和发声都有一些要求。说话过快，不清楚的发音，内容单调无味，这些在对话中问题不大，但在独白言语中则显得特别突出，使人难懂。表情、手势可以辅助独白言语的内容表达，但表情和手势要配合恰当，过分的装腔作势会影响信息的传递。

2. 书面言语

书面言语是一个人用文字来表达思想、情感的言语。

不论从人类的发展史来看，还是从个体的发展史来看，书面言语都晚于口头言语。儿童的书面言语是在口头言语的基础上，经过专门的训练而逐渐掌握的。

书面言语具有独白言语的性质，但也不同于独白言语。首先，书面言语无法借助表情和动作来加强其表现力。作者的情感（激动、爱慕、仇恨等）是以充分展开的形式和适当的修辞来表达的，读者必须从整个上下文中才能体会到。其次，口头言语中的每一个词紧紧相连，在发出后面一个词的声音时，发言者和听众就不能再感知前面的词。但在书面言语中，作者和读者都可以重新返回到已经感知过的文字上进行细致的琢磨和推敲，从而使表达和感知更为精确。

书面言语大大开阔了我们的眼界。通过书面言语，古代的文化遗产、外国的先进科技成果，才有可能被我们所吸收。

（二）内部言语

内部言语是一种对自己发出的言语，是思考时的言语活动。

内部言语的最大特点是言语发音的隐蔽性。默默思考时，我们听不到发音器官发出的声音，但言语器官的肌肉仍在活动着。这时，言语器官的动觉冲动执行着和出声说话时相同的信号功能，不断向大脑皮质发送信息。实验证明，当被试出声地或默默地计算简单的算术题（或回忆某一首诗）时，用微电极从发音器官上记录到的动作电流的节律都是相同的。这说明，出声思考和默默思考都有言语器官的活动，并且性质是相同的。内部言语的另一个特点是片断性和压缩性。内部言语时，思想可以用一个词或一个短短的词组（它们只是一个主语或一个谓语）代替一系列完整的句子。

内部言语是在外部言语的基础上形成的。外部言语向内部言语的转化叫内化。这种转化可在3岁左右的儿童身上看到。这时，儿童开始自己对自己说话。这种自己对自己的说话既具有外部言语的交际功能，又具有内部言语的自我调节功能。随着儿童年龄的增长，这种自言自语的自我调节功能就逐渐被内部言语所代替。

内部言语向外部言语的转化叫外化。内部言语时，思想对于他本人来说是明白的，但他不一定能清楚地向别人讲述自己的思想。这是因为内部言语是片断的、压缩的，而外部言语则是展开的，文法和逻辑结构也较严谨。因此，如果没有经过训练，外化就会遇到困难。在教学中，既让学生默读课文也让学生朗读课文，既布置口头回答也布置书面作业，这样可以促进学生外化技能的形成。

第七节 言语和思维的生理机制

一、言语的生理机制

言语活动是受大脑皮质的调节和控制的。临床研究表明，中央前回下部的前方（布罗卡区）受损会引起运动性失语症。这种病人可以看懂文字、听懂别人的讲话、发音器官的肌肉也不麻痹，但丧失了说话的能力。当额中回后部（艾克纳尔区）受损伤时会引起失写症。这种病人可以看懂文字、会讲话、手部肌肉也能活动，但丧失了写字和绘画的能力。当顶下小叶的角回附近受损伤时会引起字盲症。这种病人的视觉良好，其他言语活动的功能也健全，但看不懂文字的含义。当颞上回的后部（韦尼克区）受损时会引起语聋症。这种病人虽然能讲话、书写并看懂文字，也能听到别人的发音，但听不懂别人说话的含义，因而也回答不出别人提出的问题（图9-5）。严重的失语症患者可以同时产生上述4个方面的言语功能的障碍。因此，完整的言语活动是与广大的皮质活动密切联系的。

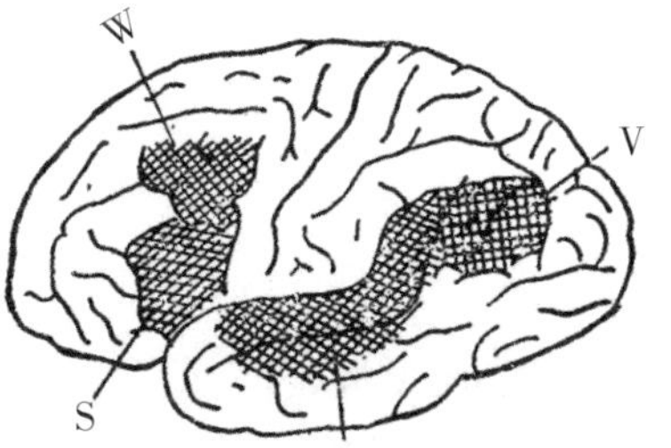

V区损伤引起字盲症，H区损伤引起语聋症，S区损伤引起失语症，W区损伤引起失写症。

图9-5 人大脑皮质的言语机能区

前已述及，两侧大脑半球并不完全对称地参与控制言语活动。以右手劳动为主的成年人，其大脑左侧半球皮质的言语机能占优势（以左手劳动为主的成年人则正好相反）。这种现象称为大脑半球的优势现象。优势半球是在后天生活实践中逐步形成的。儿童在2～3岁以前，如果左侧大脑半球受损，其言语功能的扰乱和右侧大脑半球损害时的情况无明显差别。这说明此时儿童尚未建立起左侧优势。到12岁时,左侧优势逐步建立,但左侧大脑半球受损后,仍有可能在右侧大脑皮质再建立起这种优势,使言语机能得到恢复。成年人的左侧优势已经形成,如果左侧大脑半球受损,则很难在右侧大脑半球再形成言语活动的机能。

二、思维的生理机制

(一)临床的研究

思维是大脑的机能。大脑局部损伤对解决问题的思维过程会产生各种明显的障碍。

前已述及,大脑左侧半球颞上回后部是司管词句记忆的。这一部位的损伤会导致言语听觉记忆障碍。这种病人记不住用口语表达的问题,因而连最简单的口算题都很难解决。如果算题以书面方式呈现,情况稍为好些;但是由于在解决问题时仍然需要中间的言语环节,所以,病人要完成解题的整个推理过程仍非常困难。

左侧顶-枕区系统的损伤会引起同时性(空间的)综合的严重破坏,这既表现在直接的、直观的行为中,也表现在运用符号方面。病人虽然能记住算题并主动尝试寻找解题的方法,但由于不能理解逻辑-语法结构(如不能理解"甲的苹果是乙的两倍"或"甲的苹果比乙多两个"等基本的逻辑条件),因而仍然不能解答算题。

额叶损伤对解决问题的思维过程的影响是多方面的。这种病人意识不到解决问题的任务,没有解决问题的愿望。他们在复述算题时,或者把问题漏掉,或者用条件中的一个成分来取代问题。例如算题:"在两个书架上共有18本书,但不是对半分,一个书架上的书是另一个书架上的两倍,问每个书架上有多少书?"病人或者将它复述为"在两个书架上有18本书,并且在第二个书架上有18本书……",这种复述完全丧失了智力问题的性质;他们或者复述为:"在两个书架上有18本书,一个书架上的书是另一个书架上的两倍,问在两个书架上共有多少书?"这种复述实际上不是问题而是已知条件的重复。额叶损伤的病人的另一特点是根本不考虑课题所提供的条件,就立即开始冲动性地寻找"答案",简单地把算题中所包含的数字结合起来。例如,病人对上题的解答是:"在两个书架上有18本书……在第二个书架上是两倍……就是36……而那里是两个书架……就是说18+36=54! ……"这种病人也不会把计算得到的结果和问题所提出的条件进行核对,也意识不到答案有无意义。因此,额叶受损的病人虽然在逻辑-语法结构的理解和计算操作上都完整无损,但智力活动在整体上明显地受到破坏。

从上面的资料可以看出,思维是大脑皮质的整体性活动,大脑皮质某一部位的损伤都会对解决问题的思维过程产生明显的障碍,但障碍的性质可能是不同的。

二、巴甫洛夫学派的假说

巴甫洛夫学派通常以两种信号系统学说来解释思维的生理机制。第一信号系统是以具体的事物作为信号刺激而建立起来的暂时联系系统。巴甫洛夫学派认为,这些暂时神经联系就是我们关于周围世界的感觉、知觉、表象的生理基础,是人类和动物所共有的。第二信号系统是以词作为信号刺激所建立起来的暂时联系系统。这是人类所特有的现象,人有了第二信号系统,依靠第一和第二信号系统的协同活动,人脑就能对客观事物进行多阶段的分析综合活动,从而形成不同等级的概括了的暂时联系。例如,任何最简单的词,如“鸟”“牛”“马”等,都不只是表示某一个别事物,而是表示属于同一类的许多事物。正是由于词的概括功能,这就“组成我们附加的人类特有的高级思维……”(巴甫洛夫,1962)。

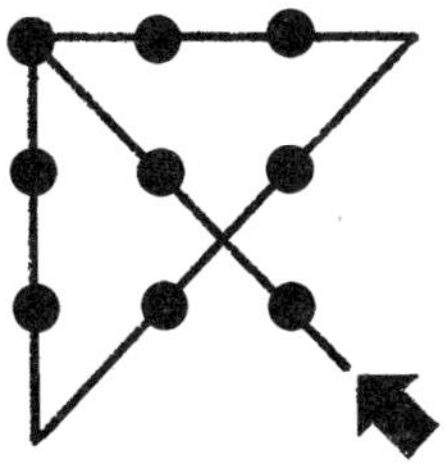

图9-6 九点图的答案

本章相关文献

曹日昌.(1963).普通心理学.北京:人民教育出版社.

张守刚,刘海波.(1980).机器进化与人工智能——机器进化论初探.社会科学战线(第3期):26-35.

克雷奇,等.(1980).心理学纲要.周先庚,等译.北京:文化教育出版社.

谢·列·鲁宾斯坦.(1965).心理学的原则和发展道路.赵壁如,译.北京:生活·读书·新知三联书店.

A.P.鲁利亚.(1983).神经心理学原理.汪清,译.北京:科学出版社.

B.B.波果斯洛夫斯基.(1979).普通心理学.魏庆安,等译.北京:人民教育出版社.

W.B.科勒斯涅克.(1981).学习方法及其在教育上的应用.陈云清,译.山西人民出版社.

H.H.Kendler.(1974).Basic psychology.W.A.Benjamin.

S. A. Mednick, J. Higgins, &J. Kirschenbaum. (1975). Psychologyy: Explorations in behavior and experience..John Wiley & Sons.

第十章 想象和创造

本章主要问题：

1. 什么是想象？它与实践的关系怎样？
2. 想象可分为几种类型？
3. 梦是怎么一回事？
4. 什么是创造？创造过程有哪些主要特点？
5. 什么是灵感和直觉？怎样捕获直觉？
6. 具有高度创造性的人有哪些主要的心理特点？

第一节 想 象

一、想象的定义和意义

想象是在原有感性形象的基础上形成新形象的心理过程。

人脑在反映客观世界时，不仅能产生知觉形象和表象，而且还能形成新的形象。根据别人的口头或文学描述，人能够形成他未曾见过的事物的形象。如，一个不曾到过江南的人，读着白居易“日出江花红胜火，春来江水绿如蓝”的诗句，头脑中可以浮现出江南秀丽景色的形象等。人还能够形成现实中未曾出现过的、有待于创造的新形象。如，发明家在设计新机器时，可以在头脑中创造出尚未存在的新产品的形象等。人也能够形成现实中没有的、今后也不会出现的新形象。如，作家在创作神话故事时，可以在头脑中形成现实中不可能存在的离奇形象等。人脑形成这些新形象的心理过程都属于想象。

想象中出现的形象是新的，不是表象的简单再现。乍看起来，想象的内容似乎是“超现实”的。其实，任何想象都不是凭空产生的，它是在人的实践活动中，在已有表象的基础上形成的。例如，当我们读着马致远的《天净沙·秋思》：“枯藤老树昏鸦，小桥流水人家，古道西风瘦马。夕阳西下，断肠人在天涯。”头脑中就会展现出一幅充满苍凉气氛的“秋暮羁旅图”。这样苍凉的景象，我们虽然没有经历过，但是，我们的头脑中却储存着“枯藤”“老树”“昏鸦”“小桥”“流水”“人家”等记忆表象。读着马致远的词句，借助这些表象的重新组合，便产生了一幅充满苍凉气氛的“秋暮羁旅图”。发明家在构思新产品的形象时必然会借助一系列已有的机器部件的表象。现实中不存在“孙悟空”“狐狸精”等神话故事的形象，也都是作家在现实材料的基础上、在现有表象的基础上改造加工的结果。无论想象如何新颖，想象的内容依然来源于客观现实。想象也是人脑对客观现实的反映，不过，这种反映不是已有感性形象的再现，而是人脑对原有感性形象加工、改造的结果。

想象在人们认识世界和改造世界的活动中起着十分重要的作用。列宁说过：“有人认为，只有诗人才需要幻想，这是没有理由的，这是愚蠢的偏见！甚至在数学上也是需要幻想的，甚至没有它就不可能发明微积分。”（列宁，1957）借助想象，我们的认识不仅可以驰骋于无限的现实世界，而且可以奔腾于神奇的幻想境地；不仅可以回首年代久远的过去，而且可以展望引人入胜的未来；不仅可以认识世界，而且可以创造世界。科学家的假说，工程师的设计，作家的人物塑造，画家、雕塑家的艺术造型，工人的技术革新，农民对新品种的培育……凡属人类的创造性劳动，无一不是想象的结晶。没有想象便没有文学艺术，便没有创造发明，便没有科学预见。

二、想象和实践的关系

想象作为对原有感性形象的加工和改造，是以实践为基础，为实践所制约的。丰富的表象，只有在实践活动中大量接触并观察客观事实才能形成。头脑中能够唤起的表象越多样、越正确，可能构成的想象也就越丰富、越符合实际。“无论鸟翼是多么完美，但如果不凭借空气，它是永远不会飞翔高空的。事实就是科学家的空气，你们如果不凭借事实，就永远也不能飞腾起来。”（巴甫洛夫，1955）只有在实践中积累了大量的事实材料，想象才能展翅翱翔。爱因斯坦是一位富有想象力的科学家，他创立相对论时的一系列的理想实验是创造想象的很好例子。针对某些人把相对论说成是纯思辨的产物的错误说法，他指出：“我急于要请大家注意到这样的事实：这理论并不是起源于思辨，它的创造完全由于想要使物理理论尽可能适应于观察到的事实。”（爱因斯坦，1976）

想象是否正确，是否有实现的可能，只有接受实践的检验才能得到证实。一旦实践证明想象与事实不符，人就应当修正想象的内容、调整想象的方向，否则就会陷入想入非非的境地。

三、想象的种类

根据产生想象时有无目的意图，可把想象区分为有意想象和无意想象。有意想象是带有目的性、自觉性的想象，它包括再造想象、创造想象和幻想。无意想象是没有特定目的、不自觉的想象，如看到天上的云彩自然而然地想到它像奇峰异兽等。梦是无意想象的极端情况。

（一）再造想象

根据言语的描述或图样的示意，在人脑中形成相应新形象的过程，称为再造想象。一个没有到过江南的人，根据白居易《忆江南》的描述在头脑中浮现出江南的秀丽景象；中学生根据《上下五千年》一书的描述，想象出“秦始皇统一中国”“陈胜、吴广大泽乡起义”等历史情景；建筑工人根据设计图纸想象出未来的建筑物的形象等，都属于再造想象。言语描述或图样示意愈详细，主体的感性经验愈丰富，再造想象的形象也愈完善。再造想象是文艺欣赏、吸取知识、交流经验、相互了解所必不可少的一种心理活动。

（二）创造想象

在开创性活动中，人脑创造新形象的过程，称为创造想象。在创造新作品、新技术、新产品、新理论时人脑构成新事物的形象，都属于创造想象。创造想象的主要特点是，它的形象不仅新颖而且是开创性的。作家笔下的典型艺术形象虽然源于现实，但高于现实；发明家的新机器图样虽然综合了许多同类机器的特点，但它是开创性的。创造想象是各种创造活动的必要组成部分。

（三）幻想

幻想属于创造想象的特殊形式，是一种指向未来的想象。神话、童话故事中的形象、科学幻想中的形象、宗教迷信中的形象都属于幻想。符合事物发展规律的幻想即理想，能激发人向往未来，克服前进道路上的困难。通过人们世代的努力，“嫦娥奔月”“龙宫取宝”已成为现实。与事物发展规律相违背的幻想，如宗教迷信中的形象，是有害的，它使人脱离现实，丧失生活的动力。

（四）梦

梦是一种漫无目的、不由自主的奇异想象。梦境的内容是过去经验的奇特的组合。

睡眠有两个不同的时相。初入睡时，脑电图出现同步化的幅度大、频率低的慢波，叫慢波睡眠（或非快速眼动睡眠）。这时意识消失，心率、呼吸、体温、血压、尿量、代谢率都降低，很少做梦。慢波睡眠持续约90分钟，即转入另一睡眠时相：脑电图上出现类似清醒时的非同步化低幅度快波，这叫快波睡眠（或快速眼动睡眠）。此时睡眠仍很深，眼球在快速转动（50～60次/分），血压升高，心跳加快，肢体抽动，梦一般都在这一时期产生。上述两种时相一夜之中交替3~6次。开始,快波睡眠时间短,只有5~10分钟,以后变长,最后一次的快波睡眠可达45~60分钟。总体来说,一夜中做梦的睡眠约占整个睡眠时间的25%。因此,人每夜都是在做梦的,只是有的人记得清楚,有的人记得不清楚而已。

近年来的研究表明,低位脑干有一个控制睡眠的中枢。在快波睡眠阶段,睡眠中枢的某些细胞激活,兴奋就传到邻近掌管身体其他机能的细胞,而这些细胞又将信息送到高位脑中枢并使之激活。这样,被激活的大脑有关区域在处理低位脑中枢传来的互不相干、甚至互相矛盾的信息时,就按照以往的经验和记忆,将其拼合、解释成为比较合乎情理的模式。这样,就产生了各种各样的梦。

做梦,是脑正常功能的表现。它不仅无损于身体健康,而且对脑的正常功能的维持是必要的。研究表明,如果人为地连续几天剥夺快波睡眠(即有梦睡眠),人就会出现紧张焦虑、注意力涣散、易激怒,甚至出现幻觉和反常行为。

四、想象和个性

想象不是一种孤立的心理现象,它与其他心理过程密切联系着。感情过程、意志行动包含有想象的成分,思维、记忆也包含有想象的成分,甚至知觉活动也有想象的成分。如图9-1中,9个小圆点之间没有任何边界,不少人却将其知觉为正方形。知觉的这种组织作用,就是想象的结果。

想象和个性也有密切的联系。首先,个性倾向性对想象有明显的制约作用。需要不同的人,引起的想象也不同。没落者的需要不同于正常人,他们的想象往往是颓废的、厌世的、下意识的。例如美国的形式主义者的“艺术作品”,有的是用各式各样的几何图形杂乱地堆积起来构成一个雕塑的“妇女”;还有的是用一些杂七杂八的斑迹、一块拭布似的东西,墨水瓶、大蜘蛛、提琴之类的东西组成一幅“图画”。这些“杰作”,正常人望而生厌,但它们却被摆在受亿万富翁洛克菲勒、福特等人所监护和资助的“现代艺术陈列馆”里。想象的发展与人需要的发展密切联系着。一个人从童年、少年到老年,需要在发展着;需要的发展又制约着想象的发展。其次,一个人想象的稳定的特点也反映出个性品质。这种个性差异主要表现为:有理想、有事业心,碌碌无为和想入非非。有理想、有事业心的人富于想象,憧憬着理想所追求的事业,把平凡的工作和远大的理想联系起来;碌碌无为的人缺乏崇高的理想,他们囿于个人生活,沉醉于日常生活琐事;想入非非的人,爱好不着边际的幻想,而又无实际行动,似乎幻想成了他的主要心理活动。有理想、有事业心是积极的个性品质,碌碌无为和想入非非则是消极的个性品质。

第二节 创 造

一、创造的概念

创造或创造活动是提供独特性的、具有社会意义的产物的活动。科学中新概念、新理论的提出，新机器的发明，文学艺术作品中的创作，等等，都是不同实践领域中的创造活动。

独特性是创造性产物的必备条件之一。所谓独特性是指与众不同或前所未有的意思。创造的产物必须是冲破已有的结构类型或认识水平的。当然，这个条件也是相对的。对于成年人来说，他的产物是否具有独特性，是和古今中外所有同类产物相比较而言的。而对于一个儿童来说，所谓独特性，则是以他个人的经验范围为依据的。然而，即使是独特性的产物也不一定都是创造性的产物。因为独特性的产物也可能是毫无社会意义的、与客观规律相违背的。例如，精神病人的胡言乱语是独特的，我们却不能把这些东西说成是创造性的。因此，某种产物是否是创造性的，不仅要具有独特性，而且必须符合客观规律，具有社会意义。

创造不是简单的重复劳动，而是探索未知的创新劳动。探索未知的创造，仅仅依靠前人的经验或现成的公式，是不能奏效的。要取得成功，必须灵活地运用多种方法，付出巨大的脑力和体力。创造过程包括知、情、意各种心理活动，是这些心理活动在最高水平上的综合。由于过程本身的复杂性，这方面的研究还不很深透。目前，对于创造活动的研究，主要是从创造的产物、创造过程、创造性的个人这3个不同的角度进行的。

二、创造过程的特点

创造性问题的解决和一般思维问题的解决一样，也可以分为4个阶段：觉察问题、分析问题、提出假设、检验假设。除了它们的共同性之外，创造性问题的解决还有其本身的一些特点：

创造性问题的解决，所经历的时间要长得多，失败的次数要多得多。创造是探索未知的活动，是开创性的活动。在这里，不存在现成的解决问题的方法和步骤。寻找解决问题的方法和步骤往往要经历十分曲折的道路，经过多次的失败，经历相当长的时间才能成功。欧立希（P.Ehrlich，1854—1915）发明药物“606”，失败了605次。他在“606”的基础上，经过913次失败，发明了疗效更佳的新药“914”。曹雪芹写《红楼梦》，增删5次，十年方成。类似的事例在创造发明史中是屡见不鲜的。

创造性问题的解决，主要是创造思维的活动，但它与创造想象紧密联系着。文艺作品中新形象的创造、科学研究中新假说的提出、新机器的发明，都离不开创造想象。创造想象不仅引导创造者发现新的事实，而且激发人做出努力，认识事物的过去和将来。

创造性问题的解决往往是突发式的。在创造过程中，人们研究一些问题，有时花费很多精力和时间，往往百思不得其解；但有时解决问题的方法（新形象、新思想）会突然在脑海中闪现，于是问题便迎刃而解。这种一下子使问题得到解决的顿悟，创造者几乎说不出他的心理活动是怎样进行的，这种现象称为直觉，这种直觉的产生便是所谓的灵感。许多科学家、文艺家都谈到过直觉、灵感在创造活动中的作用。亥姆霍兹说，在对问题做了各方面的研究以后……“巧妙的设想不费吹灰之力意外地到来，犹如灵感”（贝弗里奇，1979）。爱因斯坦说，在科学研究中，“真正可贵的因素是直觉”（贝弗里奇，1979）。

机遇对创造性问题的解决也起一定的作用。在科学史上这类事例很多。伽伐尼发现电流、伦琴发现X射线、弗莱明发现青霉素等，都是对实验中的偶然现象进一步加以研究而取得成功的。灵感有时是由某种偶然因素而触发的。传说古希腊时，亥洛王请人制造了一顶金冠，他怀疑制造者掺假，请阿基米德鉴定。阿基米德正在冥思苦想这个问题时，碰巧入浴洗澡，忽然有悟，找到了鉴定金冠的方法，发现了比重定律。承认偶然因素能触发灵感，但不能由此而认为灵感就是运气，可以不经过艰苦劳动而凭空产生。机遇之所以能触发灵感，因为偶然事件与创造者孜孜以求的答案有某种类似之处，从而引起新的联想，打开一条新的思路，使问题得到解决。倘若一个人对那个问题毫无研究，偶然因素即使碰到他的鼻子尖也绝不会触发他的灵感。

三、灵感的特点和捕获直觉的建议

科学心理学的研究表明，灵感具有下列特点：

灵感是以创造者对解决任务的方法的不断寻觅，孜孜以求，长期探索为前提的。它是人们从事艰巨的创造性劳动的结果。灵感，既不是从天上掉下来的，也不是心血来潮、灵机一动的产物。柴可夫斯基说得好，灵感是这样一位客人，他不爱拜访懒惰者。

灵感是突发式的、飞跃式的。直觉常常是在出其不意的刹那间——散步、洗澡、闲谈、翌晨醒来，甚至在睡梦中闪现，使人难以预料。

灵感，既不是在体力和脑力极度疲劳时产生，也不是在心情烦恼和沮丧时产生。灵感是在良好的、乐观的精神状态下产生的。根据贝弗里奇的研究，灵感最容易在紧张工作一段时间之后，转换注意、悠游闲适时发生的。很少有科学家报告靠吸烟、喝咖啡或饮酒而产生灵感。

灵感状态的特点是，创造性想象极为活跃，创造性思维极为敏锐，工作效率极高。由于灵感突然解决了亟待探索的问题，给创造者带来了无法形容的喜悦。因此，灵感又总是伴随着巨大的情绪亢奋状态。

那么，如何才能捕获直觉，促使灵感的产生呢？科学心理学认为下列条件将有助于捕获直觉：

必须进行长期的预备性劳动。对问题的解决抱着浓厚的兴趣和强烈的愿望，对问题和资料进行长时间的、反复的探索，直到把握问题的各个方面，这是捕获直觉的最基本的条件。

必须把全部的注意力集中在问题上，直至对问题达到沉迷的程度。牛顿把怀表当作鸡蛋放在锅里煮，爱因斯坦创立狭义相对论是“经过了十年沉思”。对问题的沉迷是捕获直觉的重要条件之一。在创造活动时，如果对问题沉迷不够，即使遇到机会，创造者也不能抓住它解决问题。因此，必须排除各种分散注意力的因素，特别是有关私生活的烦恼。

必须摆脱习惯性思维的束缚。对一个问题进行长时间的专注研究，常常会形成一条固定的思路。这种习惯性思维会束缚人们创造性地解决问题。许多科学家、文艺家的经验表明，经过一段长时间的紧张思索之后，把问题暂时搁置起来，使自己处于松弛状态或转而考虑其他问题有助于摆脱习惯性思维，灵感也常常在这种情况下到来。此外，与他人交换意见，参加问题讨论，特别是听取和分析不同的意见，也有助于打破习惯性思维的束缚，激发灵感的产生。

应充分利用原型启发。从其他事物引起联想，看出解决问题的途径，称为启发。起着启发作用的事物，称为原型。日常用品、自然现象、机器、示意图、口头提问、文字描述等都可能对创造活动有启发作用。这类事例在创造发明史中是很多的。相传，鲁班是从丝茅草割破手这一现象中得到启发而发明锯子的；瓦特发明蒸汽机是因为看见水蒸气冲开锅盖，由此得到了启发；莱特兄弟从飞鸟和一架装有螺旋桨的玩具中得到启发，制造出世界上第一架飞机。原型之所以有启发作用，是因为它能引起人们的联想，能使解决问题的新方案、新方法从其中产生。然而，某一事物能否起原型启发的作用，这不仅取决于该事物的特点，也取决于创造者的心理状态。

养成随身携带纸笔的习惯。直觉突然产生，常常瞬息即逝，随身携带纸笔，方能捕获不忘。许多科学家、文艺家都有随身携带纸笔的习惯。

要保持乐观而镇定的心情。焦虑不安、悲观失望、情绪波动有碍于创造活动的进行，灵感也难以产生；心胸开阔、乐观镇定，则有助于灵感的产生。

第三节　创造者的心理特点

创造活动是各种心理活动在最高水平上的综合。创造活动与一个人的心理特点密切相关。虽然不同领域的创造活动具有不同的特点，但具有高度创造性的人一般都具有下列共同的心理特点。

（一）强烈的好奇心和事业心

创造是对传统观念的挑战。具有高度创造性的人不满足于已有的认识结构，他们具有强烈的好奇心和探索欲望。客观世界充满着种种矛盾，从微观世界的基本粒子到宏观世界的宇宙天体，从单细胞结构的原生生物到具有思维活动的人类和人类社会，蕴藏着无穷无尽的奥秘。这一切像磁石一样吸引着创造者，在他们的内心引起一种难以满足的好奇心和探索欲望。他们通常都以极不寻常的方式观察着世界：常人以为显而易见的现象，他们产生了疑问，常人以惯常的方法解决问题，他们不满足于此；他们总喜欢寻根究底，探索各种问题。强烈的好奇心使他们不受文化传统的束缚，表现了别出心裁、创新立异；强烈的好奇心使他们能够抓住常人所忽视的线索，进行更大的创造。

在豪斯顿(J.Houston)的实验中，他选择了创造力测验中得分不同的两组大学生：富于创造力组和平常组。然后，他给每个学生呈现许多卡片，每张卡片上都印有两个词，一个是名词，另一个是形容词或动词，让他们说出比较喜欢哪个词。结果表明，富于创造力的人喜欢形容词或动词，而平常的人则喜欢名词。豪斯顿推论，如果具有创造力的人有一种对新颖的需要，那么新颖性就可以作为改变行为的动力而起强化作用。于是，他对富于创造力的学生的偏爱词加以改变：当被试说出一个形容词或动词时，豪斯顿就用一个平常的联想词来回答。例如，被试说“黑”，主试就说“白”。但是，如果被试说出一个名词，主试就以一个新颖的联想词来回答。例如，被试说“父亲”，主试就说“直升机”。结果如图10-1所示，富于创造力的人开始时选择了形容词或动词，但随着实验的进行，他们逐渐选择了名词。很明显，新颖联想词的“奖赏”可以改变他们的选择行为，说明新颖性对他们来说是很重要的，他们要力争获得它。而对平常的人呈现新颖联想词时，他们表现出对原先的名词的偏爱下降了，逐渐选择了形容词和动词。之所以发生这种改变，豪斯顿推论平常组可能是由于缺乏心理上的安全之故。这种现象在富于创造力的一组中是很少见到的。具有创造力的人都表现出新颖性的偏爱。

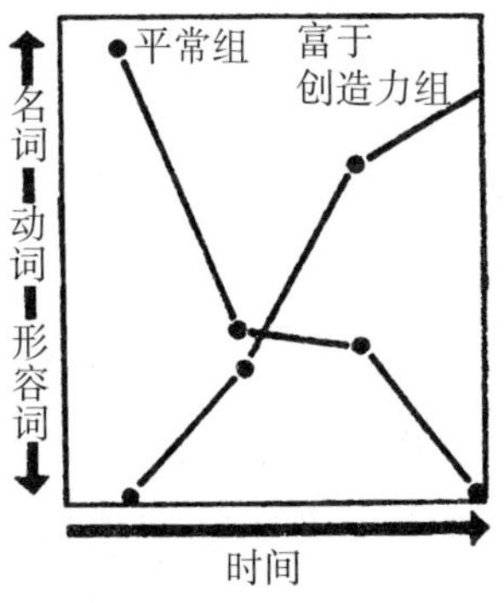

图10-1　对词的偏爱反映对新颖性的需要

创造是十分艰巨的劳动。没有强烈的事业心不可能创造出成果来。巴甫洛夫说过："科学是需要人的毕生精力的。假如你们能有两次生命，这对你们来说也还是不够的。科学是需要人的高度紧张性和很大的热情的。希望大家在工作和探讨中都能热情澎湃。"（巴甫洛夫，1955）强烈的事业心，酷爱自己的事业，就能使人以坚忍不拔的精神从事创造活动。

（二）认识的辩证性

事物是辩证发展的，我们的认识只有符合事物发展的辩证法，才能有所发明、有所创造。具有高度创造性的人的认识最少保守，最少以固定的观念来看待事物。他们在观察事物时，没有偏见，能超脱传统的经验和思维方法的束缚，善于用不寻常的方式来考察事物。他们喜欢事物的复杂性，面对错综复杂的情境，他们既不做简单化的解释，也不做牵强附会的结论，善于把错综复杂的情境和多种矛盾综合成不同于凡俗的新意境。他们善于想象、富于幻想，但不丧失理智；既能浮想联翩，又能适时地返回到现实。例如，科学家想象出肉眼观察不到的事物如何发生，如何作用，并构思出假说；文学家想象出富有教育意义的文学形象；等等。他们在解决创造性问题时，既运用严密的逻辑推理，也倾向于直觉和灵感。

（三）个性的独立性

具有高度创造性的人在他所从事的创造活动的领域中，是一个不顺从者。他不受习俗的束缚，既不关心别人想什么、说什么，也不关心别人对他的印象如何。马克思在《资本论》初版序言中引用了但丁的格言："走自己的路，让人家去说吧！"抱的就是这种态度。但是，在创造活动领域之外，具有高度创造性的人常常是很随俗的，是一个顺从者。这种顺从与不顺从的辩证统一，体现了一个人的真正的独立性。

克拉奇弗尔德（R.Crutchfield）安排了这样一个有趣的实验：让被试知道他与其他4人一起分别坐在单独房间中的操纵台前。操纵台上有一排杠杆和两排灯光。当房间黑暗后，在被试面前的墙壁上呈现两条长度不相等的投射光线，让他们轮流加以判断：哪一条光线短些？被试用操纵台上的杠杆反应自己的判断。操纵台上的一排灯光记录着每个人的判断，这样，被试就知道其他人的判断情况。另一排灯光是主试通知被试进行判断的顺序（即在5人中他该第几个进行判断）。开始实验时，被试的判断一次又一次地与其他人的判断完全一致。但是随着实验的进行，主试有意安排在被试面前的墙壁上投射的两条光线中右边的光线要短些，但在其他4人面前的墙壁上投射的两条光线中左边的明显要短些。被试虽然看到右边的光线短些，但其他4人的反应却一致地认为左边的短些。实验结果表明，富于创造力的人能顶住这种团体的压力，坚持自己的判断，而缺乏创造力的人不仅完全变得和其他人的判断相一致，而且主观上还觉得自己原先的正确判断是错误的。

（四）不怕犯错误

具有高度创造性的人有一种不怕犯错误的精神。在解决问题的第一阶段，他们面临着提出各种可供选择的解决办法时，态度轻松、沉着，对有犯错误的危险很少表示关切。当创造活动从提出各种解决办法的第一阶段转入考虑采用哪种办法最为适当的第二阶段时，他们的这种容忍错误的态度又变成了严防错误。因此，具有高度创造性的人既能大胆提出各种办法和假设，又能严肃认真地审查、评价这些办法和假设，以防止错误的发生。

在创造活动中，错误和失败远远多于成功。英国物理学家开尔文（W.T.Kelvin，1824—1907）在总结自己的科研道路时说："我坚持奋战五十五年，致力于科学的发展。用一个词可以道出我最艰辛的工作特点，这个词就是失败。"（贝弗里奇，1979）高度创造性的人不把错误和失败看成个人的耻辱，而是不断总结经验教训从事创造活动。他们是不屈不挠、百折不回的开拓者。

（五）不善于社交

具有高度创造性的人专注于创造活动，对自己的衣着和饮食很不关心，不愿在这方面花更多的精力。牛顿说，时间若不用在学问上便算是浪费。具有高度创造性的人往往不善于、也不重视社交活动，不愿在人事周旋方面花更多的时间。由于高度专注于创造活动，他们对自己业务以外的事情相对地显得无知，行为也显得孤僻，因而被人误认为是古怪的人。

爱因斯坦从不考虑自己的衣着，甚至舍不得花时间去理发。英国化学家道尔顿去做学术报告，别人以为他是会场上的佣人。英国科学家卡文迪什不仅不会交际，甚至怕见生人。类似的事例在科学史上还可以举出很多。

（六）不寻常的价值观

创造者追求的是什么呢？爱因斯坦认为，科学家可分为3种类型：第一种人从事科学工作是因为科学工作给他们提供了施展才能的机会，使他们享受到智力上的快感。第二种人把科学看成谋生的工具，出于纯粹功利的目的。第三种人是真正的献身者，这种人为数不多，但对科学的贡献极大。由于追求的目的不同，他们的价值观也有差异。但是，大多数科学家并不看重地位、金钱和享乐，他们始终过着俭朴的生活。他们都有荣誉感，但不是为追求荣誉而工作。当他们从成功中获得喜悦，觉得自己已经为人类做了些有益的事情之后,就不再追求更多的报酬,表现了对科学的献身精神。

除上述这些特点外,具有高度创造性的人还具有勇敢的冒险精神、特强的自信心、情绪稳定和聪慧、勤奋、果断、顽强,以及遭受挫折而加倍努力等特点。

怎样测定人们的创造力?创造力与智力有什么关系?这些问题,我们将在第十六章中加以讨论。

本章相关文献

林德宏.(1980).科学家的内心世界.南京大学学报(第3期):18-68.

王极盛.(1981).国外心理学对人才问题的若干研究.外国心理学(第1期):31-33,8.

B.B.波果斯洛夫斯基.(1979).普通心理学.魏庆安,等译.北京:人民教育出版社.

J.M.索里,&C.W.推尔福特.(1982).教育心理学.高觉敷,等译.北京:人民教育出版社.

克雷奇,等.(1980).心理学纲要.周先庚,等译.北京:文化教育出版社.

W.I.B.贝弗里奇.(1979).科学研究的艺术.陈捷,译.北京:科学出版社.

S. A. Mednick, J. Higgins, &J. Kirschenbaum. (1975). Psychologyy: Explorations in behavior and experience..John Wiley & Sons.

第十一章　情绪和情感

本章主要问题：

1. 什么是情绪和情感？它与需要、个性的关系怎样？
2. 情绪体验有哪些基本特性？
3. 情绪过程和认识过程的关系怎样？
4. 情绪和情感的神经机制。
5. 什么是心境、激情和应激？
6. 什么是道德感、美感和理智感？

第一节　概　述

一、情绪和情感的定义

人在认识世界、改造世界的时候，并不是无动于衷的。他对现实中的对象和现象，诸如各种事物、他人及其行为、自己的举动和表现等，常常抱有种种不同的态度。一些现象使人愉快，另一些现象使人忧愁；一些现象使人赞叹，另一些现象使人激愤；一些现象使人愤怒，另一些现象使人恐惧。愉快、忧愁、赞叹、愤怒、恐惧等等，都是人的情绪和情感体验的不同表现形式。

情绪和情感，是人对现实世界的一种特殊反映形式，是人对于客观事物是否符合自己的需要而产生的体验。

情绪和情感也是人对客观现实的一种反映形式，但是，它不同于认识过程。认识过程反映客观现实本身，情绪和情感不反映客观现实本身，而是反映客观现实与人的需要之间的关系。认识是通过形象或概念来反映客观事物，情绪和情感则是通过体验来反映客观现实与人的需要之间的关系。

人之所以对客观世界中的对象和现象产生不同的情绪和情感体验，是由于现实中的对象和现象与人的需要之间形成了不同的关系。一些对象和现象，如明媚的阳光、新鲜的空气、悦耳的歌声、正义的事业、高尚的品德等，符合、满足人的需要，使人产生满意、愉快、喜爱、赞叹等情绪和情感的体验。另一些对象和现象，如肮脏龌龊、饥饿寒冷、工作失败、罪恶行径等，不符合、不能满足人的需要，使人产生不满意、烦恼、忧虑、愤怒等情绪和情感的体验。还有一些对象和现象与人的需要无关，不能引起一定的情绪和情感。人对于它们是无所谓的、淡漠无情的。这表明，只有那种与人的需要具有这种或那种关系（直接的或间接的）的事物，才能使人产生某种情绪和情感的体验。

当然，也并不是所有与人的需要关系密切的事物，都能使人产生情绪和情感体验。例如空气、阳光、学习、劳动等都与人的需要关系甚密，但是人们并不总是时时刻刻都深感其可亲可爱。这是因为它们与需要之间的关系未被认识到、未被体验到，而一旦认识到、体验到，那么兴奋、愉快、喜爱的情绪和情感便油然而生。

因此，情绪和情感是对象和现象是否符合人的需要而产生的体验。

二、情绪和情感的区别

情绪和情感这两个概念，大致有以下几点区别。

首先，情绪是指与有机体生理需要（食物、饮料、新鲜空气、御寒的需要，性的需要，避开威胁生命的情境的需要等）是否获得满足相联系的体验，如由饮食要求引起的满意和不满意的体验，在危及生命时所产生的恐惧等，即低级的、最简单的体验。情感则是与人的社会性需要相联系的体验。如由交际的需要、遵守社会要求的需要、精神文化的需要等，所引起的高级的、复杂的体验。情绪是人和动物所共有的，情感则是人所独有的，受社会历史条件的制约。当然，人的情绪，即使是最原始的情绪，也与动物的情绪有本质的区别，它也受社会生活条件的制约。

其次，情绪带有情境性，它往往由当时的情境所引起，一旦情境改变，就会很快消失，一般是不稳定的。情感则不同，它可能既具有情境性，又具有稳定性、长期性，也可能不为情境所左右。例如，孩子的不良行为可能使母亲产生愤怒的情绪，这明显地具有情境性。而母亲对其子女的亲子之爱的情感，一般则比较稳定、持久。

再次，情绪比情感强烈，具有较多的冲动性和较明显的外部表现；情感体验一般较弱，很少有冲动性。

当然，情绪和情感在上述这些方面的差别也是相对的。例如，与社会的需要相联系的道德感，也会以强烈的形式表现出来。对社会上的极不公平的事情所表现出来的义愤，可能具有明显的冲动性和强烈的内心体验。而与有机体的需要相联系的体验，如爱情，虽然与性的需要相联系，但又明显地受社会生活条件的制约、受道德的制约，是一种复杂的情感。因此，我们往往很难对人的情绪和情感做严格的区分。

三、情绪、情感和需要的关系

需要是情绪和情感产生的基础。依人的需要是否获得满足,情绪和情感具有肯定或否定的性质。那些能满足人的需要的事物,会引起肯定的情绪和情感,如满意、愉快、喜爱、赞叹等。相反,那些不能满足人的需要或与人的需要的满足相抵触的事物,则会引起否定的情绪和情感,如不满意、苦闷、哀伤、憎恨等。

客观现实中的对象和现象是复杂的,所以它和人的需要的关系是不同的:可能满足人的某一方面的需要,而不能满足另一方面的需要,甚至和另一方面的需要相抵触。因此,许多事物往往引起极为复杂的、甚至相矛盾的情绪和情感,如百感交集、啼笑皆非等体验。

人的各种不同情绪和情感,常常不是彼此毫无联系地发生,而是相互影响的。其中有的情绪和情感起着主导作用,有的带有从属的性质,有的甚至只具有短暂的、偶然的意义。起主导作用的情绪和情感是与人的最基本的需要和最重要的事件相联系的,当这种需要获得满足或重要的事件的结果符合人的愿望时,就会产生肯定的情绪和情感;而与此同时发生的、次要的不愉快事件,往往只引起微弱的体验,甚至不引起任何情绪反应。反之,当一个人的最基本的需要得不到满足或发生重大的不幸事件时,就会产生否定的情绪和情感,与此同时存在的其他事物,本来会引起肯定的情绪和情感,这时就不再引起肯定的情绪和情感,有时甚至会引起否定的情绪和情感。

四、情绪、情感和个性的关系

人都有喜、怒、哀、乐之情,这是人们的共性,但共性中又有差异性。人的情绪和情感明显地受个性倾向性的制约。与人的需要、兴趣、理想、信念、世界观相符合的事物,会引起满意、愉快、喜悦、崇敬等肯定的情绪和情感;与人的需要、兴趣、理想、信念、世界观不相符合的事物,会引起不安、苦闷、愤怒等否定的情绪和情感。这样,人的情绪和情感就明显地具有倾向性。人的情绪和情感总是倾向于或针对着一定的对象和方向,不会是无缘无故的。因此,情感倾向性的表现形式是多种多样的。

在阶级社会里,压迫阶级和被压迫阶级、悠闲者和劳动者,他们的情感倾向性往往截然不同。陆游在《春早得雨》一诗中为"稻陂方渴雨"而喜悦,同时又说:"更有难知处,朱门惜牡丹。""朱门"贵族不但不以春早得雨而喜悦,反而惋惜早春雨水伤害了他们玩赏的牡丹。人们的立场、观点不同,需要不同,情感的倾向性不同,对同一事物的体验也不同。

在我们的社会主义社会里,人们情感的倾向性也往往不同。有的人迷恋于科学活动,有的人热心于社会活动,有的人喜爱艺术活动,有的人热心于公益事业,有的人醉心于个人的名利,等等,这都是由人们的需要、兴趣、理想、信念、世界观所决定的。情绪和情感的倾向性是我们评定一个人的情绪和情感好坏的主要依据之一。

人的情绪和情感不仅受个性倾向性的制约，而且稳定的情绪和情感特点又明显地表现出个性差异。例如，在日常生活中，我们看到，有的人情绪激昂，有的人多愁善感，有的人热情洋溢，有的人淡漠无情。易激动的人，情绪很容易被激发起来，并且具有突变性和冲动性，对行为的后果往往不加考虑。多愁善感的人，对事物特别敏感，他们体验到的世界仿佛囿于内心之中。热情是一种强有力的、稳定而深刻的情感。热情的人，生活是丰富的、紧张的，他们总是精力旺盛、全力以赴地进行工作；情感淡漠的人，并不是对任何事情都没有情绪体验，这种人的情绪和情感很少对他的行为、举止产生影响，他们主要是靠理智的推论来生活的。此外，我们还可以看到，有的人富有同情心，有的人冷酷无情，有的人喜怒不动声色，有的人情感溢于言表，等等。

第二节 情绪和情感的体验、反应及其与认识的关系

情绪和情感是非常复杂的心理现象，它包含多种心理成分。本节着重分析情绪和情感的体验、反应及其与认识的关系。

一、情绪、情感的体验

情绪、情感的体验是指某种情绪、情感发生时人内心的感受。不同的情绪、情感发生时，内心的感受是不同的。例如，喜悦时，人觉得快乐、舒适；悲哀、恐惧、忧郁时，人感到难受、痛苦。

撇开情绪、情感所指向的具体对象，仅就情绪、情感体验的性质来看，它具有下列基本特性。

（一）情绪的强度

情绪体验可以在强度上有不同等级的变化——由弱到强的不同等级的变化。例如，喜，可以从适意、愉快到欢乐、大喜、狂喜；哀，可以从伤感到难过、悲伤、哀痛；怒，可以从轻微的不满、生气、愠、怒、忿、激愤到大怒、暴怒；惧，可以从害怕、惧怕、惊恐到惊骇。情绪的强度越大，整个自我被情绪卷入的程度也越深。

情绪体验的强度首先取决于对象对人所具有的意义。意义愈大，引起的情绪就愈强烈。而这种意义的大小，是由该对象在个人生活中所占的地位来决定的。其次，情绪体验的强度还取决于人对自己所提出的要求。人们对一幅画的不良评价，可能不会使业余绘

画者产生强烈的情绪，但可能引起职业绘画者的强烈情绪反应。最后，情绪体验的强度也取决于人的需求状态。对食物的气味，饥饿者和不感到饥饿的人，其情绪反应的强度是不同的。

（二）情绪的紧张水平

在紧张的水平上，情绪体验的变化是很大的。紧张是动作的冲动性。紧张的情绪体验通常是与活动的紧要关头、最有决定性意义的时刻相联系。在考试之前，在演讲之前，在运动比赛之前，人都可以体验到这种紧张情绪。在活动进行的过程中，通常存在着关系到活动成败的关键时刻，当这种时刻在实际上或想象中临近时，情绪体验的紧张水平就会逐渐增长。活动的成败对人愈重要，则关键时刻到来时情绪就愈紧张。关键时刻过去之后，可以体验到轻松或紧张的解除。如果以前的紧张水平愈高，则关键时刻过去之后，就愈感到轻松。

紧张一般有助于全身精力的动员和注意的集中，对活动产生有利的影响；有时可能起抑制作用，使动作失调，从而妨碍活动的正常进行。紧张对活动的不同作用，除了取决于紧张的程度外，也与人对活动的准备以及是否具有必要的知识、技能有关。

（三）情绪的快感度

快感度是指情绪和情感体验在快乐或不快乐的程度上的差异。悲伤、羞耻、恐惧、悔恨等是明显的不快乐的情绪和情感；而欢喜、骄傲、满意等是明显的快乐的情绪和情感。还有一些情感在快感度上应摆在什么位置，是不明显的，如怜悯、惊奇既不是明显的快乐，也不是明显的不快乐。

快感度与需要是否得到满足有关。能满足人的需要的事物，引起快乐的体验；不能满足人的需要的事物或与人的需要相抵触的事物，则引起不快乐的体验。

情绪的强度会影响其快感度。微愠不一定是特别不愉快的，而强烈的愤怒则显然是不愉快的；渴望通常伴有快乐的体验，但当它过于强烈而持久时，就可能产生不快乐的体验。

（四）情感的复杂度

各种情感的复杂程度是很不一样的。爱，包含柔情和快乐的成分；恨，包含愤怒、惧怕、厌恶等成分。有时，情感的成分非常复杂，我们甚至很难用言语来描述它到底是一种什么样的体验，而有的情感却是很单纯的。

儒家把喜、怒、哀、惧、爱、恶、欲（《礼记·礼运》）七情作为最基本的情绪形态。中医中的七情是指喜、怒、忧、思、悲、恐、惊(《黄帝内经·素问·举痛论》)。不过,上述术语,有些不属于情绪(如思),有些已包含复杂的成分(如爱、忧等)。现代心理学把快乐、悲哀、愤怒和恐惧作为最基本的原始情绪形态。

快乐是盼望的目的达到,紧张解除后继之而来的情绪体验。快乐的程度,取决于愿望的满足的意外程度。目的无足轻重,只能引起些微小的满足。目的非常重要,并且意外地达到,则会引起异常的快乐。

悲哀是失去所盼望的、所追求的东西或有价值的东西而引起的情绪体验。悲哀的强度依存于失去的事物的价值。

愤怒是由于目的和愿望不能达到或顽固地、一再地受到妨碍,逐渐积累而成的。挫折如果是由于不合理的原因或被人恶意造成时,最容易产生愤怒。

快乐和愤怒都是企图接近、达到引起快乐和愤怒的目标。恐惧则相反,是企图摆脱、逃避某种情景。恐惧往往是由于缺乏处理或缺乏摆脱可怕的情景(事物)的力量和能力所造成。恐惧比其他任何情绪更具有感染性。

上述4种最基本的情绪,在体验上是单纯的、不复杂的。在这4种基本的情绪形态的基础上,可以派生出许许多多情绪形态,可以形成不同情感的组合形式,也可以赋予不同含义的社会内容。例如,由疼痛引起的不愉快是比较单纯的情绪;而悔恨、羞耻这些情感则包含着不愉快、痛苦、怨恨、悲伤等复杂因素,是一些复杂的情绪体验。

情绪的强度、紧张水平、快感度、复杂度这4种特性,也是量度情绪和情感体验的4种通用维量。可以用这4种维量对情绪和情感体验做概括性的描述。

(五)情感的两极性

情感具有两极性,这是达尔文研究人类和动物的表情时,提出的一个对立性原则。

上述情绪的4种基本特性,都具有两极对立的特性:在强度上,有弱和强的两极状态;在紧张水平上,有紧张和轻松的两极状态;在快感度上,有快乐和不快乐的两极状态;在复杂度上,有复杂和简单的两极状态。

情感的两极性,可以表现为情感的肯定的和否定的对立性质。例如,满意和不满意,快乐和悲哀,恭敬和蔑视,热爱和憎恨,兴奋和烦闷,轻快和沉重,等等。在每一对相反的情感中间,由于上述4种维量的不同组合,而表现为多样化的情感性质。构成肯定或否定两极的情感,不是绝对互相排斥的。客观事物之间的联系是极其复杂的,一件事物对人的意义也可以是多方面的。因此,两极对立的情绪可以在同一事物中同时出现。例如,工作中遇到困难,可能引起烦闷,也可能引起兴奋。

情感的两极性还表现为积极的或增力的、消极的或减力的。积极的情感,如快乐、热爱、兴奋,能增强人的活动能力,驱使人积极地行动。消极的情感,如由于悲伤而引起的郁闷,能削弱人的活动能力。在有些情况下,同一些情感,可能既具有积极的性质,又具有消极的性质。例如,恐惧可能抑制人的行动,削弱人的精力,但也可能动员他的精力,同危险情景做斗争。

情感的两极性是相辅相成的,没有满意,就无所谓不满意;没有快乐,就无所谓悲哀;没有爱,就无所谓恨;没有紧张,就无所谓轻松。每种情感的两极总是互相联系的。同时,每种情感的两极也可以在一定条件下互相转化。"破涕为笑""乐极生悲",就是情感由一个极端转化为另一个极端的实例。

二、情绪反应

情绪反应,是指处于某种情绪状态时身体上发生的各种变化。例如,喜时,笑逐颜开,扬眉吐气;怒时,心跳加快,竖眉瞪眼;哀时,双眉深锁,涕泪交流;惧时,脸色苍白,周身战栗,以及各种内脏器官、内分泌腺等的变化。情绪反应主要表现在生理变化和表情动作上。

(一)情绪的生理变化

伴随着情绪体验,有机体内部发生着一系列的生理变化。例如,呼吸系统、循环系统、肌肉组织、外部腺体、内分泌腺以及代谢过程等活动,在不同的情绪状态中都会发生相应的变化。

情绪体验时,呼吸会有所改变:或加速或减慢,或变浅或加深。例如,对剧痛的情绪反应,呼吸加深加快;突然惊惧时,呼吸会发生临时中断;狂喜或悲痛时,可能产生呼吸痉挛。处于某种情绪状态时,呼吸的变化可以通过呼吸描记器以曲线形式加以记录。这种曲线称为呼吸曲线。根据呼吸曲线,可以分析在各种情绪状态下呼吸在频率和幅度方面的变化。

情绪体验时,循环系统也会发生变化。例如,心跳速度和强度的改变;外周血管有时舒张,有时收缩。恐惧或暴怒时,心跳加速,血压升高,血糖增加,血液的化学成分(如血氧含量)也发生改变;满意或愉快时,心跳如常。可以用血管体积描记器把外周血管体积的变化记录下来,也可以用心动电流描记器把心跳变化的曲线记录下来。

情绪体验时,消化系统也会发生变化。发生焦虑、抑郁、悲伤、惊恐、愤怒等消极情绪时,多种消化腺的活动通常都受到抑制。例如,焦虑、悲哀时,肠胃蠕动功能下降,因而食欲减退;惊恐或愤怒时,唾液常常停止分泌,因而感到口渴;长期的焦虑不安,会使胃酸分泌持续升高,从而导致胃溃疡。而发生愉快的情绪时,通常会促使胃液、唾液、胆汁的分泌。

情绪体验时,泪腺是最容易观察到变化的外部腺体。悲哀、愤怒、感激、喜悦都可能流泪。汗腺的分泌在不同的情绪状态中也会发生变化,如愤怒或焦虑时的冒汗,惧怕时出一身冷汗等。

情绪体验时,皮肤血管和汗腺分泌的变化,能引起皮肤导电率的改变。记录皮肤电阻的变化,可以测定交感神经系统的情绪反应。如忧郁时,皮肤电阻下降。一般认为,皮肤电反射是测定情绪反应的较好指标。

情绪体验时,内分泌腺的功能也发生一系列的变化。例如,在某种情绪状态下,肾上腺素、胰岛素、肾上腺皮质激素、抗利尿激素等的分泌增多或减少;在激烈紧张的情绪状态中,肾上腺素分泌增加导致血糖、血压、消化以及其他腺体活动的变化,使机体处于应激状态;在焦急不安的情绪状态下,抗利尿激素分泌抑制,会引起排尿次数增多。

此外,情绪体验时,脑电活动、肌肉电活动都会有明显的变化,并且也都可以用仪器加以记录。

心理学家对情绪活动的生理反应曾进行过许多研究,试图探索情绪反应的客观指标。但是,人的情绪反应是受大脑皮质调节,受思想控制的,情绪的生理反应往往因人而异。例如,有人在惊恐时表现为脸色苍白,皮肤血管收缩;而另一些人对同一惊恐刺激,却表现为脸色发红,皮肤血管扩张。有人在紧张时心跳加快、血压升高,另一些人则血压升高而心跳不变。由于情况的复杂性,我们必须把情绪的生理反应和情绪的内心体验结合起来进行研究。

(二)情绪的表情动作

伴随着情绪体验,机体外部发生的明显变化,称为表情动作。例如,愤怒时胸部挺起,鼻孔张大,身体直立或向侵犯的一方弯曲,嘴唇紧闭或咬牙切齿,紧握拳头,手臂上举或晃动;极度愤怒时甚至身体颤抖,双唇痉挛、说不出话来,或声音变高、变尖,或言语混乱不清等。有机体这些明显的外部变化,就是愤怒时的表情动作。当然,这些表情动作又与有机体内部的一系列生理变化是有联系的。

达尔文认为,人类的情绪有一个演化的历史。他在《人类和动物的表情》一书中指出,原始人的表情动作只具有适应环境的意义,现代人的表情和姿势是人类祖先表情动作的遗迹(Darwin,1872)。例如,啼哭时嘴角下降的表情是人类祖先在困难中求援的适应性动作;愤怒时咬牙切齿、鼻孔张大等表情是人类祖先在行将到来的搏斗中的适应性动作。他认为情绪的表情动作有两个基本特征:(1)它对有机体的生存有重要的价值,在适应环境的过程中便得到发展;(2)它起传递信息或信号的作用。例如,猫对于攻击它的狗所表现出来的龇牙咧嘴、耳朵后倒、背脊拱起、毛发竖立,这种与惧怕相联系的情绪反应,是向狗发出一种信号——它又大又凶，这对猫的生存是有利的。因此，在进化的过程中，这种情绪反应便得到遗传和发展。

近代的研究表明，人类的基本情绪形态，如喜、怒、哀、惧，可以从具有各种文化的不同民族的表情动作中，精确地判断出来。这说明人类的基本情绪的表现具有遗传的性质。但是，人的表情动作并不都是遗传的，它明显地受文化背景的影响，具有后天习得的性质。例如，西欧和美国人以亲吻表示亲切，日本人以微笑表示抱歉。又如，生而盲者面部表情与常人不同；出生后头几年有视觉而后天盲目者，面部表情有点与常人相似。此外，习得的表情还可以掩盖表情的自然形式。这些都说明，表情动作既有习得的成分，又有非习得的成分。人能够自觉地应用表情动作表达自己的思想、情感和愿望，并作为影响别人的工具。

作为交际工具的表情动作，包括面部表情、身段表情、言语表情。

脸部的表情动作，称为面部表情。眼、眉、嘴等的变化，最能表示一个人的情绪。例如，高兴时，嘴角后伸、上唇提升、双眉展开、两眼闪光，即所谓的笑容满面；悲哀时，头部低垂、嘴角下歪、眉头紧锁、眼泪汪汪，即所谓的哭丧着脸；轻蔑时耸起鼻子、双目斜视，即所谓的嗤之以鼻；等等。

身体各部分的表情动作，称为身段表情。例如，欢乐时，手舞足蹈，捧腹大笑；骄傲时，趾高气扬，挺胸阔步；惧怕时，手足无措；虔敬时，合掌低头；等等。

情绪在音调、节奏速度方面的表现，称为言语表情。例如，悲哀时，音调低、言语缓慢、语音高低差别很小、声音断续；喜悦时，音调高、速度较快、语音差别较大；愤怒时，声音高尖且有颤抖。至于请求、感叹、惊讶、烦闷、讥讽、鄙视等情绪也都有一定的音调变化。所以人的言语不仅是交流思想的工具，而且也是表达情绪的手段。

正常成年人的情绪表现是可以随意调节的，可以加强它，也可以抑制它。情绪可以在没有表情的情况下产生，表情也可以在没有情绪体验的情况下出现。例如，并不喜爱可以满脸堆笑，真正气愤又可以心平气和。同样一种表情，如有人对你微笑，可能具有不同的意义：他可能对你产生好感，也可能在嘲弄你的愚蠢，甚至在微笑的背后开始对你进行暗算。因此，要真正了解一个人的情绪和情感，单凭表情动作是不够的，必须结合其他指标综合地进行研究。

三、情绪、情感与认识的关系

情绪和情感固然不同于认识过程，但是，情绪和情感总是伴随一定的认识过程而产生的。例如，在反映事物的个别属性时，有一些颜色、声音、气味令人愉快，另一些颜色、声音、气味则使人不愉快。这种伴随感觉过程而产生的情绪反应，称为感觉的情绪色调。通常说的“见景生情”，表明情感伴随着知觉过程而进行。“回忆往事，他不会因为虚度年华而悔恨，也不会因为生活庸俗而羞愧”，是记忆中的情感。发现问题时的惊讶，分析问题时的怀疑与坚信，想象到祖国四个现代化的灿烂美景时的心花怒放等，是伴随思维和想象过程的情感体验。同时，情绪和情感还随认识的发展变化而变化。“知之深，爱之切”，当我们对世世代代生于斯、长于斯的祖国（她的悠久历史和优秀的文化传统、广阔的疆土、勤劳的人民等）有了更深刻的认识时，就更加激发起我们的爱国热情。这都说明，在认识过程中往往染上情绪和情感的色彩。

不仅认识过程会染上情绪和情感的色彩，而且认识过程在情绪、情感活动中还起着十分重要的作用。

在沙赫特和辛格（Schachter & Singer，1962）的一个实验中探讨了环境事件、生理状态和认识对情绪发生的作用。他们告诉被试，要给他们注射一种称为Suproxin的复合维生素，目的是测定这种新药对视力的影响。但实际上，他们给被试注射的是肾上腺素和食盐水。注射肾上腺素能引起心跳加快、血压升高、手发抖、脸发热等情绪生理反应。

被试分为3组：正确告知组、错误告知组和无告知组，并分别给以不同的指示语。对正确告知组，告诉他们注射这种新药会出现心跳加快、手发抖、脸发热等反应；对错误告知组，有意错误地告诉他们注射这种新药可能无感觉，可能发麻、发痒、头痛等；对无告知组，主试什么也没有告诉他们。注射食盐水的所有被试都列为无告知组。然后，主试人为地安排了两种实验环境：一种是“欣快”的环境，一种是“愤怒”的环境。所谓欣快环境，是由主试的助手到被试的单人房间里邀请他一起唱歌、玩耍和跳舞。所谓愤怒环境，是主试的助手当着被试的面对主试要他填写的调查表表示极大的愤怒，不断咒骂、斥责被试并把调查表撕得粉碎。实验后，主试询问被试当时的内心体验。结果如表11-1所示，错误告知组的反应最容易受助手的高兴气氛所感染，正确告知组的反应最不容易受环境气氛的影响，无告知组的反应则介乎上述两组之间。同样，他们对愤怒环境的反应也是一样的。

表11-1　沙赫特和辛格的实验设计和总的结果

<table>
<tr><td colspan="2" rowspan="2">被试</td><td colspan="2">反　应</td></tr>
<tr><td>对助手欣快的行为的反应</td><td>对助手愤怒的行为的反应</td></tr>
<tr><td rowspan="3">注射肾上腺素</td><td>正确告知组</td><td>几乎不受助手的气氛的影响</td><td>几乎不受助手的气氛的影响</td></tr>
<tr><td>错误告知组</td><td>高度受助手的气氛的影响</td><td>未研究</td></tr>
<tr><td>无告知组</td><td>在一定程度上受助手的气氛的影响</td><td>在一定程度上受助手的气氛的影响</td></tr>
<tr><td>注射食盐水</td><td>无告知组</td><td>稍微有点受助手的气氛的影响</td><td>稍微有点受助手的气氛的影响</td></tr>
</table>

这个实验说明：注射肾上腺素虽然引起了典型的情绪生理反应，但它的单独作用却不能引起人的情绪；同样，环境因素也不能单独地决定人的情绪。在这里，认识对人的情绪的产生，起着决定性的作用。处于生理反应状态的错误告知组，因对其自身的生理反应不能做出恰当的说明，他一方面环视周围环境，以求得某些说明的线索，同时又认为自己体验到的生理变化乃是由环境的气氛所致，于是就把自己的生理感受与环境线索相适应说成是“欢乐”和“愤怒”。正确告知组由于已经具有说明自己的生理反应的信息，便不去寻找环境中的线索。无告知组从主试那里什么信息也没有得到，完全按自己的评价做出反应。

认识在情绪、情感中的作用在于判断和评估刺激物是否符合自己的需要。同一信息，由于人们认识上的差异，对它的评估可能不同：如果把这个信息判断为符合自己的需要时，便产生肯定的情绪；如果把它判断为不符合自己的需要时，就产生否定的情绪。同一条消息，如“父病危速归”，由于与父亲的关系不同，认识也不同，因而唤起的情感也不同：与父亲关系很好的人会引起紧张、悲痛的情感，与父亲关系不好的人会引起淡漠、无所谓的情感。同是一支乐曲，如贝多芬的奏鸣曲，不懂音乐的人往往只感到那曲调的和谐好听，不会引起强烈的美感。但列宁听了贝多芬的几支奏鸣曲后却赞美不绝地说：“我不知道还有比‘热情奏鸣曲’更好的东西，我愿每天都听一听。这是绝妙的、人间所没有的音乐。我总带着也许是幼稚的夸耀想：人们能够创造怎样的奇迹啊！”（列宁，1960）激起了他十分强烈而深刻的美感。

同一个人在不同的条件下，对同一信息的评估可能不同：当把这个信息判断为不符合自己的需要时，便产生否定的情绪；当把它判断为符合自己的需要时，便产生肯定的情绪。同是一杯酒，同是一个人，在不同的境遇下，唤起的情感可能不同：“呼儿将出换美酒，与尔同销万古愁”，是愉快的情感；“酒入愁肠，化作相思泪”，是不愉快的情感。

前已述及，有些事物与人的需要关系很密切，如果没有认识它对于需要的必要性，就不会产生肯定的情绪。同样，一些事物与人的需要直接相抵触，如环境污染、恶言污语、浪费偷懒，当没有认识其危害性时，不会产生否定的情绪；一旦认识到其危害性、体验到不符合自己的需要，就会产生否定的情绪。

情绪和情感是通过认识活动而折射出来的。事物是否符合人的需要，要靠认识活动来判断和评估。而这种判断和评估主要是由人的过去经验和家庭、社会影响，以及当时的要求状态等因素所决定。正是由于人们的过去经验和家庭、社会影响，以及当时的需求状态等因素的不同，不同的人或同一个人在不同的时间、地点和条件下，对事物是否符合自己的需要的判断和估计往往不同，因而便产生了不同的情绪和情感。

第三节　情绪和情感的神经机制

情绪和情感是脑的机能。情绪和情感活动时所产生的有机体的内部变化和外部表现，与神经系统的多种水平机能密切联系在一起。

一、植物性神经系统和情绪

（一）植物性神经功能的情绪反应

情绪反应和植物性神经系统的机能有着密切的联系。植物性神经系统分交感神经系统和副交感神经系统。它们的主要机能见表11-2。

表11-2　植物性神经系统的主要机能

器官	交感神经系统	副交感神经系统
循环器官	心跳加快、加强，冠状血管舒张，腹腔内脏与皮肤血管收缩，贮血库（如脾）收缩	抑制心跳，冠状血管收缩，少数血管（如外生殖器血管）舒张
呼吸器官	支气管舒张	支气管收缩，促进黏膜腺体分泌
消化器官	分泌黏稠的唾液，抑制胃肠运动，促进括约肌收缩，抑制胆囊收缩	分泌稀薄的唾液，促进胃液和胰液分泌，促进胃肠运动，使括约肌舒张，促进胆囊收缩
泌尿生殖器官	肾脏血管收缩，膀胱逼尿肌舒张，括约肌收缩，外生殖器血管收缩	膀胱逼尿肌收缩，括约肌舒张，阴茎勃起
眼	瞳孔散大，睫状肌松弛，抑制泪腺分泌	瞳孔缩小，睫状肌收缩，促进泪腺分泌
皮肤	竖毛肌收缩，汗腺分泌	
代谢	促进糖原分解，促进肾上腺素分泌	促进胰岛素分泌

植物性神经功能的情绪反应，可以表现为交感神经系统活动相对亢进的现象。例如，人在恐惧和愤怒时，会出现下列现象：

1. 瞳孔扩大，使更多的光线进入。

2. 呼吸加深加快，使更多的氧气进入血液。

3. 心跳加快加强，使更多的血液输入肌肉组织。

4. 血液中红细胞数量增加，血糖浓度上升。

5. 胃肠道运动抑制，消化停止或减弱。

总的看来，交感神经系统的兴奋，有助于机体动员贮备的能量，提高适应能力，以应付环境的紧急变化，为逃跑或进攻做好准备。

植物性神经功能的情绪反应，在某些情况下也可以表现为副交感神经系统活动的相对亢进。例如，愉快时，消化液分泌增加，胃肠道运动加强；焦急不安时，会引起排尿、排便次数的增加;悲伤时流泪。此外,在某些人中,惊吓会导致心率减慢。这些都说明,一定的情绪也会引起副交感神经系统功能活动的相对加强。

从上述反应来看,情绪的植物性神经功能反应,是交感和副交感神经系统两者对立统一状态的改变,有时表现为交感神经系统功能占优势,有时表现为副交感神经系统功能占优势。由于情绪反应会导致植物性神经系统功能的对立统一状态的改变,如果强烈的情绪反应持续不断,就会使植物性神经功能紊乱,导致疾病,如高血压、溃疡等。由心理压力引起持久的情绪反应所产生的疾病称为心身疾病。

(二)詹姆斯-兰格情绪理论

在情绪体验时,有机体会发生一系列的变化,根据这一事实,詹姆斯和兰格分别提出了相似的情绪理论。詹姆斯认为,"身体的变化紧随着激动事实的知觉,而当这些变化发生时我们对它们的感知就是情绪。……我们之所以感到悲伤是因为我们哭泣,恼怒是因为我们攻打,害怕是因为我们发抖,而并不是因为我们悲伤、恼怒或害怕,所以才哭泣、攻打或发抖"(James,1890)。在詹姆斯看来,对有机体变化如哭泣、攻打、发抖等的感知就是情绪。

兰格认为,"血管运动的混乱,血管宽度的改变,以及与此同时各个器官中血液量的改变,乃是激情的真正的最初的原因。"他认为,随意神经支配加强和血管扩张的结果,就产生愉快;而随意神经支配减弱,血管收缩和器官肌肉痉挛的结果,就产生恐惧。兰格说:"假如把恐惧的人的身体的症状除掉,让他的脉搏平稳,眼光坚定,脸色正常,动作迅速而稳定,语气强有力,思想清晰,那么,他的恐惧还剩下什么呢?"(B.蓝德,1959)在兰格看来,情绪就是对机体内部和外部变化的意识。

詹姆斯和兰格都把产生情绪的原因归结为外周性的变化(有机体内部和外部的变化),把情绪归结为机体感觉,故这种理论称为詹姆斯-兰格情绪理论。

詹姆斯-兰格情绪理论,指出了生理变化对情绪的反作用,同时也促进了人们对情绪的实验研究,这是这个理论的历史功绩。但是,把产生情绪的原因归结为有机体外周性的生理变化,这不符合事实。实验表明,人为地引起那些在强烈情绪状态时机体的生理变化,并不产生相应的情绪体验。例如,给人服一些肾上腺素,血液中肾上腺素增加,产生了害怕时的机体变化,但被试并没有体验到害怕。人为地切断内部器官和中枢神经系统的联系,动物的情绪反应并不消失。例如,谢灵顿把自己养熟的狗的内部器官的感觉神经切断,使之失去机体感觉,但是狗的"情绪行为"并没有显著的变化。从前使它发怒的人,现在依然引起它的狂吠;从前使它快乐的人,现在依旧引起它的摆尾。大量事实表明,脑在情绪活动中起重要的作用。

二、下丘脑和情绪

（一）下丘脑在情绪反应中的作用

植物性神经活动引起的内脏、血管和腺体的变化，可因中枢神经系统许多不同水平的刺激而产生。交感神经和部分副交感神经，发源于脊髓侧角及相当于侧角的部位，因此脊髓是植物性神经活动的初级中枢。此外，延髓、中脑、下丘脑和边缘前脑都对植物性神经功能具有调节作用。目前已被认为，下丘脑在情绪反应中的作用是重要的。

下丘脑不单是交感或副交感神经中枢，而且是较高级的调整内脏活动的中枢，它能把内脏活动和其他生理活动联系起来，调节着体温、营养摄取、水平衡等重要生理过程；在完整动物身上，这些重要的生理过程又受大脑皮质的调节。

实验表明，切除间脑水平以上的大脑的猫，常出现交感神经兴奋性亢进的现象：张牙舞爪、扩瞳竖毛以及种种内脏反应，表现出一种发怒的模式。如果下丘脑被损坏，动物只能表现出零碎、片断的发怒反应，但不能表现出充分协调的发怒反应。如果下丘脑未被损坏，在下丘脑前部不论切除多少，动物都能表现出充分的有组织的发怒模式。

用尖端埋藏在下丘脑内的电极，对未麻醉动物进行逐点的刺激，发现动物具有两种类型的情绪行为：(1)斗争或像发怒的模式——动物怒吼和发出嘶嘶声，耳朵后倒、竖毛以及其他交感反应；(2)逃避或像恐惧的模式——动物的头左右转动，扩瞳、眼射来射去，最后逃走。尽管这些情绪反应的详细定位尚不清楚，但有迹象表明，在整个下丘脑有一个区域，能引起攻击和逃避的情绪行为，并伴有植物性神经活动的表现，而下丘脑的其他许多区域则不能引起这些情绪反应。此外，下丘脑还存在着“快乐中枢”和“痛苦中枢”，当刺激这些部位时会产生愉快和不愉快的情绪反应。

在下丘脑以上切除了大脑的动物，上述这些情绪行为的模式都可以见到。但是在这种情况下，动物既不能看也不能听，这样它就不能适当地支配它的攻击或恐惧。因此，正常动物的情绪总是受高位脑中枢——大脑皮质的控制和调节的。

（二）坎农的情绪丘脑学说

坎农（W.B.Cannon，1871—1945）根据当时的科学资料：丘脑受损或丘脑活动在失去大脑皮质控制时情绪变得易激动，或丘脑病变时人的情绪异常等现象，认为丘脑在情绪的产生上起着最重要的作用。他说：“当丘脑过程被激动起来时，专门性质的情绪才附加到简单的感觉上。”（曹日昌，1963）

坎农的理论见图11-1。外界刺激引起感觉器官（R）的兴奋，兴奋沿着通路1传到丘脑（Th），直接引起丘脑的神经过程或进一步沿通路1传到大脑皮质（C），引起皮质的条件反应；而后经通路3发放冲动至经常处于抑制状态的丘脑中心，引起丘脑的一种情绪模式(P)，丘脑神经冲动经通路2引起内脏(V)和骨骼肌(SKM)的活动；从内脏和骨骼肌来的内导感受冲动达到丘脑，并经通路4传到大脑皮质，此时在皮质中与最初发生的知觉相结合，就使对象的知觉获得了情绪色彩。

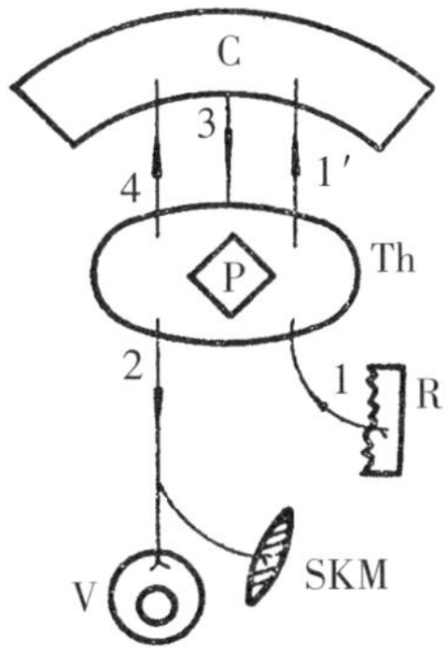

图11-1　坎农的情绪丘脑学说模式图

较之于詹姆斯-兰格情绪理论，坎农的情绪丘脑学说虽然强调了中枢在情绪过程中的作用，但忽视了外周性变化的意义。同时，实验表明，切除全部丘脑的动物，只要保存着下丘脑，发怒反应仍然存在；只有当下丘脑结构被切除后，动物的情绪反应才消失。另外，坎农对大脑皮质在情绪过程中的作用也估计不足。因此，现在看来，坎农的理论也是有缺陷的。

三、边缘系统与情绪

（一）边缘系统的概念

大脑半球内侧面皮质与脑干连接部和胼胝体旁的环周结构，过去称“边缘叶”(图11-2)。

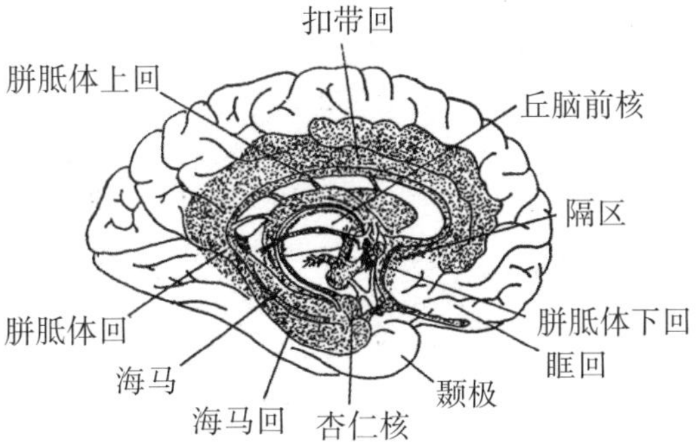

图11-2　大脑内侧面表示边缘系统各部分

与大脑半球外侧面皮质相比，这部分结构从进化上来说是比较古旧的。其中最内侧的一圈环状结构（包括海马、穹窿等）进化上最为古老，叫古皮质；较外面的一圈环状结构（包括扣带回、海马回等）进化上较古老，叫旧皮质。以往曾认为，边缘叶只与嗅觉有联系，所以也叫嗅脑。晚近的研究表明，嗅脑只有一部分与嗅觉有关，嗅脑中的其他部分与情绪活动关系密切。由于嗅脑也是调节内脏活动的重要中枢，所以这部分结构也叫“内脏脑”。为了避免“嗅脑”的嗅觉含义，麦克林（Maclean，1958）推广了“边缘叶”和“边缘系统”这两个概念。边缘系统指包括边缘叶所属结构和皮质的岛叶、颞极、眶回以及皮质下的杏仁核、隔区、下丘脑、丘脑前核等结构部位。此外，中脑的中央灰质、被盖等也与上述结构有密切的上下行纤维环路联系，于是，边缘系统的概念进一步扩大，还包括中脑的部分结构。这样就产生了边缘前脑与边缘中脑的概念。边缘前脑包括海马、穹窿、海马回、扣带回、杏仁核、隔区、梨状区、岛叶、颞极、眶回等结构。边缘中脑系指中脑的有关结构。

（二）帕佩兹的情绪学说

下丘脑失去了大脑皮质，动物容易产生发怒的行为模式。那么，边缘前脑中哪些结构与控制情绪有关呢？帕佩兹（J.W.Papez）在临床病例中观察到，颞叶功能失常的病人常有情绪上的反常表现，并由此结合神经解剖和生理的知识，设想情绪反应活动与下列环路的活动有关：新皮质的活动集中到颞叶→海马回→海马→穹窿→下丘脑乳头体→丘脑前核→扣带回→海马（图11-3）。这一神经联系称为帕佩兹环路。帕佩兹认为，情绪由情绪动作、情绪思想和情绪感觉（feeling）3个部分所组成。感受器发出的冲动传至丘脑后分为3路：（1）由丘脑经内囊至纹状体经锥体外系，控制表情动作，这是情绪动作的通路；（2）由丘脑经内囊至新皮质（如额叶和枕叶视区），在这里产生情绪思想，这是情绪思想的通路；（3）由下丘脑乳头体至丘脑前核再到大脑内侧皮质扣带回、海马回，这是情绪感觉的通路。帕佩兹把边缘前脑看作产生情绪感觉的部分，并特别强调海马回和扣带回在情绪感觉中的重要作用。有一定的事实支持这种设想。例如，刺激扣带回前部，多数情况下动物出现“怒”“惧”的情绪反应；切除这一区域，动物变得驯良。临床观察表明，切除扣带回前部的病人失去恐惧情绪，在社交活动中变得冷淡。激动、忧虑、不安定和有攻击性的病人，切除了扣带回后，忧虑和恐惧情绪似乎消失了。刺激病人颞叶前部时，病人有恐惧的情绪体验。但是，近年来的研究表明，海马与情绪活动关系不大，它与记忆功能关系密切。边缘系统中的杏仁核与情绪活动关系密切，它对下丘脑的情绪反应起重要的调节作用。仅保留下丘脑的动物容易产生发怒的情绪行为，主要是由于下丘脑失去了杏仁核的调节作用。

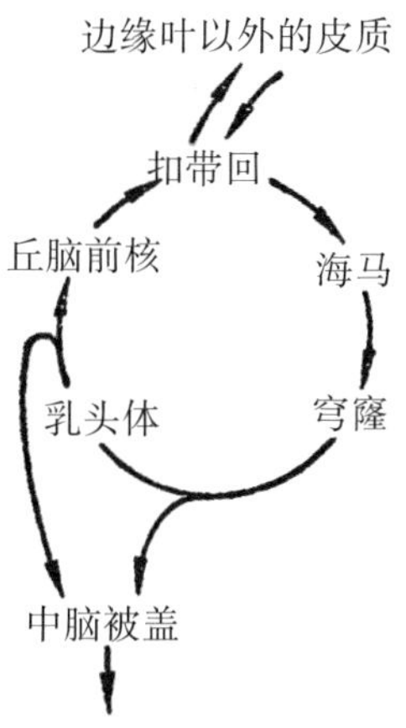

图 11-3　帕佩兹环路示意图

（三）麦克林的情绪学说

刺激边缘前脑的不同部位所引起的情绪反应是很复杂的，可以表现为愉快的反应，也可以表现为愤怒的反应；可以表现为血压升高或降低，呼吸加快或抑制，胃肠运动加强或减弱，瞳孔扩大或缩小；等等。那么边缘前脑的情绪功能有没有规律性呢？麦克林认为，边缘前脑活动的情绪反应虽很复杂，但可以分为两类：边缘前脑的一半与自我保存的情感和行为相联系。刺激这些脑组织可引起"自动吃食"，寻找食物，发怒或自卫行为，这些反应都与"情感的利己要求、斗争和自我保护"相联系。边缘前脑的另一半与种族保存的情感和行为相联系。刺激这些部位的脑组织，可以引起愉快反应和性欲表现，这种友善、两性和亲子关系的表现是与种族保存的情感相联系的。这就是麦克林关于情感的"自我保存"与"种族保存"的学说。目前有些实验支持这个学说。

四、大脑新皮质与情绪

大脑新皮质是指除去古皮质和旧皮质的大脑皮质之外的所有大脑皮质，它在脑皮质进化史上是最晚出现的。人的新皮质特别发达，形成大脑两半球的绝大部分。用电刺激动物的新皮质，除引起躯体运动等反应外，也能引起内脏活动的变化，产生呼吸及血管运动的变化，引起竖毛与出汗以及瞳孔的反应等。用电刺激人类新皮质也得到类似结果。这说明新皮质在情绪活动中的重要作用是不可忽视的。

那么，新皮质在情绪活动中究竟起怎样的作用呢？这里介绍巴甫洛夫的情绪学说和阿诺德的情绪学说。

(一)巴甫洛夫的情绪学说

巴甫洛夫十分强调人的大脑皮质在情绪中,特别在情感中的主导作用。他认为,虽然情感体验发生的前提是神经兴奋占据了皮质下中枢,并引起了机体活动的许多变化,但大脑皮质上发生的神经过程乃是情感出现的主要原因。巴甫洛夫学派关于情绪生理机制的理论要点,可概述如下:

1.人的情绪可以在条件反射的基础上产生

人最初发生的情绪是一种无条件反射。在个体的发展过程中,由于情绪反应作为无条件反应与无关刺激形成了暂时神经联系,这样,情绪便获得了条件反射的性质。原来与某种情绪无关的事物也能引起这种情绪反应。例如,恐惧的情绪不仅在有危险的事物出现时产生,而且,当人再度进入他早先遇到危险并体验到恐惧的情境时,也会发生。当人再度进入早先曾对他起过作用的情境时,由于已经形成的暂时联系的作用,他会立即体验到该事物早先使他产生过的那种情绪。既然人的情绪具有条件反射的性质,人还能在语词的基础上形成条件反射,人的情绪刺激物就远远超出了与人的生理需要直接有关的事物,从而使人的情感大大地丰富和复杂起来。

2.动力定型的建立和维持与情感体验有密切关系

巴甫洛夫把复杂情感的产生和大脑皮质的动力定型的建立和维持联系起来,他说:"两半球建立和维持动力定型的神经过程,构成通常所谓的情感,有积极的也有消极的,包括无数等级的强度。定型的建立过程,建立的完成过程,定型的维持和它的破坏,在主观上就构成我们各种积极和消极的情感。"(巴甫洛夫,1954)巴甫洛夫学派认为,皮质活动的正常进程,已经形成的高级神经活动定型受到破坏,一种神经过程转化成另一种过程时,是否遇到困难,就导致不同情感的出现。

3.人的情绪是可以调节和控制的

这是通过皮质的第二信号系统而实现的。通过第二信号系统,可以调节控制自己的情绪;通过第二信号系统,可以引起或阻止他人的情绪;通过第二信号系统,人才能认识到情绪反应和社会意义之间的关系;通过第二信号系统,人才能形成道德感、美感和理智感这样一些复杂的情感。

(二)阿诺德的情绪评估-兴奋学说

20世纪50年代,美国心理学家阿诺德(M.B.Arnod)提出情绪与人对事物的评估相联系的学说。他认为,外界事物的影响只有通过人对它的评估才产生某种情绪。当人把知觉对象评估为有益时，就产生接近的体验和生理变化的模式；当人把知觉对象评估为有害时，就产生退避的体验和生理变化的模式。在不同的情景下，知觉对象虽然相同，但人的情绪反应模式可能不同。例如，在森林里看见一只熊产生惧怕，而在动物园里看见一只关在笼子里的熊就不会引起惧怕。这是由于大脑皮质对情境的估量上的差别。因此，皮质兴奋是情绪行为的基础。

阿诺德的理论还把大脑皮质和皮质下的活动联系起来。他认为，情绪反应包括机体内部器官和骨骼肌的变化，对外周性变化的反馈是情绪意识的基础。但是，阿诺德的理论和詹姆斯-兰格学说是有区别的：詹姆斯、兰格认为情绪反应的序列是“情境→机体表现→情绪”，阿诺德则认为这个序列应当是：“情境→评估→情绪”。虽然两个理论都承认外周性的反馈对情绪反应的作用，但阿诺德特别强调了皮质对情境的评估作用，而对情境的评估是皮质的兴奋过程。因此，阿诺德的学说被称为“情绪评估-兴奋学说”。

综上所述，情绪和情感的神经机制是十分复杂的，它包括整个神经系统的活动，还包括感受器和效应器的活动；既包括皮质下中枢的活动，也包括皮质的活动，是皮质和皮质下中枢协同活动的结果。在情绪活动中，皮质下部位的神经过程处于重要地位，但大脑皮质仍起主导作用，它控制、调节皮质下中枢的活动。

第四节　心境、激情和应激

心境、激情和应激是3种基本的情绪状态。

一、心境

心境是具有渲染性的、比较微弱而又有持续作用的情绪状态。

俗语说，人逢喜事精神爽。这种被某人某事所引起的心情舒畅的情绪状态，按其强度来说并不强烈，但它并不在事过之后立即消失，往往会持续一段时间。在这段时间里，这种愉快、喜悦的心情影响着人的整个行为表现，仿佛一切事物都染上了快乐的色彩。相反，心境忧愁悲伤的人，在一定的时间里就表现为处处忧愁悲伤，仿佛一切事物都染上了忧伤的色彩。心境的显著特点是：不具有特定的对象性，即不针对任何特定的事物。它是一种带渲染性的一般情绪状态。

心境产生的原因是多种多样的。个人生活中的重大事件，事业的成败，工作的顺利与否，与周围人们相处的关系等都能引起某种心境。机体的状况，如健康程度、工作和疲劳以及休息和睡眠的情况，也会影响个人的心境。自然界的事物，如时令节候、环境景物等，也会影响一个人的心境。此外,对事物的回忆、无意间浮现的某种思想,有时也会引起与之相联系的心境的重现。

虽然心境的产生是有原因的,但人并不一定都能意识到。经常可以听到人们这样说:“不知道为啥这几天这么高兴”“不知道为啥这么烦闷”。同样的原因可以引起一个人的不同的心境,也可以引起各人的不同心境。

除了由当时情况而产生的暂时心境外,人还可能有各自独特的稳定心境。这种稳定心境以人的生活经验中占主导地位的情绪体验的性质为转移。例如,有的人朝气蓬勃,在他的生活中愉快的心境便占主导地位;有的人失望忧愁,在他的生活中忧伤的心境便占主导地位。稳定的心境往往与一个人的生活道路密切相关。

心境有积极和消极之分。积极的心境,使人振奋快乐、朝气蓬勃。具有愉快心境的人,哪怕遇到巨大的困难也不会丧气。消极的心境,使人颓丧悲观,同样的工作他会感到枯燥乏味。此外,愤怒的心境使人易于激怒,“迁怒”就是在这种心境中产生的;惧怕的心境使人疑神疑鬼,“草木皆兵”。这类消极的心境都不利于活动的顺利进行,不利于学习和工作。

人是有主观能动性的。克服自己的消极心境不仅是可能的,而且是必要的。因为消极的心境不仅对自己是不愉快的,而且对周围的人们也是不愉快的。正确评价自己的心境,克服消极的心境,最重要的是树立正确的理想和信念,培养坚强的意志;同时还要注意锻炼身体,保持精力旺盛、精神振奋。

二、激情

激情是短时间的、猛烈而暴发的情绪状态,例如暴怒、狂喜、绝望等。暴怒时,拍案大叫,暴跳如雷;狂喜时,捧腹大笑,手舞足蹈;绝望时,心灰意冷,头脑昏迷。这类情绪像狂风暴雨,突然侵袭,笼罩着整个人。处于激情状态时,人往往会改变原来的观点,做出的事情会使人难以预料;处于激情状态时,人的认识范围狭窄了,仅指向于与体验有关的事物。但激情持续的时间往往较短。

激情通常是由一个人生活中的重大事件,对立意向的冲突,过度的抑制或兴奋等所引起。在很大程度上它也反映着个体的机能状态。

激情的生理特征是皮质下神经中枢失去了大脑皮质的抑制和调节作用,皮质下神经中枢的活动占了优势。这时人很难掩盖内心强烈的愤怒感、绝望感、喜悦感以及极度的悲痛感。所以,激情总是伴有机体状态的剧烈变化和明显的表情动作,有时甚至发生痉挛。处于激情状态下的人,常常不能意识到自己在做什么,不能控制自己,不能预见行为的后果,不能评价自己的行为及其意义。

虽然,在激情发生的时候,人很难用意志进行调节,但是,人可以预先防止激情的发生,使自己的激情不达到突然暴发的程度。在激情暴发之前,有意识地控制自己或通过转移注意等方法(如在激情暴发前默默数数、张嘴、舌头在嘴里转它几十圈,强迫自己做一些同激情动作相反的动作等),在一定程度上能控制激情的暴发或削弱它的强度。控制消极激情最根本的办法是加强思想修养,培养文明的道德行为习惯。

激情,有积极的和消极的两种。凡能激发人积极向上,克服困难,战胜敌人的激情是积极的。这种激情通常与冷静的理智和坚强的意志相联系。凡对有机体有害的、不符合社会要求的激情是消极的。激情的意义是由它的社会价值决定的。

三、应激

应激是出乎意料的紧张情况所引起的情绪状态。

当人遇到困难,特别是遇到出乎意料的紧急情况时,就进入了应激状态,把各种潜力调动起来,以应付紧张的局面。例如,突然遇到困难时的行动,在危险情况下刹那间的反应,环境突然变化下的行为,都属于应激状态。

在应激状态下,人可能有两种表现。一种是使活动抑制或完全紊乱,甚至可能发生感知、记忆的错误。突如其来的刺激可能使人做出不完全适应的反应。另一种是,多数人在一般的应激状态下所表现的情绪状态,即使各种力量集中起来,使活动积极起来,以应付这种紧张的情况,这时,他们的思维特别清晰、明确。

近年来,神经内分泌的研究对应激状态的机制有了进一步的了解。当外界的特殊情况的刺激被中枢神经系统所接受后,加以整合,传送到脑底部的下丘脑,下丘脑分泌一种物质,叫促肾上腺激素释放因子,它刺激垂体分泌促肾上腺皮质激素。促肾上腺皮质激素能促进肾上腺皮质激素的合成与分泌。由于肾上腺皮质激素分泌的加强,就使机体的活动处于充分的动员状态。这时也引起一些心理过程(如感知觉、注意、记忆等)的变化,从而出现了应激状态。

在应激状态下,人的行为如何,主要取决于人的个性特征。例如,在意外的情况下,人会不会迅速判断情况做出决策,人的意志是否果断刚毅,以及有没有在类似情况下的行为经验等。

研究应激状态具有重要的实践意义。例如人在特殊环境(高温、高压、高山、深水等条件)中的工作可靠性问题、工作能力保持问题等,都与应激状态密切相关。

第五节　道德感、美感和理智感

由人的社会性需要是否获得满足而产生的情感，主要有道德感、美感和理智感。这些情感包含着人类所独有的社会意义，反映着人们的社会关系和社会生活状况，并且调节着人类的社会性行为。人的这些复杂的情感统称为情操。[①]

一、道德感

道德感是关于人的言论、行动、思想、意图是否符合人的道德需要而产生的情感。

人是社会的实体。人们在互相交往中掌握了社会上的道德标准，并转化为自己的道德需要。当别人或自己的言论、行为、思想、意图符合自己已掌握的道德标准时，就产生满意、愉快、赞赏、钦佩等肯定的情感；当别人或自己的言论、行为、思想、意图不符合自己已掌握的道德标准时，就产生不满、讨厌、蔑视、羞耻等否定的情感。这种对自己或他人的言论、行为、思想、意图是否符合自己的道德需要而产生的情感体验就是道德感。

在不同的历史时代、不同的社会制度、不同的阶级中，道德标准是不同的。所以，道德感总是受社会生活条件的制约、受阶级的制约。

无产阶级是人类历史上最伟大的革命阶级。无产阶级所肩负的伟大历史使命是解放全人类，建立一个没有压迫、没有剥削的共产主义新世界。在把我们伟大祖国建设成为现代化的社会主义强国的新的历史时期，我们必须努力培养和发扬社会主义道德感。社会主义道德感主要包括下列内容。

（一）爱国主义情感

列宁说："爱国主义就是千百年来巩固起来的对自己的祖国的一种最深厚的感情。"（列宁，1956）爱国主义情感包括对祖国的大自然的热爱；对祖国的勤劳勇敢的人民的热爱，对祖国悠久的历史、灿烂的文化、光荣的革命传统和光辉的前程的自豪感，看到祖国有所成就的喜悦感，以及作为本民族的一员的尊严感。爱国主义情感还包括对创建社会主义祖国的中国共产党的热爱和信赖。同对祖国的热爱相联系的是，对侵犯祖国的敌人、出卖祖国的叛徒的仇恨和鄙视也属于爱国主义情感。

（二）国际主义情感

无产阶级的国际主义情感包括对被压迫人民、被压迫民族为争取自身解放而进行的

①在外国心理学中，情操包括道德感、美感、理智感和宗教感。

斗争的同情和支持;对霸权主义侵略、颠覆、干涉、控制和欺侮别的国家的罪恶行径的仇恨和愤怒等。

(三)集体主义情感

这种情感包括对个人所属的集体的关怀和爱护,对为集体做出贡献以及集体有所成就而感到喜悦和自豪。共产主义事业是亿万人民的共同事业,同志之间互相关心、互相爱护的友谊感也属于集体主义情感。

(四)责任感

责任感也叫义务感。这是个人对国家或对集体所肩负的责任所产生的情感。尽到了自己所承担的责任,就会产生满意、喜悦、自豪等情感;没有尽到自己所承担的责任,就会产生不满意、惭愧、内疚、羞耻等情感。

道德感是建立丰功伟绩,做出英雄行为的动力。对越自卫反击战的英雄们都是深深地热爱祖国,怀着高尚的爱国主义情感,忘我地去战斗,为祖国而献身的。董存瑞式的英雄梁英瑞在日记中写道:“没有树,那有果;没有国,那有家;没有党就没有我。”孤胆英雄岩龙说:“只要祖国需要,我愿献出自己的生命!”[①]强烈的爱国主义情感使他们自觉地实现了“把青春献给祖国,献给人民”的誓言,为祖国和人民建立了不朽的功勋。

二、美感

美感是事物是否符合个人的美的需要而产生的情感。

大自然的景物,社会上某些和谐现象、艺术作品都能使人产生美感。不仅美好的东西使人产生美感,精神上美好的东西也能使人产生美感。例如,我们赞美那些识大体、顾大局,吃苦在先,享受在后,先人后己的优秀人物;赞美那些把死的危险留给自己,把生的希望留给别人的高尚的人。在这里,美感和道德感又是密切结合在一起的。

美感的成分非常复杂,但从内心体验来看,它具有两个明显的特点。

(一)美感是一种愉悦的体验

大自然的美景使人心旷神怡,高尚的行为使人在震惊中享受美的愉悦,喜剧艺术使人在笑声中享受美的欢乐,悲剧艺术使人在悲哀、痛苦,以至流泪的同时享受着美的愉悦。

①《中国青年报》1979年6月12日社论:《学英雄思想,走英雄道路,创英雄业绩》。

（二）美感是一种倾向性的体验

车尔尼雪夫斯基（Н.Г.Чернышевский，1828—1889）说："美的事物在人心中所唤起的感觉，是类似我们当着亲爱的人面前时洋溢于我们心中的欢喜。"（车尔尼雪夫斯基，1957）美感的这种欢喜，表现为人对于美好事物的肯定，促使人一而再，再而三地去欣赏它，对它感到迷恋。而对丑的事物则产生强烈的反感。

美感与道德感一样，是受社会生活条件制约的。在不同的社会历史发展阶段，不同的社会制度、不同的风俗习惯及不同的阶级中，人的审美标准、美的需要是不同的，因而对各种事物的美的体验也不同。

美感的培养在共产主义道德教育中占有重要的地位，因为培养儿童对祖国的热爱首先是以爱自然、爱家乡开始的。美感的发展在人的个性的全面发展中起着重要的作用，在人的主观世界的丰富和发展中也起着重要的作用。

三、理智感

理智感是在认识客观事物的过程中所产生的情感体验。它与人的求知欲、认识兴趣、解决问题的需要等的满足与否相联系的。

人在认识过程中有新的发现时，会产生愉快或喜悦的情感；在突然遇到与某种规律相矛盾的事实时，会产生疑惑或惊讶的情感；在不能做出判断、犹豫不决时，会产生疑虑的情感；在下了判断而又感到论据不充分时，会产生不安的情感。上述这些情感都属于理智感。

理智感是在认识过程中产生和发展起来的，它又反过来推动着人的认识的进一步深入，成为认识世界和改造世界的一种动力。当一个人的科学活动与深刻的理智感相联系时，往往会在科学上做出应有的成就。因为热爱真理，厌弃偏见和迷信，乃是科学研究取得成功的重要条件之一。因此，在向四个现代化进军的新长征中，努力培养年轻一代的理智感具有重要的意义。

本章相关文献

曹日昌.（1979）.普通心理学 下册.北京：人民教育出版社.

朱鹤年，陈宜张.（1963）.大脑边缘系统的功能.生理科学进展，第5卷（第1期）：36-57.

B.B.波果斯洛夫斯基.（1979）.普通心理学.魏庆安，等译.北京：人民教育出版社.

克雷奇，等.（1980）.心理学纲要.周先庚，等译.北京：文化教育出版社.

斯米尔诺夫.(1957).心理学.朱智贤,等译.北京:人民教育出版社.

T.C.鲁,J.F.傅尔顿.(1974).医学生理学和生物物理学 上册.医学生理学和生物物理学翻译组,译.北京:科学出版社.

A.H.Buss.(1978).Psychology:Behavior in Perspective.John Wiley & Sons Canada,Limited.

S. A. Mednick, J. Higgins, &J. Kirschenbaum. (1975). Psychologyy: Explorations in behavior and experience..John Wiley & Sons.

第十二章　意　志

本章主要问题：

1. 人的意志是自由的吗？
2. 意志与认识、情绪的关系怎样？
3. 意志行动有哪些主要特点？
4. 意志过程经历哪些主要阶段？
5. 意志和个性的关系怎样？

第一节　概　述

一、意志的定义

意志是人为了达到一定目的，自觉地组织自己的行动，并与克服困难相联系的心理过程。

人在认识客观事物并感到有一定需要的时候，就会组织自己的行动去改变客观现实，以满足自己的需要。意志过程首先总是在人的有组织的行动中表现出来的。

人的有组织行动与动物的行为不同。虽然，动物在适应环境的过程中也作用于周围环境，但它对环境的作用与人对环境的作用，其性质是不同的。恩格斯说："如果说动物不断地影响它周围的环境，那么，这是无意地发生的，而且对于动物本身来说是偶然的事情。但是人离开动物愈远，他们对自然界的作用就愈带有经过思考的、有计划的、向着一定的和事先知道的目标前进的特征。"（恩格斯，1971）他进一步指出："一切动物的一切有计划的行动，都不能在自然界上打下它们的意志的印记。这一点只有人才能做到。"（恩格斯，1971）意志活动表现在：人为了满足自己的需要，预先确定一定的目的，有计划地组织自己的行动来达到这一目的。也就是说，意志活动是人有意识、有目的、有计划地改造客观现实时的心理活动。

但是，并不是所有具有自觉目的性的行动都具有内心意志努力的性质。例如，平时我们拿几块饼干充饥。这行动是有意识、有目的的，同时也可以说是有计划地变革客观现实的，即一口一口地变革了饼干。这种行动显然是轻而易举的，谈不上内心的意志努力。但是，上甘岭战役中，我们的战士几天几夜喝不上水，吃几块饼干充饥，就会遇到相当大的困难——严重缺水，口干舌燥难以下咽，这就需要做巨大的意志努力。所以，意志活动必然是与克服困难联系在一起的。这种与克服困难相联系的，确立行动目的并组织自己的行动实现这一预定目的的心理过程，就是意志。

二、人的意志是不是自由的

人的意志是不是自由的？在这个问题上，心理学史中有过两种极端的见解。行为主义者华生否认人的意识，否认意志自由，认为人的行为完全是由外界刺激所决定的。唯意志论者叔本华（A.Schopenhauer，1788—1860）和尼采（F.Nietzsche，1844—1900）认为人的意志、行动是不受任何东西约束的，可以绝对自由，为所欲为。前者是极端的机械论，后者是极端的唯心论。这两种见解都是错误的。

和这两种见解相反，辩证唯物主义认为人的意志是自由的，但又是不自由的。说它是自由的，因为在一定的条件下，人可以根据自己的意愿自主地选择目的，发动或制止某种行动，按某种方式、方法行事；说它是不自由的，因为人的一切愿望、一切行动都必须符合客观规律，否则，将一无所成。正如恩格斯所说："自由不在于幻想中摆脱自然规律而独立，而在于认识这些规律，从而能够有计划地使自然规律为一定的目的服务。……因此，意志自由只是借助于对事物的认识来作出决定的那种能力。"（马克思，恩格斯，1972）

意志自由是有条件的、历史的。恩格斯说："最初的、从动物界分离出来的人，在一切本质方面是和动物本身一样不自由的；但是文化上的每一个进步，都是迈向自由的一步。"（马克思，恩格斯，1972）从开始懂得使用火和石头工具那一天起，人类就向自由迈进了第一步。随着对客观规律的认识越多，越能运用客观规律，人类的意志也就越自由。但是，在阶级社会里，人还受着社会和自然界的两重压迫，仍然很不自由，只有到了社会主义、共产主义时代，人掌握了更多的社会发展的规律和自然界的规律，才有可能获得更大的自由。

一个人掌握的自然科学和社会科学的知识越多、越善于运用客观规律，他对世界的改造也就越主动、越自由。而这种能力的获得又依赖于人的主观努力，即需要勤奋地学习、勇敢地探索，不断地实践。

三、意志和认识的关系

意志与认识过程有着密切的联系。

首先，意志的产生以认识过程为前提。意志的特征之一是具有自觉目的性。人的任何目的都不是凭空产生的，它是人的认识活动的结果。因为目的虽然是主观的东西，但它来源于客观世界。不仅行动的目的是认识的结果，而且目的的提出也有赖于认识过程。因为人只有认识了客观世界的规律，认识了自身的需要和客观规律之间的关系，才能提出和确定切合实际的目的。再者，实现目的必须有一定的方式和方法以及有关步骤，这些也只有通过认识活动才能形成。人的认识愈丰富、愈深入，选择的方式和方法也就愈合理。在意志行动的过程中，人为了确定目的，为了选择方法和步骤，通常要审度客观的形势，分析现实的条件，回顾过去的经验，设想将来的结果，拟定种种方案，编制行动计划，并对这一切进行反复的权衡和斟酌，这都必须通过感知、记忆、思维、想象等认识过程才能实现。可见，意志是以认识过程为基础的，离开了认识过程，意志便不可能产生。

其次，意志对认识过程也有很大的影响。人在进行各种认识活动时，总会遇到一定的困难。要克服这些困难，就需要做出意志努力。例如，观察的组织，随意注意的维持，追忆的进行，解决问题时思维活动的展开以及创造性想象的进行等，都需要意志努力。我们的认识活动总是在实践活动中进行的，而变革现实的实践活动也是受意志过程支配的。因此，没有意志努力，就不可能有认识过程，更不可能有深入、持久的认识过程。

四、意志和情绪的关系

意志和情绪过程也有密切的联系。

情绪既可以成为意志的动力，也可以成为意志的阻力。当某种情绪和情感对人的活动起推动或支持作用时，这种情绪和情感就会成为意志的动力。例如，在四个现代化的建设中，巨大的爱国热情和主人翁责任感激励着人们英勇地战斗、辛勤地劳动、刻苦地学习。当某种情绪和情感对人的活动起阻碍或削弱作用时，这种情绪和情感就会成为意志的阻力。例如，对所要达到的目标抱漠然的态度、害怕困难的情绪、不切实际的骄傲情绪以及高度的焦虑状态等，都会妨碍意志行动的贯彻，动摇甚至削弱人的意志。消极的情绪对意志行动的干扰作用，取决于一个人的意志力的水平：意志坚强者可以克服这些消极情绪的干扰，把意志行动贯彻到底；意志薄弱者则可能被这些消极情绪所压倒，使行动半途而废。

由此可见，意志也可以控制情绪，使情绪服从于理智。在日常生活中不利于工作、不利于学习的消极情绪，意志坚强者能用意志力加以控制，使自己的行动服从于理智的要求。例如，意志坚强者能够控制失败时的痛苦和愤怒，也能够控制胜利时的狂热。

总之，认识、情绪和意志是密切联系着的，是人对客观现实反映的不同方面。意志过程包含着认识和情感的成分，认识和情感过程也包含着意志的成分，只是由于研究上的需要，我们才对统一的心理活动，从不同的侧面进行分析。当我们从认识、情绪、意志等方面对统一的心理活动进行分析时，切莫忘记了它们彼此之间的密切联系。

五、意志和个性的关系

意志和个性的关系十分密切。理想、信念和世界观的不同，人们的意志品质也不同。意志和兴趣、爱好也有密切的关系。意志品质方面的差异，最能表明一个人的精神面貌。

在我们的社会里，一个真正树立了无产阶级世界观的人，一个真正具有共产主义理想和信念的人必然是意志坚强者。因为他没有任何私心，无所畏惧，具有革命坚定性和革命气节。而资产阶级思想严重的人、个人主义患得患失者，不可能成为意志坚强者。

兴趣、爱好和意志有密切的关系。对某种活动或事业有了浓厚的兴趣和爱好，就会集中精力，千方百计地克服前进道路上的困难和障碍，达到预定的目的。相反，如果对某种活动或事业不爱好，不乐意去做，即使勉强做了，也会将其视为负担，遇到挫折便会动摇退缩，使活动半途而废。但是如果一个人意志坚强，即使对某项活动没有兴趣和爱好，他也会以坚强的毅力去克服各种困难，完成任务。同时，在克服困难，完成任务的过程中，兴趣与爱好可能逐渐培养起来。可见，意志同个性倾向性的关系是十分密切的，它受个性倾向性的制约。

意志品质上的不同，也最能表明人们的个性差异。自觉性是指人对自己的行动目的正确性和重要性有充分的认识，特别是明确地意识到行动效果的社会意义。在自觉性方面，有的人意志坚强，具有高度的革命自觉性；有的人易受暗示，缺乏行动的自觉性；还有的人过分自信，独断专行，也缺乏行动的自觉性。果断性是指善于明辨是非，适时地采取决定并执行决定。在果断性方面，有的人勇敢、果断；有的人怯懦、优柔寡断。坚持性是指不怕困难、不怕挫折，在执行决定时能坚持到底。在坚持性方面，有的人锲而不舍，有坚忍的毅力；有的人见异思迁，做事缺乏毅力。自制力是指为了达到目的，自觉地控制自己的言行、思想和情绪。有的人有高度的纪律性和自制力，有的人缺乏纪律性和自制力。人们在意志类型上的差异，在很大程度上是由他们的理想、信念和世界观所决定的。

必须注意，意志品质都有它的具体内容，对它们的评价不能脱离社会发展阶段的基础。从形式上看，自觉性、果断性、勇敢、毅力等意志品质在社会发展的不同阶段的人们身上都有过。但是，其具体内容是很不同的。例如，自觉性，奴隶主阶级和奴隶阶级、地主阶级和农民阶级、资产阶级和工人阶级，他们对行动目的的正确性和重要性以及行动效果的社会意义的认识和评价就截然不同。虽然这方面的研究内容是属于伦理学的研究对象，但心理学在研究意志过程时也必须联系起来加以考虑。在我们看来，凡是符合事物发展规律和共产主义道德标准的意志品质，都是良好的意志品质。

第二节　意志行动

一、意志行动的基本特征

（一）意志行动是自觉地确定目的的行动

意志总是在有目的的行动中表现出来，这个目的是自觉的、有意识的。但是，人的所有行动并不都是自觉的、有意识的。人的行动可以区分为随意行动和不随意行动。不随意行动是一种没有意识、没有目的的行动。本能行为是不随意行动的低级形式。除了本能行为外，还有其他一些没有意识、没有目的的不随意行动。例如，偶尔疏忽，走路跌了一跤，打破了一件东西，在多数的情况下这是不随意的行动。习惯性的动作，如有人坐下来看书，脚就抖动起来；有的人习惯地做固定的手势、摇头晃脑等，也是不随意的。冲动行动也是不随意的。冲动行动是一种没有经过考虑的行动，对于行动的目的没有明确的意识，因而没有自觉地加以控制。冲动行动通常是在激情暴发时发生，为激情所驱使。例如，有的人听到别人的一点批评，人家尚未把话说完，就横眉怒眼，大吵大闹起来。控制这类不随意行动，需要内心的意志努力；但是它们的自然表露却没有意志的参与，因而不属于意志行动。

随意行动是自觉的、有目的的行动。书写、打球、弹琴、钉钉子、开收音机等都是各种不同形式的随意行动。自觉的、有目的的行动是意志行动的基础，意志行动就表现在随意行动中。人在意志行动之前，总要经过思维活动，形成一定的行动方案，确立行动的目的以及达到这种目的的方式、方法和步骤。这种事先在头脑中形成的行动方案，就成为人进行实际行动的调节者，使实际的行动和预期的目的相符合。

（二）意志行动总是与克服困难相联系的

意志行动必然是随意行动，但是，随意行动并不等于意志行动。意志行动除了具有随意行动的一切重要特征外，它一定是与克服困难相联系的。某一随意行动是否属于意志行动，就看它是否与克服困难相联系。例如，教师在黑板上板书的行动是随意行动，但不一定都是意志行动。因为教师在黑板上写几个字有时是轻而易举的、不费什么劲的。如果教师在生病时或要克服其他困难时，仍坚持上课，板书的动作就是意志行动了。因此，意志行动比随意行动具有更为复杂的心理成分，是更为高级的行动。

意志行动所要克服的困难有两种：内部困难和外部困难。内部困难是指人在行动时有相反的要求和愿望的干扰。例如，对于实现目的的决心不大、信心不足等。外部困难是指外在条件的障碍,如缺乏必要的工具、资料等物质条件,或来自他人的讥讽、打击等精神压力。只有克服了这些困难,意志行动才能贯彻到底,实现预定的目的。因此,克服各种困难,是意志行动的最主要特征之一。

二、意志对行动的调节作用

意志对行动的调节作用表现在两个方面:一是激励,二是克制。前者表现为推动人们为达到预定的目的而行动。例如,为了学好外语,意志推动着人去听外语广播、背单词、寻找资料、从事翻译等。后者则表现为制止与预定的目的相矛盾的行动。例如,为了学好外语,意志促进人克制一些不良的生活习惯(如喜欢睡懒觉)或放弃某些妨碍他学习的活动(如下棋、打牌等)。因此,意志对行动进行调节的这两个方面,在人的实际活动中是互相联系的。为达到预定的目的而采取的行动愈有力,就愈能克制与预定的目的相矛盾的行动;反之,愈能克制与预定的目的相矛盾的行动,为达到预定的目的而采取的行动就愈有力。正是通过这种激励和克制的作用,意志实现着对人的活动的支配和调节。

意志对行动的激励和克制作用的力量源泉是对目的的明确认识和深切体验。一个人只有当他对于自己的行动具有明确的崇高的目的并深切地体验到实现这一目的的重大责任时,他才会以"不达目的誓不休"的劲头去实现预定的目的,并以坚强的毅力去克制与预定的目的相违背的行动。

在马努依连柯的一项实验中,单纯地要求学前儿童保持一定的姿势站立不动,儿童很难控制自己,过不了一会儿就动起来了。如果安排一个实验情景,让儿童扮演游戏中的角色(如哨兵站岗),要求他长时间地保持不动的站立姿势,这时儿童保持站立的时间比前者要长3~4倍。明确的目的对儿童坚持活动,克制无关动作具有明显的作用。

在费约的一项实验中,要求3组被试(大学生)用右手食指拉起测力计上悬挂的重达3.4公斤的砝码。对第一组被试不说明任何理由;对第二组,要求他们表现自己的最高能力;对第三组,告诉他们此项活动同电力输送到工厂、住宅的效果直接有关。结果如表12-1所示,3种不同的目的所激起的行动的力量是不同的,其中社会性的目的激起了最大的行动力量。

表12-1 不同目的下所完成工作的平均指标

所完成的工作		
无特定目的	为了表现自己的最高能力	为了完成社会的重大任务
100	150	200

第三节　意志过程

意志行动是一个过程,有其发生、发展和完成的历程。这一过程可以分为两个阶段:采取决定阶段和执行决定阶段。前者是意志行动的开始阶段,它决定意志行动的方向,是意志行动的动因;后者是意志行动的完成阶段,它使内心世界的目的、计划付诸实施,从而达到对客观世界的改造。

一、采取决定阶段

采取决定也是一个过程,一般要经历确定目的、拟定计划、动机斗争等环节。

(一)确定目的

目的是人的行动所期望的结果。有时行动的目的只有一个,无选择之余地,确定目的时无须意志努力。在通常的情况下,有好几个目的可供选择,确定目的就需要做意志努力。在后一种情况下,人必须根据每个目的的意义、价值以及达到这些目的的各种主客观条件进行权衡,做出选择。如果每一种目的都有诱人之处,都有某种必要性和可能性,人就会发生心理上的冲突,引起内部困难,难以下决心做出抉择。当每个行动目的的诱人程度都很强烈、都很接近时,人内心的冲突就很尖锐,更难下决心做出抉择。有时目的本身并不相互抵触,但不能同时实现,人就要进行比较,权衡其轻重缓急,下决心做出先后的安排。意志力也就表现在排除困难,决心选中目的的过程中。

(二)拟订计划

目的确定之后,进一步就要选择达到目的的行动方式和方法,拟订行动计划。行动方式、方法的选择,在各种情况下是不同的。有时只要一提出目的,行动的方式、方法便可以确定,这无须意志努力。在通常的情况下,达到同一目的的方式、方法不止一种,因而在制订计划时就需要进行选择。在选择之前要了解、比较各种方式、方法的优点和缺点及可能导致的结果。如果对情况了解不够或知识经验不足,就不能很快做出决定,这时内心犹豫不决;时而想采取这种方式、方法,时而想采取那种方式、方法,难以下决心拟订行动计划。要下决心拟订出符合实际、切实可行的行动计划,并且对这个计划具有信心,也都需要做一定的意志努力。

(三)动机斗争

目的的确定、计划的拟订不仅与人的认识活动有关,而且更重要的是与动机有关。在确定目的、拟订计划的过程中都可能产生动机斗争。确定目的时,人难以下决心,在几个不同目的之间犹豫不决往往是由于内心动机斗争之故。他之所以采取此项目的而放弃彼项目的,有时并不是对实现彼项目的的必要性和可能性缺乏认识,而是由于与此项目的相联系的动机战胜了与彼项目的相联系的动机。例如,一个大学毕业生在填写分配志愿时,是到祖国最需要最艰苦的地方去呢,还是留在大城市呢?尽管他明明知道"中华儿女志在四方""祖国最需要最艰苦的地方最能锻炼青年人",但是,如果他为安逸生活的个人动机所支配,就不愿到祖国最需要的地方去,而要求留在大城市。

拟订计划时也会产生动机斗争。有的方式、方法对达到目的是容易的,但不符合道德标准,有损于他人的利益;有的方式、方法对达到目的是困难的,需要花很大的精力,但符合道德标准。这时,一个人也可能产生动机斗争:当高尚的道德动机战胜个人的自私自利的动机时,他宁肯选择后者而放弃前者;当个人自私自利的动机占上风时,他可能选择前者而不愿选择后者。

动机斗争在不同的情况下具有不同的性质:有非原则性的动机斗争,也有原则性的动机斗争。如,在周末的晚上是去看电影呢,还是看球赛呢,或是看小说呢?就属于个人兴趣爱好方面的非原则性的动机斗争。这类动机斗争不那么激烈,持续时间也不长,通常是以较强的动机战胜较弱的动机而告终。动机斗争也可能是原则性的,例如,周末既有电影又有集体的义务劳动,看电影是渴望已久的,劳动又是集体所要求的,是放弃电影承担自己的义务呢,还是不顾集体的要求而去看电影呢?又如,有些失足青年在进行第一次犯罪活动时,是克制自己的畸形欲望做一个有道德的人呢,还是满足自己的欲望去干不道德的、损人利己的事呢?这类动机斗争涉及社会道德标准,往往会引起激烈的内心冲突。

意志坚强的人,对于原则性的动机斗争总是深刻地权衡各种动机,毫不犹豫地、坚定不移地使自己的行动服从于社会道德标准、服从于集体的和国家的需要;而对非原则性的动机斗争也总是根据当时需要的程度而毅然做出决定。意志薄弱的人,无论对于何种动机,往往犹豫不决、摇摆不定;对于原则性的动机斗争则不能使自己的行动服从于集体的或国家的需要,或在做出决定后,常常改变主意。

经过动机斗争,确定目的,拟订计划,人最后就做出了决定。在做出决定时,通常会用一个短句来表达,如"好,就这样决定""我决心这样做"等。

二、执行决定阶段

在做出决定之后，便过渡到执行决定阶段，进入实际行动。执行决定是意志行动的最重要环节。因为即使在做出决定时有决心、有信心，如果不见之于行动，这种决心和信心依然是空的，意志行动也就不能完成。

从做出决定过渡到执行决定，在时间上往往因具体情况的不同而有所不同。有时在做出决定之后就立即过渡到执行决定阶段，这通常在下列情况下发生：行动的目的和实现行动的方式、方法比较明确具体，完成行动的主客观条件多少已经具备，而行动又要求不失时机地去完成。例如，在战斗中，做出军事行动的决定，就必须立即执行。有时，决定是比较长期的任务或是未来行动的纲领。这样的决定并不立即付诸行动，而仅是将来行动的企图。例如，我们准备在暑假内完成一篇论文，目的、计划都明确了，决心也下了，但并不立刻行动，因为条件还不完全具备，只是一种打算。

在执行决定的过程中，已经确立起来的决心和信心也可能发生动摇。这通常发生在下列情况下：(1)执行决定时会遇到各种困难、要付出巨大的劳动，它可能与人原先形成的消极的个性品质，如懒惰、骄傲、保守、坏习惯等或与原有的兴趣、爱好发生矛盾，从而使决心和信心发生动摇。(2)有时在做出决定时相互斗争的动机仍保持其力量。虽然选择了此项目，然而其他目的仍有吸引力，只是暂时受到压抑。在执行决定的过程中，暂时受到压抑的动机又可能重新抬头，从而产生新的动机斗争。(3)在执行决定的过程中，还可能产生新的动机、新的目的和新的方法，它们也会同预定的目的发生矛盾，令人踌躇，干扰行动的进程。(4)有时在做出决定时没有充分考虑到各种主客观条件，没有预见到事物的发展变化，在执行决定时遇到新情况，出现新问题，而人又缺乏应付新情况、解决新问题的知识和技能，也可能使人犹豫不决。这些矛盾都是妨碍意志行动贯彻到底的困难，只有克服了这些困难才能将意志行动贯彻到底。

意志行动中困难的克服，取决于一系列的条件。其主要的条件是：

第一，崇高的理想、坚定的信念和正确的世界观是有效地克服困难的基本条件。理想、信念和世界观也是人生活的准则。当人具有清晰而正确的生活准则，并坚信这些准则的正确性时，才能坚定地同困难做斗争。这一点在革命英雄人物身上表现得特别明显。

第二，行动目的的性质对于困难的克服有着重要的意义。具体的意志行动所提出的目的（如提出的科研项目、技术革新项目）愈重大、愈具有社会意义，就愈能动员人的力量去克服遇到的困难，当然，这个目的应当符合客观规律。就培养学生的意志力来说，提出的目的应该明确而适当。如果目的超越了现实的可能性，难以达到，造成半途而废，就不利于学生意志力的培养和锻炼；如果目的过于容易，也不利于培养学生同困难做斗争的毅力。

第三,意志行动中困难的克服也取决于对能否实现目的所带来的后果的认识和情感体验。对于实现目的所带来的美好结果的深刻认识和强烈向往以及对于不能实现目的所招致的严重后果的深刻认识和真切想象,都会激励人去克服困难,产生不达目的誓不休的毅力。

第四,必要的知识技能,以及对主客观条件的正确分析,找到有效的克服困难的方式、方法,也是战胜困难的必要条件。

毅力,是做事情能够克服困难并坚持到底的意志品质。在执行决定的过程中特别需要有毅力。有了坚强的毅力才能抵抗不符合行动目的的主客观诱因的干扰,百折不挠地克服困难,以实现预定的目的。

在执行决定的过程中也需要果断。因为事物是发展变化的,认识能力也是发展变化的,当预定的目的和计划不符合事物的发展规律或人民的利益时,意志坚强者会当机立断地改变行动目的,修改行动计划,以顽强的精神向新的目标进取。而意志薄弱者则往往顽固、蛮干、一意孤行,其结果或者达不到目的,或者危害人民的事业。

当意志行动达到预定目的时,又会增强克服困难的毅力,提高克服困难的勇气。优良的意志品质,也正是在克服困难的实际斗争中锻炼和培养起来的。

本章相关文献

曹日昌.(1979).普通心理学 下册.北京:人民教育出版社.

B.B.波果斯洛夫斯基.(1979).普通心理学.魏庆安,等译.北京:人民教育出版社.

柯尼洛夫,等.(1952).高等心理学.何万福,等译.北京:商务印书馆.

斯米尔诺夫.(1957).心理学.朱智贤,等译.北京:人民教育出版社.

Zaporozhets,A.V.(1960).The development of voluntary movements.M: Publisher Academy of Pedagogical Sciences of the RSFSR.

第十三章　运动技能

本章主要问题：

1. 什么是技能？运动技能和智力技能有什么区别和联系？
2. 熟练和习惯是一回事吗？
3. 什么是非连续性技能？什么是连续性技能？
4. 运动技能的形成要经历哪些阶段？反馈在运动技能的形成中起什么作用？
5. 高效能的练习必须具备哪些条件？

第一节　概　述

一、技能的定义

技能是指运用某种知识经验完成一定的活动方式，它是通过练习而获得的。

技能这个概念，有狭义和广义之分。狭义的技能是指具有某种初步的知识能完成一定的活动方式，即经过一段时间的练习之后达到会做的水平。例如，具有笔画、笔顺、执笔、运笔的初步知识，刚刚学会写字的儿童，就可以说具有了写字的技能；懂得一点游泳知识，刚刚学会游泳的人，也可以说有了游泳的技能。这是初级性技能。广义的技能不仅包括初级性技能，还包括技巧，即活动方式的基本成分已达到自动化的水平。例如，写字的技能也包括书法家的书写技巧，游泳的技能也包括游泳健将的技巧。这是技巧性技能。初级性技能和技巧性技能不论在知识水平上，还是在练习和熟练的程度上都有质的区别。

无论是初级性技能还是技巧性技能都是对相应的知识经验的应用。在刚刚形成一种新的活动方式时，初学者或者思索着与新情境有某些相类似的过去经验，或者接受有经验者的指导，或者模仿他人成功的行动方式，力求加以实现。有了某种活动方式的知识经验，并不等于具有某种技能。要形成某种技能，必须运用相应的知识经验，经过多次的练习。由于按一定的方式进行多次的练习，这种活动方式就逐渐形成初级性技能，进而可以形成技巧性技能。

二、运动技能和智力技能

根据技能的性质和特点，可以把技能区分为运动技能和智力技能两种。

运动技能包括书写、跑步、体操、骑自行车、操纵生产工具等等，即在学习活动、体育活动和生产劳动中的各种具体操作。运动技能主要是借助骨骼肌和相应的神经过程而实现的。

智力活动就是感知、记忆、想象、思维等认识活动。智力技能是指借助内部言语在头脑中进行的认识活动的方式，其中主要是思维活动的操作方式，例如运算、作文时的思维活动的操作方式等。

运动技能和智力技能既有区别又有联系。它们的区别是：前者主要表现为外显的骨骼肌的操作活动；后者主要表现为内隐的思维操作活动。但它们又密切联系在一起。感知、记忆、想象、思维是动作技能的调节者和必要的组成成分；外部动作是智力技能的最初依据，也是智力活动的经常体现者。在完成比较复杂的活动时，人总是手脑并用的，既需要智力技能也需要动作技能。我们是根据某种活动的主导成分，来确定它是属于运动技能或是智力技能的。例如，笔算主要是头脑中的"心算"，然后用手加以记录，因而它属于智力技能；体操主要是骨骼肌的活动，但这种活动又要受人的心理活动的支配和调节，因而它属于运动技能。

三、熟练和习惯

熟练即技巧性技能，是技能的高级阶段。人对某种行动方式熟练了，就不必事先考虑如何去完成它，不必再把某种行动分解为各个局部动作来进行，也不必预先计划应如何完成每个动作。例如，一个能熟练写字的人，对一个字的笔画如何写、各个笔画之间如何安排是不太注意的；一个熟练的木工在刨木料时，并不考虑怎样拿刨子，怎样把刨子前后推动，怎样清除刨花；等等。从生理机制上看，由于反复的练习，大脑皮质经常接受一定顺序的刺激，因而就形成与这些刺激相适应的巩固的暂时联系系统，即动力定型。当始动刺激出现时，人就按一定的顺序引起一系列的自动化的反应。但是，不能认为熟练动作是没有意识参加的。因为熟练动作的自动化，只是在整个行动正确无误地进行时才有可能产生。一旦行动过程中遇到突发事件，或者动作的某一环节遇到障碍，人就会立即发现这种变化，并意识到行动的效果与预定的目的不相符合。这时他就会集中注意于行动过程本身，更加有意识地调整动作，排除障碍，力图完成行动中尚未完成的部分。这说明熟练动作也是在意识的调节下进行的。

习惯是完成某种自动化动作的需要。例如，一个人有饭前洗手的习惯，不论什么时候吃饭，就会自动地去洗手；一个人有午睡的习惯，不论什么地点，到了中午就很想睡觉；一个人有吸烟的习惯,他会不知不觉摸出香烟和打火机来。这种自动化动作的需要,叫作习惯。

习惯和熟练有相同之处:它们都是自动化的动作方式,根据巴甫洛夫学说,其生理机制也都是动力定型。但是,习惯毕竟不同于熟练。首先,习惯是实现某种行动的需要。习惯了的自动化行为已经变成了人的需要,如果这种需要得不到满足,就会引起不愉快的情绪;而熟练则是指实现某种行动的方式,它不一定与人的需要联系在一起。也就是说,习惯和熟练、技能所指的内容是不同的。其次,习惯可以在无意中,通过简单的重复而形成;而熟练则是按照一定的目的并以一定方式组织起来的练习而形成的。最后,习惯可能是有益的,也可能是有害的,即有好坏之分。劳动习惯、卫生习惯、文明行为习惯都是优良的习惯;不讲卫生,说话带“把子”等习惯,则是不良习惯。而熟练或者是有益的,或者是低水平的,无所谓好坏之分。

任何教育措施,既要对学生讲明道理,使其建立信念,又要使其形成相应的优良习惯,并且坚持纠正不良习惯。在“五讲四美”(讲文明、讲礼貌、讲秩序、讲卫生、讲道德;心灵美、语言美、行为美、环境美)的教育中,培养儿童的文明礼貌行为习惯具有重要的意义。

第二节　运动技能的特征和种类

一、运动技能的特征

有几种特征最能表明运动技能的本质,并且有助于我们对运动技能进行分类。这些特征有连续性、一致性和复杂性。

(一)连续性

连续性是指动作在空间和时间上的连贯。拉一副窗帘的拉线,这一动作在运动的方向和时间上都是连贯的,没有明显的变化;但是弹钢琴时,手指就必须不断地并以不规则的间歇,改变其运动的方位。

(二)一致性

一致性是指动作在空间和时间上的行为型式。空间的行为型式是指在完成某一技能的过程中,肢体通过空间的路线。电影上播放的慢镜头能够使我们更清楚地看到这条路线。同时,它也展示出时间的行为型式,即每个动作的精确计时。例如,仰泳、百米赛跑都是比较一致性的动作,因为这些运动的顺序和计时都是十分定型的并且是可以预见的;但是打乒乓球、打羽毛球的一致性就较低,因为每个击球的动作都是以独特的高度、角度和速度等进行的。

(三)复杂性

复杂性是指技能动作所包含的刺激量和反应数或完成运动技能时接收、加工和输出的信息量。例如,驾驶飞机就比驾驶汽车要复杂,因为有更多的仪表要注意,更多的操纵要控制。每一种运动技能都可以用上述特征来描述或分类。

二、运动技能的种类

通常把运动技能区分为非连续性技能和连续性技能两种。

(一)非连续性技能

非连续性技能是一种开始和结尾都清晰可辨的、在较短的时间内(少于5秒钟)完成的技能。例如,投掷铁饼、举重或移动一个棋子等。这类技能带有暴发性,一般在不到200毫秒的一刹那间发生这种快速动作。动作的反应时间在非连续性技能中有着重要的意义,因为反应时间的长短可以相对地反映出运动技能的熟练程度和动作的复杂程度。

动作的反应时间是指从刺激物出现到做出动作反应所需要的最短时间。它可分为简单反应时间和复杂反应时间。

1.简单反应时间

简单反应时间是对单一的刺激物做出确定反应所需要的最短时间。例如,感知铃声响就立即用手按电键所需要的最短时间。这种反应比较简单,只要感知到刺激物,不必过多地思虑,就立即做出反应。表13-1是人对各种刺激物的简单反应时间。从表13-1可见,作用于不同感觉器官的不同刺激物,其反应时间是不同的。听觉和触觉的反应时间最短,痛觉和味觉的反应时间较长。

表13-1 对不同刺激物(中等强度)的简单反应时间

感觉器官(刺激物的性质)	反应时间(平均值,单位毫秒)
触觉(接触)	90 ~ 220*
听觉(声音)	120 ~ 180*
视觉(光)	150 ~ 220*
嗅觉(气味)	310 ~ 390*
温度觉(温和冷)	280 ~ 600*
味觉 咸的	310
味觉 甜的	450
味觉 酸的	540
味觉 苦的	1080
前庭器官(旋转被试)	400
痛觉	130 ~ 890*

*由不同作者得到的最大和最小的平均值。

简单反应时间还受刺激物强度的影响。一般是,对强的刺激物的反应时间较短,对弱的刺激物反应时间较长。例如,对弱的声音的反应比对强的声音的反应要慢。当外界有复杂的刺激物影响时,反应时间的变化更大。例如,在一间没有干扰的安静的屋子里,对声音的反应要比在一间有嘈杂声音的屋子里快一些。简单反应时间的个别差异不大,一般正常人对某种感官的刺激物的反应速度都是差不多的。即使经过一定的训练,反应时间也不会缩短多少。复杂的反应时间则有相当大的个别差异。

2.复杂反应时间

复杂反应时间也叫选择性反应时间,是根据不同的刺激物,在各种可能性中,选择一种符合要求的反应所需要的最短时间。在实验中,常用几种不同颜色的信号灯,要求被试根据某一颜色的信号灯的闪亮,用某一手指进行反应(如,用食指对红灯光、用中指对绿灯光进行反应等等),或在许多按钮中选择某一按钮进行反应。选择性反应的中枢的活动比较复杂,需要进行一定的思维活动,做出选择,执行正确的反应动作。复杂反应时间较简单反应时间要长些。反应选择的可能性愈多,反应时间就愈长。实验表明,在有2种选择时,反应时间比简单反应时间约长0.02~0.20秒;在有4种选择时,反应时间已超过简单反应的1倍;在有8种选择时,反应时间超过简单反应3倍。

影响复杂反应时间的另一个重要因素是课题的和谐性。这是一个反应与反应信号之间是否直接相符合的标志。菲茨(Fitts)等人在实验中安排了3种和谐性的实验课题:①高度和谐性的课题:将信号灯排成一水平线,把每个信号灯的正确电键直接放在信号灯的下方;②中等水平和谐性的课题:将电键安置在信号灯的对面位置上;③低度和谐性的课题:胡乱地把电键安置在信号灯的下方。结果表明,在选择可能性相等的条件下,高度和谐性的课题,选择反应时间最短;中等水平和谐性的课题,选择反应时间较长;低度和谐性的课题,选择反应时间最长。

因此,要提高工作效率,装备设计必须考虑操作的和谐性。当你按顺时针方向转动收音机的调谐旋钮时,便知道电台指示器向右移动。这种常规设计就便于控制。而非常规的设计虽然通过练习能使反应时间缩短,但在紧张时仍会产生混乱。

同一个人的反应时间,也会受到自身的健康状况和情绪状态的影响。疾病、疲劳、情绪低落时要比正常状态时反应慢些。在缺氧时,反应时间会延长;精神紧张时,反应时间不一定延长,有时还会缩短,但反应的正确性却降低了。在紧张状态下,对于没有预料到的意外刺激,反应则非常迟缓。积极准备状态对于反应速度非常重要,如果对刺激物的出现事先有所预料,做好反应的准备,反应时间可以大为缩短,准确性也会提高。

(二)连续性技能

连续性技能是指那些包含一系列动作的技能。例如,打字、弹琴、游泳、跑步、唱歌等。这些技能的实现,在时间上有一个过程,并且明显地有一个层次结构。

技能的层次结构是指为实现某种活动目的而由各种不同形式、速度、强度的技能动作所组成的一种格式,它通过练习而形成。通过练习,连续性技能的层次结构也更加紧密,传递的信息量可以增加。如果一个打字员平均每秒按2个键,那么每秒传递的信息为10.98比特(比特为信息量的单位),而一个熟练的打字员传递的信息量每秒为15比特;一个熟练的钢琴家大约为每秒22比特。这些数值还可以随着对输入信息过程的编码策略的改变而提高。扩大信息量的最有效方法是将输入信息按组块加以编码,例如,在用英文打字时,把字母组成熟悉的单词或词组,然后储存在记忆中,连续性技能的实现就会更加熟练。我们可以看到,熟练的钢琴家提前看乐谱,将它编码并贮存在记忆里,以便在手指还落后几个琴键时把乐谱翻过一页。熟练的打字员总是先看稿子,甚至在他用手指正在打出已经编码的单词或词组的同时又将单词或词组进行编码。这样的技巧性技能是通过学习而逐步形成的。

第三节 运动技能的形成

一、运动技能形成的主要阶段

运动技能的形成,是通过练习从而逐步地掌握某种动作方式的过程。连续性技能的形成,一般要经历3个主要阶段。

(一)开始阶段

在学习一种新技能的初期,练习者通过别人的指导或观察别人完成这种技能来领会其基本要求。他也做一些初步尝试,把技能的组成动作构成一个整体并试图发现它们是如何构成的。但是,这时练习者的注意范围比较狭小,只能集中于个别动作上,而且不能控制动作的细节。这是因为练习者在生活中已经形成许多习惯动作,而这些习惯动作往往与当前学习的动作方式不相符合。这样,在形成新的动作方式之前,练习者总是集中注意于个别动作。由于练习者只注意个别动作,往往忽略了技能的其他方面的要求,因而动作常发生错误。这一阶段的主要特点是:领会技能的基本要求,掌握技能的局部动作,注意和记忆都很紧张,动作忙乱而不协调,出现多余的动作;练习者不能察觉自己动作的全部情况,难以发现错误和缺点。

（二）中间阶段

在练习过程中，练习者头脑中的技能计划更加确定。他逐步掌握了一系列局部动作，并开始将这些动作联系起来。但是各个动作还结合得不紧密。在从一个环节过渡到另一个环节，即转换动作的时候，常出现短暂的停顿现象。练习者的协同动作是交替进行的，即先集中注意做出一个动作反应，然后再注意做出另一个动作，反复地交替，进行着不同的动作。这种交替慢慢加快，技能结构的层次也不断增加，然后逐渐形成整体的协同动作。在这一阶段，练习者的注意和记忆的紧张度有所降低，但负担仍然很重。由于局部动作被综合成更大的单位，动作之间的相互矛盾和干扰减少，多余的动作趋于消除。练习者发现错误的能力也加强了。这一阶段的主要特点是：技能的局部动作被综合成更大的单位，最后逐步被综合成连续技能的整体，即过渡到技能形成的最后阶段。

（三）最后阶段

技能形成的最后阶段是，各个动作已联合成为一个有机的整体并且已巩固下来。各个动作相互协调，并且变得越来越自动化。这时，练习者的多余动作和紧张状态已经消除，意识的控制减少到最低的限度，并能根据情况的变化，迅速而准确地完成所需要的动作。一种技能一旦建立，如果再继续进行练习，在速度和技巧等方面还会不断提高。

技能形成过程中，各阶段的变化主要表现在以下3个方面。

从活动的层次结构来看，运动技能的形成表现为，许多局部的动作逐步联合成一个完整的动作系统，动作之间互相干扰的现象以及多余动作逐渐减少以至消失。人在开始学习某种技能时，都是把完整的动作分解成为各个环节或各个组成部分，先从这些局部动作开始练习。例如，学习装枪弹这一技能，初学者就把它分解成为下列一些局部动作：①向左扳枪栓，②向后拉枪栓，③压进子弹，④推回枪栓，⑤向右扳枪栓。每个动作都要经过事先考虑，彼此间是孤立的。经过练习，形成装枪弹的技能后，这些局部的孤立的动作便联合起来，组成一个完整的自动化的动作系统。在开始学习某种技能时，不仅各局部动作是彼此孤立的，而且这些局部动作还互相干扰，并且有许多多余的动作。例如，初学游泳时，不仅各个动作彼此孤立、肢体紧张，而且手、脚、头等的动作是互相干扰的。手脚不协调，动手忘了动腿，动腿又忘了动手；手足协调了，却又忘了抬头换气。经过练习，学会游泳技能后，肢体紧张消失，各局部动作联合成一个完整的自动化系统，局部动作间的干扰现象也消失了。

从活动的速度和品质来看，运动技能的形成表现在动作速度的加快和动作的准确、协调及灵活性上。在开始学习某种技能时，练习者的动作速度慢并且不准确、不灵活。例如初学弹钢琴时，练习者的眼睛要盯着手指、键盘，还要看着乐谱，动作顾此失彼，十分忙乱，经常出错。经过练习，学会弹钢琴的技能后，动作变得迅速、准确，协调且灵活。他可以一边弹琴一边与旁人谈话而不出差错。同时，他还能将这一技能灵活地运用于各种具体情况，去完成新情况下的活动任务。

从活动的调节水平来看，一般运动技能的形成表现为视觉控制的减弱和动觉控制的增强，从而达到平稳的、自动控制。在初学某种技能时，练习者往往借助视觉直接控制自己的动作。通过练习，不但动觉和视觉之间可以形成联系，而且动觉本身也建立了联系。这样，动觉的控制就会逐渐代替视觉的控制，甚至单靠动觉反馈和中枢控制，活动仍能顺利地进行。

总之，运动控制的形成是分阶段进行的，同时各阶段又是互相联系的。从开始领会动作意图、掌握局部动作，经过不断增加层次结构和协调的阶段，从而形成自动化的技能系统。在技能的形成过程中，反馈和练习起着十分重要的作用。

二、反馈

可以把运动技能的过程视为自动控制装置。运动技能的形成有赖于动作的反馈信息。在木板上钉钉子是简单的运动技能之一。钉锤每敲打一次后，视觉检查钉头是否与木板成一平面。这种检查的结果就是反馈。如果钉头还没有和木板成一平面，便继续敲打；如果钉头已经和木板成一平面，便停止敲打。这就像恒温调节系统那样。在恒温调节系统（图13-1）中，我们可以看出自动控制装置和运动技能的共同特点：（1）自动控制系统是一个闭合回路，即在控制部分和受控制部分之间存在着往、返的双向联系。人的运动技能虽然多种多样，但它们都是由神经中枢和效应动作所组成，其间存在着往、返的双向联系。（2）控制部分和受控部分一定有某种信息的传递，即控制部分有信息或“指令”到达受控部分，改变受控部分的状态；受控部分也不断有信息送回到控制部分，不断纠正和调整控制部分对受控部分的影响，从而达到精确的调节。在运动技能形成的过程中，神经中枢发出指令（神经冲动）到达运动器官，引起肌肉运动，做出动作反应；而这种动作效应又通过感觉器官不断地把反馈信息送回到神经中枢。神经中枢接到反馈信息后又发出指令，纠正或调整运动器官，从而使运动技能逐步准确起来。

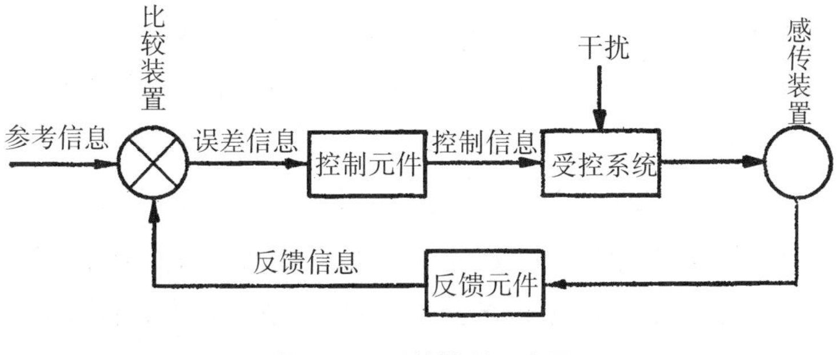

图13-1　反馈控制示意图

在人的运动技能中,反馈可以是内在的,也可以是外在的。内在的反馈是动作自然结果的感觉信息。例如在学打字时,你可以看见你的手指接触到字盘,感觉到手指的接触,还可以听到打字的声音;厨师在烹调时,看到锅里的油在沸腾,听到炸鱼的吱吱声,闻到鱼的香味,甚至还能通过感觉它的热度判断鱼炸熟了。内在的反馈可以通过所有的感觉——视觉、听觉、味觉、嗅觉、触觉、平衡觉以及本体感觉而传递。其中,本体感觉的反馈在运动技能的形成中起十分重要的作用。下面的小实验马上可以证明这一点:闭上你的双眼,双手向两侧伸直,然后双臂围拢使两个食指碰上。这种成功动作的控制就是借助本体感觉的反馈而实现的。

外在的反馈借助外部的介质,如通过观察者或机器发出的信号而得知动作活动的情况。当你在学蛙泳时,指导者可以告诉你,你的动作是否协调;当打字到达界限时,铃声就会通知你。外在的反馈也可以同时有几个来源,它通常是对内在的反馈进行补充。

没有反馈,运动技能便不能形成。尽管你可以指挥你的肌肉运动,然而不知道动作的准确性,技能也就无法形成。在一个实验中,让被试用食指练习写字,但是,遮住双眼、塞住双耳,消除了视觉和听觉反馈,把腕关节周围用护腕绷紧,消除了本体感觉的反馈。在这样的情况下,被试感觉不到手的运动;他虽然持续地练习着,但字仍写不好。学习的成功取决于感觉反馈的清晰度。研究表明,如果练习者的实际动作与预期动作之间的差异得到清晰的反馈,技能就容易形成;如果反馈异常或不明确,技能就难以形成。

反馈的减弱明显阻碍运动技能的形成。在史密斯和萨斯曼(Smith & Sussman,1969)的研究中,用电视控制器和其他电子通信线路延宕内在的反馈,结果表明,在反馈延宕超过0.4秒的多数反应系统中,很难甚至不能形成运动技能。反馈的减弱或延宕还会控制已经掌握的技能。例如,说话主要依赖听觉反馈。如果把一个人的话用磁带录下来,再以大约200毫秒的延宕通过耳机放出来,这时他开始支吾、口吃、说话变慢。因为正常的反馈通过骨传导部分地保存着,但通过耳朵进行的反馈延宕则引起严重的干扰。又如,在黑暗中虽然也能写字,但亮光下加上视觉反馈,结果字就写得更好。

在反馈受到某种方式延宕、减弱或干扰时,通过练习也往往能够适应,不过这种适应常常是不完全的。大家知道,物体在网膜上的视觉形象是上下颠倒、左右反转的。由于在日常生活中视觉和触摸觉的多次结合,我们感知不到这种现象,依然把物体看作正立的。斯特拉顿(Stratton,1897)发明了一副特殊的眼镜,这种眼镜把颠倒了的视觉形象在视网膜上再颠倒过来。开始时,他戴上这种眼镜,每个物体都上下颠倒、左右反转:看到的人是头朝下、脚朝上;想拿右边的东西,手却伸向左边;想拿上面的东西,手却伸向下面,并且听到的声音来自与他看到的声源相反的方向;他想不碰到任何东西而走过房间都有困难。经过连续几天的练习。斯特拉顿发现,混乱的情况开始克服,动作也开始协调了。这种眼镜之所以引起动作的不协调是由于反馈来源之间的冲突。在正常的情况下,内在的反馈通过几种感觉系统传出及报告的情况都是一致的。戴上这种眼镜后,视觉的反馈信息和其他感觉的反馈信息发生了冲突。通过练习,各种感觉系统又逐步恢复了协调一致。

总之,反馈是产生于运动动作结果的感觉信息,它报告动作进行的情况。反馈可以是内在的,也可以是外在的,通过任何感觉系统都可以得到。没有反馈,便不能形成运动技能。反馈被削弱,受干扰或延宕,技能的形成受到阻碍,同时也会削弱已掌握的技能的操作;不过,通过练习,这些情况会产生部分的适应。

三、中枢过程

运动技能不仅是动作的连锁反应,而且也是中枢的信息加工活动。

在过去的心理学中,运动技能仅仅被理解为动作的连锁反应:第一个动作产生的动觉反馈调节着第二个动作,第二个动作的动觉反馈又调节着第三个动作……于是就产生了运动技能的连续性运动。

连锁反应的理论难以解释下列问题:(1)人能在100毫秒之内开始、进行和停止一个动作,而利用感觉反馈所需要的时间似乎是:视觉反馈约为190~260毫秒,本体感觉反馈约为120~125毫秒。显然,这些时间都太长,不允许感觉反馈来控制运动动作。例如,熟练的钢琴家不看键盘演奏,有些片段手指的动作每秒可达16次,这种快速动作之间的连接,感觉反馈是无法加以控制的。(2)大多数运动技能都具有新颖性。尽管你签过上千次的名,但每一次的签名动作都有点独特性。连锁反应的理论也难以解释这个问题。因为根据这个理论,这类动作应该是定型化的。

近年来,对于这些问题的解释倾向于运动图式的假设。运动图式是经过长期的练习而形成的有组织的知识经验。研究表明,对于一种运动技能(如弹琴、打字、驾驶汽车等)要达到熟练必须经过1000~1500小时的练习。一个有1000小时以上驾驶经验的司机,把驾驶途中可能遇到的情况以及怎样处理都构成了一套套的运动图式。这些运动图式随着练习而不断精炼,它们好像整装待发的战士那样,随时可用。在活动之前这些运动图式构成一种总的运动图式并在无反馈的情况下使活动进行下去。尽管中枢过程的详细情况尚不清楚,但在运动技能形成的过程中,中枢的作用是不可忽视的。

第四节　练　习

一、练习曲线

技能是通过练习而形成的。练习的结果可以用“练习曲线”来表示。练习曲线也叫学习曲线，是表示一种技能形成过程中练习次数和练习成绩之间关系的图线。

可以用各种方法来取得掌握技能过程的量的指标：测定一个单位时间内所完成的工作量，确定每一练习所用的时间，计算单位练习时间所犯的错误。把练习的次数作为横坐标，把上述的这些指标的数值作为纵坐标，就可以绘制成练习曲线。如果把单位时间内完成的工作量作为纵坐标，那么练习曲线就显现出上升的形式，因为工作量是随着练习进程而增加的。如果把完成动作的错误数或时间作为纵坐标，那么练习曲线就显现出下降的形式。图13-2是用上述3种指标制作的3条典型练习曲线。

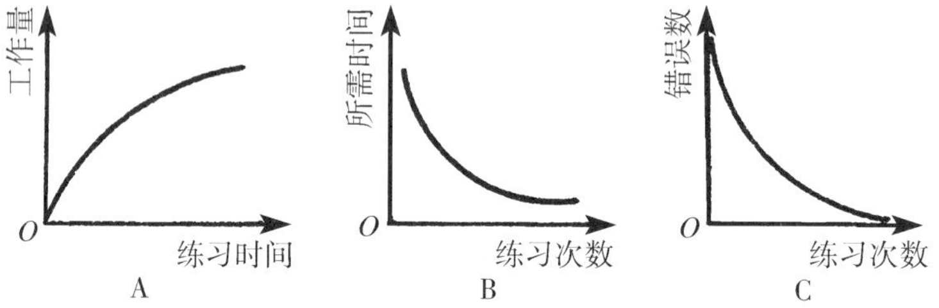

A：工作量与练习时间的关系；B：每次练习所需要的时间与练习次数的关系；C：每次练习的错误数与练习次数的关系。

图13-2　典型的练习曲线

二、练习进程的一般趋势

练习曲线反映了练习进程的一般趋势。各种技能的练习进程有下列一般趋势。

（一）练习成绩逐步提高

这种趋势表现为练习的速度加快和准确性的提高。速度加快是指单位时间内所完成的工作量增加或每次练习所需的时间减少。准确性的提高一般表现为每次练习的错误量的减少，这种趋势又有两种不同的表现形式。

1.练习的进步先快后慢

在多数情况下，学习技能的初期成绩提高较快，练习一段时间后，成绩上升逐渐缓慢，如图13-3所示。练习的进步先快后慢，其原因主要有三：第一，练习开始时，练习者可以把生活经验中已经掌握的各种动作方式重新组织起来，加以利用，所以练习初期进步较快。

可是,到了练习后期,生活经验中可以利用的技能逐渐减少,需要建立的新联系逐渐增多,练习中的困难也越来越多。这时技能动作的每一点改进,都需要建立新的联系或改造旧的动作习惯,因而成绩的提高就比较困难。短跑、跳远、跳高等运动技能就有这种情况。第二,练习初期可以把有些复杂的技能动作分解为一些比较简单的局部动作,分别加以练习,比较容易掌握,因而进步较快。但是,在练习后期,要建立整个技能动作系统,各个局部动作必须协调一致,而这种动作的协调并不是几个局部动作的简单总和,它们在动作的速度、力量和方向上都要有所改变,其任务要复杂得多,困难得多,所以成绩提高就慢。第三,练习初期,练习者兴趣浓厚,情绪饱满,练习时认真努力;练习后期可能情绪低落,思想松懈。这也可能是成绩进步先快后慢的一个原因。

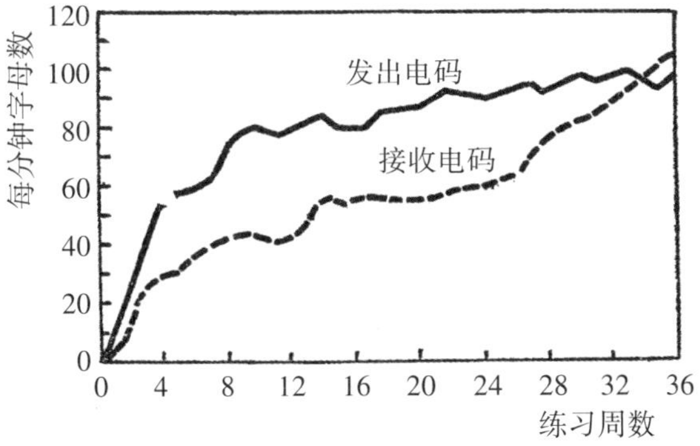

图13-3　常见的练习曲线(学习电码的练习曲线)(据 Bryan & Harter,1897)

2.练习的进步先慢后快

在学习一些技能(如抛掷、游泳等)时,练习初期进步较缓慢,后期进步逐渐加快(图13-4)。这是因为在练习初期,必须掌握这些技能的基础知识和基本技能,因而进步比较缓慢。经过一段时间的练习,掌握了有关的基础知识和基本技能,进步也就加快了。

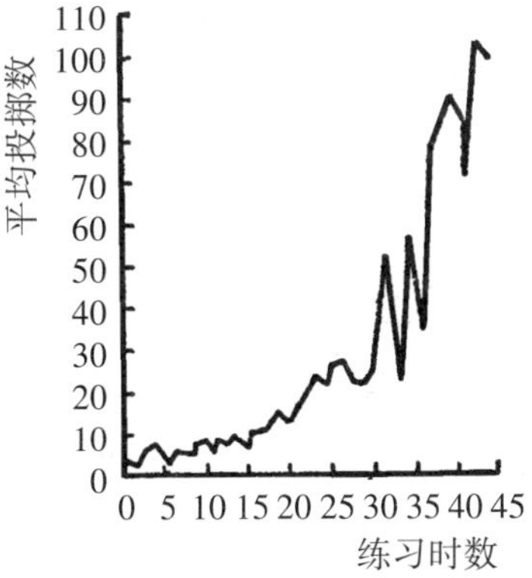

图13-4　投球与接球的练习曲线(据 Twift)

（二）练习成绩的起伏现象

在各种技能的形成过程中，都可以看到成绩时而上升，时而下降的现象，进步很少是一致的。产生这种现象的原因，一是受练习者心理状态的影响，例如，注意力是否集中，态度是否积极，情绪有无波动，练习方法有无改变，以及疾病、失眠等身体状况的变化，等等；二是客观条件的变化，例如练习环境、练习工具和指导者的指导方式的改变等等。

（三）高原现象

在技能形成过程中，练习的中后期往往出现进步的暂时停顿现象，这就是练习曲线上的所谓“高原期”，即练习曲线保持在一定的水平，不再上升，甚至有些下降。在高原期过去之后，练习曲线又继续上升。

产生高原现象的主要原因有二。一是在练习的进程中出现需要以新的活动结构，代替或改变旧的活动结构的现象，而活动结构的改变往往不能一时奏效，在完成这个改造前，成绩就会处于暂时停顿状态。有时旧的活动结构正在改变，而采用新的活动方式又遇到新的困难，没有建立起新的结构，这样，成绩不但没有提高反而有所退步。例如，非正规姿势的游泳不如自由泳效率高，要改学自由泳就需要改造先前形成的技能结构，但当自由泳尚未真正学会时，效率反而暂时下降了。当练习者通过练习，完成了技能结构的改造，成绩又开始提高，在高原期后练习曲线又继续上升。二是练习者注意力涣散，练习兴趣降低，以及疲劳和厌倦情绪也会使练习成绩暂时停顿。

（四）技能的极限

可以肯定地说，一个人能够学到的技能的数量是没有已知的极限的，一个人学会某种技能的完善程度也是没有明显的极限的。我们常常可以看到，生产能手、运动员不断刷新纪录的报道。他们的经验也告诉我们，只要通过有计划的顽强练习，不断总结经验教训，技能就会不断完善。当然，生理极限是不可否认的。年老、体衰使技能的改善到了极限，但在那以前，主要的极限是一个人愿不愿意去练习和练习是否得法。

诚然，练习曲线反映了练习进程的一般趋势。但是，由于练习者的个性特点不同，学习态度和努力程度不同，知识经验和准备情况不同，以及练习的方式、方法不同等，练习曲线也存在着个别差异。既然练习的进程存在着一般的规律，同时又有个别差异，因此指导者就应运用上述一般规律针对练习者的具体情况加以指导，使他们的技能顺利地形成并且不断地巩固和提高。

三、高效能练习的条件

要掌握某种技能，必须进行练习。但是，并非所有的练习都是高效能的。要使练习高效能地进行，必须具备下列一些条件。

（一）要明确练习的目的和要求

每一种技能都有其特定的目的和要求。只有明确了技能的目的和要求，理解技能的性质和特点，练习者才能自觉地组织自己的行动来掌握某种技能。练习是一种有目的、有计划、有组织的学习过程，它不同于单纯的重复。如果缺乏这个条件，机械地重复一种动作方式，就不可能使行动方式有所改善。例如，有的人虽然天天在写字，可是不良的书法却可能保持终生。有的人年年夏季去游泳，而游泳的技术却没有什么提高；但如果经过有目的的练习就可以使游泳的技能大大提高。

在掌握技能的过程中，练习者为自己树立的一定“目标”，对于练习的效果具有重要意义。例如，练习写字时，练习者给自己规定出在一定的时间内所要达到的数量和质量的“目标”，并向这一目标奋斗，有助于练习效果的提高。这种“目标”能够提高练习者的自觉性和能动性：他一方面使练习的动作不断与练习“目标”的表象相对照，同时思索着怎样才能达到这一“目标”，思维经常处于积极的状态。这样的练习完全不同于机械地重复，有助于练习效果的提高。

（二）要掌握正确的练习方法

正确的练习方法是经过前人的实践经验总结出来的科学方法，它能使练习者正确地、完善地掌握技能。掌握了正确的练习方法，就可以避免盲目的尝试，提高练习效率。为了使练习者能有效地掌握正确的练习方法，在指导工作上应注意：

在开始练习前，由有经验者讲解练习方法并进行示范。有经验者的示范通常做得较快（因为太慢往往有失活动的真实性），结合讲解有助于练习者掌握正确的练习方法。开始讲解时不要一下子提出许多要求，要分清主次，提出最基本的动作要求。如果练习者还看不清示范的动作结构，可以快速摄像后再播放慢动作。这样的示范效果更佳。

在练习初期，练习者的动作应当放慢一些，严格地、准确地按正确的练习方法进行练习。学习正确的练习方法开始时往往更为困难，如果动作太快往往容易出错，一旦形成了错误的练习方法，到了练习后期就很难改正。因为纠正错误需要完成改造旧的习惯动作与建立新的习惯动作的双重任务。

在练习过程中，有经验者的指导和监督也很重要。虽然在练习时，练习者可以把自己的动作与示范动作做对照,然而回忆起来的示范动作往往不完整,有差错。有经验者的指导和监督可以帮助练习者进一步认识动作的原理和结构,加深正确动作的视觉印象和动作体验,纠正动作的缺点与错误,使练习一直按正确的方法进行。

(三)要使练习者了解练习的结果

了解练习的结果,及时得到动作的反馈信息是掌握技能的必要条件之一。每次练习后,如果及时了解练习的结果,并能对结果进行分析,就能对自己的动作做出正确的评价:把那些必要的、符合目的的动作保留下来,把那些多余的、不符合要求的动作舍弃掉,集中力量克服技能中的难点。这样有助于练习质量的快速提高,促进技能的掌握。

(四)要有计划、有步骤地进行练习

若要迅速、准确地掌握某种技能,应坚持有计划、有步骤地进行练习,坚持循序渐进的原则。例如,游泳(蛙泳)技能,必须通过水中走动、水中闭气、浮体、滑行、腿部动作的练习,臂和呼吸的练习,以及腿、臂、呼吸配合的练习等一系列有计划的练习才能形成。有计划、有步骤地进行练习,不仅便于练习者循序渐进地学习,也便于指导者检查和了解情况,及时发现问题,及时加以纠正。

对于可以划分为若干组成部分的复杂技能,先掌握这些部分之后,再过渡到掌握整个技能,效果较好。在西摩(Seymour)的一项研究中,把操作一种绞盘车床的技能区分为明显的4个部分,让被试先一个部分一个部分地进行练习,然后2个部分、3个部分一起进行练习,最后4个部分一起进行练习。结果表明,这样的练习远比把它作为整体来学效果更好。但是,如果一种技能难以划分出比较简单的组成部分,如驾驶飞机,那么最好还是把它作为一个整体来学。因为,如果把这类技能划分为部分来学,结果就会破坏整个动作的协调。

(五)要适当分配练习的时间

练习时间的合理分配,对于技能的形成起着重要的作用。如果在一段很长的时间内连续不断地做同样的练习,不仅浪费时间和精力,而且容易产生疲劳,容易使练习兴趣降低,练习的效果也会降低。每次练习之间有一定的间歇用于休息,叫分配练习;不间断地进行练习叫集中练习。一般地说,适当的分配练习比过度的集中练习优越。它不仅节省时间、效果好,而且能较好地保持技能。

分配练习的次数和时间安排因情况而异。一般在技能形成初期,每次练习时间不宜过长,每次练习的间歇可以短一些。随着技能的逐步掌握,各次练习的间歇可适当延长,

每次的练习时间也略可延长。至于某种具体技能的练习时间应如何处理分配，还要根据练习的性质、内容和学生的年龄特征而定。技能越复杂、越困难，需要练习的次数和练习的总时间就越多。低年级学生每次练习的时间和各次练习的间歇均不宜过长。

第五节 技能的相互作用

已经形成的技能可以影响另一种技能的掌握。有时，已经形成的技能有助于新技能的掌握；有时，则妨碍新技能的掌握。各种技能之间可以相互影响、相互作用。

一、技能的迁移

已经形成的技能对新技能的形成发生积极的影响，促使新技能的掌握，称为技能的迁移。例如，会骑自行车的人，就比较容易学会驾驶摩托车；学会单杠前上之后，就比较容易掌握双杠屈伸上的动作等。

人在学习新技能时，总是依靠过去的经验和已掌握的技能。丰富的经验和多方面的技能，有助于对新技能的掌握。新技能与已掌握的旧技能之间的共同成分愈多，相似性愈大，迁移的程度就愈大。因此，对新旧技能的活动方式做精确的分析，并概括出它们之间的共同内容和特点，就能促使技能的迁移。例如，体育学院的学生，如果对人体旋转的机械原理和人体旋转速度应超过器械旋转速度等原理有明确的认识，就能把这些原理应用到铁饼和铅球的投掷技术上去。

二、技能的干扰

已经形成的技能对新技能的形成产生消极的影响，阻碍新技能的掌握，称为技能的干扰。例如，习惯于用右脚起跳跳高的人，在学习用左脚起跳的撑竿跳高时往往有干扰现象。

当两种技能在结构上有很大的相似性，但其中某些共同刺激物却要求相反的动作方式时，就会发生技能的干扰。在这种情况下，旧的动作方式愈巩固、愈自动化，就愈容易干扰新技能的形成，使新技能时常出现某些顽固性的错误。这些错误通常就是旧技能中的一些成分。例如，用惯了英文打字机的人，再学习俄文打字机时，动作方式虽有很大的相似性，但字母刺激物与手指的反应关系要有相当的改变，这样就发生了干扰，时常按英文打字方法去动作。当然，这里也有迁移的成分，如手指的定位能力、手指的灵活性等，在俄文打字中也具有积极作用。因此,技能的迁移和干扰常常是结合在一起的。

诚然,两种技能由于有共同成分或相似而产生迁移,但不能说两种技能由于缺乏共同成分或相似性就产生干扰。在一般情况下,两种技能若关系不大,就互不影响。例如,写字不一定影响游泳,绘画不一定影响跳高,等等。

要克服技能的干扰,最重要的手段是在练习的过程中把新旧技能的不同目的、要求、条件和练习的方式、方法加以仔细的辨别和对比。这种辨别和对比愈明确,就愈能克服技能的干扰。

技能的迁移也叫正迁移,技能的干扰也叫负迁移。在西方心理学中,"迁移"这个概念含义很广,主要包括3个方面的内容:①知识、技能的迁移,如一门学科的学习影响另一门学科的学习等。②态度的迁移,如儿童在家里养成的依赖家长的态度,可以迁移到学校中去,产生对老师和年长同学的依赖等。③学科的学习可能对发展能力产生迁移。

在西方心理学中,比较流行的迁移理论有3种:①共同要素说:桑代克和武德沃斯(E. L. Thorndike & R. S. Woodworth, 1901)认为,只有当2种情境中含有共同的要素时,才会有迁移现象发生,不论学习者是否觉察到这种要素的共同性;反之,有迁移现象发生,则2种情境中必有共同的要素存在。共同要素的多少与迁移效果大致成正比。②概括化理论:贾德(Judd, 1908)认为,只要一个人对他的经验进行了概括,那么从一个情境到另一个情境的迁移是可以完成的。他倾向于把两个情境之间的共同要素的重要性降到最低,而强调经验概括化的重要性。③关系的理论:格式塔心理学家认为对情境中关系的顿悟是获得迁移的真正原因。实际上,这个理论仅强调了概括化理论中的另一成分,也是与共同要素说相冲突的。这3种理论各自只强调了问题的一个侧面,表面上看似乎是对立的,其实并不矛盾。在学习中,客观刺激的共同要素、学习者对已有的知识经验的概括化程度(包括对事物的关系的领会),都会对学习的迁移起一定的作用。

本章相关文献

曹日昌.(1979).普通心理学 下册.北京:人民教育出版社.

J.M.索里,C.W.推尔福特.(1982).教育心理学.高觉敷,等译.北京:人民教育出版社.

柯尼洛夫,等.(1952).高等心理学.何万福,等译.北京:商务印书馆.

斯米尔诺夫.(1957).心理学.朱智贤,等译.北京:人民教育出版社.

第十四章　气　质

本章主要问题：

1. 什么是气质？
2. 什么是神经类型？它与气质的关系怎样？
3. 气质有好坏的区别吗？

第一节　气质的定义和学说

一、气质的定义

在日常生活中，我们可以看到，有的人总是活泼好动，反应灵活；有的人总是安静稳重，反应缓慢；有的人不论做什么事总显得十分急躁，情绪明显表露于外；有的人不论做什么事总是不动声色，情绪总是那么细腻深刻。人与人在这些心理特性等方面的差异，叫气质的不同。

气质是一个人生来就具有的心理活动的动力特征。

气质是心理活动的动力特征。所谓心理活动的动力是指心理过程的程度（例如，情绪体验的强度、意志努力的程度）、心理过程的速度和稳定性（例如，知觉的速度、思维的灵活程度、注意力集中时间的长短）以及心理活动的指向性特点（有的人倾向于外部事物，从外界获得新印象；有的人倾向于内心世界，经常体验自己的情绪，分析自己的思想和印象）等等。人们气质的不同就表现为心理活动的动力特征上的差异。

每个人生来就具有一种气质，它仿佛使一个人的全部心理活动都染上了个人独特的色彩。有某种气质类型的人，常常在内容很不相同的活动中都会显示出同样性质的动力特点。例如，一个学生具有安静迟缓的气质特点，这种气质特点会在参加考试、当众演说、参加体育比赛等各种活动中表现出来。一个人的气质特点不依活动的内容为转移，它表现出一个人生来就具有的自然特性。

一个人的气质具有极大的稳定性。它很早就清楚地表露在儿童的游戏、作业和交往活动中。但是，在环境和教育的影响下，气质也会发生变化，当然，较之于其他心理特征，它的变化要缓慢得多。

二、气质的学说

（一）气质的体液说

早在前5世纪，古希腊著名医生希波克拉底（Hippocratēs，约前460—前377）就观察到，不同的人有不同的气质。他认为，人体内有4种体液：血液（来自拉丁语sanguis）、黄胆汁（来自希腊语chole）、黑胆汁（来自希腊语melanoschole）和黏液（来自希腊语phlegma），并根据哪一种体液在人体内占优势，把人的气质分为4种类型：多血质、黏液质、胆汁质和抑郁质。在体液的混合比例中血液占优势的人属多血质，黏液占优势的人属黏液质，黄胆汁占优势的人属胆汁质，黑胆汁占优势的人属抑郁质。希波克拉底认为，每一种体液都是由冷、热、湿、干4种性质相匹配而产生的。例如，血液是热与湿的配合，多血质的人温而润，好似春天一般；黏液是冷与湿的配合，黏液质的人冷酷无情，气质似冬天一样；黄胆汁是热与干的配合，胆汁质的人热而躁，其气质有如夏季；黑胆汁是冷与干的配合，抑郁质的人冷而躁，有如秋天一般的气质。这4种体液从脑回流到体内，在配合恰当时，身体便健康；在配合异常时，身体便生病。希波克拉底的气质学说，在500年后为罗马医生盖仑（C.Galen，约129—200）所发展。他将4种体液做种种配合而产生出13种气质类型，并用拉丁语temperametnum一词来表示气质这个概念。这便是近代“气质”（temperament）概念的来源。

希波克拉底关于4种气质类型的概念，一直沿用至今。但限于当时的条件，他对气质类型的解释是缺乏科学依据的。

（二）气质的体型说

德国精神病学家克瑞奇米尔（E.Kretschmer）根据他对精神病患者的临床观察，提出按体型划分人的气质类型的理论。他认为人的身体结构与气质特点以及可能患的精神病种类有一定的关系，而精神病患者与正常人只有量的差别，没有质的区别。他把人分为肥短型、瘦长型、斗士型等等。肥短型者脂肪丰满，肩狭腹大，身体短胖，其特点是情绪变化不定，时狂时郁。狂时大言壮语情绪兴奋，表情活泼，领悟敏捷；抑郁时默默无言，悲观失望，表情呆板，联想迟钝，此谓躁郁性气质。这种人易患躁狂抑郁症。瘦长型者身躯细长，皮肤干燥，肌肉和骨骼都不发达，其特点是胆小退缩，害羞沉静，寡言多思，此谓乖离性气质。这种人易患精神分裂症。斗士型的人则易患癫痫等。克瑞奇米尔的气质理论，把一切人都归入精神病患者的类型之中，这显然是片面的。事实上，人的气质与体型并没有什么必然的联系。

(三)气质的血型说

人的血型有A型、B型、AB型和O型。有些心理学家认为,人的气质是由不同的血型决定的。这方面的工作,日本学者做得最多。古川竹二(1891—1940)根据血型把人区分为4种气质:A型气质的特点是温和、老实稳妥、多疑、怕羞、顺从、依赖他人、感情易冲动;B型气质的特点是感觉灵敏、镇静、不怕羞、喜社交、好管闲事;AB型的气质特点是上述两者的混合型;O型气质的特点是志向坚强、好胜、霸道、不听指挥、喜欢指使别人、有胆识、不愿吃亏。看来,这种理论也是没有多少科学根据的。

(四)气质的激素说

内分泌腺的机能与有机体的新陈代谢密切相关,并影响着人的行为。伯曼(L.Berman)等人提出,人的气质是由某种内分泌腺的活动所决定的。他根据人的某种内分泌腺特别发达而把人划分为甲状腺型、脑下垂体型、肾上腺型、副甲状腺型以及性腺过分活动型。例如甲状腺型,其体态为身体健康,头发茂密,双眼明辉,其气质特征是知觉灵敏、意志坚强、不易疲劳;脑下垂体型,其体态为发育较好,体格纤细,其气质特征是情绪温柔、自制力强等。生理学的研究表明,内分泌腺的活动、激素的合成是受神经系统支配的,同时内分泌腺的活动也影响着神经系统的活动。虽然气质的某些特点与某些内分泌腺的活动有关,但是,孤立地强调内分泌腺活动对人的气质的决定作用,则是片面的。气质的直接生理基础主要是神经系统的特性,但是从皮质与皮质下部位的相互关系以及从神经体液调节来看,内分泌腺的机能对气质的影响也是不可忽视的。

(五)气质的活动特性说

美国心理学家巴斯用反应活动的特性,即活动性、情绪性、社交性和冲动性为指标,区分出4种气质类型(Buss & Plomin,1975)。活动性的人总是抢先迎接新的任务,爱活动,不知疲倦;在婴儿期表现为手脚总是不停地乱动,儿童期表现为在教室里坐不住,成年时显露出一种强烈的事业心。情绪性的人觉醒程度和反应强度大;在婴儿期表现为经常哭闹,儿童期易激动、难以相处,成年时表现为喜怒无常。社交性的人渴望与他人建立密切的联系;在婴儿期表现为要求母亲和熟人在其身边,孤单时哭闹得凶,儿童期容易接受教育的影响,成年时与周围的人们很融洽。冲动性的人缺乏抑制能力;在婴儿期表现为等不得母亲喂饭、换尿布等,儿童期经常坐立不安,注意力容易分散,成年时表现为讨厌等待,倾向于不假思索地行动。用活动的特性来区分人的气质是近年来出现的一种新动向,不过活动特性的生理基础是什么,巴斯却没有揭示出来。

目前,我国心理学界普遍认为,气质的生理基础是神经类型。这个问题,我们将在下节讨论。

第二节 高级神经活动类型与气质

一、高级神经活动类型

巴甫洛夫在研究高等动物的条件反射时,确定大脑皮质的神经过程(兴奋和抑制)具有3个基本特性:强度、灵活性和均衡性。

(一)强度

神经过程的强度是指神经细胞和整个神经系统的工作能力和界限。在一定的限度内,神经细胞的兴奋能力符合刺激的强度:强的刺激引起强的兴奋,弱的刺激引起弱的兴奋。兴奋过程强的动物对于强烈刺激仍能形成条件反射,已经形成的条件反射也能继续保持;而兴奋过程较弱的动物对于强烈的刺激就较难形成条件反射,已形成的条件反射在刺激强度增加到一定限度时,就出现超限抑制。抑制过程较强的动物对于要求持续较久的抑制过程能忍受;而抑制过程较弱的动物在这种情况下就可能导致抑制过程的破坏,甚至引起中枢神经系统的病理性变化。

(二)灵活性

神经过程的灵活性是指兴奋过程和抑制过程更迭的速率。它保证有机体能适应外界环境的迅速变化,表现在各种条件反射的更替是迅速还是缓慢、是容易还是困难等方面。

(三)均衡性

神经过程的均衡性是指兴奋和抑制两种神经过程间的相对关系。均衡的动物的兴奋过程和抑制过程的强度是相近的。不均衡的动物表现为兴奋过程相对占优势,抑制过程较弱;或抑制过程相对占优势,兴奋过程较弱。

根据神经过程的强度、均衡性和灵活性,可以组合成24种类型。就是说,根据神经过程的强度可分为强型和弱型。根据神经过程的均衡性可分为均衡的与不均衡的,于是得到4种类型。不均衡的又有兴奋占优势与抑制占优势之分,于是可分出6种类型。根据神经过程的灵活性又可分为灵活性大的(活泼的)和灵活性小的(安静的),这样就得到12种类型。如果考虑到兴奋过程和抑制过程可能具有相同的特性,或具有不同的特性,最后可以组成24种类型。巴甫洛夫根据自己的实验结果和观察，认为动物的高级神经活动类型主要具有4种，如表14-1所示。

表14-1 高级神经活动类型及特征

神经类型(气质类型)	强度	均衡性	灵活性	行为特点
兴奋型(胆汁质)	强	不均衡		攻击性强，易兴奋，不易约束，不可抑制
活泼型(多血质)	强	均衡	灵活	活泼好动，反应灵活，好交际
安静型(黏液质)	强	均衡	惰性	安静、坚定、迟缓、有节制、不好交际
抵制型(抑郁质)	弱			胆小畏缩，消极防御反应强

表中这些神经类型对于动物和人类都是一样的。

晚近的研究还表明，除了神经系统的一般类型特征外，大脑皮质不同区域如视区、听区、运动区等也各有不同的特征。因此，在现实生活中，神经类型也是相当复杂的，不要以为上述4种神经类型就可以囊括所有的个体。

巴甫洛夫还根据人类第一、第二两种信号系统的活动，把人类的神经类型区分为艺术型、思想型和中间型。艺术型：第一信号系统活动相对占优势；他们感知事物形象显明、完整，生活中情感较发达，作家、音乐家和画家属于艺术型。思想型：第二信号系统活动相对占优势；他们善于抽象思维、符号操作，科学家和哲学家属于思想型。现实中多数人属于中间型，他们的两种信号系统活动是互相均衡的。

二、神经类型和气质的关系

巴甫洛夫曾把气质和神经系统类型看成同一个东西。他说："我们有充分的权利把在狗身上已经确立的神经系统类型……应用于人类。显然，这些类型在人身上就是我们称之为气质的东西。气质是每个个别的人的最一般的特征，是他的神经系统的最基本的特征，而这种最基本的特征就给每个个体的所有活动都打上这样或那样的烙印。"(巴甫洛夫，1958)巴甫洛夫认为，兴奋型相当于胆汁质，活泼型相当于多血质，安静型相当于黏液质，抑制型相当于抑郁质。

后来的研究表明，神经类型并不总是与气质类型相吻合的。气质是心理特征，神经类型是气质的生理基础，但影响气质的还包括整个个体的身体组织。

气质是神经类型的心理表现。所以，气质的心理特征和神经类型的生理特性之间并不存在一对一的关系。有时，几种不同的气质特征依赖于同一神经过程的特性；有时，一种气质特征依赖于神经过程的几种不同的特性。例如，情绪的兴奋性、注意集中的程度等是气质的不同心理特征，但是，它们都依赖于兴奋过程的强度。自制力这种气质的心理特征，不仅取决于兴奋过程的强度，同时也取决于抑制过程的强度以及兴奋和抑制的均衡性。

气质是个体心理活动的稳定的动力特征。但是，在生活实践的过程中，它也是可以发生变化的。气质的变化，从生理机制上看，可能有两种情况：一是后天的暂时联系系统掩盖了神经类型的先天特征，但神经类型的先天特征本身并没有改变；二是在暂时联系系统形成和发挥机能作用的过程中，神经类型的先天特性本身得到了某种改造。但到底属于哪种情况，现代科学还不能完全确定。

第三节　气质类型

一、气质类型的心理特征

在心理学史上，曾有一个时期，人们把气质的表现仅归之于情绪发生的速度、强度和外部表现等方面。之后的研究表明，气质不仅表现在情绪过程中，而且也表现在认识过程和意志过程中。气质是心理活动的稳定的动力特征。它对人的所有心理活动和行为都会发生影响。传统的4种气质类型的心理特征大致可表述如下：

多血质——活泼好动、敏感，反应迅速；不甘寂寞，善于交际；智慧敏捷，注意易于转移；容易接受新事物，但印象不很深刻；情绪和情感易于产生也易于改变，体验不强，但明显地表露于外；等等。其显著特点是有很高的灵活性，容易适应变化的生活条件。

胆汁质——直率热情，精力旺盛；脾气急躁，易于冲动；反应迅速，智慧敏捷，但准确性差；情绪明显表露于外，但持续时间不长；等等。其显著特点是，具有很高的兴奋性，行为上表现出不均衡性。他们的工作特点带有明显的周期性。

黏液质——安静稳重，交际适度；反应缓慢，沉默寡言；善于克制自己，情绪不易外露；注意稳定但又难以转移；善于忍耐，沉着坚定；不尚空谈，埋头苦干；等等。其显著特点是安静、均衡。

抑郁质——行为孤僻，反应迟缓，多愁善感，体验深刻，但情绪不易形之于外；具有很高的感受性，善于觉察到别人不易发觉的细小事物；等等。

气质类型无好坏之分。每一种气质类型都有优点，也都有缺点。例如，多血质的人反应灵活，容易适应新的环境；但注意力不稳定，兴趣容易转移。胆汁质的人热情肯干、精力旺盛，但脾气暴躁，容易冲动。黏液质的人坚定沉着，稳重忍耐，但反应缓慢。抑郁质的人工作中耐受能力差，容易感到疲劳，但感情细腻，做事小心谨慎，观察敏锐，善于察觉别人观察不到的细小事物。

在实际生活中,只有少数人是上述4种气质类型的典型代表,大多数人是接近于某种气质,同时又具有其他气质的某些特点。因此,判断一个人的气质,主要是观察和测定一个人具有哪些气质特点,这些特点在行为方式上有哪些表现,以便于有效地进行教育和自我教育。

二、气质和其他个性特性的关系

一个人的气质在童年期表现得比较明显。随着年龄的增长,人积累的生活经验愈益丰富,他的某种气质特点也就为后天获得的个性特征所掩盖。性格、态度、思想修养等都会掩盖气质的自然表露。

在成人身上,气质和性格往往是有机地交织在一起,表现出一个人特定的态度体系和行为模式。在日常生活中,我们往往很难把气质和性格严格地区分开来,有时甚至把气质表现当作性格特征,或把性格特征视为气质特点的表现。

态度也会掩盖某种气质的自然表现。不论具有什么气质的人,当以积极的态度投入活动时,都会表现出精神振奋、情绪高涨、干劲十足、不知疲倦;当以消极的态度进行活动时,都会表现出精神不振、情绪低落、缺乏干劲、易产生疲劳感。不过,态度对气质的掩盖只能暂时起作用。因此,在确定一个人的气质特征时,一方面要考虑这种暂时的掩盖作用,同时应多方面地、较长时间地进行考察。

人是有理智的,他所掌握的道德规范、他的理想和信念都能够对行为起调节作用,发扬自己气质中的优点,克服气质中的弱点。有高度的道德修养、有坚强的生活信念,一个胆汁质的人就会表现出以极大的热情投身于事业,果敢而不怕危险,表现出高度的主动性和原则性;一个多血质的人就会朝气蓬勃地投身于事业,从不气馁;一个黏液质的人就会表现出严谨地对待事业、埋头苦干、坚定沉着;一个抑郁质的人就会认真、细致地对待事业,表现出坚定性。如果缺乏道德修养,没有生活信念,一个胆汁质的人就会表现为易激怒、任性、粗鲁无礼,有了成绩就骄傲;一个多血质的人就会表现为轻浮、经常改变主意,缺乏坚持性;一个黏液质的人就会表现为因循守旧,生活颓废;一个抑郁质的人就表现为悲观失望、对工作毫无兴趣。因此,人的行为并不取决于气质,而是由他的态度、理想和信念所决定的。有道德修养、有坚强的生活信念,不论属于哪一种气质类型的人,都可以对社会做出贡献。相反,缺乏道德修养、没有生活信念,不论属于哪一种气质类型的人,都可能形成消极的个性特点,可能在事业上毫无成就,甚至会做出对社会有害的事。总之,气质和态度、理想、信念相比,只处于从属地位,但在人的活动中也具有一定的意义。

本章相关文献

曹日昌.(1979).普通心理学 下册.北京:人民教育出版社.

B.B.波果斯洛夫斯基.(1979).普通心理学.魏庆安,等译.北京:人民教育出版社.

捷普洛夫.(1963).神经系统特性的研究是个别差异研究的一种途径//苏联心理科学(第2卷).孙晔,等译.北京:科学出版社.

A.H.Buss.(1978).Psychology:Behavior in Perspective.John Wiley & Sons Canada,Limited.

第十五章　性　格

本章主要问题：

1.什么是性格？它与气质、能力有什么关系？

2.怎样对人的性格进行分析？

3.一个人的性格是怎样形成的？

4.用哪些方法可以研究人的性格？

第一节　概　述

一、性格的定义

性格是个人对现实的稳定的态度和习惯化了的行为方式。

人在活动的过程中，客观事物的种种影响，通过认识、情绪和意志活动在个体的反映机构中保存下来，固定下来，构成一定的态度体系，并以一定的形式表现在个体的行为之中，构成个人所特有的行为方式。例如，一个人在各种场合总是表现出对同志热情忠厚、与人为善，对自己虚心谦逊、严于律己，遇事坚毅果断、深谋远虑。这种对人、对己、对事的稳定态度和习惯化的行为方式所表现出来的心理特征，就是这个人的性格。又如，另一个人在各种场合总是表现出对同志尖酸刻薄、冷嘲热讽，对自己自高自大、宽于恕己，遇事优柔寡断、鼠目寸光。这种对人、对己、对事的稳定态度和习惯化的行为方式所表现出来的心理特征，就是另一个人的性格。

应当注意，并不是人对现实的任何一种态度都代表他的性格特征。在有些情况下人对待事物的态度是属于一时情境性的、偶然的。例如，一个人处理事情往往很果断，偶尔地表现出优柔寡断，那么优柔寡断就不能看作此人的性格特性，而果断则是他的性格特征。同样地，也不是任何一种行为方式都可以表明一个人的性格特性，只有习惯化了的行为方式，才能表明其性格特性。例如，一个人在某种特殊情况下，一反机敏之常态，行动呆板，我们就不能把呆板看作此人的性格特征。总之，作为性格的态度和行为方式，总是比较稳固的、习惯的，甚至在不同的场合都会表现出来。

二、性格的生理基础

同其他心理现象一样，性格也是脑的机能。早在19世纪中叶，有人就报道过，额叶受伤的病人性格上有明显的变化。P.盖奇是一个“有本领而能干”的工头，一日被铁棍扎穿了脑部额区，据给他治疗的医生报告，盖奇的个性发生了变化：“他动静无常，无礼，有时爱说最粗俗的下流话（他以往没有这种习惯），对伙伴很少尊重，不能忍受约束或劝告，如果这违反他的愿望的话，时而极端顽固却又反复无常，时而犹豫不决；他为将来的工作设计了许多方案，但由于其他似乎更为切实可行的方案而很快又都放弃了……他的心完全变了，因此他的朋友和熟人说他不再是盖奇了”（T.C.鲁，J.F.傅尔顿，1974）。由于性格现象的复杂性以及对它研究的种种困难，关于性格的生理基础，目前还了解得很少。

巴甫洛夫对性格生理基础的解释，可能具有一定的参考价值。

巴甫洛夫认为，神经类型不仅是气质的直接生理基础，而且也是性格的自然基础之一。但是，神经类型不是性格。神经类型是神经系统的先天素质，是性格产生的自然前提。性格是在生活实践中形成的心理特征。从生理上来说，性格是神经类型和后天生活环境所形成的暂时联系系统的合金。巴甫洛夫指出：“类型是动物神经活动的一种生来就具有的体质形态，即遗传型。可是，因为动物从出生之日起，就受到周围环境的各种各样的影响，它必然要以一定的、最后往往在整个一生中被巩固起来的活动来回答这些影响，所以动物最后具有的神经活动，是各种类型特征和由外在环境所引起的各种变化的合金，即混合型或性格。”（巴甫洛夫，1955）

神经类型只是性格的体质形态的基础，它不能预先命定一个人的性格。对一个人的性格来说，后天生活过程中所形成的暂时联系系统更具有直接的意义。在巴甫洛夫实验室中，人们看到，一只弱型的狗，由于生活在顺利的环境中，可以养成沉静、庄重的姿态，它不怕任何东西；而另一条强型的狗，由于生活在经常挨打的环境中，却成为具有明显防御反射的胆小动物。

后天生活经验过程中所获得的暂时联系系统，并不是凭空形成的，它总是在一定的先天类型（即神经系统的强度、平衡性和灵活性）的基础上建立起来的。这种遗传的体质形态特点，制约着暂时神经联系的形成和改造，影响着暂时神经联系系统对现实信号的处理。而后天形成的暂时联系系统，也改造着先天的类型特征。这就是所谓“合金”的意义。正因为这样，每个人的性格既显露出后天生活经历的明显印记，同时又染上了某种遗传的色彩。

三、性格和气质、能力的关系

(一)性格和气质的关系

性格和气质既有区别,又有密切联系。

气质是个人心理活动的稳定的动力特征,它主要体现着神经类型的自然表现。性格是个人的稳定的态度体系和习惯化了的行为方式,它主要是在社会生活实践的过程中形成的。

但是,性格和气质又是密切联系、相互制约的。首先,气质可以按照自己的动力方式渲染性格特征,从而使性格特征具有独特的色彩。例如,同样是助人为乐的性格特征,多血质者在帮助别人时,往往动作敏捷,情感明显表露于外;而黏液质者则可能动作沉着,情感不表露于外。其次,气质对性格的影响还表现为气质可以影响性格特征形成和发展的速度。例如,对于自制力的形成,胆汁质的人需要极大的努力和克制;而抑郁质的人则比较容易形成,他用不着特别抑制自己就能办到。再次,性格对气质的影响也是明显的。在生活实践过程中所形成的稳定的态度体系和行为方式,可以在一定程度上掩盖或改造气质,使它服从于生活实践的要求。例如,侦察兵必须具备冷静沉着、机智勇敢等性格特征。在严格的军事训练的实践活动中,这些性格特征的形成有可能掩盖或改造着胆汁质者易冲动和不可遏制的气质特征。最后,性格和气质的密切联系还表现为:不同气质类型的人可以形成同样的性格特征;相同气质类型的人,又可以带有同样的动力色彩而性格却互不相同。因此,作为心理特征的性格和气质,两者虽不同,但十分紧密地相互联系、相互制约着。

(二)性格和能力的关系

性格和能力也是既有区别,又密切联系、相互制约的。

首先,能力的形成和发展受性格特征的制约。优良的性格特征能促使能力的形成和发展。例如,认真、勤奋、热忱、谦逊、坚定、严于律己、有责任感、事业心强等优良性格品质,都能促使能力的形成和发展。因为能力的形成和发展是与克服困难、有组织地工作、首创精神等密切联系的。观察表明,智力发展水平高的学生都与高水平的坚忍性和自制力相结合。同时,优良的性格特征也往往能够补偿某种能力的相对弱点。俗话说,“勤能补拙”“笨鸟先飞早入林”,说明勤奋这种性格特征能补偿能力上的某些缺陷。但是,不良的性格特征,如马虎懒惰,对事业淡漠、敷衍了事,狂妄自大等则会阻碍能力的发展,甚至使能力衰退。

其次，在多种能力的形成和发展的过程中，相应的性格特征也发展起来。例如，政治活动家、科学家、发明家、作家、艺术家，虽然活动的实践领域不同，但他们都具有高度发展的能力和坚强的不屈不挠的性格。鲁迅不仅是伟大的文学家，而且是伟大的思想家和革命家。他既敏锐地洞察到了旧社会的弊病，具有高度发展的才能和创造力，而且在同反动派斗争的过程中铸成了“横眉冷对千夫指，俯首甘为孺子牛”的高尚性格。人的特殊才能和才干往往都是与高度发展的能力和优良的性格特征相联系的。

第二节　性格的结构和类型

一、性格的结构

性格是十分复杂的心理现象，它包含着各个侧面，具有各种不同的性格特征。这些性格特征在不同的个体身上，组成了独具结构的模式。对性格结构的分析，可从性格的静态结构和性格的动态特性这两方面着手。

（一）性格的静态结构

1. 性格的理智特征

性格的理智特征，是指人们在感知、记忆、想象和思维等认识过程中所表现出来的个别差异。这些差异在一个人的完整的性格中具有一定的意义。

在感知方面表现出来的性格差异有：①被动感知型和主动观察型。前者易受环境刺激的影响，易受暗示；后者凭个人的嗜好、兴趣进行观察，有主见不易被环境刺激所干扰。②详细罗列型和概括型。前者特别注意细节；后者更注重事物的一般和轮廓。③快速型和精确型。前者力图尽快地完成任务，不是细致地感知材料，因而常以种种推测来代替感知；后者总是精细地感知材料，不放过任何可疑之处。④记录型和解释型。前者客观地记录着观察到的事实；后者对观察的对象，往往附加以自己的情感、幻想、兴趣、愿望等主观成分。

在想象活动中表现出性格上的差异有：①幻想家和“冷静的”现实主义者。②具有现实感的幻想家和想象脱离实际生活的幻想家。③主动想象的人和被动想象的人——若以想象来掩盖自己的无所作为，便是被动想象的人；若力图用想象来打开自己活动的领域，便是主动想象的人。④片面地选择想象的客体或题材的人和想象的范围很广阔的人。⑤大胆想象的人和想象被阻抑或限制的人。

在思维活动中也表现出性格上的差异：有的人喜欢独立地提出问题和解决问题，有的人则竭力回避问题而宁愿借用现成的答案，有的人爱好分析，有的人爱好综合，等等。

2. 性格的情绪特征

性格的情绪特征，是指人们在情绪活动时在强度、稳定性、持续性以及稳定心境等方面表现出来的个别差异。

有的人情绪活动一经引起，就比较强烈，很难用意志加以控制，仿佛整个自我都被情绪支配着；有的人情绪体验比较微弱，总是冷静地对待现实，容易用意志来控制情绪。

有的人情绪往往容易起伏、波动，时而激动、时而平静；有的人情绪一般不容易起伏变化，甚至遇到较重大的事件也看不出情绪上的波动。

有的人情绪活动持续时间比较长，会对他留下深刻的影响；有的人情绪活动稍现即逝，好像对他没有留下什么痕迹似的。

有的人稳定心境总是振奋、愉快的；有的人稳定心境总是抑郁、沉闷的；等等。

人们的情绪活动在上述几方面的差异，构成了性格的情绪特征。

3. 性格的意志特征

性格的意志特征是性格的重要组成部分之一。当人为了达到既定的目的，自觉地调节自己的行动，千方百计克服前进道路上的困难时，就表现出人的性格的意志特征。

性格的意志特征可从以下4个方面进行分析：①表明一个人是否具有明确的行为目标的意志特征，例如，是具有明确的目的性还是盲动蛮干，是具有主见还是易受暗示等。②表明人对行为自觉控制水平的意志特征，例如，是否有主动性，是否有自制力等。③在紧急或困难条件下表现出来的意志特征，例如，是沉着镇定还是张皇失措；是果断、勇敢还是优柔寡断、胆小怯懦等。④在经常的和长期的工作中表现出来的意志特征，例如，是有恒心、坚韧不拔，还是往往半途而废、缺乏恒心等。

在评价和培养性格的意志特征时，必须要考虑它的内容。因为性格的意志特征是受人的理想、信念、世界观制约的。例如，盗窃国家财产的人，其目标是明确的、行为是主动的，流氓分子的所谓"勇敢"，都不能看成是积极的性格特征。我们所说的优良的性格特征，必须符合无产阶级的利益和道德标准。

4. 对现实的态度的性格特征

人对现实的态度体系的个性特点是性格的重要组成部分。属于这方面的性格特征，主要是指人在处理各种社会关系方面所表现出来的性格特征。例如，对社会、对集体、对他人、对自己的态度；对学习、对工作、对劳动的态度等。

在对社会、对集体、对他人的态度中所表现出来的性格特征,例如,是善于交际,还是行为孤僻;是主持正义、不畏强暴,还是欺软怕硬、阿谀奉承;是正直、诚实,还是狡诈、虚伪;是富于同情心,还是对人冷酷无情;等等。

在对自己的态度中所表现出来的性格特征,例如,是不亢不卑,还是自负自卑;是严于律己,还是宽于恕己;是自信,还是缺乏自信;等等。

在对待学习、工作、劳动的态度中所表现出来的性格特征,例如,是勤奋还是懒惰;是认真还是马虎;是细心还是粗心;是富于首创精神,还是墨守成规;是勤俭节约,还是挥霍浪费;等等。

人对社会、对集体、对他人、对自己的态度以及对学习、对工作、对劳动的态度都是互相联系着的。例如,对别人的态度就可以影响别人对自己的态度,对集体的态度就可以影响对集体劳动的态度,等等。

可以以各种不同的角度对性格的静态结构进行分析。例如有些心理学家从以下6个方面进行分析:①人生观、价值观方面的特征;②生理生物方面的特征;③需要方面的特征,如支配欲、安全欲等;④指向方面的特征,如理想指向、审美方面的指向、宗教指向等;⑤能力方面的特征,如理解力、预见性、谈判力等;⑥对人对物的态度方面的特征,如社交性、责任心等。[①]

(二)性格的动态特性

性格并不是各种性格特征的机械凑合和简单堆积。各种性格特征在每个具体的人身上总是相互联系、相互制约的。在人的各种不同的活动中,各种性格特征又会以不同的结合方式表现出来:有时以某种性格特征为主,有时又以另一种性格特征为主。同时,性格也是发展变化的。所有这一切,都表明性格具有动态的性质。

性格的动态特性,首先表现为各种性格特性之间有着一定的内在联系。例如,具有主持正义、不畏强暴性格特征的人,对他人的态度往往明朗而直爽;对自己的态度往往不亢不卑;在性格的意志特征方面则表现为勇敢、果断、敢作敢为、坚持到底;在性格的认识特征方面可能表现为更多的主动感知和分析事物的特点;而在性格的情绪特征方面,其稳定的心境往往是振奋的、乐观的。由于性格特征之间存在着一定的内在联系,所以,人们有时根据某人的一种性格特征,便可推知他其余的某些性格特征。例如,当知道一个人具有欺软怕硬、阿谀奉承的性格特征,我们大概就可以推知此人一定是虚伪的利己主义者,对工作、对劳动多半是不认真不负责的,对同志多半是缺乏同情心的。

---

①青木孝悦著,杨宗义译:《从多种性格领域得到的性格结构》,西南师范学院教育系心理学教研室编。

在性格的结构中,性格的认识特征、性格的情绪特征、性格的意志特征和对现实的态度的性格特征这4个方面虽然彼此密切联系、相互制约,但后两种件格特征在性格结构中往往占主导地位。因为对现实的态度的性格特征、性格的意志特征是与人的生活目的、理想、信念紧密联系着的,突出地反映着一个人的本质。

其次,性格结构的动态特性,还表现在性格的各个侧面。在各种不同的场合,有时以某个侧面表现出来,有时又以另一个侧面表现出来。例如,雷锋对自己谦虚谨慎,对同志满腔热忱,但对敌人则表现出冷酷无情的性格特征。又如,雷锋在日常生活中以"处处为国家着想,事事要精打细算"的格言要求自己,表现出艰苦朴素、勤俭节约的性格特征,但是他一旦得知群众有困难,则又表现出慷慨解囊、助人为乐的性格特征。

在不同的情景下,性格以不同的侧面表现出来,不仅说明一个人的性格特征的多样性和复杂性,而且也说明所有这些性格特征在每个具体的人身上,是有机地联系在一起的,是统一的。

再次,性格结构的动态特性还表现在性格的可塑性上。性格是人对现实的稳定的态度和习惯化了的行为方式。它具有相对的稳定性,但又不是一成不变的。性格在主客观条件的相互作用的过程中形成,同时又在主客观条件的相互作用的过程中发生某些变化。

生活环境的变化是性格发生变化的重要因素之一。例如,在家庭里过分受到溺爱的孩子,往往有生活懒散的性格特点;但由于生活环境的变化,在学校住宿或在部队里锻炼,这种性格特征可能发生变化。又如,一个原来开朗、活泼的人,如果遭遇某种重大的不幸事件,可能从此变得沉默寡言等。

最后,人的主观能动性也是性格改造的有利因素。外界环境对性格的影响,总是通过人的主观条件而起作用的。个人已有的性格越是深刻、稳定,外界刺激对人的性格的影响相对地就越小。所以幼小儿童的性格的变化,受环境的影响大。而成年人的性格则比较稳定,不易受环境的影响,但可以通过主动的自我调节来改造自己的性格。有时即使外界生活条件没有多大变化,当人一旦充分认识到自己的某些性格特征与生活要求不相符合时,他可以通过长期坚持不懈的主观努力,去改造这些性格特征,以符合生活的要求。有时外界生活条件即使发生了很大的变化,当人认识到这些生活环境与自己的理想、信念、世界观不相符合时,他可以有意识地控制自己,保持其已有的性格特征而不为环境所左右。在成人身上,性格的改造在很大程度上取决于个人的主观努力。

二、性格的类型

性格的类型是指,一类人身上所共有的性格特征的独特结合。由于性格现象的极端复杂性,在心理学中至今还没有一个公认的、有充分根据的性格分类原则。心理学家们曾以各自的标准和原则,对性格类型进行分类,现将几种有代表性的观点举例说明如下。

(一)以心理机能来确定性格类型

英国心理学家培因(A.Bain,1818—1903)和法国心理学家李波特(T.Ribot,1839—1916)等人提出,依据智力、情绪、意志3种心理机能何者占优势来确定性格类型。他们把人们的性格划分为理智型、情绪型、意志型。理智型者依冷静的伦理思考而行事,以理智来支配自己的行动;情绪型者不善于思考,凭感情办事;意志型者目标明确,行为主动,追求将来的憧憬。除了上述典型的类型外,还有一些中间类型,如理智-意志型等。

(二)以力比多来确定性格类型

瑞士心理学家荣格以他的精神分析观点来区分人们的性格类型。荣格把力比多理解为人类具有的一种生命意志,这种潜意识是人类一切行为的原动力。他认为,力比多活动的方向可以向内,也可以向外。于是,他把人们的性格划分为两种主要的类型:外倾型和内倾型。力比多向外的人属于外倾型,这种人活泼、开朗、善于交际;力比多向内的人属于内倾型,这种人沉静、多思,反应缓慢,适应环境困难。

(三)以竞争性来确定性格类型

奥地利心理学家阿德勒根据个体竞争性的不同来确定人们的性格类型:优越型和自卑型。优越型者特别好强,遇事不甘落后,总想胜过别人;自卑型者遇事甘愿退让,不与别人竞争,有很深的自卑感。

(四)以社会生活形式来确定性格类型

德国哲学家、教育家斯普兰格(E.Spranger,1882—1963)认为,要了解人类的性格类型,应当从社会的文化生活形式着手。他把人类的文化生活区分为6种形式:①理论的生活形式;②经济的生活形式;③审美的生活形式;④社会的生活形式;⑤权力的生活形式;⑥宗教的生活形式。对应这6种生活形式,他把人类划分为6种性格类型:①理论型;②经济型;③审美型;④社会型;⑤权力型;⑥宗教型。

对性格进行分类,具有重要的实践意义。性格分类的知识,不仅为因材施教提供科学的依据,而且还为合理使用人才以及防治某些疾病提供科学的依据,很有必要进行深入的研究。

早在20世纪30年代就有人发现,喜胜好强,但从自己的事业中得不到乐趣的人,特别容易早年患上心脏病。近年来,美国旧金山市著名心脏病学家弗雷德曼写了一本名为《A

型性格与心脏病》的书。他们在心脏病患者中发现有某种共同的性格特征，并称之为A型性格。A型性格的人，有以下一些特点：常常同时做或思考两件不同的事，老想着把工作日程排得越满越好，总是闲不住，时间感特别强。他们信不过别人，总想亲自动手；看到别人做事慢或做不好，恨不得抢过来越俎代庖；除非万不得已，从来不愿排队，经常大步快步，喜抄近道。这种人心直口快，易激动，易发怒，爱和别人比高低等。这种患者如能及早改变其性格特征，使生活安排得有劳有逸，可以明显防止以后心脏病的发作。（怀芹，1981−4−5）

第三节 性格的形成和发展

人生来时不具有某种性格。一个人的性格是在他的生活实践的过程中形成的。性格的形成和发展，反映着一个人的整个生活历程。影响性格形成和发展的因素是多方面的，其中主要有以下5个方面。

一、性格形成的生物学条件

一个人的性格，不是直接来自机体的因素。或勇敢或怯懦，或勤勉或懒惰，或诚实或虚伪，这些性格特征都不是儿童生来就具有的。

但是，一个人的性格的发生和发展却有其生物学的根源。新生儿、婴儿在活动水平上就各有差异。这种差异与神经系统的类型特征和内分泌腺的活动水平有关。例如，甲状腺激素分泌不足，儿童活动迟钝、不能持久；植物性神经系统中，交感神经系统相对占优势，儿童就容易兴奋；而高级神经活动类型上的差异对儿童行为的影响则更是持久的、多方面的。性格以一定的素质为前提；没有素质这个生物学前提，性格就无从产生。

身高、体重、体型和外貌等生理上的特点，对性格的形成也有影响。因为这些特点，有的符合文化的社会价值，有的则不符合，并经常受到人们的品评，无疑会影响一个人的性格的形成。例如，有生理缺陷者（跛子、聋哑人、兔唇患者等）容易为人所讥笑或怜悯，往往易形成内倾的性格。

二、家庭因素在性格形成中的作用

家庭是儿童最早接触的社会环境。整个家庭环境对儿童性格的形成起着重要作用。例如，具有精神文明的家庭，容易使儿童养成良好的性格特征，如热情、开朗、诚实、勇敢、勤奋等；缺乏精神文明的家庭，儿童容易形成不良的性格特征，如孤僻、胆怯、固执、说谎等，少数儿童还可能出现好斗、偷盗、放荡不羁和反社会的行为。

在家庭各方面的因素中，父母的教养态度对儿童性格的形成具有深刻的影响。日本心理学家诧摩武俊对这方面的研究成果做了概括，结果如表15-1所示。该表表明，如果双亲是采取保护的、非干涉性的、合理的、民主的、宽大的态度，儿童就容易显示出领导能力、积极性、态度友好、情绪安定等特性；如果双亲采取拒绝的、干涉的、溺爱的、支配的、独裁的、压迫的态度，儿童就容易表现出适应力差、胆怯、任性、执拗、情绪不安等特性。

表15-1 母亲的态度与儿童的性格(据堀内敏，1980)

母亲态度	儿童性格
1.支配的	服从、无主动性、消极的、依赖的、温和
2.照管过甚	幼稚的、依赖的、神经质的、被动的、胆怯
3.保护的	缺乏社会性、深思的、亲切的、非神经质的、情绪安定
4.溺爱的	任性的、反抗的、幼稚的、神经质的
5.顺应的	无责任心、不服从、攻击的、粗暴的
6.忽视	冷酷的、攻击的、情绪不安、创造力强、社会的
7.拒绝的	神经质的、反社会的、粗暴的、企图引人注意、冷淡的
8.残酷的	执拗的、冷酷的、神经质的、逃避的、独立的
9.民主的	独立的、爽直的、协作的、亲切的、社交的
10.专制的	依赖的、反抗的、情绪不安、自我中心、大胆的

在研究双亲教养态度与儿童性格发展的关系时，不要只停留在双亲对子女的单方面的作用上，应该搞清楚亲子之间相互作用的过程。为此，应注意下列几点：第一，要考虑儿童对双亲的教养意图是怎样理解的；第二，要注意儿童的行为又怎样反过来引起双亲方面新的行为；第三，除了考虑亲子关系外，还要考虑家庭的其他因素对儿童性格的影响。

科瓦列夫(А.Г.Ковалев)对一对孪生的女大学生进行了4年的观察。这对孪生姊妹在同一家庭、同一小学和同一大学的历史系中接受教育，但性格有明显差异：姐姐比妹妹好交际、善谈吐，也比较果断、勇敢和主动。在谈话和回答问题时总是姐姐先回答，妹妹只表示同意或做些补充。造成姐妹俩性格差异的原因之一，是她们的祖母从小把她们中的一个定为姐姐，另一个是妹妹，并责成姐姐照管妹妹，对她的行为负责，做她的榜样，首先执行长辈委派的任务。这样，姐姐就较早地形成了独立、主动、善交际、果断等特点；而妹妹则养成了追随姐姐、听从姐姐的习惯。

三、学校教育在性格形成中的作用

学校教育对学龄儿童性格的形成具有重要的作用。课堂教学是学校教学的主要环节。在传授知识的过程中,训练学生习惯于系统地、有明确目的地学习,克服学习中的困难,可以培养学生坚定、顽强等意志品质。体育课,锻炼身体能培养学生的意志力和勇敢精神。

校风、班风也影响学生性格的形成。良好的校风、班风促使学生养成积极性、主动性、独立性和自觉遵守纪律的优良性格特征;不好的校风、班风可能使学生养成懒散、无组织、无纪律等坏的性格。

通过少先队、共青团,以及贯彻学生守则,对中小学生进行思想品德好、学习好、身体好和爱祖国、爱人民、爱劳动、爱科学、爱护公共财物的教育,能使学生养成谦虚诚实、爱劳动、守纪律、有礼貌、勤劳俭朴、助人为乐等优秀品质。

教师是学生的一面镜子,是学生学习的榜样。学生往往以各种情感和猜测盯着教师。教师的言行对学生的性格会产生潜移默化的作用。有威信的教师,学生言听计从,他的高尚人格,如思想进步、强烈的责任心、富有同情心、谦虚朴素等,会对学生产生深刻的影响。没有威信的教师,学生不愿接受其教育,但他的消极性格,如粗暴、偏心、神经质等,可能对学生产生自暴自弃、不求上进等不良的影响。

四、文化、社会因素在性格形成中的作用

儿童都是在某种文化、某种社会环境和某种特定的经济地位中被教养起来的。一般的文化背景、社会制度、经济地位都会对儿童性格的形成和发展产生深刻的影响。

就一般的文化背景而言,世界上有200多个国家,而我国有50多个民族,在风俗习惯、文化发展水平等方面,都有很大的差别。这种差别从小就影响着儿童,例如在离乳、排泄等训练方面或其他教养方面,以及做人的行为举止、道德规范等方面都有差异,自然会对儿童的性格产生不同的影响。

就社会制度而言,像美国、日本等资本主义社会,提倡金钱万能、个人奋斗,个人竞争获胜就会出人头地、高人一等;我们的国家是社会主义社会,提倡共产主义风格,实行“各尽所能,按劳分配”,人们分工合作,为着一个共同的目标——中国的社会主义现代化而奋斗。社会制度各方面的差异,自然会影响人们的性格,产生与那个社会制度有很大共同性的性格特点。

就经济地位而言,在人剥削人的社会,资本家占有生产资料,生活奢侈;无产阶级一无所有、生活贫困。这种对立,必然影响这两个阶级人们的性格。

因此,不同的时代、不同的民族、不同的社会生活条件和自然风貌,都会影响个体的实践活动,在人们的性格上打下烙印,从而形成不同时代、不同民族的典型性格。在阶级社会里,不同阶级的实践形成着不同阶级的典型性格。

必须指出,影响一个人性格的形成和发展的因素是多方面的。即使在同样的社会背景下,某种性格特征的形成,其因素也是很复杂的。例如,据马斯洛和米特尔曼(Maslow & Mittelmann,1941)对儿童自尊心的研究表明,下列因素都会损害一个儿童的自尊心:

1.文化的因素

专制的家庭结构;

学校中的专制教育。

2.童年时代的因素

父母的严密控制、过分保护;

旁人的控制;

同哥哥、姐姐们的对立;

与父母所怨恨的人之间的比较;

过分严厉的戒律和惩罚;

缺乏表扬、尊重和重视;

家庭中的偏袒;

把自己比作柔弱的人;

不能独立,过分地依赖;

用恐吓作为惩罚。

3.现时的情境因素

身体的低劣;

成绩差、失败;

和旁人不同的感觉;

其他儿童的势利眼或拒斥;

不能适应男性气质或女性气质的要求;

过高的理想要求所引起的罪恶感;

被视为一个幼儿。

因此,一个人的性格特征实际上就是他的生活经历的一种反映,是他的生活历史的记录。一般说来,人的性格到了中学时期即青年期就已初步稳定了。但是,性格的形成并不限于儿童、少年和青年时期,在人的整个生活过程中,性格特征都有可能发生变化。虽然这种改变是比较困难的,但由于人们生活实践的变化以及主体的主观努力,在青年期以后,性格还可能发生某些大的变化。

五、影响性格形成的心理原因

双亲的态度、学校的教育以及一般的文化、社会因素对性格的形成虽然起重要作用，但它们并不直接决定一个人的性格。这些因素都必须通过个体的心理活动才发生作用。性格的形成还有其心理活动的内部根据。内部原因(即内因)，主要有下列两种假说。

1.心理状态“转化”论

列维托夫(И. Л. Левитов)认为，性格的形成最初所经历的阶段是心理状态。所谓心理状态是指，在一定时期内心理活动的相对稳定水平。例如心境、激情、聚精会神、漫不经心等。心理状态由多种因素所引起并使心理过程带有某种独特性。例如，漫不经心，既可能是迷恋于个别客体而削弱了对其他客体的注意，也可能是缺乏认真的态度、责任感不强的表现；既可能由许多弱刺激或中等强度的刺激所引起，也可能由强烈的刺激，如教师的严厉斥责所引起。在各种情况下表现出来的漫不经心，影响着心理过程的进行。又如，朝气蓬勃或意志沮丧的状态，智力活跃或消沉的状态，全神贯注或分心的状态，果断或不果断的状态，等等。列维托夫认为，心理状态是介于心理过程和稳定的性格特征之间的“中间构成物”。如果某种心理状态经常发生，那么它就巩固下来，从而逐渐转化为人的性格特征。

2.动机“泛化”论

鲁宾斯坦认为，动机是构成性格的“建筑材料”，性格的形成是动机的泛化和定型化。人的性格是由动机和人所掌握的行为方式的融合物所组成，但构成性格基础的不是行为方式本身，而是调节着相应的行为方式的泛化动机。这种动机，开初只出现在一定的情境中，而后由于类似的情境不断出现，人就以类似的行为方式进行重复的反应；这样，这种行为方式的动机就扩展到类似的情境中去，逐渐转化为个性心理特征，并在个体身上巩固下来。性格的形成，实际上是由与具体情境相结合的动机向稳定的普遍化的动机系统的过渡。

除上述两种假说外，有人认为，性格是从个人的生活态度中形成的，当态度根深蒂固时带有普遍化性质，它就成了性格特征；有人认为，守纪律、负责、勤劳等性格特征的形成，都是接受和领会社会要求，并逐步转变为自己的内部要求的过程。总之，关于性格形成的内部原因，目前还在探讨之中。

第四节　性格的表现及研究方法

性格是心理现象，它是通过人的言谈、行为以及外貌等表现出来的。性格的外部表现为研究性格提供了依据，通过对一个人的种种外部表现的研究，可以确定他的性格。

一、性格的表现

（一）性格在活动中的表现

人的各种性格特征，常常是在各种活动（如游戏、学习、劳动）中表现出来的。

儿童的性格特征，往往是在游戏活动中表现出来的。观察学前儿童游戏活动的材料表明，这种初具轮廓的性格特征，已经在对游戏的选择中显露出来：有的愿意做集体游戏，有的愿意做个人游戏，有的喜欢做安静的游戏，有的则喜欢做运动性游戏，有的爱好现成的玩具，有的则爱好独立制造玩具。此外，儿童怎样做游戏也在一定程度上显示出性格上的差异：有的在游戏过程中指挥别人充当“领袖”角色，有的愿意接受指挥；有的总是把游戏坚持到底，有的容易被其他事物吸引，使游戏半途而废等。

性格特征也在学生的学习中表现出来。上课时，学生的注意力是义务感和责任心的一个指标。在回答问题和考试时，学生的表情动作在一定程度上反映出自制力和意志的品质。作业是否认真也能反映出性格上的特点。

性格特征在劳动活动中表现得更为明显。一个人怎样对待劳动、怎样对待困难，常给我们提供了是否勤劳、是否有坚持性的客观指标。一个人对待劳动资料和产品是节俭还是浪费，在劳动中是善于和人相处还是感到拘束，是遵守纪律还是违反纪律，也都能反映出性格上的差异。

（二）性格在言语中的表现

一个人说话的多少，说话是否真诚，说话的方式是否因人而异，言语的风格怎样，所有这些都在一定程度上反映着一个人性格上的特点。

在日常生活中，我们很容易把健谈的人和沉默寡言的人区分开来。同时，他们的不同表现也可能反映出不同的性格特征。例如，健谈，可能表现着开朗、好交际的性格特征；也可能表现着自负、爱表现的性格特征。又如，沉默寡言，可能是对自己言谈的高度责任感，可能出于明哲保身；也可能是由于狡猾，想掩饰自己的思想和情感；还可能是由于孤僻、怯懦和疑心。

一个人的言语可能是真诚的,也可能装模作样。言语真诚,表明一个人性情直爽和诚恳。言语装模作样,可能出于谄媚,也可能出于与交谈者没有知心关系,还可能出于卖弄言辞,以掩饰内心的空虚。儿童的言语是直率的,从儿童的言谈中比较容易了解其性格特点。

(三)性格在外貌上的表现

面部表情、姿势,甚至衣着,也在某种程度上反映出一个人的性格特点。

在日常生活中,人们常说某人的面貌可亲,某人面貌可憎,这在某种程度上也反映出对此人的一些性格特点的评定。例如,说某人"虽然长得漂亮,但十分可憎",就是说,此人面貌虽然美丽,但有许多消极的性格特征,如傲慢、利己、狡诈、虚伪等。面部表情是多种多样的。以笑为例,笑也是多种多样的:纵情的笑、甜蜜的笑、含泪的微笑、会心的笑、高声大笑、苦笑、冷笑、傻笑、奸笑、嘲笑、辛酸的笑……都可能表现着不同的性格特征。

典型的姿势也反映出性格上的特点。例如,有的人说话时经常打手势,有的人则不轻易打手势。这里也具有不同的性格意义:经常打手势可能表明缺乏自制力,也可能表明矫揉造作;不轻易打手势可能表明有巨大的自制力,也可能是有羞怯之心。

衣服和饰物也可能表现出人的性格。演员就是根据剧中人物的性格而选择衣服和饰物的。

必须注意,人的性格和外貌之间的关系是非常复杂的。人可以通过思想控制、调节自己的表情和姿态以掩盖自己本来的性格。因此,人的外貌可能具有各种不同的意义,当我们根据外貌来确定性格时,必须考虑到这一问题的复杂性。

二、性格的研究方法

(一)投射法

这种方法是利用某些材料,让被试对它做出回答反应时,不知不觉地把自己的思想和情感泄露出来,从而确定其性格特征。最常用的投射测验有:主题统觉测验和罗夏墨迹测验。

主题统觉测验(TAT),由美国心理学家默里(Morgan & Murray, 1935)所创制。它由30幅图像和1张空白卡片组成。图像多数是人物,也有一部分风景。每幅图像(如图15-1所示)都模棱两可,可以做种种不同的解释。被试从中抽取图片20张和1张空白卡片。当被试看到图片时,凭个人的想象,编造出1张图片上的故事。编造的故事必须包括:图片的情景,情景发生的原因,将来的演变、可能的结果以及个人的体会。被试根据图片的当前知觉,在编造故事时,会不知不觉地把自己内心的冲突、愿望、理想通过故事的情节宣泄出来,即把个人的心理活动投射在故事中。主试通过故事中反复出现的情节以及整个故事的情调(如,是悲观的还是乐观的)等对被试的性格做出鉴定。

图 15-1　主题统觉测验图像一例

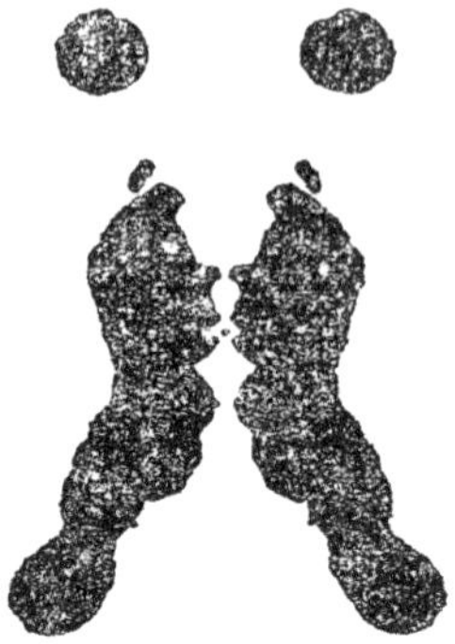

图 15-2　罗夏墨迹测验图片一例

罗夏墨迹测验,由瑞士精神病学家罗夏(Rorschach,1921)所编制。它由10张类似于图15-2上的墨迹所组成(5张黑色,5张黑色加彩色)。每张卡片都向被试提出这样的问题:"这可能是什么?""你看见什么?"或"这使你想起什么?"10张卡片都回答之后,被试再将卡片看一遍,指明墨迹的哪一部分启发了他的回答。主试根据下列4项标准进行统计:①部位:被试是对墨迹全部反应还是对部分反应?②决定:被试的反应,是由墨迹的形状决定还是由颜色决定?把图形看成运动的还是静止的?③内容:被试把墨迹看成什么东西?是动物还是人或物体等?④独创性:被试的反应是与众一致还是与众不同?然后确定其性格。

西方临床心理学家常常采用主题统觉测验和罗夏墨迹测验来鉴定精神病人的性格。但是,仅用这种方法确定正常人的性格往往是困难的,必须结合其他方法才能科学地确定。

(二)观察法

这是在日常生活中,观察和分析一个人的言论、行动、外貌以判断其性格特征的方法。可以是长期有计划的观察,也可以是短期的专题观察。观察必须有计划。

下面是观察学生自制力的一个简明计划:

1.课间休息后,他是怎样进入教室,怎样坐在座位上的?对自己的多余言行抑制到什么程度?

2.上课时,他注意力是否集中?是否被无关刺激所吸引?

3.回答老师的提问时,他是否紧张?说话时能否控制自己?言谈是否过于性急或啰唆?

4.他在回答问题成功或失败后的情绪表现怎样？是否对自己的情绪采取克制态度？

5.上课时，当他的自制力受到特殊考验时（例如，看见窗外某种很有趣的东西，或有引人注意的宾客来到教室），其举止如何？

6.他的自制力是习惯了的还是要做很大的努力才能做到？等等。

观察时，在记录上要注明观察的时间、地点，由谁来进行观察。记录时，要客观地记录事实，不要把事实同对事实的解释混在一起。所观察到的事实越精确、越客观，对这些事实的解释也就越切实可靠。当然，并不是一次观察就能判断一个人的性格特征，这往往需要多次的观察，才能得出切合实际的结论。

（三）自然实验法

对性格的研究，目前大都是采用自然实验法，并且主要是教育性的实验。例如，在游戏和上课时，让被试完成一些实验性的作业来研究儿童的责任心、自制力、果断等性格特征。

例如，一个课业责任心的实验是这样进行的：实验在小学五年级进行，重点考察14名学生，实验组和控制组各7名。先由班主任（主试）对全体学生做动员谈话，鼓励大家争取成为三好集体和优秀学生；并提出认真对待课业的3项行为要求：①放学回家先完成作业；②做完作业要检查验算；③改正上次作业中的错误。然后，对实验组进行行为训练：如前3天放学后留校，由主试具体指导他们按照3项要求完成数学作业，请家长、老师督促，针对实际情况给予表扬或批评；并要求学生登记每天的作业成绩，绘制成曲线图，在日记上分析成绩好坏的原因，定期交流学习经验，使每个学生意识到完成作业的3项行为要求与作业成绩的关系。对控制组只做一般要求，不给予上述训练。经过2周的实践，结果发现：①两组的学习成绩都有提高，实验组的进步较显著。②从课业责任心的2项指标上看，作业中的粗心性错误（非理解性错误），实验组在实验后比实验前降低61%，而控制组只降低33%；在验算行为方面，实验组全做到的有6人，不经常做到的1人，而控制组全做到的只有1人，不经常做到的5人，基本上没有做到的1人。这表明，在对待课业认真负责的态度上，实验组比控制组进步更大（章志光，朱文彬，1964）。

自然实验法的优点是，可以结合日常的业务工作进行性格鉴定。教师可以把难度大的作业布置给学生，观察他们在这种情况下是否具有克服困难的毅力。教师也可以把已经批阅过的卷子交给学生，让他们对照答卷，各自评定记分，从中考查学生是否更改自己的答案，以观察其是否诚实。这种方法对了解性格有重要意义。但这种方法也有缺点，即对实验条件的控制不够严密。

（四）谈话法

用谈话法研究人的性格特征，可以分为以下几种形式：①请被试做自传式的谈话，以说明自己的生活道路。这时主试在一旁指导发言的进程，但要避免强求答案。②临床谈话，这是围绕着某种研究课题（如守纪律的性格特征）而举行的谈话。③找与被试有关的人进行谈话，例如找学生的教师或父母谈话。这种谈话是一种见证人式的陈述。在研究学生的性格时，谈话法是完全必要的。

（五）作品分析法

用作品分析法研究人的性格特征，是通过对被试的日记、信札、自传、命题作文以及其他劳动产品的分析而进行的。例如"我是怎样对待作业的""我的兴趣""雷锋精神鼓舞着我"这样一类的命题作文对研究学生的性格有一定的意义。分析一个人的书法，也可以看出某种性格特征来。例如，我们经常听到有人说，某人的字异常娟秀，某人的字苍劲有力，某人的字圆到，某人的字潇洒，真所谓"字如其人"。甚至分析练习簿的封面是否有污损，字迹是否清晰、工整等，也能反映出学生的某种性格特征。作品分析法对研究人的性格具有辅助性的意义。

性格是十分复杂的心理现象。如果仅用上述一种方法对一个人的性格做出鉴定，往往有很大的局限性。只有将各种方法综合起来加以运用，才能对一个人的性格做出合乎实际的判断。

本章相关文献

B.B.波果斯洛夫斯基.(1979).普通心理学.魏庆安，等译.北京：人民教育出版社.

H.Д.列维托夫.(1959).性格心理学问题.于增涛，译.北京：人民教育出版社.

克鲁切茨基.(1963).苏联心理学中的性格问题//苏联心理科学（第2卷）.孙晔，等译.北京：科学出版社.

斯米尔诺夫.(1957).心理学.朱智贤，等译.北京人民教育出版社.

谢·列·鲁宾斯坦.(1965).心理学的原则和发展道路.赵壁如，译.北京：生活·读书·新知三联书店.

Kendler, H.H.(1974).Basic Psychology.New York：W.A.Benjamin.

第十六章　能　力

本章主要问题：

1. 什么是能力？它与素质、知识技能的关系怎样？
2. 能力的因素和结构是什么？
3. 能力可以估量和预测吗？
4. 怎样编制智力测验？
5. 怎样发挥主观努力以发展自己的才能？
6. 儿童中能力超常和智力落后是怎么一回事？怎样鉴别超常儿童？

第一节　概　述

一、能力的概念

能力是人顺利完成某种活动所必须具备的心理特征之一。

能力总是和人的某种活动相联系并表现在活动中的。只有从一个人所从事的某种活动中，才能看出他具有某种能力。在绘画活动中，一个学生在彩色鉴别、空间比例关系的估计等方面都很强，画得特别逼真，于是，我们说他具有绘画能力；在音乐活动中，一个学生的曲调感、节奏感和听觉表象等都很强，歌声优雅动听，于是，我们说他具有音乐能力。能力的大小也只有在活动中才能比较。在其他条件（知识、技能、花费的时间）相同的情况下，数学运算时，甲生比乙生更快地了解题意，采用简捷的方法，准确地进行计算，于是，我们说甲生的数学能力强于乙生。倘若一个人不参加某种活动，就难以确定他具有什么能力。

但是，在活动中表现出来的心理特征并不都是能力。在活动中人们可以表现出脾气急躁、性格开朗，也可以表现出情绪稳定、沉默寡言。这些心理特征都有可能影响人顺利地完成某种活动，但一般地说却不一定是最必需的。而曲调感、节奏感、听觉表象对于顺利地进行音乐活动，彩色鉴别、空间比例关系的估计、形象记忆对于顺利地进行绘画活动，却是最必需的心理特征。没有这些心理特征，有关的活动便不能顺利地完成。因此，习惯上，我们把顺利地完成某种活动最必需的那些心理特征称为能力。

有时，人们也把某一种心理特征称为能力，如彩色鉴别能力、注意分配能力等。其实，任何单独的一种心理特征都不可能完成比较复杂的活动。要完成某种复杂的活动，往往需要有几种心理特征的有机组合。例如，画家的工作，需要彩色鉴别能力、形象记忆能力、视觉想象能力、形象思维能力等多种心理特征的有机组合；优秀教师的工作，需要逻辑思维能力、言语表达能力、注意分配能力、观察力等心理特征的有机组合。为了顺利地完成某种活动，多种能力的有机组合也称为才能。

能力是保证活动取得成功的基本条件，但不是唯一的条件。活动能否顺利地进行、能否取得成功，往往还与人的整个个性特点、知识技能、工作态度、物质条件、健康状况以及人与集体的关系等因素有关。但是，在这些条件相同的情况下，能力强的人比能力弱的人，更能使活动顺利进行，更容易取得成功。

二、能力和知识、技能的关系

能力和知识、技能既有区别，又是密切联系着的。

知识是人类社会实践经验的总结，从心理学的观点来看，是信息在头脑中的储存。技能是人掌握的动作方式。显然，知识、技能不同于能力。例如，证明一道几何题，在推证的过程中，所应用的公理、定理、定义、公式等属于知识；而在推证过程中思维活动的严密性和灵活性则属于能力。如果一个人不仅在证明这道几何题时思维分析是严密的、简练的、迅速的，而且这种简捷的思维操作还能经常迁移到不同的运算场合，这时我们就可以说他具有数学运算思维敏捷的能力。又如，在学骑自行车时，操作自行车的一套动作方式是技能，而支配此动作方式的心理过程的稳定则属于能力。如果一个人不仅在学骑自行车时表现出动作敏捷，而且在掌握其他技能时也经常表现出这一特点，这时我们就可以说他具有动作敏捷的能力。

能力和知识、技能是密切联系的。它们之间的相互联系表现为，一方面，能力是在掌握知识、技能的过程中形成和发展起来的。例如，学生在掌握知识的同时，也就掌握了思维操作，从而发展了智力；学生在掌握绘画技能的同时，也就形成了绘画能力。离开了学习和训练，任何能力都不可能形成，更不可能得到发展。另一方面，掌握知识、技能又是以一定的能力为前提的。能力制约着掌握知识、技能的难易、速度和巩固程度。随着知识、技能的掌握又会促进能力的提高或新能力的获得。

虽然，能力离不开知识、技能，但能力和知识、技能毕竟不是一回事。一个学生靠死记硬背也可以取得比较好的成绩，但能力可能是差的；另一个学生尽管考试时没有取得良好的成绩，但他能灵活地思考，甚至能创造性地解决问题，这说明他的能力比较强。因此，能力不表现为知识、技能本身，而表现在获得知识技能的动态上，即在其他条件相同时，人掌握知识技能时所出现的快慢、深浅、难易以及巩固的程度。

正因为能力和知识、技能既有联系又有区别，因此，教师单凭考试成绩来判断学生能力的大小是不妥的。在教学过程中，教师不仅要向学生传授知识，而且更要注重对其能力的培养。这样才能使他们更好地去接受新知识，发现新问题，进行新的创造，成为有创造能力的一代新人。

三、能力和素质的关系

能力是一种心理特征，它不是人生来就具有的。有机体与生俱来的某些解剖生理特点，特别是神经系统、感觉器官和运动器官的解剖生理特点，称为素质。素质是能力产生的自然前提。没有这个物质前提，任何能力都无从产生，更谈不上能力的发展。例如，生来聋哑的人不可能成为音乐家，生来失明的人不可能成为画家，无脑儿不仅不可能发展各种能力，甚至难以生存。

能力是在素质的基础上产生的，但是，素质本身并不包含能力，它也不能宿命地预先决定一个人的能力。刚出生的婴儿所具有的先天的解剖生理结构，仅提供一个人能力发展的某种可能性。一个具有优秀素质的人，倘若他不去从事相应的活动，没有必要的教育和训练，那么他的能力就难以发展起来。能力是在人的生活实践的过程中形成和发展起来的。

虽然能力是在人的后天生活实践中形成和发展起来的，但素质对能力的发展却有着重要的意义，它制约着能力的发展。

过去有人曾认为，能力的大小同脑的重量有关。这已为科学事实所驳倒。如表16-1所示，在著名人物中，有脑重量大的，也有脑重量低于平均值的。象脑（重达9000克）和鲸脑（重达1700克）都重于人脑，然而它们都不比人聪明。也有人认为，能力可能和脑重与体重的比例有关，然而这一点也是难以肯定的。能力是否与大脑皮质表面的褶皱有关呢？褶皱确实与大脑皮质的表面积大小有关。可以认为，褶皱深，表面积就愈大，神经细胞的数量也愈多。然而，像海豚那样的动物，据说其褶皱比人脑还深，然而智力却不及人类。因此也难以确定皮质褶皱与智力之间的直接关系。

表16-1 著名人物的脑重

人名	脑重(克)	逝世年龄
拿破仑三世[①]	1500	65
俾斯麦[②]	1807	83
康德[③]	1650	80
屠格涅夫[④]	2012	65
席勒[⑤]	1580	46
居维叶[⑥]	1830	63
萨克雷[⑦]	1658	52
西门子[⑧]	1600	60
高斯[⑨]	1492	78
李比希[⑩]	1352	70

①拿破仑三世(1808—1873),1848年当选为法国大总统,1851年发动军事政变,成为独裁者。
②俾斯麦(1815—1898),德国政治家,铁血宰相。
③康德(1724—1804),德国古典唯心主义的创始人、哲学家。
④屠格涅夫(1818—1883),俄国作家。
⑤席勒(1759—1805),德国剧作家、诗人。
⑥居维叶(1769—1832),法国博物学家。
⑦萨克雷(1811—1863),英国小说家。
⑧西门子(1823—1883),英国物理学家。
⑨高斯(1777—1855),德国数学家、物理学家和天文学家。
⑩李比希(1803—1873),德国化学家。

有人强调大脑皮质的机能定位在能力发展中的作用。例如把额叶称为意志与创造中枢,强调颞叶在记忆、判断中的作用。对此人们也有异议,因为大脑皮质各区域之间、皮质与皮质下部位之间都有复杂的神经联系,如果不考虑大脑的整合功能,单独某一区域的机能是不可能得到发挥的。因此有人认为,能力可能与大脑皮质的神经网络的精密性和复杂性有关,特别与大脑皮质细胞群的配置的个体特点有关。

最近几年来,关于脑与行为的综合研究表明,睡眠时快动眼相脑电出现的频率与人的智力高低有关。大量脑电图普查结果表明,智力发育不全或先天性痴呆儿童的睡眠时间减少,"快动眼"型脑电频率降低。还发现,"快动眼"型的脑电在孕妇与胎儿之间有密切的关系,"快动眼"型脑电出现频率较低的孕妇,其所生婴儿这种形式的脑电,出现频率亦较低。因此,如果孕妇在怀胎最后两个月内"快动眼"型脑电出现频率过低,可能意味着婴儿出生后将是智力发育不全者。

巴甫洛夫学派的研究证明,高级神经活动的一般类型特征对能力的发展起重要作用。例如,神经过程强的人,在相当强的附加刺激的作用下,能集中注意;神经过程弱的人,在这种条件下则不能集中注意。神经过程强而灵活类型的人,知觉广度大;弱而不灵活类型的人，知觉广度小。神经过程平衡的人注意分配困难。在技能形成时，弱而不平衡类型的人有较长时间的紧张，并出现许多多余的和违反抑制性要求的动作。在思维活动中，神经过程灵活类型的人比不灵活类型的人在解决任务上要快2～3倍。

在研究高级神经活动的类型特征和能力品质的关系时应当注意，神经系统的每一种特性既有好的一面，也有不好的一面。例如，弱型的人，一方面表现出工作能力的界限低，但同时具有高度的感受性和反应性、印象丰富鲜明、心理活动十分细致。

神经系统、感官或运动器官的局部特性对能力的发展也有很大的影响。例如，神经系统的某些局部特点可能对视觉的、听觉的或运动方面的能力发展有影响。声带结构好，有利于音乐能力的发展；体格健壮，有利于运动能力的发展。

素质是人从先天带来的解剖生理特点，因而它是能遗传的，但不能由此而认为能力也是遗传的。能力作为一种心理特征，是在人的后天的生活实践中，某种先天素质同客观世界相互作用后而形成的，是在实践活动的过程中形成的。因此，不能把能力看作遗传的结果，但也不能把能力看成完全是由环境机械地决定的。能力的遗传决定论和环境决定论都不符合科学事实，因而都是错误的。

四、能力的个别差异

人与人之间在能力上存在着明显的个别差异。这种差异主要表现在能力的类型、能力表现的早晚和能力的发展水平等方面。

能力的类型差异，表现在完成同一种活动时，不同的人可能采取不同的途径。例如，在知觉活动时，一些人善于分析，对细节感知清晰，但整体性较弱；另一些人富于概括性和整体性，但分析较弱。前者属分析型，后者属综合型，而更多的人兼有这两种类型的特点，属分析-综合型。

在记忆方面，一些人善于形象记忆，另一些人善于语词、符号记忆，还有一些人既善于形象记忆也善于语词记忆。

在言语活动和思维活动方面也存在着个别差异。有些人擅长于口头言语，有些人擅长于书面言语，还有些人这两种言语都擅长或都不擅长；有些人形象思维占优势，另一些人抽象思维占优势；等等。

能力的类型差异还表现在，有的人具有文学艺术（包括文学、戏剧、音乐、绘画、雕塑等）方面的能力，有的人具有科学、技术方面的能力，有的人具有体育运动方面的能力，有的人具有社会工作和生产劳动方面的能力，等等。

能力在人的一生中，表现的早晚也有差异：有些人在少年儿童时期就表现出优异的能力，这叫“人才早熟”；有些人的优异能力表现较晚，甚至到晚年才表露出来，这叫“大器晚成”。

能力的差异还表现在发展水平上的不同。有的人聪明，有的人愚笨，而大多数人都属于中常水平。

第二节 能力的因素和结构

一、能力的因素分析

（一）一般能力和特殊能力

人要顺利地完成某种活动必须具备多种心理品质的密切配合。能力实际上是具有多种因素的复杂结构。

对各种活动能力进行的分析表明，要顺利完成某种活动，必须具有两种能力：一般能力和特殊能力。

1. 一般能力

一般能力是在许多基本活动中都表现出来，且各种活动都必须具备的能力。例如，观察力、记忆力、思维力、想象力都属于一般能力。学习、工作、创造、发明，任何活动的顺利完成，都离不开这4种能力。这4种认识能力的综合也称为智力。

通常人们把智力与聪明、机灵作为同义语来使用。在心理学界，智力的概念却没有公认的定义。最早给智力下定义的是德国心理学家施登，他说：“智力是指个体有意识地以思维活动来适应新情境的一种潜力。”（Stern，1914）比纳认为，智力是判断力、常识、创造力和适应个体生存能力的总和（Binet，Simon，1916）。推孟把智力说成运用抽象概念进行思维的能力（Terman，Merrill，1960）。皮亚杰则把智力说成是一种生物适应，儿童认知的发展就是有机体对环境适应的逐步完善和日益“智慧化”（Piaget，Cook，1952）。威克斯勒说：“智力是包括非智力在内的相互作用的各种能力的产物。”（Wechsler，1949）斯多达得在总结智力表现时说：“智力是从事具有困难性、复杂性、抽象性、简缩性、与目的符合、有社会价值与创造性活动的能力。”（Stoddard，1941）有人干脆回避智力的定义，把它看成智力测验所测得的分数。总之，众说纷纭。智力的含义大致可归纳为下述几种观点：（1）适应环境的潜在能力；（2）抽象思维能力；（3）创造新事物的能力；（4）智力也包括非智力因素；（5）智力测验中的得分高低。不论各家的定义如何不同，但他们的定义都直接或间接地包含了认识能力。也可以认为，智力是一种综合性的潜在能力。

2.特殊能力

特殊能力是在某种专业活动中表现出来的能力。例如,数学能力、音乐能力、绘画能力、机械操作能力等,这些能力对于完成相应的活动是必须具备的。

每一种特殊能力都是由有关的活动的性质所制约的几种基本的心理品质而构成。例如,数学能力的基本成分是:(1)对数学材料的迅速概括能力;(2)运算过程中思维活动迅速"简化"的能力;(3)正运算过渡到逆运算的灵活性。音乐能力的基本成分是:(1)曲调感,即区分旋律的曲调特点的能力,它表现在对旋律的准确感知、对旋律的情绪反应以及对音调的准确感受上;(2)听觉表象,即能随意地使用反映音高关系的听觉能力,它表现在能再现听过的旋律,首先表现为能歌唱出来;(3)音乐的节奏感,即感受音乐的节奏并能准确地再现它的能力。绘画能力也是由多种能力构成的。绘画活动不仅需要有对对象的结构、色调、相对比例关系、空间位置的敏锐和完善的知觉及表象能力,还要求掌握与绘画技术有关的手的精确动作能力,以及估计大小比例、估计明度关系的精确性等。飞行能力是与飞行有关的各种心理特征的有机组合。注意分配、手足动作协调、动作量的控制以及选择反应、空间定向、知觉广度、图形辨认等都与飞行能力有关。

人要顺利地进行某种活动,必须既具有一般的能力,又具有与某种活动有关的特殊能力。在活动中,一般能力和特殊能力的关系是辩证统一的。一方面,一般能力在某种活动中的特别发展,就可能成为特殊能力。例如,观察力是一般能力,但在农业技术工作中,除了需要一般的观察力外,还需要区别各种作物的形态、结构的细节,察看作物个体的生长、发育、繁殖和类群的特征及其相互关系的敏锐观察能力。这就是对农作物的观察力。另一方面,特殊能力得到发展的同时也发展了一般能力。因为农技师在培育作物过程中的精细观察能力,有可能迁移到其他活动领域,表现出他的精细观察的特点。所以,在各种专门化的活动中,一方面发展着各种特殊的能力,同时也发展了一般的能力。

(二)优势能力和非优势能力

一个人往往有多种能力,形成一个能力系统。通常有一种能力占优势,其他的能力从属于它。例如,我国古代杰出的数学家祖冲之具有卓越的数学才能,同时他又具有物理学和史学等方面的才能。赵丹具有卓越的演剧和演电影的才能,同时他又具有绘画和作诗的才能。优势能力在一个人的生活实践中占主导地位,其他能力起增强优势能力的作用。

不少人都能顺利地完成同样的活动,但是完成这种活动的组成因素所处的地位也可能不同。有的因素在一些人身上是优势能力,但在另一些人身上是非优势能力。例如,音乐能力的基本成分是曲调感、听觉表象和音乐节奏感。但是对于每个具有音乐才能的人来说,这3种因素所起的作用可能是不同的。研究表明,音乐成绩良好的学前儿童中,一些儿童具有强烈的曲调感和听觉表象能力，但节奏感不足；另一些儿童具有很好的听觉表象能力和节奏感，但曲调感较弱；还有一些儿童有强烈的曲调感和节奏感，但听觉表象能力较弱。又如，数学能力的基本组成部分是运算能力、逻辑推理能力、空间想象能力。有的学生空间想象能力占优势，而逻辑推理能力可能差一些；另一些学生则可能逻辑推理能力占优势，而空间想象能力稍差一些，但他们都能达到正确、迅速地运算的程度。再如，在运动竞技中，两个优秀乒乓球运动员，一个主要依靠动作的稳健和准确，另一个主要依靠动作的强度和灵活，他们同样可以表现出乒乓球运动的卓越才能。在这种情况下，优势能力在完成某种活动时可以补偿非优势能力的不足。

区分优势能力和非优势能力，发挥优势能力的作用，对于因材施教、加速人才的培养具有重要的意义。

（三）两因素说和多因素说

在心理学史上关于能力的组成因素有两种理论：两因素说和多因素说。它们都是以智力测量中不同的因素分析法和解释为基础的。

1. 两因素说

两因素说是英国心理学家斯皮尔曼（Spearman，1863—1945）于1927年提出的。他认为，能力由两种因素构成：“一般因素”（G因素）和“特殊因素”（S因素）。人完成任何一种作业都是由G和S两种因素决定的。例如，一个人算术推理测验的作业是由G+S1完成的，一个言语测验的作业则是由G+S2完成的。这两个测验的成绩出现正相关，是由于它们有共同的G因素；但它们并不完全相关，这是由于所完成的每种作业中都包含有不同的、没有联系的S因素。各种能力的不同，是由于S因素的存在。因此，他认为，G因素是智力结构的基础和关键，各种智力测验的目的就是通过广泛的取样而求出G因素。

2. 多因素说

1926年，桑戴克（E.L.Thorndike，1874—1949）把智力区分为3种成分：对抽象概念的适应能力、对社会关系的适应能力和对机械问题或选择问题的适应能力。他还把智力分为3个方面：难度、广度、速度。这可以说是多因素说的先导。瑟斯登（Thurstone，1938）把智力区分为7种主要因素（或称主要能力）：计算能力、语词理解能力、语言流畅程度、空间能力、记忆能力、知觉速度和推理能力。他还对这7种能力设计了相应的测验。

在历史上，这两种学说对于深入地认识能力，都有过积极的作用，并且为以后的心理学家进一步发展。

二、能力结构的理论

(一)智力的三维结构模型

1967年美国心理学家吉尔弗特(J.P.Guilford,1897—1987)提出智力是由操作、内容和成果3个维度构成(Guilford,1967),就像一个立方体由长、宽、高三维构成那样(图16-1)。

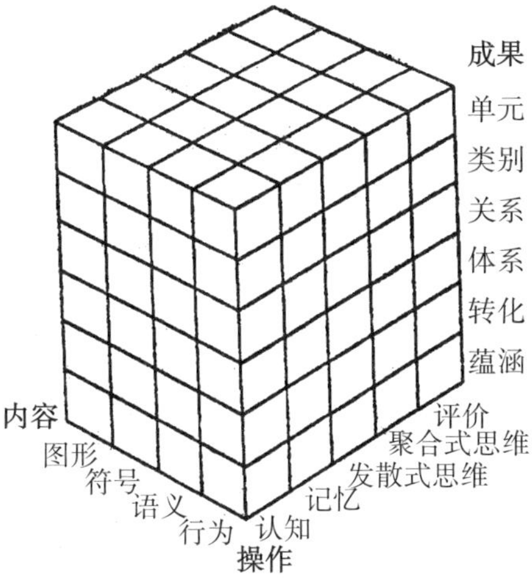

图16-1 智力的三维结构模型(据吉尔弗特)

所谓操作就是智力活动过程的一种性质。它包括认知、记忆、发散式思维、聚合式思维和评价5种智力因素。智力的第二个维度是内容,智力活动总是有一定内容的。它包括图形、符号、语义和行为4种。智力的第三个维度是成果,即智力活动最后获得的结果。它包括单元、类别、关系、体系、转化、蕴涵6个方面。吉尔弗特认为,人在进行智力操作时,往往是以操作的某一要素为基础,再由其他若干要素参加的。他以丘吉尔为例:艾德礼说丘吉尔的思路很快,你向他提一个问题,他可以立即向你指出这个问题的10种可能,但是要确定哪种可能性最大,他却感到左右为难了。一个问题当前,马上想到10种可能,说明此人发散式思维能力强;不能马上判定哪一种可能性最大,说明此人的评价能力相对较弱。又如,问"红砖头有几种用途?"可以测定人们的发散式思维能力的强弱。红砖头,是一种图像;问有什么用途,是一种语义。思维便以这两项内容为基础进行活动而得出一系列的结果。吉尔弗特认为,把操作、内容、成果中的所有因素结合起来,即可得:4×5×6=120种智力因素。据说他已经测到78种。他认为,只要把这些因素都测出来,就可以彻底了解人的智力。目前这只是一个设想。

(二)智力的层次结构模型

这是英国心理学家皐南(P.E.Vernon)于1960年提出的。他把智力分为4个层次:最高层次是智力的一般因素。下面分两大类,即言语和教育方面以及操作和机械方面。言语和教育方面又分言语因素、数量因素等;在操作和机械方面又分为机械信息、空间信息、用手操作因素等。第四层次是各种特殊能力。(Vernon,1960)也就是说,因素可以一层一层地归类,最后归到一个总的智力。

总之,上述理论都认为能力是一个复杂的、综合的模型。探讨能力结构,找出能力的最佳结构模型,对于发现人才、培养人才,有着重要的意义。

第三节　能力的测量

一、历史的回顾

能力的测量在我国有着悠久的历史。孟子(约前372—前289)说:"权,然后知轻重;度,然后知长短。物皆然,心为甚。"孟子认为,用数量来权衡心理活动的特点是理所当然的。约245年,三国时刘劭著的《人物志》一书提出了心理观察的一条基本原理,即"观其感变以审常度",意思是根据一个人的行为变化便可推测他的一般心理特点,并提出通过词,以回答法("应赞")为手段来观察人的智力。这是一部论述能力问题的古代专著。1937年美国人把它译成英文,书名为《人类能力的研究》。在封建社会,科举考试用的帖经、对偶以及我国民间常见的七巧板、九连环、挑线绷、猜谜语、打灯谜等都是很好的智力测验方法。我国的这些智力测验的方法都比西方国家早。例如,我国有名的七巧板,又称益智图,至少在1860年以前就已经有了;而西方,直到1914年才由肯普弗(G.A.Kempf)研制出5块小板组成一个长方形的机巧板,称为对角线机巧板,而且比较简单。用七巧板可以组成近百种生物和实物图样,是一种很好的非文字的智力测验工具(图16-2)(林传鼎,1980)。

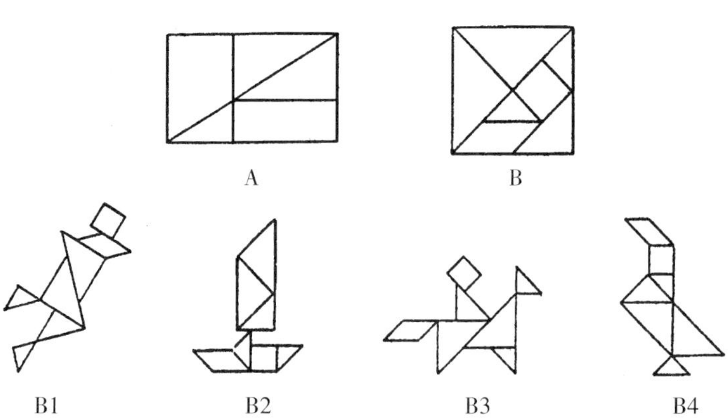

A.五巧板;B.七巧板。用七巧板摆成的图形:B1.人在跑步;B2.帆船;B3.骑马;B4.鹅。

图16-2　肯普弗的五巧板和我国的七巧板(据林传鼎)

在西方，最早、最著名的智力测验是法国心理学家比奈和西蒙(T.Simon)于1905年为了鉴定低能学生的社会需要而编制的。这一套智力测验，称为比奈-西蒙量表。1916年美国斯坦福大学心理学家推孟对这一量表进行了第一次修订，称为斯坦福-比奈智力量表(Stanford-Binet Intelligence Scale)。比奈量表属于个别测验。后来团体测验兴起，测验法不仅用于测定儿童的智力，还用于对各种专业人员的选拔工作。这样，对成人的测验也随之编制出来。第一次世界大战时，约有200万士兵受到各种测验，并按测验的结果分配他们军种，接受某种军事训练。目前，欧美和日本的大企业在招工和职业训练中也都广泛使用了测验法。经验证明，各种类型的能力测验对因材施教、人才选拔、诊断脑机能发育不全、评定教育质量以及检验心理发展的理论等是一种有用的方法。

测验的种类很多。按一次测验的人数可把测验分为个别测验(一次测验一人)和团体测验(一次同时测验许多人)。按测验的内容可把测验分为言语测验(要求以言语回答问题)和非言语测验(要求以具体操作来解决问题)。按能力的种类可把测验分为一般智力测验、特殊能力测验和创造力测验。

二、一般智力测验

这里介绍两种一般智力的个别测验：斯坦福-比奈智力量表和威克斯勒智力量表。这种测验通常要花两个小时。个别测验虽然很费时间，但对于年幼儿童及智力落后者很有用处。个别测验容易记录到被试回答时的种种表现(如兴趣、焦虑、进取心、独立性等)，有助于我们研究与能力有关的其他心理因素。

(一)斯坦福-比奈智力量表

该量表是用来估量儿童智力发展水平的。这里介绍的是第三次修订版。用推孟自己的话说，是测量在复杂的脑力活动中“起作用的智力”，而这种脑力活动既反映先期的学习，也反映有目的指向性的灵活的解题能力。该量表共142个项目，分成20个发展水平，依发展顺序排列，每一发展水平各有6个测验加上1个备用测验[①]。发展顺序从2岁直至成人。例如：

5岁组(每通过1个项目得2个月)

①人像画上补笔。

②折叠三角。模仿将一张六寸见方的纸对角折叠两次。

③为皮球、帽子、火炉下定义。

---

①唯一例外的是普通成人组有8个测验加上1个备用测验。

④临摹方形。

⑤判断图形的异同。

⑥把2个三角形拼成1个长方形。

(备用项目)用鞋带在铅笔上打个结。

6岁组(每通过1个项目得2个月)

①认识词汇,如“橘子”“信封”“泥潭”等。

②指出两物的不同点,如鸟和狗,拖鞋和靴子,木头和玻璃,等等。

③指出图中所缺部分。

④从12个立方木块中取出一定的数目。

⑤完成相对应的类比,如鸟(飞),鱼(?),等等。

⑥用笔画出纸迷宫图中的正确路线。

(备用项目)看图说故事。

7岁组(每通过1个项目得2个月)

①指出图形的谬误。

②指出两物的相同点,如木和炭,苹果和桃,轮船和汽车,铁和银,等等。

③临摹菱形。

④理解问题,例如“如果你在马路上遇到一个找不到父母的3岁小孩,你应该怎么办?”等。

⑤完成相应的类比:雪是白的,炭是(?);狗有毛,鸟有(?)等。

⑥顺背五位数。

(备用项目)倒背三位数。

1.测验项目的编选

并不是任何项目信手拈来就可以编入量表的。在编制量表时,测验项目的选择非常严格。在选择量表的项目时应遵循以下3条原则:

(1)项目应能测量智力功能,应尽量避免一般文化教育、知识水平的影响。因为智力测验估量的是智力,而不是人的知识、经验。但智力又总是和人的知识经验联系在一起的,因此要尽量避免知识经验的影响,做到所有被试对所测的知识具有近乎相等的程度。

(2)项目应能鉴别出连续的年龄水平,即随着年龄的增长,儿童通过每一个项目的百分数要相应地增加。

(3)全量表要有连续性:项目必须与总分有较高的相关;智力不同的被试对每一项目

通过的百分数应有所差别。

要使测验项目符合上述原则，首先要经过足够大的取样人数，对这些项目进行试测。把通过这一项目的某年龄总人数的60%～70%作为标准，来确定这个项目应当归属的年龄。这种按照有代表性的人数取样，提出一个数量上的标准，以确定项目适合哪一年龄，这一系列程序称为测验项目的标准化。

然而，要得到一个真正代表全体成员的取样，显然是有困难的。但是在进行标准化的一个测验时，所用的取样如果没有全体成员的代表性，那么这一测验的可用范围就会受到限制。例如，一个测验是为全国儿童所用的，但只试测了城市儿童而未试测农村儿童，那么列入这一项目的测验的可用范围将受到限制。

2.智商的计算方法

智力测验的结果，通常用智力年龄（MA）和智力商数（IQ）来表示。

智力年龄也叫心理年龄或智龄，这是比奈于1908年创造的。智龄是以被试能通过哪一年龄组的测验项目来计算的。

如果一个儿童通过了一套6岁组的全部项目（6岁以下各组的项目不用测，就算通过了），其智龄就是6岁。如果他还通过了7岁组的2个项目（代表4个月），8岁组的1个项目（代表2个月），而9岁组和10岁组的测验都没有通过（10岁以上各组就不必测了），那么，其智龄便是6岁6个月。

智龄这个概念虽然可以对同一年龄的儿童的智力发展水平进行比较，但不能比较不同年龄儿童的智力发展水平。为了便于不同年龄儿童间智力的比较，推孟在修订比奈量表时提出了智力商数的概念。智力商数（简称智商）是智力年龄与实际年龄（CA）之比（因而也称比率智商），为了避免计算中的小数，将商数乘100，其公式为：

$$IQ=\frac{MA}{CA}\times 100$$

如果甲童的智力年龄与实际年龄都是6岁，其智商$IQ=\frac{6}{6}\times 100$。IQ=100表示此儿童的智力水平与其实际年龄相当，表明他的智力是中等的。如果乙童的智力年龄为10岁，其实际年龄是8岁，那么他的$IQ=\frac{10}{8}\times 100=125$。IQ大于100，表示乙童的智力高于同年龄的一般儿童，同时也表明乙童比甲童的智力高。如果丙童智力年龄为12岁，其实际年龄是14岁，那么他的$IQ=\frac{12}{14}\times 100=86$。IQ小于100，表示丙童的智力低于同年龄的一般儿童，同时也表明丙童的智力比甲、乙两童都差。

经过对大量被试的测验和统计处理,结果表明,人类的智力是按正态曲线分布的,即智力极低和极高的人都是极少数,绝大多数属于中常或接近中常。其具体分布情况大致如表16-2所示。

表16-2 人口中的智力分布

智商	等级	人口(%)
70以下	智力低下	1%
70~89	智力偏低	19%
90~109	智力中常	60%
110~129	智力偏高	19%
130或130以上	智力超常	1%

(二)威克斯勒智力量表(Wechsler,1949)

用IQ来衡量人的智力发展水平,是假定智力年龄随实际年龄一起增长为基础的。但事实并不完全如此。儿童在15岁左右就出现了智力年龄不再随着实际年龄而增长的现象。因此,如果继续用不再增长的智力年龄与继续增长的实际年龄相比,求得的IQ就会下降。例如,如果某人15岁时IQ为100,当他到了30岁时,IQ将成为50,简直成了白痴。这当然不符合事实。由于计算IQ的方法出现了这样的局限性,同时,斯坦福-比奈智力量表测验成人的取样范围狭窄,这样就产生了威克斯勒智力量表。

威克斯勒智力量表分3种:威氏成人智力量表(简称WAIS),评定16岁以上成人的智力;威氏儿童智力量表(简称WISC),测定6~16岁少年儿童的智力发展水平;威氏学前儿童智力量表(简称WPPSI),评定4~6.5岁儿童的智力。这3种量表项目类别大同小异,差别仅在于内容的难度。威克斯勒认为,智力是由几种有效的智慧能力"聚集"而成的。这3种量表各包括11个或12个分测验,分为言语和作业两类。兹以WISC为例简介如下(1~6是言语测验,7~12是作业测验,其中6和12是备用测验):

1.常识——共30题,例如"太阳落在什么方向?""油为什么浮在水面上?""什么东西使铁生锈?"等。该分测验的特点在于抽样分析被试多种知识的广度,除可以评定一般学习能力外,还能评定言语理解能力和获取知识的能力。

2.理解问题——共17题,例如"如果你把朋友的皮球弄丢了,你应该怎么办?""用砖或石头盖的房子比用木头造的房子有哪些好处?"等。该分测验可用来评定被试运用实际知识解决个人和社会问题的能力。

3.算术——共18题,例如"每块糖8元钱,3块糖值多少钱?""如果你买两打铅笔,每打45元,你应从付出的100元钱里找回多少钱?"等。该分测验,可以评定被试的数学推理能力(速度和准确性)。

4. 两物的相同点——共17题，如“苹果和香蕉”“猫和老鼠”“山和湖”“开头和结尾”等有哪些相同的地方？这是对抽象、概括能力的良好测量。

5. 词汇——共32题，例如“小刀”“帽子”“勇敢”“冒险”等词汇的意思是什么？这是对言语理解能力、一般学习能力和长时记忆的极好测量。

6. 复述数字——让被试注意听，然后进行正复述和反复述，各7题。该分测验用以测量注意力和短时记忆的广度。

7. 找出图中缺少的部分——共26张，这些图画有“缺少梳齿的梳子”“缺少耳朵的狐狸”“缺少胡须的猫”等。让被试指出图画中缺少的部分。这是对知觉组织能力和一般推理能力的良好测量。

8. 整理图片——展示1套（共13套）次序打乱了的图片，让被试按照事件的意义顺序，如“野餐”“火警”“园丁”等，把图片排成一个合理的故事。它可以评定推理的计划性和合理性及知觉组织的能力。

9. 积木——有不同颜色但形状相同的4～9块正方形积木，让被试分析图案（共11张图案）的设计，并用积木把它们重造出来。这是对一般抽象推理能力和知觉组织能力的极好测量。

10. 图像组合——让被试把一套套拆开并打乱了的图像组合板拼成一个完整的图。这些图像有“女孩”“马”“汽车”“面孔”共4套。该分测验可以评定概括思维的能力和知觉组织的能力。

11. 译码——8岁以下儿童用物体译码，即给一些物体配上各种规定的符号，如见到圆球配上两道横线，见到星星配上一道直线等。8岁和更大的儿童用数字译码，即给1～9的每个自然数配上各种规定的无意义的符号，如见到“1”配上“二”，见到“3”配上“十”等等。该分测验，可以评定一般的学习能力、知觉辨别的速度和动机的强度。

12. 迷津——共9个迷津图，用笔画出迷津测验纸上的正确路线，用以测量知觉的速度和准确性。

威氏智力量表的重要特点是，废弃了智力年龄的概念，保留了智商的概念。但是威氏量表的智商已不是传统的比率智商，而是离差智商。离差智商是以每一年龄组的原始平均分数为100IQ，标准差为15IQ，求平均数以上和以下的相应智商。它的计算公式是：

$$\mathrm{IQ}=\frac{15(X-M)}{S}+100$$

式中，X为某一年龄组被试实得的测验原始分数，M是该年龄组总体的平均分数。$\frac{X-M}{S}$是标准分数，它是一种以标准差为单位的相对量数。

例如，某个年龄组的平均分数（M）为70分，标准差是10分，甲生得80分，他的标准分数即为+1;乙生得60分,他的标准分数即为-1。代入上述公式,标准分数为+1者,智商是115;标准分数为-1者,智商是85。因此,离差智商就是根据同年龄被试在全体中的相对位置计算出来的智商。离差就是以标准差为单位的一个分数与平均数之差。根据离差计算出来的智商,称为离差智商。

威氏智力量表的另一特点是,不仅能算出一个人全量表的离差智商,还能算出言语测验、作业测验及各种分测验的离差智商。这就有可能对一个人的智力结构的各种因素进行比较和分析。

三、特殊能力测验

特殊能力测验有两种类型:差别能力倾向测验和特殊的实际能力倾向测验。

(一)差别能力倾向测验

一般智力测验所测得的智力,包含着多种能力因素,是一种能力的群集。人们能力上的差异,不仅表现为智商的不同,而且还表现为多种能力因素的组合模式的不同。基于这种设想,产生了评定不同能力因素的测验。例如差别能力倾向测验(简称DAT),就是一套评定7种能力的综合测验。

这7种能力测验包括:

①言语推理测验——包括50个项目,用以测定理解、概括和运用各种语词进行创造性思维的能力。

②数学能力测验——包括40个问题,用以测定被试对数概念及其相互关系的理解及计算能力。

③抽象推理测验——包括50个项目,用以测定不依赖于特殊的语言、数或其他文化经验,而用抽象符号达到理解、概念化和概括化的能力。

④空间关系测验——包括40个项目,用以测定空间想象的能力。

⑤机械推理测验——包括68个项目,用以测定被试在解决各种图画的和机械的问题时,对机械原理的理解和运用的能力。

⑥抄写速度与精确性测验——包括200个项目,用以测定对各种字母组合的相似性和差异性的精确感知速度。

⑦语言运用测验——包括两个部分:<1>拼写错误,<2>句子中的文法、标点和习语的错误,用以测定正确运用拼写、文法结构、标点符号和语词的能力。

这些分测验之间彼此的相关较低,说明它们之间只有很少的共同因素,因而测得的是特殊能力而不是一般的能力。对于各个不同的年龄组,平均相关系数全距从0.62(言语推理与语言运用)到0.06(机械推理与抄写速度和精确性)。各分测验之间的相关系数的中数为0.425。

(二)特殊的实际能力倾向测验

这是为预测一个人将来从事某种专业活动而设计的测验。这类测验包括对艺术能力、音乐能力和机械能力等的测验。

要测定从事某种专业活动的能力,就需要对该活动进行分析,找出它所要求的心理特征,列出测验项目,进行测验的设计。例如梅尔美术判断测验(Meier Art Judgment Test),分析了美术家绘画活动的特点,以比例、平衡、明暗排列顺序、线条排列匀称、构图的统一等为指标,将著名的图画加以改编制成100对图画,指示被试在每对画中选择出他感到满意的图画。由于"正确的图画"反映了上述的艺术特点,并被25名美术家公认为较好的画,因此,被试的得分就表明其判断与美术家的判断相一致的程度。

又如西肖尔(Seashore,1939)对学习音乐的能力进行分析,区分出组成音乐才能的6种特殊能力:辨别音高、响度、持续性、音色的差别,判断韵律的异同和音调记忆力,从而设计出6种测验。在明尼苏特机械装配(Minnesota Mechanical Assembly)测验中,让被试装配若干机器部件,以估量其空间关系的察觉能力、动作的敏捷性和计划性等。

测验结果表明,一般智力同绘画能力、音乐能力、机械能力、运动能力的相关是低的,但是正的。这说明上述这些特殊能力相对地不依赖于一般的智力。

四、创造力测验

智力测验只有一个正确的答案。吉尔弗特认为,创造力更多地与发散式思维联系在一起。于是,他设计出了可以有多种答案的测验,解决的方法愈新颖、愈奇特愈好。这种测验主要是用来测验人们发散式思维能力的大小。1962年,盖茨尔斯和杰克逊(Getzels & Jackson)吸取吉尔弗特的思想,设计了一套创造力测验,包括5个分测验:

①词汇联想测验——如让被试对"螺钉""口袋"之类的十分普通的单词,说出尽可能多、尽可能新颖的定义。以定义的数目、类别、新颖性等进行评分。

②物体用途测验——如让被试对"砖"之类的普通物品,说出尽可能多的用途。根据说出用途的种类及独创性进行评分。

③隐蔽图形测验——给被试看一张印有各种隐蔽图形的卡片,让被试找出这些图形。根据找出图形的复杂性和隐蔽性进行评分。

④寓言解释测验——给被试呈现几个短寓言,但缺少结尾,要被试对每个寓言都设计出3种不同的结尾:"道德的""诙谐的"和"悲伤的"。根据结尾的数目、恰当性和独创

性进行评分。

⑤组成问题测验——给被试几节短文，让其用所给的材料尽量组成多种数学问题。根据问题的数目、恰当性、复杂性及独创性进行评分。

例如，在物体用途测验中，对“砖”的用途，甲生回答：“可以造房子、造墙、造炮楼、铺路等。”乙生回答：“除了造房子、铺路外，还可以用来抵门、做烟灰盆、当蜡烛台，甚至在必要时当作武器打击敌人。”主试对两生的回答进行分析，就可以看出，甲生没有什么创造力，因为他想到的都是平常的一种用途：建筑。乙生有创造性，因为他所想到的用途不仅种类多而且新颖，有独创性。

除上述测验外，明尼苏达大学的拓伦斯（Torrance，1966）编制的创造思维测验，也已广泛地用作创造力测量的工具。这个测验有以下一些内容：问与猜测验、产品改进测验、非常用途测验、合理设想测验、图画测验、不完全数字测验以及平行线测验。其评分标准有4项：流利、灵活、独创性和精密性。所有的作业都要求提供分散解答、有多种可能性以及在理论和行为上要有所创造。

许多研究表明，智商与创造力分数之间的相关是低的，但是正的。也有研究认为智商与创造力之间的相关高低是由创造力测验的性质而定的，某种创造力可能要求较高的智力，而另一些创造力又可能与智力相关不高。尽管在智力和创造力的相关上还有不同的看法，但比较一致的意见是，高智商并不能保证高度的创造性，而智商低的人肯定只能得到创造力的低分数。相当数量的智力（最低阈限智商或许约为120）对于从事文化教育、科学技术或艺术上的创造革新是必要的。

五、能力测验的效度和信度

（一）能力测验的效度

测验的效度是指，测验是否准确地测量了它所准备测量的东西。一个效度高的能力测验，测量的结果必然是该测验所要测得的东西，即真正测出了所要测量的那种能力。效度的确定是把对被试所测得的结果与所希望的标准相比较，求其相关系数，若相关系数高，则说明这个测验效度高，能预测和估量某种能力。相反，则效度低，失去预测和估量某种能力的作用。那么，各种测验的标准又如何求得呢？以智力测验为例，通常用下列方法来确定一个智力测验的效度：（1）与标准的智力测验的相关。一般是与斯坦福-比奈量表相比较，求其相关系数。但我们又怎么能知道斯坦福-比奈量表确实能测定智力呢？当然，这只能靠该量表多年来的实践来证明。（2）与学生作业成绩的相关。有人认为在条件（如年龄、环境等）相同的情况下，聪明者比愚笨者的作业成绩要好。然而，环境相同，这几乎难以办到;即便环境相同,学生的努力程度也不一致,显然会影响作业成绩。在这里,学生对待作业的态度是一个难以控制的因素。(3)与教师或别人的评判的相关。编制智力测验时,最常用的方法是用教师或别人对被试智力的评判和他们在测验上的成绩相比较,求其相关系数。如果相关系数高,效度就高。

(二)能力测验的信度

测验的信度是指测验的可靠性。测验的可靠性和正确性是两码事。正确的测验是指该测验确实能测量要测的现象。可靠的测验是指以一个测验测量某人的某种现象(如某种能力)时,假如施行测验的手续和记分方法相同,今天测量的结果和以后用这个测验的平行本测量的结果应该是相同的(儿童智力已经发展了除外)。由于多种因素的影响,两次智力测量的结果可能不完全相同,一般认为两次测验结果之间有5个IQ之差,仍属于可靠的测量。

如果测验不可靠,测验就毫无用处。如,用一个智力测验来测量一个儿童,第一次测得50IQ,第二次得80IQ,第三次得40IQ。这样的量表就不可靠,是没有用处的。因此,确定一个测验的信度是十分重要的。

通常用下列方式来确定一个测验的信度:(1)把一个测验或它的复份形式(通常测验题必须有几种难度和性质完全一样的平行本)两次施用于某一年龄阶段人数多的、有代表性的团体;(2)将一个测验分成两部分记分,即可以对奇数项目和偶数项目分别地加以记分。测验的信度,可以根据先后两次测验的分数之间的相关系数来表示,也可以根据同一测验的奇、偶数项目所测得的分数之间的相关系数来表示。一个人在同一测验的复份分数,或测验项目折半的分数,或初测与重测的分数,保持平衡,则相关系数大,信度高;反之相关系数小,信度低。上面介绍过的几个测验,除西肖尔音乐才能测验外,其信度都是相当高的。

测验也可能是低信度的。造成信度低的原因主要有:(1)属于测验本身的,如施测手续没有统一的标准,测验的说明不清楚,计时方法不一致,计分方法不客观等;(2)主试的态度不一致等;(3)被试对测验的兴趣、努力程度不同,以及健康状况和情绪状态的变化;(4)两次测验的环境(如空间、照明、闹声等)不同等。

六、能力测验的局限性

能力测验也有一定的局限性。首先,能力的成分十分复杂,它是综合性的个性特征。在评定测验的效度上看法往往不一致,同时,测验的结果也往往受多种因素的影响,有些因素能够控制,有些因素则难以控制。例如智力测验不可避免地要受知识经验、文化、教育水平的影响,受被试的态度和努力程度的影响,从而降低了测验的效度和信度。

其次,测验仅测出了人当时的能力表现,却不能预测能力发展的速度和趋势。而测验的目的在于预测和估量一个人的潜能,因而具有一定的局限性。鉴于能力测验的局限性,在运用测验法的同时,还应结合其他方法(如观察法、实验法、个案法、作品分析法、追踪研究法等)将所得结果互相加以验证。这样才能对一个人的能力做出符合实际的估计和预测。

第四节 个性的其他品质与能力的发展

能力不是一种孤立的个性特征,它是人的整个个性的有机组成部分。能力的发展在很大程度上取决于个性特征的总和。

一、个性倾向性与能力的发展

(一)动机

学习动机与能力的发展有密切的关系。智力测验的研究表明,智力生长的一般趋势是比较恒常的,在原先测验中,智商高的儿童具有智力高速度增长的趋势;智商低的,其智力发展速度要慢些。但是,动机明显地影响着智力的发展。有人用斯坦福-比奈量表对140名4~14岁儿童的重复测验表明,其中35名儿童的智力发展速度大大加快,另外35名儿童的智力发展速度明显下降。究其原因,前者具有强烈的学习动机,因而积累了更多有用的知识,提高了学习和解题的能力,促进了智力发展的速度;后者缺乏学习动机,知识相对贫乏,智力生长速度明显下降(图16-3)。

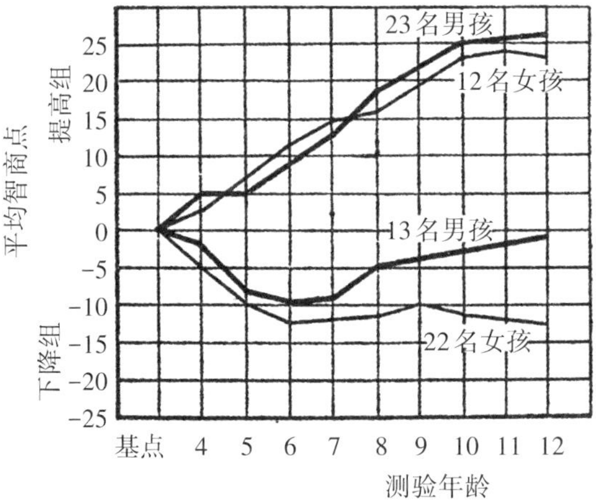

图16-3 学习动机对智力发展的影响(Kagan, J.等, 1958)

(二)兴趣爱好

兴趣爱好和能力的发展有密切的联系。有人拍摄了五年级儿童看教育电视时眼动的情况,发现低智商的儿童比高智商的儿童用更多的时间去看与教育内容无关的场面(如,在教师表演技巧时,看他的脸而不看他的手;看电视屏的边缘而不看画面)。这种差异说明,高智商的儿童有高度的学习兴趣,能集中注意于要学习的材料;低智商的儿童则正好相反。

兴趣和爱好是事业取得成就的必要条件。爱迪生举行婚礼后就去做实验;巴甫洛夫约未婚妻过节,但他在12点的钟声敲响时才走出实验室。古今中外有成就的人物的共同特点是,热爱自己的事业,迷恋自己的事业。对自己的事业没有兴趣和爱好,要想做出成就、发展能力,那是不可想象的。

既然兴趣爱好是能力发展的重要条件,特别是少年儿童的早期兴趣和爱好对他们的能力的形成和发展更有重要的意义。因此教师应以自己的教育机智发现和培养学生对学科的兴趣,使他们的能力得到发展。

(三)理想、信念

远大的理想和坚定的信念影响着人对生活和活动的态度,影响着人对自己的要求。一个具有远大理想和坚定信念的人总是严格要求自己,有事业心、主动性和克服困难的意志力。这些品质对能力的发展是十分必要的。伟大的共产主义战士雷锋具有崇高的理想,他认定活着的目的就是全心全意为人民服务,为人类解放事业——共产主义而奋斗,决心把自己"有限的生命,投入到无限的为人民服务之中去"。他以自己的言行忠实于这个理想和信念。他干一行爱一行,干一行钻一行;在短短的一生中经历了几种不同的工作岗位。在农业战线上,他是治水模范、优秀的拖拉机手;在鞍钢,他多次被评为先进生产者、红旗手和标兵;在部队,他多次立功,荣获模范共青团员的称号。崇高的理想,坚定的信念,使他的才能得到了多方面的发展。

相反,一个思想空虚、无所作为的人,一个只追求个人的物质享受而不顾社会利益的人,不可能把自己的全部精力用于本职工作,也不可能以坚强的意志和积极性去发展能力。如果这种人也表现出某种能力的话,那么这种能力带来的后果将是有害的。

二、优良的性格特征对能力的促进作用

前已述及性格和能力的关系,这里仅讨论优良的性格特征如勤奋、谦虚和坚韧不拔等性格特征对能力发展的促进作用。

勤奋,对于才能的发展有着巨大的意义。诸葛亮在《诫子书》中说:“非学无以广才”。他认为除了学习,个人是没有办法增长才干的。鲁迅也说:“自然,天分高的人比常人容易成功,但同样要努力。”(鲁迅,1976)“即使你是天才,你还是必须要下功夫的。要善于用功,不断劳动。”(王士菁,1959)古今中外卓越人物的巨大成就,都是他们善于用功,不断劳动的结晶。

马克思对于他的每一部著作,都收集了大量的资料,包括摘录、提纲、图表、数字以及各种原始材料。为了写《资本论》,他仔细钻研和做过摘要的书籍达1500多种。从开始写作到《资本论》第一卷的发表,历时24年。他常常不顾疾病,克服种种困难,经常连夜工作,直到次晨4点钟。

达尔文写《物种起源》花了27年心血。在贝格尔号军舰的环球航行期间,他历尽千辛万苦。每到一处总要进行认真的考察,采集标本,访问当地居民,写观察日记,除了亲自育种外,他还经常向有经验的育种家和园艺家请教,翻阅大量的文献资料,其中也包括中国的古典文献。

李时珍写《本草纲目》翻阅了800多种古代的医书、药书,记下了几百万字的笔记。他历尽艰辛,经常到各地游历访问,一边采集药材标本,一边搜集民间药方。花了整整30年工夫,经过多次修改,才著成了举世闻名的中药巨著《本草纲目》。

曹雪芹写《红楼梦》,历时10年,先后增删5次。

孔尚任写《桃花扇》,披阅15载,三易其稿。

吴敬梓写《儒林外史》,历时10余年才成。

一个人的某种才能的发展,虽然与他的天赋素质有关,但是才能本身却是人在生活实践的过程中发展起来的。勤于学习,勤于实践,人就不断地从周围环境中汲取新的知识、经验和技能,从而使潜能得到高效率的发挥,而懒惰却只能阻碍能力的发展。

谦虚,有助于能力的发展。《尚书·大禹谟》上说:“满招损,谦受益。”谦虚使人进步,骄傲使人落后。真正有才干的人,总是有旺盛的求知欲和进取精神。他们任何时候都不满足于自己已有的成绩,总是不断地对自己提出新的更高的要求。而骄傲和自负却堵塞了求知欲的大门,扼杀了进取精神。一个谦虚的人,严格要求自己,在为解决新而又新的任务的过程中,能够积极动员自己的潜能,去探求解决问题的方式和方法,从而有助于能力的发展。

伟大的科学家牛顿把自己比作未发现真理大海的孩童,把自己重大的科学发现比作嬉戏时捡到的几个贝壳和石子。爱因斯坦说:“有人似乎称我为天才或是这一类东西,可是我阿尔伯特·爱因斯坦向你们发誓,我并没有想到这一步!”“这些溢誉我不敢承受,因为我所得到的若干知识,是人人都可追求到的,不足稀罕。我还有更充分的欲望呢!”谦虚使人保持旺盛的求知欲，使科学家、发明家的才能得到高度的发展。

毅力，有助于能力的增长。人要完成某项活动任务，总会遇到一定的困难。没有克服困难的毅力，人就无法顺利地完成活动任务，更谈不上能力的增长。学习、工作需要毅力，创造发明更需要毅力。爱迪生为了得到一种理想的电灯芯线，试过的植物达6000余种；王林鹤经过371次失败，终于制成了社会主义建设所急需的高压电桥；吴吉昌在身心备遭摧残的情况下，坚持农业科学实验，培植成了高产的双杆棉……百折不挠的毅力使人冲破重重难关，才能的花朵就开得更加鲜艳夺目。缺乏毅力，活动半途而废，能力不可能得到发展。

坚强的毅力，使人战胜阻碍能力发展的外部条件。爱因斯坦做小职员时偷偷演算、研究自己的题目；爱迪生当报童时仍然坚持搞实验；华罗庚在杂货店当学徒时偷偷写数学论文……还有许多自学成才的青年，都是以坚强的毅力克服种种困难，使才能得到发展的。

坚强的毅力，使人战胜身体上的某些缺陷（口齿不清、失明、耳聋等），使能力得到发展。古希腊政治家迪莫西尼斯（Demostnenes）幼时说话声音微弱、口吃而不能演讲。据说他把小卵石放在嘴里练习讲话、经常对着海滨的激浪高声演说，最后终于成为一位大演说家和著名的政治家。

综上所述，优良的个性品质，如有理想、有事业心、勤奋、谦虚、自信以及毅力等，都能促进能力的发展；而消极的个性品质，如缺乏理想、没有事业心、懒惰、骄傲、依赖性强以及意志力薄弱等，都会阻碍能力的发展。因此，在教学的过程中，教师在培养学生能力的同时，还必须注意培养他们优良的个性品质，克服消极的个性品质。在现实生活中，能力的发展不可能不遇到一定的困难，我们应发挥优良个性品质的作用，战胜这些困难，使能力得到发展。

第五节 超常儿童和智力落后儿童

一、超常儿童

（一）超常儿童的心理特点

超常儿童是指能力远优于同年龄的一般儿童，在儿童时期就有卓越才能表现者。

超常少年儿童，古今中外都有。高斯9岁时能解级数求和问题；麦克斯韦14岁时发表数学论文；伽利略17岁时发现钟摆原理；维纳14岁大学毕业；贝多芬7岁时举行音乐会，12岁时作钢琴演奏曲；莫扎特5岁时开始作曲，8岁时试作交响乐，11岁时创作歌剧；歌德

8岁时能用德语、法语、意大利语、拉丁语和希腊语阅读、书写,他的名著《葛慈·封·白里欣根》是22岁写成的;王勃10岁能赋;李白“五岁诵六甲,十岁观百家”“十五观奇书”;杜甫“七龄思即壮,开口咏《凤凰》”;柳宗元写《为崔中丞贺平李怀光表》时,年仅13岁;王维写《九月九日忆山东兄弟》时年仅17岁;白居易写《赋得古原草送别》时年仅16岁;明末爱国诗人夏完淳5岁知五经,9岁善辞赋古文,17岁壮烈殉国。

近年来,我国也发现了一批能力超常的少年儿童。据我国心理学工作者对全国29名超常儿童的调查和追踪研究表明,儿童能力超常的表现是多种多样的。他们有鲜明的个性并且各个年龄阶段都有。有的较早地显示出数学才能,有的很小就能大量识字阅读,有的优于外语,有的擅长绘画,有的会作诗对歌……尽管他们在性格和能力类型上有很大的差异,但都有共同的心理特征。其共同的心理特征表现在下列5个方面:

1.有浓厚的认识兴趣和旺盛的求知欲

这类儿童一般较早表现出强烈的好奇心,爱问这问那,并追根究底;他们很小就对知识产生了浓厚的学习兴趣,并且兴趣相当广泛。例如有些两三岁儿童,不满足于看图画书、听故事,已对认字、读书产生了兴趣。有个4岁儿童去动物园时,不满足于看看动物的样子,还要逐个去看动物的介绍,了解动物的分布地、习性等等。

2.注意集中,记忆力强

这类儿童的注意既广又能高度集中,特别是他们感兴趣的事情,注意力能集中几小时而不受外界干扰。他们的短时记忆明显超过同龄常态儿童的均值。识记快,保持久。例如一个5岁儿童,对一列13位数字(5138427960358)小声念3遍能够顺背,再念一遍能够倒背,时隔半年后,仍能正确顺背无误。

3.感知敏锐,观察仔细

例如在感知的实验中,他们明显地优于同年龄儿童,有的在反应速度和进行方式上还优于比他们大2~3岁的同班儿童。又如,有的三四岁的幼儿能分辨大小、长短和左右方位。他们的视、听觉辨别力发展突出,主要表现在能清楚分辨汉字音形的细微差别上。

4.思维敏捷,理解力强,有独创性

例如,在概括和推理水平上,他们不仅明显超过同龄儿童,而且超过比他们大2~3岁的同班儿童,特别是在解决难度大的课题时,这种差异尤为明显。一个5岁半儿童在十几分钟内算出6位乘6位的数(如365427×243682=89047982214)并能在3~6分钟内正确解答“鸡兔同笼”一类的应用题,思维非常敏捷。他们的理解力强,有独创性。例如有个儿童,2岁时玩积木,每次都要花样翻新;5岁半时造句不因袭老师示范的句型;做数学题也不满足他们的解题方法而试着自己另找解法;等等。

5. 自信、好胜、有坚持性

这类儿童一般比较自信、有进取心;他们爱和别人比,不但爱和同龄儿童比,有的甚至还要和成人比,比做题、比下棋、比成绩等,处处不甘落后。他们有主见,不易受暗示,干一件事一般能坚持,不受外界干扰,能坚持完成学习任务(超常儿童研究协作组,1979;超常儿童追踪研究协作组,1981)。

在西方心理学中,超常儿童称为天才儿童。过去把智商在140以上者称为天才或类天才。以后的研究表明,天才儿童除了智力因素外,还应包括旺盛的创造力、强烈的好奇心和广泛的兴趣,以及高度的责任感、优良的意志品质等。

(二)能力超常的原因及其与成就的关系

超常儿童被一些人称为神童,其实并不神秘。优越的天赋素质是超常儿童心理发展的物质基础。李其维等人对同卵双生子和异卵双生子的智力因素调查表明,遗传基因相同的同卵双生子比遗传基因存有差异的异卵双生子在智力行为上具有更大的一致性;个体智力差异的因素中,61%的效应是由遗传引起的。(李其维,1980)这说明遗传对智力的影响是不可忽视的。同时,儿童的智力发展速度是不均衡的。早在20世纪20年代,平特纳(R.Pintner)的研究认为,儿童从出生到5岁是智力发展最快的时期。这一论断,与60年代布鲁姆(B.S.Bloom)在《人类特性的稳定与变化》(1964)一书中的结论是一致的。布鲁姆认为,如果以17岁所达到的普通智力水平作为100,那么儿童从出生到4岁的智力就已获得了50%;从4~8岁获得30%;而最后的20%则是在8~12岁获得的。根据这些研究,可以认为,在儿童的早期阶段,智力发展快,并且对以后的发展有很大的影响。教育开始得越早,儿童潜在能力的实现就越大;相反,教育开始得越晚,儿童潜在能力的实现就越小。查子秀等人对20多名超常儿童的调查情况也表明,他们几乎都享有优越的早期教育条件。可见,理想的早期教育是超常儿童成长的主要条件。

有人认为,超常儿童才能的优异发展是以身体的不健康或个性的不适应为补偿的。这种看法是缺乏科学依据的。推孟在1921—1922年间,用斯坦福-比奈量表对从幼儿园到8年级的儿童进行了测查,发现1528名天才儿童(他们的平均智商150),并对他们进行长达30年的追踪研究。结果表明,在他的被试中,死亡、不健康、精神错乱、酒精中毒等情况,都低于相应年龄的成人,绝大多数人社会适应良好。他在1939—1940年间、1951—1952年间曾对追踪对象分别进行两种测验,发现他们的平均得分远超过一般成人。这两项测验相隔12年,两次成绩相比有90%的被试智力增加了。可见,"早熟早衰"的看法是不正确的。

超常儿童今后能否在事业上做出成就，依存于许多条件。如果有理想的教育条件，就会在事业上做出更大的成就。在1950年，推孟的800名男性被试中，有78人得到博士学位，48人得到医科学位，85人得到法律学位，74人正在或曾在大学任教，51人在自然科学或工程学方面进行基础理论研究，104人担任工程师。科学家中有47人编入1949年版《美国科学家年鉴》。所有以上数字和从总人口中任意选800个相应年龄的人相比较，几乎大10～20倍或30倍。但他也发现全体被试中约有20%的人没有超出一般人的成就，只有不到一半的妇女参加了工作。他对800名男性被试中成就最大的20%的人与成就最小的20%的人做了比较研究。发现在这两组人中，最明显的差别是个性特点不同。成就最大者在谨慎、自信、不屈不挠、进取心、坚持性、不自卑等个性品质上，明显地优于成就最小者。其次是家庭背景不同，前者50%的家长大学毕业，家中有许多书籍，家长重视早期教育；后者只有15%的家长大学毕业。可见，超常儿童能否在事业上做出成就，在很大程度上取决于他的个性特点和社会生活条件。

二、智力落后儿童

智商在70以下者称为智力落后。智力落后并不是某一种心理过程的破坏，而是各种心理能力的低下，其明显的特点是智力低下和社会顺应不良。

智力落后可分为3个等级：轻度，智商70~50，生活能自理，能从事简单劳动，但应付新奇复杂的环境有困难，学习有困难，很难领会学校中抽象的科目；中度，智商50～25，生活能半自理，动作基本可以独立完成或部分有障碍，只会说简单的字或极少的生活用语；重度，智商25以下，生活不能自理，动作、说话都有困难。

智力落后一般属病理范围，其病因是多方面的：有的是遗传的染色体畸变；有的是中枢神经系统受到感染；有的是代谢疾病或毒性疾病；也有的是产程中缺氧或脑外伤引起；还有在产后，脑受到感染或脑外伤等，都能导致儿童智力发育滞缓。

值得注意的是，有一些轻度智力落后的儿童往往是缺乏丰富的环境刺激而造成的。大量研究表明，日常生活中人与人之间的联系、要求和交往等所产生的社会刺激对于儿童智力的发展是必不可少的。如果能增加社会刺激，及早进行适当的教育训练，这种儿童的智力是可以得到改善的。

本章相关文献

曹日昌.(1979).普通心理学 下册.北京:人民教育出版社.

B.B.波果斯洛夫斯基.(1979).普通心理学.魏庆安,等译.北京:人民教育出版社.

克雷奇,等.(1980).心理学纲要.周先庚,等译.北京:文化教育出版社.

列伊切斯.(1963).能力的个别差异//苏联心理科学(第2卷).孙晔,等译.北京:科学出版社.

林传鼎.(1980).心理测验的理论和方法.陕西师大印(内部资料).

林传鼎.(1980).我国古代心理测验方法试探.心理学报(第1期):75-80.

吴福元.(1980).漫谈智力的几个理论问题.武汉师院科研生产处编印(内部资料).

Frandsen,A.N.(1961).Educational Psychology.N.Y: McGraw-Hill Book Company.

Hilgard,E.R.,Atkinson,R.C.,& Atkinson,R.L.(1979).Introduction to psychology. New York: Harcourt Brace Jovanovich.

参考文献

曹日昌.(1963).普通心理学.北京:人民教育出版社.

超常儿童研究协作组.(1979).关于超常儿童初步调查和追踪研究的几个问题.心理学报(第1期):118-125.

超常儿童追踪研究协作组.(1981).关于开展超常儿童心理发展的调查和追踪研究的一年总结.心理学报(第1期):35-41.

陈鹤琴.(1925).儿童心理之研究.北京:商务印书馆.

怀芹.(1981-4-5).多发心脏病的A型性格.健康报.

黄希庭,杨宗义,刘中华.(1980).5至9岁儿童时间观念发展的实验研究.西南师范学院学报(自然科学版)(第1期):67-76.

李丹,等.(1962).学龄儿童理解寓言、比喻词的年龄特点.心理学报(第2期):125-135.

李其维.(1980).行为遗传学中孪生儿童研究方法概述.心理科学文摘(第2期):16-24.

李其维,等.(1980).双生子智力相关的调查报告——关于治理发展因素的初步探究.心理科学文摘(第2期):24-29.

林传鼎.(1979).遗觉表象的实验研究.中国心理学会第二届学术年会论文资料.

林传鼎.(1980).我国古代心理测验方法试探.心理学报(第1期):75-80.

刘世熠,邬勤娥,孙文龙.(1962).4岁至7岁学龄前儿童脑电图研究.心理学报(第3期):186-196.

刘世熠.(1962).我国儿童的脑发展的年龄特征问题.心理学报(第2期):89-98.

鲁迅.(1976).鲁迅在中华艺术大学讲演记录.南京师大学报:社会科学版(第3期):92-94.

鲁迅.(1981a).鲁迅全集 第五卷.北京:人民文学出版社.

鲁迅.(1981b).鲁迅全集 第一卷.北京:人民文学出版社.

毛泽东.(1952).毛泽东选集(第二卷).北京:人民出版社.

毛泽东.(1953).毛泽东选集(第三卷).北京:人民出版社.

毛泽东.(1975).矛盾论.北京:人民出版社.

万云英,时蓉华.(1962).一年级儿童对语文教材分段、概括段落大意的思维特点//教育心理论文选.北京:人民教育出版社.

王士菁.(1959).鲁迅传.北京:中国青年出版社.

王有盛,刘堂江.(1978).手执金钥匙的人们——记北京景山学校几位小学教师.人民教育(第Z1期):28-37.

卢伟成.(1980-4-11).从“早老症”谈起.光明日报.

幼儿数概念研究协作小组.(1979).国内九个地区3—7岁儿童数概念和运算能力发展的初步研究.心理学报(第1期):108-117.

张述祖.(1979).词的情调色彩对其识记和保持的影响.中国心理学会第二届学术年会资料.

张增杰,黄希庭.(1963).六、七岁儿童时间知觉的初步研究.心理学报(第3期):214-221.

张增杰,黄希庭.(1979).5至8岁儿童时间知觉的实验研究.心理学报(第2期):166-174.

张增杰,汪盼霞.(1963).影响儿童感知算式的两个有关因素的实验.心理学报(第4期):304-311.

章志光,朱文彬.(1964).小学生课业责任心形成的实验研究.心理学报(第2期):194-202.

阿·尼·列昂捷夫.(1980).活动 意识 个性.李沂,等译.上海:上海译文出版社.

爱因斯坦.(1976).爱因斯坦文集(第1卷).许良英,等译.北京:商务印书馆.

B.蓝德.(1959).西方心理学家文选.唐钺,译.北京:科学出版社.

巴甫洛夫.(1954).条件反射演讲集.中国科学院心里研究室,译.北京:人民卫生出版社.

巴甫洛夫.(1955).巴甫洛夫选集.吴生林,等译.北京:科学出版社.

巴甫洛夫.(1958).巴甫洛夫全集 第二卷.杏林,译.北京:人民卫生出版社.

巴甫洛夫.(1959).巴甫洛夫全集 第一卷.张纫华,等译.北京:人民卫生出版社.

巴甫洛夫.(1962).巴甫洛夫全集 第三卷.赵璧如,等译.北京:人民卫生出版社.

贝弗里奇.(1979).科学研究的艺术.陈捷,译.北京:科学出版社.

车尔尼雪夫斯基.(1957).生活与美学.周扬,译.北京:人民文学出版社.

达尔文.(1958).人类和动物的表情.周邦立,译.北京:科学出版社.

大桥正夫.(1980).教育心理学.钟启泉,译.上海:上海教育出版社.

恩格斯.(1970).反杜林论.中共中央马克思恩格斯列宁斯大林著作编译局,译.北京:人民出版社.

恩格斯.(1971).自然辩证法.中共中央马克思恩格斯列宁斯大林著作编译局,译.北京:人民出版社.

恩格斯.(1972).家庭私有制和国家的起源.中共中央马克思恩格斯列宁斯大林著作编译局,译.北京:人民出版社.

恩格斯.(1966).社会主义从空想到科学的发展//马克思恩格斯选集(第三卷).中共中央马克思恩格斯列宁斯大林著作编译局,译.北京:人民出版社.

黑格尔.(1954).小逻辑.贺麟,译.北京:生活·读书·新知三联书店.

克雷奇,等.(1980).心理学纲要.周先庚,等译.北京:文化教育出版社.

堀内敏.(1980).儿童心理学.谢艾群,译.长沙:湖南人民出版社.

列宁.(1950).唯物主义和经验批判主义.中共中央马克思恩格斯列宁斯大林著作编译局,译.北京:人民出版社.

列宁.(1956).列宁全集(第28卷).中共中央马克思恩格斯列宁斯大林著作编译局,编译.北京:人民出版社.

列宁.(1957).列宁全集(第33卷).中共中央马克思恩格斯列宁斯大林著作编译局,编译.北京:人民出版社.

列宁.(1957).列宁全集(第14卷).中共中央马克思恩格斯列宁斯大林著作编译局,编译.北京:人民出版社.

列宁.(1960).唯物主义和经验批判主义.中共中央马克思恩格斯列宁斯大林著作编译局,译.北京:人民出版社.

列宁.(1960).列宁论文学与艺术(二).中共中央马克思恩格斯列宁斯大林著作编译局,译.北京:人民文学出版社.

列宁.(1984).列宁全集.中共中央马克思恩格斯列宁斯大林著作编译局,译.北京:人民出版社.

马克思.(1960).关于弗尔巴哈的提纲//马克思恩格斯全集(第3卷).中共中央马克思恩格斯列宁斯大林著作编译局,译.北京:人民出版社.

马克思.(1963).黑格尔法哲学批判.中共中央马克思恩格斯列宁斯大林著作编译局,译.北京:人民出版社.

马克思.(1963).政治经济学批判序言、导言//马克思恩格斯全集(第19卷).中共中央马克思恩格斯列宁斯大林著作编译局,译.北京:人民出版社.

马克思,恩格斯.(1963).马克思恩格斯论艺术.中共中央马克思恩格斯列宁斯大林著作编译局,译.北京:人民文学出版社.

马克思,恩格斯.(1972).马克思恩格斯选集(第三卷).中共中央马克思恩格斯列宁斯大林著作编译局，编.北京：人民出版社.

R.M.利伯特，等.(1983).发展心理学.刘范，等译.北京：人民教育出版社.

R.S.武德沃斯，H.施洛斯贝格.(1965).实验心理学.曹日昌，等译.北京：科学出版社.

斯大林.(1954).斯大林全集.中共中央马克思恩格斯列宁斯大林著作编译局，译.北京：人民出版社.

T.C.鲁，J.F.傅尔顿.(1974).医学生理学和生物物理学 上册.医学生理学和生物物理学翻译组，译.北京：科学出版社.

韦德.(1978).智商与遗传：一个骗局的传播.吕世传，译.科学年鉴：200-201.

珍妮·古多尔.(1980).黑猩猩在召唤.刘后一，张锋，译.北京：科学出版社.

Abbe, M.(1937).The temporal effect upon the perception of space. Japanese Journal of Experimental Psychology(4):83-93.

Adey. Wr, Dunlop CW, Hendrix Ce. (1960). Hippocampal slow wares. Distribution and phase relationships in the course of approach learning. Archives of Neurology, 2:348-363.

Altman, J., Das, G. D., & Anderson, W. J. (1968). Effects of infantile handling on morphological development of the rat brain: An exploratory study. Developmental Psychobiology: The Journal of the International Society for Developmental Psychobiology, 1(1),10-20.

Binet, A., & Simon, T.(1907). Le développement de lintelligence chez les enfants. Anée psychologique, 14(1):1-94.

Binet, A., & Simon, T.(1916).The development of intelligence in children: (the Binet-Simon scale)(Vol.11).Williams & Wilkins.

Bloom, B.S.(1966).Stability and change in human characteristics: Implications for school reorganization.Educational Administration Quarterly, 2(1):35-49.

Bryan, W.L., &Harter, N.(1897).Studies in the physiology and psychology of the telegraphic language.Psychological Review, 4(1):27-53.

Buss, A.H., &Plomin, R.(1975).A temperament theory of personality development. Wiley-Interscience.

Cohen, J., Hansel, C. E. M., & Sylvester, J. D. (1953). A new phenomenon in time judgment. Nature, 14(4385):901.

Cohen, J., Hansel, C. E. M., & Sylvester, J. D. (1955). Interdependence in judgments of space, time and movement. Acta Psychologica(11):360-372.

Darwin, C.(1872).The expression of emotions in man and animals.SLondon: Murray.

Duncker, K.(1935).Zur Psychologie des produktiven Denkens.Berlin: Springer.

E. L. Thorndike, R. S. Woodworth. (1901). The influence of improvement in one mental function upon the efficiency of other functions. Psychological Review, 8:247–261.

Getzels, J.W., &Jackson, P.W.(1962).Creativity and intelligence: Explorations with gifted students.Psychoanalytic Quarterly(32):423–425.

Gordon, D. A.(1947). The relation between the thresholds of form, motion, and displacement in parafoveal and peripheral vision at a scotopic level of illumination. The American journal of psychology, 60(2), 202–225.

Guilford, J.P.(1967).The nature of human intelligence.McGraw–Hill.

Holmes, G.M.(1945).Ferrier Lecture–The organization of the visual cortex in man.Proceedings of the Royal Society of London.Series B–Biological Sciences. 132(869):348–361.

James, W.(1890).The principles of psychology: Vol.2.New York: D. H. Holt and company.

Judd, C.H.(1908).The relation of special training and general intelligence.Educational review(36):28–42.

Kagan, J., Sontag, L.W., Baker, C.T., & Nelson, V.L.(1958).Personality and IQ change.The Journal of Abnormal and Social Psychology, 56(2):261–266.

Luchins, A.S.(1942).Mechanization in problem solving: The effect of Einstellung. Psychological Monographs, 54(6):i–95.

Lyon, D.O.(1914).The relation of length of material to time taken for learning, and the optimum distribution of time. Part I. Journal of Educational Psychology, 5(1):1–9.

Maclean, P.D.(1958).Contrasting functions of limbic and neocortical systems of the brain and their relevance to psychophysiological aspects of medicine.The American Journal of Medicine, 25(4):611–626.

Maier, N.R.F.(1930).Reasoning in humans.I.On direction.Journal of Comparative Psychology, 10(2):115–143.

Maslow, A.H., &Mittelmann, B.(1941).Principles of abnormal psychology: The dynamics of psychic illness, (Rev.ed.).Harper.

Morgan, C.D., &Murray, H.A.(1935).A method for investigating fantasies: The Thematic Apperception Test.Archives of Neurology & Psychiatry, 34(2):289–306.

Olds, J., & Milner, P.(1954).Positive reinforcement produced by electrical stimulation of the septal area and other regions of the rat brain.Journal of Comparative and Physiological Psychology, 47(6):419–427.

Olsnes, S., Pappenheiner AM Jr, Meren, R. (1974). Lectins from Abrus precatorius and

Ricinus communis. 2. Hybrid toxins and their interaction with chain-specific antibodies. J Immunol 113:842–847.

Penfield, W., Kristiansen, K.(1952).Epileptic seizure patterns: a study of the localizing value of initial phenomena in focal cortical seizures. Charles C Thomas; Springfield, IL:1951.

Penfield, W., & Mullan, S.(1957).Illusions of perception and the temporal cortex.Transactions of the American Neurological Association, 82:6–9.

Penfield, W., Perot, P. (1963). The brain's record of auditory and visual experience: A final summary and discussion Brain. 86:595–696.

Pfaffman, C.(1959).Handbook of Physiology, vol.1, J.Field American Physiological Society, Washington, DC.

Piaget, J., & Cook, M.(1952).The origins of intelligence in children(Vol.8, No.5, p. 18). New York:International Universities Press.

Roger Brown. (1958). How shall a thing be called. Psychological Review.

Rorschach, H.(1921).Psychodiagnostik:Methodik und ergebnisse eines warhrnehmungsdiagnostischen Experiments (deutenlassen von zufallsformen).E.Bircher.

Schachter, S., & Singer, J.(1962).Cognitive, social, and physiological determinants of emotional state.Psychological Review, 69(5):379–399.

Seashore, C.E., Lewis, D., & Saetveit, J.G.(1939).Seashore Test of Musical Talents. New York:Psychological Corp.

Smith, K.U., & Sussman, H.M.(1969).Analysis of memory as a feed forward control mechanism.Journal of motor behavior, 1(2):101–117.

Spearman, C.(1927).The abilities of man(Vol.89).New York: Macmillan.

Stern, W. (1914). The psychological methods of testing intelligence (No. 13). Warwick &York.

Stratton, G.M.(1897).Vision without inversion of the retinal image.Psychological review, 4(4):341.

Stoddard, G.D.(1941).On the meaning of intelligence.Psychological Review, 48(3):250–260.

Taubman, R.E.(1950a).Studies in judged number:I.The judgment of auditory number.The Journal of General Psychology(43):167 - 194.

Taubman, R.E.(1950b).Studies in judged number: II.The judgment of visual number.The Journal of General Psychology(43):195 - 219.

Terman, L.M., & Merrill, M.A.(1960).Stanford-Binet Intelligence Scale: Manual for the